大学生心理健康教程

（第2版）

A Course on Mental Health for College Students

(2nd Edition)

主　编　张小远

副主编　肖　蓉　刘欢欢　陈　瑜

中山大学出版社
SUN YAT-SEN UNIVERSITY PRESS

·广州·

版权所有　翻印必究

图书在版编目（CIP）数据

大学生心理健康教程/张小远主编；肖蓉，刘欢欢，陈瑜副主编. —2 版. —广州：中山大学出版社，2023.8

ISBN 978-7-306-07914-5

Ⅰ. ①大… Ⅱ. ①张… ②肖… ③刘… ④陈… Ⅲ. ①大学生—心理健康—健康教育—教材 Ⅳ. ①G444

中国国家版本馆 CIP 数据核字（2023）第 182234 号

出 版 人：	王天琪
策划编辑：	金继伟
责任编辑：	金继伟
封面设计：	曾　婷
责任校对：	陈　莹
责任技编：	靳晓虹
出版发行：	中山大学出版社
电　　话：	编辑部 020-84110283，84113349，84111997，84110779
	发行部 020-84111998，84111981，84111160
地　　址：	广州市新港西路 135 号
邮　　编：	510275　　传　真：020-84036565
网　　址：	http://www.zsup.com.cn　　E-mail：zdcbs@mail.sysu.edu.cn
印 刷 者：	佛山市浩文彩色印刷有限公司
规　　格：	787mm×1092mm　1/16　22 印张　525 千字
版次印次：	2015 年 9 月第 1 版　2023 年 8 月第 2 版　2023 年 8 月第 9 次印刷
定　　价：	45.00 元

如发现本书因印装质量影响阅读，请与出版社发行部联系调换

本书编委会

主　编：张小远
副主编：肖　蓉　刘欢欢　陈　瑜
编　委：（按姓氏笔画排序）
　　　　　王　优　冯现刚　刘欢欢　刘晓秋　杜青芸　杨子聪
　　　　　杨雪岭　肖　蓉　张小远　张茂运　陈　洁　陈　瑜
　　　　　赵久波　赵静波　曾细花

前　言

在当今复杂的时代背景和激烈的竞争环境下，亟须关注大学生的心理健康教育问题。提高当代大学生心理健康水平和心理素质，促进大学生整体素质的全面发展，是摆在我们教育工作者面前的一项重要、紧迫和责无旁贷的任务。本书正是在这一背景下组织编写的。其目的是为大学生提供一本既可作为在校学习的教材，又可用于自我心理训练与调适的心理读本，使大学生在遇到心理问题时，能多一条途径学会自我调整和自我指导，寻找到一位无言的"良师益友"。为此，全书编写中突出了以下三个"精心"：

一是精心于教材篇章内容的遴选。全书聚焦当代大学生常见多见的热点问题，既涉及人格、自我意识、人际关系、学习、恋爱与性、职业规划、挫折应对、情绪调节等课题，以及在大学生中普遍存在的网络成瘾、自杀与危机干预等现实心理问题，又对常见的心理障碍防治、心理咨询与心理健康等基本知识进行了详细介绍。

二是精心于教学目标的定位和理论知识的取舍。我们认为，对于心理健康教育而言，知识的传授仅仅是手段，良好心理素质的锻造、积极人生态度的培养才是其终极目标。而在知识获取这个层面上，并非所有心理学知识都是有利于实现这一目标的，因此需要对心理学理论进行选择。我们在本书编写过程中，注意选择对大学生心理健康有正面引导作用的理论，对其心理问题进行解释和自我指导，培育积极的心理品质。

三是精心于教材体例结构的编排。全书各讲以"本讲概要"导入，在理论阐述、科学分析、调适训练中穿插了"研究进展""经典研究""名人名言"等知识链接，课后设计了"讨论与思考""实践与拓展""推荐与导读"等板块，方便大学生自主学习与实践。

本书在编写过程中，参阅了大量的国内外相关资料，特此向相关作者一并致谢。本书是全体编委认真写作和精心编撰的结晶，但难免挂一漏万，其中不妥和疏漏之处，敬请同仁和读者不吝斧正。

编者

目 录

第一讲 掀起你的盖头来：大学生心理健康教育导论 …………………… (1)
 第一节 给我美丽心灵——心理健康概述 ……………………………… (1)
  一、心理健康的概念 ………………………………………………… (2)
  二、心理健康的标准 ………………………………………………… (4)
  三、心理健康的评估 ………………………………………………… (6)
  四、关注心理健康的意义 …………………………………………… (7)
 第二节 关注心灵主题——大学生心理健康 …………………………… (9)
  一、当代大学生心理健康现状 ……………………………………… (9)
  二、大学生常见的心理健康问题 …………………………………… (10)
  三、影响大学生心理健康的因素 …………………………………… (12)
 第三节 走向和谐与成长——大学生心理健康教育 …………………… (15)
  一、心理健康教育的起源与发展 …………………………………… (15)
  二、国内外大学生心理健康教育概况 ……………………………… (17)
  三、大学生心理健康教育的原则 …………………………………… (17)
  四、大学生心理健康教育的途径 …………………………………… (19)

第二讲 性格决定命运：人格与心理健康 ………………………………… (23)
 第一节 塑造健康人格——大学生人格教育的重要性 ………………… (23)
  一、人格概要 ………………………………………………………… (24)
  二、大学生人格教育的重要性和目标 ……………………………… (28)
 第二节 发展更美好的自己——人格的不断发展与完善 ……………… (31)
  一、人格的毕生发展观 ……………………………………………… (31)
  二、人格发展和完善的途径 ………………………………………… (34)

第三讲 发现未知的自己：自我意识与心理健康 ………………………… (43)
 第一节 我是谁——人贵有自知之明 …………………………………… (44)
  一、自我意识的概述 ………………………………………………… (44)
  二、心理学大师眼中的"自我" …………………………………… (51)
  三、走进你不知道的自己 …………………………………………… (55)

　　第二节　我为何如此迷茫——自我意识发展特点与常见偏差 …………… (62)
　　　一、自我的成长轨迹——自我意识的发展 ………………………………… (62)
　　　二、"我"的迷茫与困惑——自我意识的偏差 ……………………………… (66)
　　　三、超越人性的自卑——培养自信心 ……………………………………… (68)
　　第三节　路在何方——超越自我 …………………………………………… (71)
　　　一、做自我的主人——自我和谐与平衡 …………………………………… (72)
　　　二、寻找"我"的坐标——自我效能的力量 ………………………………… (75)
　　　三、我心飞翔——行动从现在开始 ………………………………………… (77)

第四讲　搭建彼此心灵的桥梁：人际关系与心理健康 …………………………… (88)
　　第一节　从"心"出发——大学生人际关系的心理学原理 ………………… (89)
　　　一、大学生人际关系概述 …………………………………………………… (89)
　　　二、大学生人际关系的基本心理规律 ……………………………………… (90)
　　第二节　"指点迷津"——大学生人际关系困扰的常见原因 ……………… (94)
　　　一、人际交往的动力不足 …………………………………………………… (94)
　　　二、人际交往的能力不足 …………………………………………………… (96)
　　第三节　"心诚则灵"——大学生人际关系的经营之道 …………………… (100)
　　　一、增强人际交往的动力 …………………………………………………… (100)
　　　二、培养人际交往的能力 …………………………………………………… (101)

第五讲　成功有效的学习者：学习与心理健康 …………………………………… (106)
　　第一节　了解学习的本质——心理学对学习的研究 ……………………… (107)
　　　一、关于知识学习的真相 …………………………………………………… (107)
　　　二、成功有效学习者的决定因素 …………………………………………… (110)
　　第二节　为什么我的学习有困难——大学生常见学习困扰原因分析 …… (114)
　　　一、学习动机 ………………………………………………………………… (114)
　　　二、注意力 …………………………………………………………………… (117)
　　　三、自我效能感 ……………………………………………………………… (120)
　　第三节　我的学习我做主——学习问题的自我调适 ……………………… (123)
　　　一、考试焦虑的自我调适 …………………………………………………… (123)
　　　二、成为高效的学习资源管理者 …………………………………………… (124)
　　　三、学习策略 ………………………………………………………………… (126)

第六讲　性爱相融与心身和谐：性、爱情和心理健康 …………………………… (133)
　　第一节　揭开性的面纱——性的内涵 ……………………………………… (134)
　　　一、人类的性生理发育 ……………………………………………………… (134)

二、人类的性心理发育 …………………………………………………… (136)
　　三、大学生的性心理特征及心理活动表现 …………………………… (140)
　　四、大学生性心理健康 ………………………………………………… (142)
第二节　谈情说爱——大学生爱情面面观 ……………………………… (143)
　　一、什么是爱情 ………………………………………………………… (144)
　　二、大学生恋爱的动因 ………………………………………………… (146)
　　三、大学生恋爱的类型 ………………………………………………… (147)
　　四、大学生恋爱的心理特点 …………………………………………… (148)
　　五、树立健康的恋爱观 ………………………………………………… (148)
第三节　走出性与情的困境——大学生常见性情困惑及调适 ………… (149)
　　一、性压抑与自慰 ……………………………………………………… (149)
　　二、异性恐惧症 ………………………………………………………… (150)
　　三、单相思 ……………………………………………………………… (151)
　　四、失恋 ………………………………………………………………… (152)
　　五、婚前性行为 ………………………………………………………… (152)
　　六、拒绝"婚外情" ……………………………………………………… (153)

第七讲　规划你的职业生涯：求职、就业与心理健康 …………………… (158)
第一节　我的职业生涯规划——概述 ……………………………………… (159)
　　一、生涯发展的定义 …………………………………………………… (159)
　　二、生涯发展阶段 ……………………………………………………… (160)
　　三、生涯规划 …………………………………………………………… (161)
第二节　知己知彼——专业、职业与行业 ………………………………… (161)
　　一、专业、职业和行业的关系 ………………………………………… (162)
　　二、行业分析 …………………………………………………………… (163)
　　三、了解职业信息 ……………………………………………………… (165)
第三节　属于自己的职业规划——认识自我 …………………………… (170)
　　一、了解自己的兴趣 …………………………………………………… (170)
　　二、了解自己的能力 …………………………………………………… (174)
　　三、了解自己的价值观 ………………………………………………… (175)
第四节　付诸行动——生涯决策和行动计划 …………………………… (176)
　　一、整合自我知识和职业环境的信息，做出有效决策 …………… (177)
　　二、制订行动计划 ……………………………………………………… (180)
　　三、无法做出决策的原因 ……………………………………………… (182)
　　四、从入学开始为毕业做准备——你的时间表 …………………… (183)

第八讲　提升生活的智慧：挫折与适应 (188)
第一节　人生的磨炼——挫折概述 (189)
一、什么是挫折 (189)
二、挫折的原因 (189)
三、常见的挫折不良反应 (192)
第二节　成长的阶梯——常见的挫折与适应问题 (194)
一、角色转换的适应 (194)
二、生活、环境的适应 (195)
三、人际关系的适应 (195)
四、学习的适应 (196)
五、其他方面 (196)
第三节　幸福的前奏——如何有效地应对挫折 (196)
一、调整对挫折的认知 (196)
二、冷静地应对挫折 (199)
第四节　做自己的心理医生——学会更好地适应 (201)
一、避免"适应性偏见" (201)
二、培养乐观的态度 (202)
三、运用成熟有效的心理防御机制 (205)
四、做一个内控的人 (208)
五、保持心理平衡 (210)

第九讲　喜怒哀乐，我能做主：情绪与调节 (215)
第一节　成败的魔术师——情绪情感认知 (216)
一、情绪的概念与内涵 (216)
二、情绪和情感的关联 (218)
三、情绪的功能 (218)
四、大学生的情绪特点 (219)
五、大学生情绪健康发展的标准 (222)
第二节　今天，你郁闷吗——大学生常见情绪情感问题 (223)
一、影响大学生情绪健康的因素 (223)
二、大学生常见情绪情感问题 (224)
第三节　你不能左右天气，但能左右你的情绪——情绪的心理调适 (231)
一、不良情绪的危害 (231)
二、大学生情绪调节的常用技巧和方法 (233)

第十讲　虚拟世界的诱惑：网络心理辅导 ………………………………………（240）
　　第一节　虚拟世界的到来——网络发展与网络成瘾的概念 …………………（241）
　　　　一、网络成瘾与网络滥用 ………………………………………………………（242）
　　　　二、关于网络成瘾的理论解释 …………………………………………………（250）
　　第二节　网络成瘾的产生原因及其带来的主要问题 …………………………（251）
　　　　一、网络成瘾形成的主要原因 …………………………………………………（251）
　　　　二、网络成瘾的鉴别 ……………………………………………………………（253）
　　　　三、网络成瘾所带来的主要问题 ………………………………………………（254）
　　第三节　何去何从——如何应对网络成瘾 ……………………………………（257）
　　　　一、如何自我调控 ………………………………………………………………（257）
　　　　二、如何寻求帮助 ………………………………………………………………（259）

第十一讲　化险为夷，化危为机：自杀与危机干预 ……………………………（262）
　　第一节　了解自杀——自杀概述 ………………………………………………（262）
　　　　一、自杀的定义和特征 …………………………………………………………（263）
　　　　二、自杀的动力 …………………………………………………………………（263）
　　　　三、自杀的一般心理过程 ………………………………………………………（263）
　　第二节　走进象牙塔——大学生自杀现状及其原因分析 ……………………（264）
　　　　一、大学生自杀现状 ……………………………………………………………（265）
　　　　二、大学生自杀原因分析 ………………………………………………………（265）
　　第三节　未雨绸缪——高校大学生自杀的防治 ………………………………（273）
　　　　一、自杀线索的识别 ……………………………………………………………（273）
　　　　二、自杀危险的评估 ……………………………………………………………（274）
　　　　三、危机干预的理论 ……………………………………………………………（276）
　　　　四、自杀的保护性因素 …………………………………………………………（279）
　　　　五、纠正有关自杀的谬误 ………………………………………………………（280）
　　　　六、针对大学生自杀的防治措施 ………………………………………………（281）

第十二讲　心理感冒与心灵失衡：常见心理障碍的防治 ……………………（287）
　　第一节　你的心理健康吗——大学生心理障碍概述 …………………………（288）
　　　　一、不同心理健康水平的分类 …………………………………………………（288）
　　　　二、心理不正常（心理障碍）的识别 …………………………………………（288）
　　　　三、心理不健康（心理问题）的识别 …………………………………………（291）
　　　　四、大学生心理问题产生的原因分析 …………………………………………（292）
　　第二节　聚焦异常心理——大学生常见心理障碍的表现 ……………………（293）
　　　　一、抑郁症 ………………………………………………………………………（293）

　　二、神经症 …………………………………………………………（297）
　　三、躯体形式障碍 …………………………………………………（301）
　　四、精神病 …………………………………………………………（302）
　　五、人格障碍 ………………………………………………………（305）
　　六、应激相关障碍 …………………………………………………（307）
　第三节　如何走出心灵的阴翳——大学生常见心理障碍的防治 …（309）
　　一、大学生心理问题和心理障碍的早期预防 ……………………（309）
　　二、大学生心理问题和心理障碍的处理原则 ……………………（311）

第十三讲　学会求助，柳暗花明：心理咨询与心理健康 …………（315）
　第一节　叩响咨询室的门——心理咨询是什么 ……………………（315）
　　一、心理咨询的概念 ………………………………………………（316）
　　二、澄清对心理咨询的误解 ………………………………………（316）
　　三、心理咨询的性质 ………………………………………………（319）
　　四、心理咨询的功能和适用范围 …………………………………（319）
　　五、你可能在什么时候需要心理咨询 ……………………………（320）
　　六、去看心理医生会被人说有病吗 ………………………………（322）
　第二节　咨询师会对我做什么——心理咨询的工作方式 …………（323）
　　一、心理咨询的主要流派与理论 …………………………………（323）
　　二、中国特色的心理咨询理论 ……………………………………（330）
　第三节　聊聊更健康——心理咨询的收获和效果 …………………（332）
　　一、心理咨询的对象与任务 ………………………………………（332）
　　二、心理咨询的分类与一般程序 …………………………………（334）

第一讲　掀起你的盖头来：大学生心理健康教育导论

【本讲概要】

精神分析大师荣格说："一切的财富和成就，都源于杰出的智慧与健康的心理。"重视心理健康，追求有意义的人生，是大学生成长成才的重要课题。

我们将在本讲围绕"心理健康""大学生心理健康"的有关概念、标准、意义等展开论述，分析当前大学生心理健康的现状、大学生常见心理健康问题及影响因素；在此基础上，简要介绍大学生心理健康教育的途径和方法。学完这一讲，您应该能够：

（1）回答什么是健康和心理健康、心理健康的标准、大学生常见心理健康问题。
（2）分析影响大学生心理健康的主要因素。
（3）理解关注大学生心理健康的意义。

本讲的重点是解释心理健康的基本内涵与标准，理解大学生常见心理健康问题，由此深入地进行自我反思：我离心理健康有多远？

【导入】

"我是一个在路上行走的小男孩，一直在往一个奇异的地方走去，我正好到达了我的出生地。我一直为一项事业而奋斗，那是最适合我的事业……我不知道你们从什么地方来，事实上可以是任何地方。你们不需要经过任何提携，不需要亲友，不需要任何特殊和优待，也不需要经过任何一个特殊的学校……只需要自己的能力和天资。"（马斯洛）

我们来到了这个世界，在自己的人生道路上不断体验和感受人生的点滴。大学是我们人生的一个重要驿站，行走在这条路上，我们同样需要勇气、力量，需要克服心灵的束缚，给心灵插上飞翔的翅膀，以勇敢的步伐，大步向前。

第一节　给我美丽心灵——心理健康概述

人们常说：只有优异的成绩却不懂得与人交往的人，是寂寞的；只有过人的智商却不懂得控制情绪的人，是危险的；只拥有超人的推理能力却不了解自己的人，是迷惘

的。的确，许多人的一生，并不缺乏才华、能力和机遇，却总是与成就、财富等擦肩而过，其中重要的原因是他们不具备健康的心理和良好的个性。而一切智慧、成就、财富和幸福都始于良好的个性和健康的心理。

一、心理健康的概念

（一）什么是健康

每个人都渴求健康，但并非人人对健康都有正确的认识。过去人们对健康的认识一直局限于没有疾病就是健康。后来，有人把健康定义为人体各器官系统发育良好、功能正常、体格健壮、精力充沛并具备良好劳动效能的状态。世界卫生组织（WHO）在《世界卫生组织宪章》中开宗明义地指出，健康不仅是没有疾病和病态（虚弱现象），而且是一种个体在生理、心理和社会适应上的完好状态或完全安宁。这是目前对健康最为全面、科学、完整、系统的定义，它使我们对人类健康内涵的理解更加深刻。健康包括了躯体健康、心理健康和社会适应良好。健康的目标是追求一种更积极的状态、更高层次的适应和发展，是一种身心健康、社会幸福的完满状态。

（二）什么是心理健康

心理健康，是指生活在一定社会环境中的个体在高级神经功能和智力正常的情况下，情绪稳定、行为适度，具有协调关系和适应环境的能力，以及在本身和环境条件许可的范围内个体所能达到的心理最佳功能状态。

研究历史

"心理健康"面面观

心理健康（mental health）一词最早由美国精神病学家斯沃特提出。

1946年，世界心理卫生联合会把心理健康界定为：身体、智力、情绪十分协调；适应环境，人际关系中能彼此谦让；有幸福感；在工作和职业中，能充分发挥自己的能力，过有效率的生活。

《简明大不列颠百科全书》中，心理健康被定义为："心理健康是指个体心理在本身及环境条件许可范围内，所能达到的最佳功能状态，而不是指十全十美的状态。"

在中国古代，孔子以"从心所欲，不逾矩"来定义心理健康，其不仅是个体社会化与个性化和谐发展的最高境界，而且是心理健康至善的主客观标准。"从心所欲，不逾矩"也浓缩了各类对"心理健康"的解释和界定，使其内涵尽在这一言中。

要理解心理健康的概念，需把握以下四点。

1. 心理健康是一种状态

心理健康程度一般分为三种状态。

（1）正常状态，简称常态。个体在没有较大困扰的情况下，心理一般处在正常状态中。个体的常态行为基本与其价值观、道德水平和人格特征相一致。这种状态一般认为个体心理健康。

（2）不平衡状态，简称偏态。是指个体心理处于焦虑、恐惧、压抑、担忧、矛盾、应激等状态。一旦个体处于不平衡状态，他/她会首先进行自我调节，无效则须借助他人的疏导，使之恢复正常状态。这种状态一般认为个体有心理问题。

（3）不健康状态，简称变态。它包括神经症、人格障碍、性变态、精神病等。这种状态一般认为个体患心理疾病。

2. 心理健康是人良好心理素质的表现

素质是在遗传的基础上，经过后天的影响而形成的个体品质的总和。心理素质就是人的认知、情感、意志等心理机能在社会实践中所表现出来的个性行为品质。良好的心理素质是心理健康的表现。心理健康教育是利用教育的各种途径和方法，塑造和提高大学生的各类认知、情感、意志品质的活动过程。我们通过这样的素质教育，来帮助大学生达到一种心理健康的良好状态。

3. 心理健康是一种人生态度

心理健康说到底就是一种积极的人生态度，表现为：以积极的眼光看待周围事物；富有利他精神，能在尝试付出、发展自己的过程中增强自我价值感；既追求高尚的生活目标，又拥有现实的生活目标，能放弃做"完人""超人"的念头；有观念明确、能身体力行而又有一定程度弹性的道德准则。而缺乏道德观念与坚持"超道德"观念正是人格异常者与神经症患者常见的特征。许多心理咨询专家都指出：神经症患者对其神经症状的特殊的态度，如焦虑症患者对自己的焦虑表现的过度担忧，强迫症患者对自己强迫观念的过度关注与强烈的控制意识，正是加重其神经症状的重要原因。这也可以从反面说明人生态度对心理健康的重要性。心理健康的人在生活中多持有一种积极的、开放的、现实的、辩证的、通达的人生态度。《论语·子罕第九》中所说的"子绝四：毋意，毋必，毋固，毋我"，正是这种辩证的、通达的人生态度的表现。

4. 心理健康是一个发展变化的过程

心理健康是一个发展变化的过程，而不是静止不变的结果。心理健康包括了人的知、情、意、行的健康状况，是一种状态和过程。在这个过程中，每个人都会遇到各种困惑，但不等于心理不健康，重要的是能有效地解决困扰，这便是心理健康的表现。一个人若具有能力在矛盾重重的日常生活中求得暂时或长期的内心平衡与和谐，并进而追求新知、追求自我实现，则必定拥有获得心理健康的重要条件。

名人名言

好的人生，是一种过程，而不是一种状态；它是一个方向，而不是终点。

——罗杰斯

二、心理健康的标准

心理健康的标准是心理健康概念的具体化。心理健康的标准是动态的，不同年龄、不同社会文化、不同时代有不同的标准。例如，在封建社会，安贫乐道可能是一种理想的保持心理平衡的观念；但是在现代社会，如果安于现状而不思进取，就可能在激烈的社会竞争中被淘汰。

造成各人对心理健康标准看法差异的原因主要有以下三种。

一是确立心理健康标准的依据不同。统计常模、社会规范、生活适应、心理成熟状况、主观感受是人们经常采用的五类依据。

二是对心理健康标准把握的尺度不同。马斯洛提出的心理健康标准是从世界近代史上38位成功的名人的人生历程中归纳出来的，可以说是一种尺度较严的"精英标准"。而在精神科医师的眼中，凡无心理症状的人都被视为心理健康的人，这是一种衡量健康状况的尺度较宽的、低水平的"临界标准"。还有许多学者以人格各个维度的量值在总体平均数附近、统计学上占大多数的人的主要行为特征作为心理健康的标准，可称之为"众数标准"。例如，我国学者江光荣指出在确定心理健康标准时存在两大原则，"众数原则"和"精英原则"。"众数原则"即以社会中多数成员的常态行为为正常，行为偏离常模者为异常；"精英原则"则强调以人的本质力量、人的潜能的实现程度为评价依据，功能充分发挥者为正常。

三是在描述心理健康的人的行为特征时涉及的品质范围与关注的重点不同。有的标准强调积极自我概念的重要性，有的标准强调良好习惯的重要性，有的标准重视生活适应状况，有的标准关注人的自我潜能实现的程度。

有人根据对现有心理健康评定的实际分析，指出当前存在七种确定心理健康状况的标准：

（1）以统计学上的常态分布为标准。
（2）以行为合乎社会规范为标准。
（3）以个人主观经验为标准。
（4）以社会生活适应状况为标准。
（5）以是否存在医学上的病因与症状为标准。
（6）以心理成熟及其发展水平为标准。
（7）以心理机能的充分发挥为标准（2001年增加）。

历史研究

国内外学者对心理健康标准的看法

1. 美国人本主义心理学家马斯洛等关于心理健康的十项标准

这十项标准被认为是心理健康的"最经典标准"：①有充分的安全感；②对自己有充分的了解，并能对自己的能力做出适当的评价；③生活理想和目标切合实际；④与周围环境保持良好的接触；⑤能保持自身人格的完整与和谐；⑥具有从经验中学习的能力；⑦保持良好人际关系；⑧适度的情绪发展与控制；⑨在集体要求的前提下，较好地发挥自己的个性；⑩在社会规范的前提下，恰当满足个人的基本需要。

2. 奥尔波特（G. Allport）提出的标准

心理健康与人格有着密切的关系，人格心理学家奥尔波特对心理健康提出了七条标准：①自我意识广延；②良好的人际关系；③情绪上的安全性；④知觉客观；⑤具有各种技能，并专注于工作；⑥现实的自我形象；⑦内在统一的人生观。

3. 林崇德提出的标准

我国著名心理学家林崇德认为："心理健康标准的核心是：凡对一切有益于心理健康的事件或活动作出积极反应的人，其心理便是健康的。"他对心理健康提出以下十条标准：①了解自我，对自己有充分的认识和了解，并能恰当地评价自己的能力；②信任自我，对自己有充分的信任感，能克服困难，面对挫折能坦然处之，并能正确地评价自己的失败；③悦纳自我，对自己的外形特征、人格、智力、能力等都能愉快地接纳认同；④控制自我，能适度地表达和控制自己的情绪和行为；⑤调节自我，对自己不切实际的行为目标、心理不平衡状态、与环境的不适应性，能做出及时的反馈、修正、选择、变革和调整；⑥完善自我，能不断地完善自己，保持人格的完整与和谐；⑦发展自我，具备从经验中学习的能力，充分发展自己的智力，能根据自身的特点，在集体允许的前提下，发展自己的人格；⑧调适自我，对环境有充分的安全感，能与环境保持良好的接触，理解他人，悦纳他人，能保持良好的人际关系；⑨设计自我，有自己的生活理想，理想与目标能切合实际；⑩满足自我，在社会规范的范围内，适度地满足个人的基本需求。

4. 樊富珉提出的大学生心理健康的标准

清华大学心理学系教授樊富珉提出大学生心理健康的七个标准：①能保持对学习较浓厚的兴趣和求知欲望；②能保持正确的自我意识，接纳自我；③能协调与控制情绪，保持良好的心境；④能保持和谐的人际关系，乐于交往；⑤能保持完整统一的人格品质；⑥能保持良好的环境适应能力；⑦心理行为符合年龄特征。

综上所述，心理健康的标准是多层次、多方面的，要科学、正确判断一个人的心理是否健康，必须从多个角度进行考察，还要结合不同地区、不同民族、不同文化、不同时代的具体情况进行综合考察。

同时，需要强调的是，心理健康标准是一个必须慎重对待的问题，只有从以下四个方面进行全面、准确的理解，才能正确地把握这一标准。

（1）心理不健康与有不健康的心理和行为表现不能等同。心理不健康是指一种持续的不良状态。偶尔出现一些不健康的心理和行为并不等于心理不健康，更不等于患有心理疾病。因此，不能仅根据一时一事而轻易地给自己或他人下心理不健康的结论。

（2）心理健康与不健康不是泾渭分明的对立面，而是一种连续状态。从良好的心理健康状态到严重的心理疾病之间有一个广阔的过渡带，在许多情况下，异常心理与正常心理、变态心理与常态心理之间没有绝对的界限，只是程度的差异。

（3）心理健康的状态不是固定不变的，而是动态变化的过程。随着人的成长、经验的积累、环境的改变，心理健康状况也会有所改变。

（4）心理健康的标准是一种理想尺度，它不仅为我们提供了衡量一个人心理是否健康的标准，而且为我们指明了提高心理健康水平的努力方向。每一个人在自己现有的基础上做不同程度的努力，都可以追求更高层次的心理发展，不断激发自身的潜能。

三、心理健康的评估

心理健康的评估和诊断，必须以严谨的态度，综合运用会谈法、观察法、心理测验法、医学检查法进行。

（一）会谈法

会谈法是指咨询者通过与来访者谈话了解来访者的心理健康状况，以达到评估其心理健康状况的目的。因此，这种会谈也叫作诊断性会谈。众所周知，心理障碍的许多症状是以来访者的主观体验为主要表现的，如来访者的感知觉、思想活动、情感体验以及其对疾病的认识等，只有通过谈话才能觉察到问题的存在并了解其内容，所以，会谈法是评估和诊断心理健康状况的一种重要方法。

（二）观察法

观察法就是通过有目的、有计划地观察来访者的外部表现，如动作、姿态、表情、言语、态度和睡眠等，来评估和判断其心理健康状况。例如，很多心理障碍者有其外部表现的特征，如焦虑症者坐立不安、愁眉不展，精神分裂症患者常有多种怪异行为、情感淡漠、行为与外界环境不协调，等等。

（三）心理测验法

所谓心理测验就是用一些经过选择、加以组织的可以反映出人们一定心理活动特点的刺激（如一些日常生活中的事件），让受试者对此做出反应（如回答问题），并将这些反应情况数量化以确定一个人心理活动状况的心理学技术。这些刺激叫作测验材料，测验过程便是使受试者做出反应的过程。心理测验的种类繁多，数以千计，比较常用的也有 300 多种。我国目前较为常用的量表，大多是根据国外量表修订而成的。

心理测验按测验的目的可分为智力测验、人格测验、能力倾向测验、神经心理测验等，按测验材料的性质可分为文字测验和非文字测验，按测验的方式可分为个体测验和团体测验,按测验材料的意义肯定与否和回答有无意义限制可分为投射测验和非投射测验。

量表法可视为心理测验的一种特殊形式,它是心理健康评估的最常用方法。评定量表按操作主体的不同可分为自评量表和他评量表。量表按内容的不同可分为:①心理卫生综合评定量表;②生活质量和幸福度评定量表;③家庭功能与家庭关系评定量表;④人际关系与态度评定量表;⑤抑郁评定量表;⑥焦虑评定量表;⑦孤独评定量表;⑧自尊与自信评定量表;⑨心理控制源评定量表;等等。这些量表都可以从不同角度评价人的心理健康水平。

国内目前对青少年心理健康及相关的研究多采用问卷调查法。之所以较多采用问卷调查法是因为它具有效率高、经济、省时等优点,而且目前的数据分析软件应用的便利也在一定程度上促使人们利用问卷法。例如,症状自评量表(SCL-90)就是一种常用的问卷。

(四)医学检查法

人的身心是相互作用的,有些心理障碍是大脑器官器质性改变和躯体障碍的结果,医学检查可以发现与心理障碍相应的身体上的异常变化,根据临床症状、体征和辅助检查结果[如脑电图(EEG)、脑血流图、头部X线、电子计算机X线断层扫描(CT)、功能磁共振(fMRI)、正电子断层扫描(PET)、经颅磁/电刺激(TMS、tDCS)、脑磁图(MEG)检查等],可判断其心理障碍的原因。常见的引起精神症状的躯体疾病有:颅内感染、癫痫、脑血管病、阿尔茨海默病、颅脑损伤、颅脑肿瘤。

四、关注心理健康的意义

心理健康是人的整体健康状态的必要组成部分,无论是从全社会人力资源开发与社会主义精神文明建设角度,还是从个人成长发展、活动效率提高以及生活品质改善角度来看,维护心理健康都是一项十分重要而严肃的工作。

(一)关注心理健康,是社会发展和全面健康的需求

从社会需求上看,现代社会经济状况以及个人生活的变化改变了人们生活方式、工作环境和家庭及社会的关系,增加了人们的心理压力,对个体心理素质的要求也越来越高。2019年,首次全国性精神障碍流行病学调查结果显示,我国精神障碍的年患病率为9.3%,即14亿人口中,每年约有1.3亿人患有各类精神心理障碍。由此可见,心理健康问题已经成为我国严重的社会性问题,如何解决这一问题已经成为当务之急。

从人类健康新观念来看,生物医学模式正向生物—心理—社会医学模式转变。人们从健康人的观点出发,更重视健全人格,增强适应能力,提高物质文化生活质量。

（二）关注心理健康，对预防精神疾病、身心疾病和恶性事故的发生有重要的意义

由于社会生活的纷繁复杂以及各种压力，人们随时都可能面临来自各个方面的心理应激。重视心理健康问题，可以使人们很好地处理各种矛盾，提高心理承受能力，在挫折面前有足够的心理准备，并采取有效的措施，积极预防精神疾病的发生。重视心理健康问题，可以使人能有效地抵御各种不良诱因的作用，矫正不良的心理反应，有效地预防身心病症的发生。在近年发生的恶性事故中，有许多与当事者的心理健康状况有关，而提高人们的心理健康水平可以在一定程度上预防这类事件的发生。

（三）关注心理健康，对当代大学生成长与成才有重要的意义

1. 良好的心理健康水平是大学生成才的前提

现代化建设取决于人才素质的提高和合格人才的培养。心理素质是人才素质的基础，心理健康是良好的心理素质的基本要求。一个人在心理健康上多一分弱点，其成长和发展就多一分限制和损失。大学阶段是一个人心理和生理都迅速发展的阶段，大学生是一个承载着社会、家人的高期望值的特殊群体，他们的自我定位高，成才的欲望非常强烈，但心理发展尚未成熟、稳定。在这个走向成熟而尚未成熟的过渡阶段，大学生的心理发展不平衡，情绪不稳定，心理冲突时有发生。每年因承受能力差、情绪脆弱、神经衰弱等原因退学、休学的高校学生不断增多，轻生自杀现象也时有发生，给国家、学校、学生家庭及个人都造成了很大的影响。那么，什么样的人才最具有竞争力？学识、能力固然很重要，拥有良好的心理素质同样重要。建立正确的人生观、树立远大的理想，必须具备健康的心理。

经典研究

心理学家对天才儿童成长规律的研究

1921—1922年，美国心理学家推孟用斯坦福-比奈量表等方法，对学龄前至8年级的儿童进行了测查，鉴别出1528名天才儿童（其中男孩857名、女孩671名），其平均智商为151（其中智商在170以上的有80名），平均年龄为11岁。这是这个领域规模较大、时间最长的一项著名的追踪研究。经过长达40年的追踪研究，到20世纪60年代，这些天才儿童只有20%取得令人瞩目的成就，60%业绩平平，20%处于中等以下的水平。为何会出现如此差异显著的研究结果？推孟的研究揭示，影响成才的主要因素并非智力，而是个人的情感、意志、性格等非智力因素。

2. 良好的心理健康水平是大学生健康人格的体现

人格是人的心理面貌的集中体现。心理健康的人的人格特点可表现为，在人与人的

交往中，能够保持心理活动的平衡，所想、所言、所为是有机统一的、稳定的。心理健康的大学生的人格是统一、完整的，他们胸怀坦荡、言行一致、表里如一。反之，心理不健康的大学生，其思想和行为充满斗争和冲突，很难统一自己的心理与行为。大学生健康人格的塑造过程，就是心理健康和心理成熟的过程。

3. 良好的心理健康水平是大学生快乐生活的基本条件

一位联合国专家曾断言："从现在到21世纪中叶，没有任何一种灾难能像心理危机那样带给人们持续而深刻的痛苦。"一个人想要快乐生活，基本的条件是什么？同样是贫困生，有的人自立自强，贫苦成为其奋斗的动力、人生的财富；有的人怨天尤人，不思学业，精神萎靡，碌碌无为。正是不同的心理承受力或者说心理素质导致了完全不同的结局。应该说，只有保持健康的心态，才能无论在顺境坦途还是在艰难困苦中都积极向上。

第二节　关注心灵主题——大学生心理健康

大学生是风华正茂的一代，他们是社会上文化层次水平较高、思维活跃、富有朝气的群体。但在他们生理、心理趋向成熟的过程中，由于受人际关系不良、经济困难、失恋、学业受挫等各种因素的影响，心理健康问题较之其他社会群体显得尤为突出，因此加强大学生心理健康教育已成为高校人才培养的一项重要任务。

一、当代大学生心理健康现状

随着社会开放程度的加大、生存竞争和压力的增大、文化和价值取向的多元化，心理健康成为社会普遍存在的一个重大问题。大学生心理健康问题日益受到各界的广泛关注。大学生的心理健康问题已成为国内外研究关注的重点。

我国大学生多数处于青年中期（18～24岁）这一年龄阶段。在这个阶段，个体的生理发展接近成熟，已具备了成年人的体格及种种生理功能；但其心理尚未成熟，情绪不稳定，很容易造成心理冲突，如理想与现实的冲突、理智与情感的冲突、独立与依赖的冲突、自尊与自卑的冲突等。大学生进入大学后，在学习、生活、交友、恋爱、择业等方面小小的挫折足以使他们中的一些人难以承受，以致出现心理疾病，甚至离校出走、轻生等。从环境因素看，竞争的加剧、生活节奏的加速，使人产生了时间的紧迫感和压力感；随着个人对生活目标的选择机会增多，难以兼顾的矛盾也加剧了大学生内心的冲突，使他们产生了无所适从的焦虑感，再加上各种生理因素、心理因素、社会因素交织在一起，极易造成大学生心理发展中的失衡状态。

文献研究

我国大学生心理健康状况研究

目前,大学生心理健康问题备受关注,心理健康状况不佳不仅会令大学生在学业上适应困难,影响其学业投入和学业表现,还会降低他们的生活质量和幸福感,甚至阻碍他们未来的社会适应和职业发展。

近年来,众多研究关注大学生的心理健康问题。有学者从众多文献中筛选了560篇文献对2010—2020年我国大学生主要心理健康问题的检出率及影响因素进行元分析,结果显示,近10年来我国大学生心理健康问题检出率由高到低分别为:睡眠问题23.5%,抑郁20.8%,自我伤害16.2%,焦虑13.7%,自杀意念10.8%,躯体化4.5%,自杀未遂2.7%。性别、生源地、独生子女与否对大学生心理健康问题检出率的影响并不显著。据此可以发现,相较于外化问题,我国大学生的内化问题,尤其是睡眠问题和情绪问题更加严重。这一方面是因为大学生内心敏感、丰富,情绪起伏大、变化快,加之情绪调节能力未发展至最佳水平,所以容易产生各种内在心理困扰。另一方面,大学生正处在由青春期向成年期过渡的关键时期,不仅需要"向内"探索、建立自我认同感,还需要面对日趋激烈的外部竞争,因而容易产生过大的心理压力,陷入"精神亚健康"状态,出现失眠、焦虑、抑郁等各种心理症状,严重情况下也会产生自伤、自杀等极端负性行为。

[摘自:陈雨濛,张亚利,俞国良.2010—2020中国内地大学生心理健康问题检出率的元分析[J].心理科学进展,2022,30(5):991-1004.]

二、大学生常见的心理健康问题

(一) 适应问题

青年心理学之父霍尔(G. S. Hall)称青年期是一个"疾风怒涛"的时期,这时青年的心理特点是动摇、起伏,会出现一些非常显著的互相对立的冲动。刚进入大学的学生所处的环境发生着较大的变化:生活环境的变化、学习状况的变化、人际关系的变化、学校管理制度的变化……面对这些变化,大多数学生由于受心理成熟水平的限制,认识很难跟上,不可避免地出现不适应问题,其中以新生入学后一周到两个月之间心理的不适应表现得最为集中、最为明显。

(二) 人际交往问题

我国著名医学心理学家丁瓒教授指出:人类心理的适应,最主要的就是人际关系的适应,人类心理的病态,主要是由人与人之间关系的失调导致的。人际交往在大学生的生活中占有相当重要的地位,大致包括亲子关系、师生关系、同学关系、朋友关系等。

大学生人际交往问题主要表现为缺少知心朋友、与个别人难以交往、与他人交往平淡、感到交往有困难、社交恐惧、不想交往等。围绕着人际交往问题，许多大学生在不同程度上经历着心理冲突。一方面，他们希望不断扩大交往范围，增加交往频率，去获得信息，达成相互理解，满足人际交往的需求；另一方面，他们的交往能力和交往条件又带有较大的局限性，不能完全适应其面临的交往境况。其中，孤独和猜疑是影响人际关系的重要因素。大学生人际交往障碍主要是无根据地猜测和怀疑别人，误认为周围的人都是不可信的、不可交往的，于是陷入孤独境地；或过高地估计别人，无端地怀疑自己，人为地拉大自己与同学的距离，限制自己的交往范围，导致人际范围狭窄，人际交往困难。这些学生与人相处时容易产生压抑、焦虑、孤独、苦闷、紧张、空虚、恐惧等不良情绪体验，甚至厌世、轻生。

（三）情绪问题

普通心理学认为，情绪是指伴随着认知和意识过程而产生的对外界事物的态度，是对客观事物和主体需求之间关系的反应，包含情绪体验、情绪行为、情绪唤醒和对刺激物的认知等复杂成分。作为"天之骄子"的大学生，受到个人成长、环境改变、社会就业压力等因素的影响，面对自己情绪的变化更是经常感到不知所措。大学生常见的五种情绪问题，包括焦虑、抑郁、愤怒、自卑、嫉妒。

焦虑是人处于应激状态时的正常反应，适度的焦虑可以唤起人的警觉、集中注意力、激发斗志，是有利的。而过度焦虑则会使人感到紧张害怕、心烦意乱，注意力难以集中，思维迟钝、记忆力减弱，同时常常伴有头痛、心律不齐、失眠、食欲不振及胃肠不适等身体反应。

抑郁是一种持续时间较长的低落消沉的情绪体验。处于抑郁状态中的大学生，对什么事都提不起兴趣，常常感到精力不足、注意力难以集中、思维迟钝，同时伴有痛苦、羞愧、自怨自责、悲伤忧郁的情绪体验，自我评价偏低，对前途悲观失望，甚至出现自杀行为。

（四）学习问题

大学生的角色地位及生活环境与其在高中时期有着很大的不同，大学更注重培养学生的自学能力，部分学生由于学习方法不当导致成绩不理想，因而产生挫折感，伴之而生的紧张不安的情绪就是焦虑。一些学生感到竞争激烈、压力大导致上课注意力分散、记忆力减退、反应迟钝、考试成绩差。程度轻者情绪低落、精神颓废，形成恶性循环；程度重者患上考试焦虑症，甚至萌生自杀的念头。

（五）恋爱与性心理问题

进入大学后，学生的生活环境有了很大的改变，多数人远离父母，且大学生多数处于青春期，因此"爱情"是大学校园中的一个敏感的话题。恋爱是美好的，但同时也是促使情绪、感情、心理大起大落的"磁力场"。许多青年学生因相关知识的匮乏，不能正确对待青春期生理、心理的变化，不能正确处理恋爱问题，因而在享受甜蜜爱情的同时，一系列复杂、独特的情感体验也随之而来，这也是最容易产生心理困扰的领域之

一。大学生常见的恋爱与性心理问题的来源包括同性恋、性压抑与自慰、异性恐惧症、单相思、失恋、婚前性行为等。

(六) 自我意识问题

心理学研究结果表明，理想自我与现实自我之间的失衡往往是产生青年心理问题的重要原因。如何协调理想自我与现实自我的差距，以及如何正确看待自己是青年面临的一个非常重要的课题。处于大学阶段的青年学生心理渐趋成熟，自我意识增强，开始积极地思考人生，不断反省自我、探索自我，有着强烈的充实自我、发展自我和强化自我的需求，也经历着种种内心自我评价与认知的矛盾和迷惘。大学生常见的自我意识的偏差包括理想与现实的差距，过度自我接受与自我否定、自我中心与他我中心、独立与依赖的纠结等。

三、影响大学生心理健康的因素

大学生的心理健康问题是其人格与环境交互作用的结果。影响大学生心理健康的主要因素有生物遗传、家庭社会、认知和人格等。

(一) 生物遗传因素

生物遗传因素的影响主要有遗传因素、病菌或病毒感染、脑外伤或化学中毒，以及严重躯体疾病或生理机能障碍等。

1. 遗传因素

人作为身心兼备的整体，与遗传因素的关系十分密切。特别是人的躯体、气质、智力、神经过程的活动特点等，受遗传因素的影响更为明显。调查和临床观察表明，在精神病患者的家族中，有精神发育不全、性情乖僻、躁狂抑郁等精神疾病或异常心理行为表现的人占相当大的比例。例如，对躁狂抑郁症和精神分裂症患者亲属的患病率的调查数据显示，精神疾病发病的原因确实具有明显的血缘关系，血缘关系越亲近，患病率越高，而这正是受遗传因素的影响。

2. 病菌或病毒感染

临床研究证明，中枢神经系统疾病，如中枢神经系统感染，由病菌、病毒损害神经组织结构而导致器质性心理障碍或精神失常，它可能阻抑心理的发展，造成智力迟滞或痴呆。

3. 脑外伤或化学中毒

由种种原因造成的脑震荡、脑挫伤等都可能导致意识障碍、遗忘症、言语障碍、人格改变等；有害化学物质侵入人体从而毒害中枢神经系统，如酒精中毒、食物中毒、煤气中毒、药物中毒等，亦会导致心理障碍或精神失常。

4. 严重躯体疾病或生理机能障碍

这方面的影响也是造成心理障碍和精神失常的原因之一。例如，在内分泌机能障碍中，最突出的如甲状腺机能紊乱（如机能亢进）时，往往会出现敏感、暴躁、易怒、情绪冲动、自制力减弱等心理异常表现；肾上腺素分泌过多会引起躁狂的症状，而肾上腺素分泌不足则可能导致抑郁的症状。

（二）家庭社会因素

1. 家庭因素

心理学研究发现，家庭环境会对人的一生产生重大影响，家庭是影响大学生行为和心理发展的基础。国内外大量研究表明，家庭变故，如父母死亡、父母离异或分居、父母再婚、家庭变迁、出现意外事件等；家庭关系紧张，如父母关系、婆媳关系、姑嫂关系、兄弟姐妹关系不和谐、家庭情感气氛冷漠、矛盾冲突频繁等；家庭教育方式不当，如专制粗暴、强迫压服，或溺爱娇惯、放任自流等；这些家庭不良因素均容易造成家庭成员的心理行为异常。

文献研究

家庭对心理健康的影响

家庭作为个体成长的第一环境，在心理健康中具有非常重要的意义。家庭对心理健康的影响因素主要集中在父母的教养方式、家庭经济状况、家庭中孩子的数量、童年的痛苦经历、生活的家庭结构、家庭气氛等方面。近年来，儿时经历对大学生心理健康的影响受到研究者的关注。如果学生因在幼年时期遭遇过家庭重大变化而造成心理创伤，那么这种阴影可能会伴随他的一生。比如留守儿童与父母长期分离，缺少父母的关爱，他们会表现出羞怯、自卑、自闭等症状。

［摘自：贾园园．家庭因素对大学生心理健康的影响[J]．社会心理科学，2014，29(1)：55-57.］

2. 学校因素

学校是学生学习、生活的主要场所，学生的大部分时间是在学校中度过的。因此，校园生活对学生的身心健康影响极大。多年来，高校采用的教育模式在培养大学生的专业知识、专业技能等方面发挥了重要作用，但却忽略了对学生心理素质的培养，一些学生专业知识扎实，而个性、心理却不太健康，意志品质脆弱，难以成为一个全面发展的人。有的学校强调知识教育、专业教育，不重视学生综合素质的培养，导致学生缺乏参与各种有益社会活动的意识。学校因素主要有学校教育条件、学习条件、生活条件，以及师生关系、同伴关系等。这些条件和关系如果处理不当，就会影响学生的身心健康发展。例如，不良的社会文化辐射到校园，滋生了种种不健康现象，如盲目追星、追赶时髦、醉心于牌桌或流连于花前月下等。学校校风学风不振、学生学习负担过重、教师教育方法不当、师生情感对立、同学关系不和谐等都会使学生的心理变得压抑，精神紧张、焦虑，如不及时调适，就会造成心理失调，甚至心理障碍。

3. 社会因素

社会因素主要包括政治、经济、文化教育、社会关系等。这些因素对一个人的生存和发展起着决定作用。其中，社会生活中的种种不健康的思想、情感和行为，严重影响着学生的心理健康。市场经济中的激烈竞争在促进社会各方面飞速发展的同时亦造成了一系列问题，紧张的生活节奏和巨大的生活压力使人感到精神压抑、身心疲惫。改革开放给大学生提供了良好的机遇，但其带来的文化价值观念的转变以及随之出现的一系列社会不良现象亦使大学生在心理上产生诸多矛盾，甚至切身感受到社会转型期的阵痛，这使得大学生人格弱点泛浮出来，形成心理疾患。特别在当前，人与人之间的交往日益广泛，各种社会传媒的作用越来越大，生活紧张事件增多，矛盾、冲突、竞争加剧。这些现象都会加重大学生的心理负担和内心矛盾，影响大学生的身心健康，尤其是经济问题和就业问题给大学生带来了巨大的压力。

（1）经济问题。由于大学生在经济上尚未独立，而大学生本身又具有较强的独立意识和自立的强烈欲望，但人格的独立是以经济独立为基础的，因此大学生或多或少地有着经济上既想独立但又想依赖，并不得不依赖的内心冲突。另外，大学生是家庭中的"重点保护对象"，部分大学生有大手大脚的消费习惯，再加上受社会上攀比风气的影响，大学生的高消费现象愈演愈烈。而家庭经济条件不好的学生为了面子，又不得不大大方方地花父母的血汗钱，由此产生了良心、面子等心理冲突。

（2）就业问题。由于高校扩招、社会竞争加剧、就业市场不景气，很多大学生毕业时的就业状况和入学时"天之骄子"的心理预期差距太大。大学毕业生难找工作是个普遍问题，而要找到一个理想的工作就更难。择业过程中遇到的各种问题（如工作单位不如意、担心自己能力不足、缺乏经验而不能胜任工作，等等），给临近毕业的大学生造成巨大的精神压力，使他们因焦虑、自卑而失去安全感，许多心理问题也随之产生。有时这种压力会以一些不正当的渠道宣泄出来，如乱砸东西、酗酒打架、消极厌世等。

（三）认知因素

每一个个体都具有各种认知因素，这些认知因素自身的发展和各认知因素之间的关系可能是协调的，也可能是不协调的。一旦某一认知因素发展不正常或某几种认知因素之间的关系失调，就会产生认知的矛盾和冲突。这种矛盾和冲突会使人感到紧张、烦躁和焦虑，于是极力想减轻或消除。认知因素之间的失调程度越严重，人们期望减轻或消除失调、维持平衡的动机也就越强烈。如果这种需要和动机长时间得不到满足、不能实现，则可能使人产生心理偏差或心理障碍。认知的严重失调还会破坏人格的完整性和协调性，甚至导致人格障碍。

（四）人格因素

人格与心理健康关系密切。人格的发展和完善给人们带来的福利远胜于金钱、权利和地位所带来的。人格健康是生活幸福、事业成功的最重要决定因素之一。大学生心理健康的最主要指标是人格健康，近年来发生的多起大学校园伤害事件，凸显了当代人格心理健康教育的不足。可以说，一个人没有健康的人格，即使拥有了高学历、高地位，也难以成为对社会真正有益的人才。

第三节　走向和谐与成长——大学生心理健康教育

现代化建设取决于人才素质的提高和合格人才的培养。心理素质是人才素质的基础，心理健康是良好的心理素质的基本要求。一个人在心理健康上多一分弱点，其成长和发展就多一分限制和损失。关注大学生心理健康，使之掌握必要的心理健康知识，及时调适不健康的心理，提高心理健康水平，已成为当代大学教育和大学生自身成长的一项重要的任务。

一、心理健康教育的起源与发展

心理健康的思想起源最早可以追溯到古希腊时代希波克拉底的著作。古希腊医学家希波克拉底（公元前460—公元前370年）认为，人体的四种体液有所变化而进入脑内，破坏了大脑的正常运行，于是就产生了精神障碍。调节人已经紊乱的体液，是使人精神健康的基本途径。在我国，古代道家、儒家思想家在这方面的论述甚多，其中有些常与人生哲学及伦理学相互牵连，尤其在其所表达的对理想人格的追求中，包含了心理健康的内核精义。例如，老庄道家所追求的是"真人"境界，"真人"境界的要义是见素抱朴、清心寡欲、虚极静笃、恬淡无为（不是真的无为，而是"无为无不为"）。儒家推崇人格修养，主张人要"平正守一""修身养性"，要有气节、操守，等等。我国古代医书上对心理健康也有明确的见解，如《素问》指出，"喜怒伤气，寒暑伤形，暴怒伤阴，暴喜伤阳"；《内经》说，"喜怒不节则伤肝，伤肝则病起""精神内守，病安从来""因郁而致病，因病而致郁"。这些论述，生动地说明了心理与生理是交织互动、紧密相连的。

当代心理健康运动是从如何正确认识精神病和给精神病患者以人道的待遇开始的。法国大革命以后，医生比奈尔（P. Pinel）对全人类的"自由与和平"充满希望。在他工作过的两所医院里，他以大无畏的勇气和改革的气魄毅然给住院精神病人解除了束缚他们躯体的锁链，并且努力为他们提供清洁的房间、良好的食物和仁慈的护理。这一创举引起了社会上的巨大反响，比奈尔的名声也因此而传遍欧洲，他被公认为是心理健康的倡导者。另一位对现代心理健康运动的兴起做出贡献的是美国人比尔斯

(C. W. Beers)。1907年，比尔斯写了一本著名的自传体著作《一颗自我发现的心》（*A Mind that Found Itself*）。在这本书中，他根据自己在精神病院住院期间和出院后的亲身遭遇，向世人发出改善精神病者待遇的强烈呼声。此书问世之后，引起了心理学家和社会大众的大力支持和强烈反响，由此开始了一场由美国发动，最后遍及全世界的心理卫生运动。1908年5月，比尔斯发起成立了世界上第一个心理卫生组织——康涅狄格州心理卫生协会。1909年2月，美国全国心理健康委员会在纽约成立，使心理健康运动逐步在美国形成了一股热潮。在美国心理健康活动的推动下，世界上许多国家纷纷成立心理卫生组织。1918年至1926年的8年间，加拿大、法国、比利时、英国、巴西、匈牙利、德国、日本、意大利等国，先后建立起全国性的心理卫生组织。1930年5月5日，第一届国际心理卫生大会在华盛顿召开，53个国家和地区共3042人出席了会议，中国也派去5名代表参加，盛极一时。这次大会的宗旨是"保护和增进世界各国人民的心理健康""研究、治疗和防止心理疾患和心理缺陷"，而它的最终目的是"增进全体人类的幸福"，同时，大会成立了一个永久性的国际心理卫生委员会，这标志着心理健康运动已发展成为一种世界性潮流。

第二次世界大战后至20世纪60年代末，心理卫生运动进入第二阶段。这一阶段的重点从关心身心因素的制约转到关注社会因素的影响。1948年，在联合国教科文组织和世界各国保健机构协作下，召开了伦敦第三届国际心理卫生大会。这次大会成立了世界心理健康联合会（WFMH），通过了《心理健康与世界公民》文件，该文件明确指出了心理卫生的社会化趋向，要求心理卫生工作者重视社会因素对心理健康的影响。从20世纪70年代开始，世界各国都十分重视心理卫生工作，政府拨款资助，各种心理健康咨询机构应运而生，做了大量的实际工作。随着实践和理论的推进，到20世纪80年代，心理卫生的含义又有了新的扩展。提出了心理卫生的三级功能，分别为：第一，防治心理疾病；第二，完善心理调节；第三，健全个体与社会。当今心理卫生的着眼点已放在健康人的心理保健上，放在个体发展的全过程上。人们认识到，从个体生命的早期就注意培养健康身心是预防心理健康问题的根本。

在我国，心理卫生运动在20世纪30年代开始起步，中国心理卫生协会于1936年成立，但因抗日战争全面爆发并未开展工作，实际已名存实亡。兴起阶段的重点工作是从改善精神病患者待遇到注意精神疾病的预防，从事心理健康工作的人大多数是精神病学工作者。1933年，心理学家吴南轩先生在高等小学开设了心理卫生课程，后又在《旁观》杂志上发表《心理卫生》专号。中华人民共和国成立后，特别是1978年党的十一届三中全会后，心理卫生工作在我国获得了进一步发展，并取得了一定成就。1982年，我国第一个儿童心理卫生研究中心在南京成立。1985年7月，中国心理卫生协会在山东泰安正式成立。该协会的成立对我国心理卫生事业的发展起到了非常重要的推动作用。此后，各省、自治区、直辖市也纷纷建立分会，有关心理卫生的研究成果不断涌现，进一步促进了心理卫生的发展。与此同时，在校学生的心理健康问题也日益为人们所关注，心理卫生工作开始向中小学纵深发展。

二、国内外大学生心理健康教育概况

（一）国外高校心理健康教育工作

心理健康教育不仅是一种技术和方法，更体现了一种先进的科学教育理念。大力加强高校的心理健康教育是世界性的共识，开展心理健康教育成为各国现代高校进步的一项重要标志。

美国是现代意义上的心理健康教育的起源地，至今依旧领先。美国大学生心理健康教育特色有：规范化与标准化的师资队伍；积极性和发展性的价值取向；综合性和多样性的服务范围，具体包括学业和职业选择上的指导、学生的情绪问题和社会问题的咨询、向家长和教师提供咨询服务、对学习课程设置提供建议、对问题学生的行为治疗、磋商性服务，还包括心理健康教育机构本身的发展工作。托马斯·奥克兰将美国高校诸多心理健康服务分为六大类：个别评估、研究评估、直接干预、间接干预、监督与管理、预防。

美国大学生心理健康教育载体有心理健康教育课程、社会服务和健康图书馆、高校心理健康中心等。美国大学生心理健康教育经过一个多世纪的发展，形成了相对成熟的教育体系和模式，其成功经验对促进我国大学生心理健康教育的发展有着重要的借鉴意义。

（二）国内大学生心理健康教育工作

20世纪80年代以来，我国高校心理健康教育取得了一些成效，高校心理健康教育受到越来越多的关注。1990年，教育部为加强对我国大学生心理健康教育工作的宏观指导，成立了全国大学生心理咨询专业委员会，并且分别于2001年与2002年颁布了《关于加强普通高等学校大学生心理健康教育工作的意见》以及《普通高等学校大学生心理健康教育工作实施纲要（试行）》。

我国大学生心理教育虽然有了长足的发展，但在一些因素的制约下，心理健康教育发展还不平衡，一些问题还比较突出，如心理健康教育队伍专业水平不高，且不稳定；对大学生的心理健康教育停留在咨询和治疗层面，心理健康教育模式多数为"重心理咨询，轻健康教育""重障碍性咨询，轻发展性咨询"；心理健康教育工作仅停留在针对心理异常学生的咨询和治疗上，而忽视相对多数心理健康却面临成才、学业与情感等问题困扰的大学生，导致高校心理健康的教育对象以及范围受到很大的局限；高校心理健康教育课程的教学活动不够规范；等等。

三、大学生心理健康教育的原则

学习并贯彻心理健康教育原则，对自觉运用心理健康教育规律、掌握心理健康教育的技巧、促进心理健康教育工作科学化、提高心理健康教育效果具有重要的意义。

（一）系统性原则

人的心理是十分复杂的系统，"牵一发而动全身"，因此，心理健康教育也应遵循系统性原则，不能孤立、静止地看待大学生的心理问题，更不能"头痛医头、脚痛医脚"。同时，心理健康教育作为高校整体教育系统的一部分，应与专业教育相结合，渗透到大学生学习的各个环节，寓于各科教学之中，寓于大学生的业余生活和校园文化活动之中。再进一步，学校教育与社会教育应相辅相成，应协调学校、家庭、社会三方面的力量，形成合力，多角度、多层次地促进学生的心理健康。

（二）发展性原则

心理健康是一个动态的过程，发展性原则就是指在大学生心理健康教育工作中，教育者要以发展变化的观点来看待学生身上出现的问题，不仅在对问题的分析和对本质的把握中要善于用发展的眼光做动态考察，而且在对问题的解决和教育效果的预测上也要具有发展的观点。我们要看到大学生的心理健康问题大多是发展性的而非障碍性的，不要过早盲目地下结论。贯彻发展性原则包括：要做到以发展的观点看待学生；要使心理健康教育走在发展的前面；心理健康教育要早进行，早做准备，采取主动态度，及时发现学生潜在的心理健康问题，防患于未然。

（三）主体性原则

学生是心理健康发展的主体，主体性原则集中体现了心理健康教育的关键特征。主体性原则是指在心理健康教育过程中要尊重学生的主体地位，注意调动学生参与教育活动的主动性、积极性。离开学生的主动参与和自觉努力，学校心理健康教育的种种努力可能枉费心机。主体性原则要求教育者在开展心理健康教育过程中的所有工作要以学生为出发点，鼓励学生自我选择和自我指导，促使学生自知、自觉、自助，既不采用强制手段，也不代替学生解决他们自身存在的问题。

（四）尊重性原则

心理健康教育实际上是师生双方的一种交往过程，尊重是实现这种交往的基础，也是师生情感交流的最佳渠道。师生双方只有在人格上平等、心理上相容时，学生才能打开心扉，教育者才能了解真实情况，教育才会有实际效果。大量心理健康教育和咨询实践表明，在教育者和受教育者之间建立一种相互信赖的关系与和谐的人际氛围是进行心理健康教育的必要前提。贯彻尊重性原则包括尊重学生个人的尊严，避免在教育过程中将自己对问题的观点强加给学生，特别是对那些有心理健康问题的学生，要创造一种自由、舒畅、开诚布公、无拘无束的交往氛围，对学生一视同仁地予以尊重。

（五）保密性原则

保密是对心理学工作者的一项基本而普遍的要求，也最能体现心理学者的职业道德素养。保密性原则同样适用于学校的心理健康教育工作。保密性原则是心理健康教育中极其重要的原则，是鼓励学生畅所欲言和建立相互信任的心理基础，同时也是对学生人格和隐私权的最大尊重。保密性原则是指教育者有责任对学生的个人情况以及谈话内容等予以保密，学生的名誉和隐私权应受到道义上的维护和法律上的保障。其具体包括：绝不应将求助学生的所有资料和信息作为社交闲谈的话题；除了必要的教学科研，个案的资料不应出现在教育者的公开演讲和谈话中；教育者所作的个人记录不能视为公开记录，不能随便让人查阅；任何咨询与辅导机构都应设立健全的储存系统来确保当事人档案的保密性。当然，保密原则也不是绝对的，在某些特殊情况下，如为了进行科学研究，为了求助人和他人的利益免受伤害，可以采取保密例外。保密性原则不仅是教育者和受教育者双方建立相互信赖关系的基础，而且关系到学校心理健康教育工作者的声誉。

四、大学生心理健康教育的途径

（一）知识传授途径

开设心理健康教育的课程或讲座，系统地向学生传授心理健康知识，可使学生了解自身心理发展变化的规律和特点，学会心理保健的方法，建立正确有效的心理防御机制。有些大学生缺乏必要的心理学知识，当他们出现一些不健康心理时往往不知所措，要么过于紧张、恐惧，反而加重了心理矛盾；要么把心理健康等同于生理健康，耽误了疏导、治疗的时间。因此，大学生掌握一些心理学知识是十分必要的，心理健康教育课程作为干预的重要手段也越来越得到重视。继1987年浙江大学最先在国内系统地开设了心理卫生课程，国内越来越多的高校开设了心理健康教育课程，建立心理教育咨询机构，加强心理素质教育，将心理健康教育贯穿于各种社会实践及校园生活中，提高学生的适应能力，对学生加强世界观、人生观和价值观的教育，促进大学生自我意识的发展，提高其人际交往能力，培养其情绪控制能力。

共同关注

"5·25"大学生心理健康日

2000年，"5·25全国大学生心理健康节"在北京师范大学拉开帷幕。2004年，教育部、团中央、全国学联办公室向全国大学生发出倡议，把每年的5月25日确定为全国大学生心理健康日。"5·25"是"我爱我"的谐音，对此，发起人的解释是：爱自己才能更好地爱他人。如今，"5·25大学生心理健康活动周"已遍及全国各地，成为全国大学生活动的一个著名的品牌，其影响力将会越来越大。

历届"5·25"大学生心理健康活动周主题如下。

2000年："我爱我，给心理一片晴空！"
2001年："我爱我，创造一个良好的人际空间。"
2002年："我爱我，了解我自己。"

2003 年:"我爱我,危机、理性、成长。"
2004 年:"我爱我,走出心灵孤岛。"
2005 年:"我爱我,放飞理想,规划人生。"
2006 年:"我爱我,快乐自在我心,健康、自信的心理。"
2007 年:"我爱我,用心交往,构建和谐。"
2008 年:"和谐心灵 绿色奥运。"
2009 年:"认同 关爱 超越。"
2010 年:"和谐心灵、健康成才。"
2011 年:"珍爱生命,责任同行。"
2012 年:"寻找我·拥抱我。"
2013 年:"大声说出你的爱。"
2014 年:"5·25 我们在一起。"

(二) 自我调节途径

大学生应学会进行自我心理调适,控制自己的不良情绪,使心理保持健康水平。人类在面临挫折时,常常会调动自身的适应机制,心理学称之为心理防御机制。心理防御机制力图减少焦虑的情绪,维持心理平衡,是个体自我保护的心理自动机制,它的更大价值在于为个体寻找解决挫折更为积极、有效的方法提供时机。大学生在生活中常常会遇到不顺心的事,考试失利、恋爱受挫、人际冲突等均会引发焦虑、愤怒、忧郁等不良情绪,这时必须及时疏导自己的不良情绪。常用的心理防御机制有压抑作用、投射作用、文饰作用、补偿作用、升华作用等。当然,心理防御机制需要在正确认识的基础上,适时、适度地运用。心理健康的人是在积极的意义上使用心理防御机制;而心理不健康的人总是依赖心理防御机制,其结果使适应能力日趋削弱,人格和心理发展受到影响。

(三) 活动调适途径

活动调适法是指通过从事有趣的活动,以达到调节情绪、促进身心健康效果的方法,其实质在于用活动的过程来充实空虚的生活,用活动中获得的愉悦来驱散不良的情绪。活动包括读书、写作、绘画、雕塑、体育运动、听音乐、歌唱、舞蹈、劳动等多种方式。例如,体育运动对心理健康的影响引起了许多学者的关注。国内很多研究者精心设计体育教学方案,研究不同运动项目、不同运动强度对大学生心理健康的影响,如练太极拳的大学生表现出较高的心理健康水平,且习练太极拳时间越长,心理健康水平越高;利用健美操俱乐部、艺术体操选修课等形式进行干预研究,证实了体育运动对心理健康有着积极的影响。总之,丰富多彩的业余活动不仅丰富了大学生的生活,而且为大学生的健康发展提供了课堂以外的机会。大学生可通过参加各种业余活动,来培养自己的多种兴趣和业余爱好,充分发挥自己的潜能,以缓解紧张情绪,维护身心健康。

(四) 心理咨询途径

心理咨询是指来心理咨询的人与心理咨询师之间，就来访者提出的心理问题，进行共同分析、研究和讨论，找出问题所在，经过心理咨询师的启发和指导，找出解决问题的方法，以克服来访者的情绪障碍，恢复其对社会环境的协调适应能力，维护其身心健康。在各种心理干预形式中，个别咨询是最主要、应用最多的辅导方式，也是最能解决深层次问题的辅导方式。必要的心理咨询是大学生维护和保持心理健康的重要手段。由于大学生的心理健康问题多是在成长过程中受挫、受阻造成的，因此心理咨询的目的是帮助大学生克服成长过程中的心理困惑与矛盾，指导学生培养良好的心理品格。

结束语：一位哲人说过，年轻人是一个民族的眼睛，倘若他忧伤和冷漠起来，必定是这个民族在迷惘；年轻人是一个时代的敏感神经，倘若他麻木起来，必定是这个时代麻木的前兆。对当代的青年大学生而言，其所处的时代比以往任何时代都更需要有良好的心理素质。我们相信，通过学校、家庭和社会的密切配合、共同努力，一定能够营造一个健康向上、积极进取的校园文化环境，形成良好的校风、学风和团结友爱的人际氛围，真正培养出不仅有良好思想道德素质、文化素质、专业素质和身体素质，而且有良好心理素质的人才。生命赋予大学生充足的资本，大学生们应不要浪费、别怕风险，应努力、投入地学习、生活和工作，使大学生活过得更精彩、更灿烂、更有意义。

【讨论与思考】

1. 回顾入学以来自己的生活、学习过程，思考自己处于何种心理健康状态，并分析为何会处于这种状态。
2. 通过自评，制订促进自己心理健康的计划。

【实践与拓展】

[心理讨论]

以 8～10 人组成一组，确认一名组长，讨论或实践以下主题：

1. 说出一件目前让你感到烦恼或不知道如何处理的事情。在小组讨论中，看看你自己或周围同学是如何应对的。小组充分讨论后，可以在课堂上进行 6～8 分钟的发言，并请老师指导。
2. 课后可开展制作心理健康教育知识板报、宣传栏，以及小书签或卡片的活动。

【推荐与导读】

毕淑敏著：《心灵的力量》，长江文艺出版社 2010 年版。

如果你愤怒，你就呐喊。如果你哀伤，你就哭泣。如果你热爱，你就表达。如果你喜欢，你就追求……《心灵的力量》是当代著名作家毕淑敏为青少年量身打造的心灵

励志读本。

该书的作者毕淑敏，曾是一名非常称职的医生，现在是一位非常著名的作家，共发表作品200余万字。曾获庄重文文学奖，《小说月报》第四、五、六届百花奖，当代文学奖，陈伯吹国际儿童文学奖，北京文学奖，昆仑文学奖，解放军文艺奖，青年文学奖，台湾第16届《中国时报》文学奖，台湾第17届《联合报》文学奖等各种文学奖30余项。

在该书中，作者用优美而富于哲理的文学语言，向青少年朋友传递关于思想和心灵的感悟。"每个人都是多棱的，即使是一个高尚的人，灵魂中也潜伏着卑微。但那些最好的文章，是优秀的作家在霞光普照的清晨，用生命最甘美的汁液写下的，他们自己也清醒地知道不可能重复。这里面一定有我们未知的属于神的部分。"希望大家能从中汲取精神的养分和获得灵性的成长。

王学富著：《成为你自己》，机械工业出版社2014年版。

《成为你自己》是一个小小的窗口，通过它，我们能够看到自己，看到人在成长过程中的各种艰难和阻碍，看到有这样一些勇敢的人，他们通过心理咨询，得到了真实的、充满人性的资源，使他们的生命发生了转机，从此可以充分成长。

该书的作者王学富，南京大学文学博士，美国安多弗·牛顿神学院心理学与辅导专业硕士，美国富勒心理学院访问学者，美国赛布鲁克大学存在、人本和超个人心理学博士研究生，美国《人本主义心理学刊》编委，南京大学中华文化研究院禅修国学高级研修班讲师。2013年因在人本主义心理学领域做出的杰出而深远的贡献，被美国心理协会（APA）人本主义心理学会授予"夏洛蒂和卡尔·彪勒奖"。

在该书中，作者以叙事方式来呈现作者跟年轻的生命接触的情感与经验。通过分析，人能够深刻地了解自己和觉察生活；通过叙事，人看到更丰富的自己，从而更全面地生活。该书中的每一篇文字，皆是有感而发，希望大家能从中汲取心灵的养分和获得成长的力量，并成为你自己。

【参考文献】

[1] 陈瑜. 大学生心理健康辅导[M]. 北京：中国医药科技出版社，2007.
[2] 樊富珉，费俊峰. 大学生心理健康十六讲[M]. 北京：高等教育出版社，2013.
[3] 贾晓明，陶敩恒. 大学生心理健康：走向和谐与适应[M]. 北京：北京理工大学出版社，2008.
[4] 欧晓霞，曲振国. 大学生心理健康[M]. 北京：清华大学出版社，2006.
[5] 张小远，解亚宁. 心理健康教程[M]. 广州：广东高等教育出版社，2003.

（本讲执笔人：张小远　陈瑜）

第二讲　性格决定命运：人格与心理健康

【本讲概要】

　　评价大学生心理健康的最主要指标之一是人格健康，人格健康也是生活幸福、事业成功的最重要因素之一。健康人格的培养是大学素质教育的首要任务之一。翻开这一页，我们将逐步探索人格的不同侧面，学习如何发展更加健康的人格。

　　我们将在本讲解释人格的有关概念和内涵，了解人格形成的主要影响因素；在此基础上，学习如何发展和完善人格。学完这一讲，大家应该能够：

（1）回答什么是人格，理解人格形成的主要影响因素。
（2）深入了解自己，实现人格的自我发展与完善。

　　本讲的重点是解释人格的有关概念，理解人格形成的主要影响因素；难点是深入了解自己的人格特征，并实现人格的自我发展与完善。

【导入】

　　人格与心理健康、成功以及幸福感密切相关。人格的发展和完善给人们带来的福利远远胜于金钱、权利和地位所带来的。为人父母者，培养孩子健康的人格是养育工作的重中之重。近年来发生的多起大学校园伤害事件，如2013年4月发生的复旦大学投毒案，凸显出当代大学生人格心理健康教育的不足。可以说，一个人没有健康的人格，即使拥有了高学历、高地位，也难以成为对社会真正有益的人才。

　　虽然没有一个人的人格是绝对完美的，但人格是可以终生发展的。如果你对自己当前的人格不够满意，那么你就有可能认真地思考过如何改变自己的人格，以使你的人格更趋向于完善，使你能够最大限度地发掘自己的潜力实现个人理想。本讲将带领你逐步认识和了解自己的人格。

第一节　塑造健康人格——大学生人格教育的重要性

　　你认为了解一个人困难吗？你了解自己吗？如果有一天，你惊异地发现，你最熟悉的人竟然做出了让你完全无法理解的行为，那么，你可能会发出和拉尔夫·瓦尔多·爱

默生类似的感慨:"所有人都是谜团,直到我们从语言和行为上发现通向他们的钥匙,才能明了他们的言行。"那么,该如何得到这样的钥匙呢?让我们从理解人格的概念开始。

一、人格概要

(一)人格的概念

在人格心理学范畴中,最为基本和首要的问题就是——"人格到底是什么?"对于这样一个看似简单的问题,心理学家们却难以解答,以至于在不同的心理学家心中似乎对其有着不同的解释。精神分析学派的理论家可能看重无意识机制,行为主义者会关注学习过程,而认知心理学家则从思维和认知的角度解读人们稳定的行为倾向。诚然,这么多理论流派的不同解读可能会使刚刚了解这个领域的人感到困惑和不安,但必须承认的是,这种争论既体现了人格的丰满和深邃,也体现了现今人格心理学的研究正处于百花齐放的盛况。

一般而言,大部分人格心理学家基本同意这样一个定义:人格是源于个体身上的稳定行为方式和内部过程。对于这个定义,我们可以从两个方面理解人格的丰富内涵。人格指的是稳定的行为方式。稳定包括跨时间的一致性和跨情境的一致性。跨时间的一致性意味着,一个从小就内向的孩子更有可能成长为一个内向的成人。跨情境的一致性意味着,一个人在家中具有较强的攻击性,在工作中更有可能如此。但这种稳定性不是绝对的,因为人格是可以终生发展变化的。当我们说人格具有稳定性的时候,指的是相对的稳定性。

"人格"定义的第二个部分关注内部过程。内部过程是指从内心出发,影响人们行为的普遍感受、动机和认知的过程。例如,当一门重要课程的成绩公布之时,对待同样的分数,不同的学生可能有着完全不同的心理过程。甲同学可能由于成绩刚刚及格而感到窃喜;而乙同学看到这个成绩,有可能感觉天都要塌下来了。由此可见,对待同一外部事件,具有不同人格特征的人可能有着截然不同的反应,这就是我们所说的内部过程。

值得指出的是,人格特质本身并无好坏优劣之分,只要我们能够接纳、整合自己人格的所有方面,就会发现,所有的人格特质都有可能变成我们身上的闪光点;相反,如果我们不接纳自己的某些人格侧面,就会造成人格的失整合,使我们的某些人格侧面被压抑、否定,甚至发展出病态的表达方式。例如,小李是一个天性内向、腼腆的男生,大部分时间里他都一个人待着,看到同学在一旁海阔天空地聊天,他总是不知道如何加入进来,在人多的社交场合感到非常不自在。他喜欢一个人做白日梦,但总是距离现实太远;他有远大的理想——成为一名外企高管,赚大钱,让父母安享晚年。但现实却让他越来越怀疑自己的能力。看到同宿舍的小王整天和一群同学玩在一起,那么受欢迎,小李曾经怀疑自己是不是在人格上不如小王。在学习了心理学知识后,小李终于明白,他和小王在内外向这一人格特质上存在着差异,这种差异既有可能给他带来优势,也有可能带来麻烦。对于小王来说,他对外界刺激非常不敏感,因此,他会主动寻求更多的社交机会,拥有更多的朋友;同时,他需要经常的外部刺激才能集中精神完成功课,如果让小王一整天不和人说话,这对于他来说是很难忍受的煎熬。但对于小李来说,他对外界刺激非常敏感,这让他能够对事物观察得细致入微,但也容易胡思乱想;一个人安静地学习更适合他,在人多嘈杂的场合会让他感到烦躁不安。在明白了这一点后,小李不再自我怀疑和自我否定了,而是更加明确了自己的人生发展方向——做一名基础医学科研工作者,最高目标是获得诺贝尔医学奖。从这个案例中我们可以看到,当不接纳自己的人格时,小李会感到自卑和无所适从;在充分了解并接纳自己的人格之后,小李不再对自己的人格特征耿耿于怀,而是抱着自我肯定的心态,逐步找到适合自己的职业规划。

心理与生活

真实自我与理想自我

真实自我是我们实际的样子:你的真实看法、感受和行为。理想自我是我们想要成为的样子,代表了父母以及社会对你的期待。人们的真实自我和理想自我之间经常存在着不同程度的不一致(见图2-1)。当这种不一致非常严重时,个体会否认自己的某些人格侧面,拒绝面对自己内心的真实感受,甚至歪曲现实。例如,一个孩子某次考试成绩不好,由于害怕被父母指责甚至打骂,这个孩子就会选择不告诉父母自己的真实成绩,而这个孩子也会为自己的不诚实而感到羞耻或自责。这样的情绪体验,会使这个孩子的人格发展受到消极的影响。

来自父母的无条件积极关注,可以帮助孩子发展出一致的自我概念。罗杰斯相信,真实自我和理想自我越一致,个体就越有可能达到自我实现的理想境界。

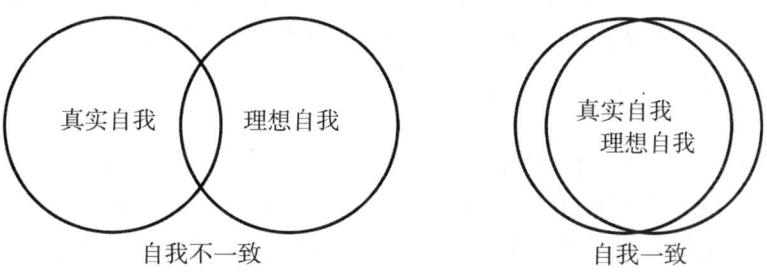

图2-1 真实自我和理想自我的关系

虽然人格并无好坏之分,但人格容易受到社会文化的影响,使拥有某些人格特质的人感到不那么适应环境,从而产生心理的苦恼。例如,在一个提倡个人竞争和成功的社会文化中,具有高成就动机的学生更容易受到父母和老师的表扬,而那些低成就动机的学生则更容易受到批评。有些家长和教师甚至希望通过教育和引导,改变孩子的人格特质。这样的努力如果采用粗暴的方式进行,有可能会伤害孩子的自尊心,使孩子更加自卑。正确的做法是,接纳孩子人格特质的先天差异,针对不同的人格特征,积极引导,

扬长避短。其实，心理学研究表明，高成就动机如同一把双刃剑，在给个体带来成就的同时，也有可能带来伤害。一方面，高成就动机会促使个体努力奋斗，争取卓越；另一方面，过高的成就动机也会让个体害怕面对失败，成为不懂休闲、不知疲倦的工作狂。长时间处于高强度的压力之中，有可能会使人在人生的长跑中马失前蹄。小兰的例子充分说明了这一点。

小兰是一个聪明伶俐、学习成绩优异的女生。由于家庭贫困，父亲因无钱治病早亡，小兰从小就立志成为一名优秀的医生。从小学到初中，小兰的成绩一直是班上的第一名。偶尔拿了第二名，她都会难过好多天，并暗暗发誓，下次一定要超过对方。就这样，小兰一直是老师们的宠儿，同学们眼中的学霸。由于平时她只在意成绩，因此忽视了人际交往。没想到，自从上了市重点高中后，就算再怎么努力，小兰的成绩就是进不了前三名。她的内心逐渐被痛苦、嫉妒、无望所吞噬，无数个不眠之夜，她发誓一定要在高考中考出好成绩。功夫不负有心人，小兰终于如愿考上了某重点医科大学的临床医学专业。然而上大学后，她发现，医学学习比高中的学习更加繁重艰难。第一学期下来，她已经憔悴不堪，成绩排名也很不理想。从第二个学期开始，虽然小兰更加努力，但她发现，自己的注意力和记忆力都有所下降，学习效率越来越低下。而除了学习，她已经很难体会到人生还有其他的乐趣。在连续一个月的痛苦挣扎、自我怀疑之后，小兰终于鼓起勇气走进了心理咨询室。经过一系列的心理评估，小兰发现自己已经得了抑郁症。

从小兰的案例中我们可以看到，虽然过高的成就动机曾经给她带来很多成就和荣耀，但同时也带来了伤害和痛苦。如果小兰能够更早地察觉到这一点，多留给自己一些休闲时间，多进行一些人际交往，培养一些滋养身心的兴趣爱好，少一些压力，少一些嫉妒和敌意，那么她的人生路一定可以走得更加充实、美满。

（二）人格形成的主要影响因素

大量研究发现，我们不仅在相貌、体形、智力等方面遗传了父母的生物学特质，而且在不同程度上也遗传了父母的个性特征。这些个性特征并不是由单基因编码的，而是多个基因共同决定了我们可能具有的人格倾向。汉斯·艾森克认为，在人格的发展中，大概有三分之二的变异可以诉诸生物学因素。也就是说，遗传基因在很大程度上决定了我们的性格是偏向于内向还是外向，而成长经历则给了我们实际的人际互动经验。遗传基因和成长经验共同决定了我们在多大程度上会成为一个善于社交的人。例如，李某从小就具有内向、害羞的性格特点——这在他1岁左右就可以看出来了。但李某的父母并没有粗暴地强迫他去社交，也没有因此而批评、贬低他，而是循循善诱地鼓励他参加更多的社交活动。最终，李某成长为一个性格内向、温和谦恭、彬彬有礼、乐于助人的大学生。虽然李某的遗传基因使他天生不太喜欢待在人多嘈杂的环境中，但良好的成长环境使他拥有了足够的人际安全感和交往技巧去获得真正的友谊。就像李某所说："我有一两个朋友足矣，朋友不在于多，而在于真。"

总的来说，我们的大部分气质是由先天因素决定的，气质在婴儿期就可以观察到，并决定了我们的人格发展倾向，包括活动水平、节律性、趋避性、适应性、反应阈限、反应强度、心境特点、分心程度、注意广度和持久性。根据先天气质的不同，有的儿童属于随和、容易抚育的类型——生理活动有规律，对新刺激（如陌生人）的反应是积极接近，对环境的改变适应较快，活泼可爱，情绪良好，少哭闹，容易安慰，能接受新事物；而有的儿童则属于困难、难以抚育的类型——生活节律不规则，饮食、大小便、睡眠无规律，对新刺激反应消极、退缩、回避，环境改变后不能适应或适应较慢，情绪反应强烈，而且常为消极反应，不易接受安慰，情绪不稳定，自控能力差，固执，难与他人相处。

同样，气质没有好坏优劣之分，每一种气质都有积极和消极两个方面，在一种情况下可能具有积极的意义，而在另一种情况下可能具有消极的意义。例如，抑郁质的人耐受能力差，容易感到疲劳和情绪低落，但感情比较细腻，做事小心审慎，观察力敏锐，善于察觉到别人不易察觉的细小事物。虽然气质是先天的，但我们的性格特征却是在漫长的成长环境中逐步形成的。充满爱的、安全稳定的成长环境有利于个体发展出良好的社交技巧、对世界基本的安全感，以及对自我的良好控制能力——无论先天气质如何。

在成长过程中，如果个体遇到重大的创伤性事件，或者长期持续的复杂创伤，均有可能阻碍个体人格的健康发展，使个体发展出不同程度的人格障碍。例如，边缘型人格障碍的个体往往经历过以下一种或多种创伤性经历：①童年期遭受躯体或性虐待；②长期缺乏父母的关爱，被忽略，甚至被遗弃；③幼年时被迫承担起照顾者的角色；④童年期的主要照顾者情绪不稳定，冲动或抑郁等。这些创伤性的童年经历会导致个体的人格分裂，无法将好与坏的体验进行整合，无法对外部客体形成一个整合统一的内在形象。例如，小林有时候觉得男朋友是世界上最爱自己、最能够依赖的人，但有时候又觉得男朋友完全不能相信，是个彻头彻尾的混蛋。因此，小林的情绪也在极好与极差之间摇摆。对于小林来说，她无法容忍他人让自己受挫、失望的体验，而这就是她与男朋友经常吵架的主要原因。显然，小林需要进行心理咨询和治疗，以帮助她改善人格障碍带来的各种问题。

（三）人格的稳定性与发展性

"三岁看大，七岁看老"，这句中国古话指出了人格的相对稳定性。由于人格特质在很大程度上受到遗传因素的影响，因而在大部分时间、大部分情境中，人格是相对稳定的。但这种稳定性并不意味着个体的人格会一成不变。随着个体神经系统的发育成熟以及环境的改变，个体的人格特征可能会发生缓慢的变化。和谐温馨的家庭成长环境、父母无条件的爱与关注、积极进步的学习氛围，会促使个体的人格朝着健康、整合的方向发展。相反，父母的忽视、遗弃、过度控制或保护、家庭暴力、父母之间的冲突等不良的生活环境，会促使个体的人格朝着不健康、失整合的方向发展。有时，突然发生的重大生活事件也有可能促使一个人的人格发生急剧的改变。

例如，笑笑从小就具有内向、胆小的气质特点。当有陌生人接近时，3岁的笑笑就会躲在妈妈背后，不肯出来和陌生人打招呼。上小学后，笑笑的同学发现笑笑脾气温

和，但有些腼腆，在课堂上很少主动举手发言，几乎从不主动和老师说话。笑笑的父母觉察到她的特点后，没有批评指责她，而是尽可能多地带笑笑出去玩，创造她和其他同龄儿童互动的机会。上初中后，笑笑有意识地向班上的一个女生学习，那个女生很活跃，不仅成绩优秀，还担任班长的职务。慢慢地，笑笑也有了一两个朋友，还当上了语文课代表。上高中期间，笑笑依然比较害羞，她会故意避开与异性交往的场合，但她也会抓住一些机会表达自己的观点，在熟悉的朋友面前笑笑不仅能够有说有笑，还具有很好的幽默感。由此可见，个体的先天气质会在一生的发展中基本保持稳定不变，但具体的人格特征可能会在环境的影响下，呈现完全不同的发展图景。

研究发现，个体内外向的程度很大程度上受到遗传因素的影响，是相对稳定的人格倾向。内向的人对刺激较为敏感，经常喜欢一个人呆在安静的环境中学习和生活。外向的人对刺激不敏感，因此喜欢呆在人多的场合。我们经常可以看到，外向的人学习时喜欢开着大声的音乐，这样的吵闹对于内向者来说实在难以忍受。细心的人还可以观察到，外向的人喜欢坐在图书馆里那些人流量大但很舒服的座位上，这样他们可以偶尔和认识的人打打招呼，不至于太安静而感到无聊；而内向者却喜欢坐在隐秘的角落，从而避免其他人的干扰。无论你是内向还是外向，都没有必要对自己不满。内向的人虽然不善于在社交场合高谈阔论，但善于细心观察。因此，任何一种人格特质，都有适合自己发挥潜力的舞台。无论你对自己当前的性格多么不满意，无论你多么希望自己成为另外一个样子，你都是独一无二的存在，都没有必要彻底地否定自己。悦纳自我，扬长避短，是最好的长期发展策略。

二、大学生人格教育的重要性和目标

（一）大学生人格教育的重要性

健康的人格是大学生心理健康的基础。首先，拥有健康人格的个体能够更灵活地适应环境的变化。对于很多同学来说，从高中到大学需要一个适应过程。那些人格健康的个体会积极主动地适应环境，而非悲观地抱怨环境。其次，拥有健康人格的个体能够更积极主动地探索未知的领域，具有一定的创造性，而不是被动地吸收知识。另外，当个体遭遇重大挫折时，拥有健康人格的个体更能够采取多种应对方式积极应对，从挫折和失败中吸取教训，获得成长。最后，当个体面临道德难题的挑战时，健康的人格是个体保持道德底线、维护公平正义的重要保障。

然而实际上，在个体人格的形成和发展过程中，由于受到遗传和环境因素的制约，大多数人的人格发展远非完美。下面列举的三个案例，是由大学生常见的人格问题所导致的心理健康问题。

案例一：彭同学，女，18岁，独生女，家庭环境优越。彭同学第一次离家住校，由于不适应住宿生活，和宿舍同学的相处出现了很多问题。彭同学先后换了2次宿舍，每次换宿舍后的人际交往都以失败告终，但她拒绝承认自己有任何问题，坚称自己是受害者。屡次出现的人际关系问题，反映了彭同学身上存在的深层次人格问题——过分自恋，不能顾及他人的感受，发生人际冲突时，只会指责他人，从不反省自己；自尊心脆弱，不能从他人的反馈中吸取教训。

案例二：张同学，男，19岁，家里排行老大，有1个弟弟和1个妹妹。张同学来自农村，家庭环境不好，因此一直很自卑。他在初、高中期间学习成绩突出，但不善于人际交往。上大学后，他发现自己的英语水平和计算机能力远远落后于同班同学，因此更加自卑。张同学感觉特别孤独，但又不知如何和同学建立友谊关系，慢慢变得越来越孤僻、抑郁。大一第一个学期快结束的时候，张同学产生了退学的想法。心理咨询师发现，张同学存在着容易导致抑郁的人格特征——对人际关系过分敏感，存在僵化、消极的认知模式，低自尊等。

案例三：黎同学，女，17岁，独生女。父母离异，从小和妈妈生活在一起。妈妈对她照顾周到，认为只要她学习好，其余什么都不需要做。上大学后，黎同学发现自己不会洗衣服，不会晒被子，也不知道怎样和同学相处。她每天特别想家，当听到其他同学给家人打电话，就忍不住哭泣。但她又希望能够拿到奖学金，因此学习非常努力。期末考试成绩出来后，黎同学竟然有一门功课不及格。这对她来说几乎无法接受，更无法开口告诉妈妈这件事。在连续几个晚上的失眠之后，黎同学想到了自杀。经过心理评估，黎同学存在以下人格问题——高度焦虑，自我评价不稳定（过分依赖成绩），对他人的依赖性强，缺乏独立的自我意识。

以上案例反映出当代大学生人格教育的重要性和紧迫性。有些心理问题的发生看似由某种具体的生活事件所致，但究其深层原因，最终会在人格中找到答案。换句话说，外在的生活事件只是诱发因素，不健康的人格才是根本原因。在当代大学教育中，传授专业知识、培养专业能力固然重要，但培养健康的人格，促进学生全面发展更为紧迫。一个人如果没有健康的人格，即使拥有很高的专业能力也不一定能获得很好的个人发展。

（二）大学生人格教育的目标

大学生人格教育的目标就是培养具有健康人格、全面发展的大学生。心理学研究表明，大学阶段的人格尚具有很大程度的可塑性，适当的教育和引导可以有效促进大学生的人格朝着更为健康的方向发展。因此，培养学生健康、健全的人格应作为大学素质教育的核心目标之一。

健康人格是指各种良好人格特征在个体身上的集中体现。不同的心理学家基于不同的理论基础，提出了对健康人格的具体描述。

人格心理学研究的先驱，美国心理学家奥尔波特（Gordon Willard Allport, 1897—1967）认为，具有健康人格的人是成熟的人。"成熟的人"有七条标准：①专注于某些活动，在这些活动中是一个真正的参与者；②对父母、朋友等具有爱的能力；③有安全感；④能够客观地看待世界；⑤能够胜任自己所承担的工作；⑥客观地认识自己；⑦有坚定的价值观和道德观。

美国人本主义大师罗杰斯（Carl Ransom Rogers，1902—1987）认为，具有健康人格的人是充分起作用的人。"充分起作用的人"有五个具体的特征：①情感和态度上是无拘无束的、开放性的，没有任何东西需要防备；②对新的经验有很强的适应性，能够自由地分享这些经验；③信任自己的感觉；④有自由感；⑤具有高度的创造力。

美国人本主义大师马斯洛认为，人格健康的人是自我实现的人。"自我实现的人"具有以下的标准：①良好的现实知觉；②对人、对己、对大自然表现出最大的认可；③自发、单纯和自然；④以问题为中心，不以自我为中心；⑤有独处和自立的需要；⑥不受环境和文化的支配；⑦对生活经验有永不衰退的欣赏力；⑧神秘和高峰体验；⑨关心社会；⑩深刻的人际关系；⑪深厚的民主性格；⑫明确的伦理道德标准；⑬富有哲理的幽默感；⑭富有创造性；⑮不受现存文化规范的束缚。

另外，著名的意义—存在主义大师弗兰克尔（Viktor Emil Frankl，1905—1997）认为，具有健康人格的人是超越自我的人。"超越自我的人"的特征可以概括为：在选择自己行动方向上是自由的，自己负责处理自己的生活，不受自己之外的力量支配，缔造适合自己的有意义的生活，有意识地控制自己的生活，能够表现出创造的、体验的态度，超越了对自我的关心。

以上是近代心理学大师们对健康人格的看法和描述。虽然大师们对健康人格的理解不尽相同，但我们还是可以在其中找到一些共同点：能比较客观地认识自我和外部世界，对不同观点和未知领域持开放的好奇心，能充分发挥潜能，有接受爱和给予爱的能力，有安全感和创造力，有能力管理自己的生活，有自由感。

时代在发展，健康人格的表现也不断在发生着变化。受到社会文化的影响，中国人对健康人格的描述和外国学者的发现也有所不同。例如，我国学者吴玉伟（2012）认为，大学生健全的人格就是能够和谐、全面、健康地发展，能够实现人格的良好状态，能够与社会环境相适应并为其他社会成员所接受而又充分表现个人的独特性。大学生健全的人格应具备以下基本特征：①主动性和独立性，能够自我控制、独立思考；②悦纳性，认识和接纳自己；③积极性，情绪稳定，乐观豁达，具有良好的情绪控制能力；④和谐性，人际关系和谐；⑤目标性，具有进取心和责任心；⑥包容性，能辩证发展地看问题；⑦适应性，能够适应环境，积极进取。我国学者李祚山（2005）通过调查398名大学生发现，当代大学生认为健全人格最为重要的十项特征依次排序如下：诚信、自信、责任心、健康、尊重他人、自尊、上进心、自爱、人际关系良好、自立。程科、黄希庭（2009）发现，健全人格可以表现在以下方面：有幸福体验，人际关系和谐，积极乐学，有情绪调控能力，有追求的目标，勇于面对挑战。

综上所述，我们认为，大学生心理健康教育的最终目标落实在人格方面，就是培养健康、健全的人格，包括人格的各个结构要素不存在明显的缺陷与偏差；具有清醒的自我意识和目标，并以积极进取的人生观作为人格的核心。我们希望大学生能成为具有健康人格的人，以充分地发展自我和享受人生。观察你自己和周围的人，你们的人格健康程度如何？你们在哪些方面还需要改善？

第二节　发展更美好的自己——人格的不断发展与完善

孔子曰："吾十有五而志于学，三十而立，四十而不惑，五十而知天命，六十而耳顺，七十而从心所欲，不逾矩。"这句古话充分说明一个人的人格不会一成不变，而是在终生发展。人格发展的方向，既有可能向着更加整合、健康的方向发展，也有可能向着更加分裂、不健康的方向发展。

一、人格的毕生发展观

人格不是生来不变的，而是随着年龄增长逐渐发展起来的。10岁时你的责任心分数不高，在你20、30岁时可能发现自己的责任心比以前更强了；与此同时，20岁的你可能发现没有10岁的自己那么好奇、活泼、外向了——这就是人格发展的动态过程。下面简要介绍当代有影响力的人格发展理论，以帮助我们理解人格发展不同阶段的任务。

（一）埃里克森的人生发展八阶段论

埃里克森（E. H. Erikson）对人格发展最大的贡献之一，就是他强调社会和人际关系对人格发展的重要性。埃里克森认为，人生的每一个阶段都面临特定的危机，同时也是发展的机遇。人格的不断成熟与发展，就是面对并顺利解决这些危机的过程。埃里克森把人格的发展历程分成了八个独立且连续的阶段。

1. 阶段一：基本信任对不信任（0～1.5岁）

最初的信任建立在婴儿和照顾者之间关系的质量上。埃里克森（1965）认为，"这是婴儿的一种存在感，和对照顾者的始终如一的悉心照料的反应。同时信任也表现为婴儿对自己处理欲望的能力的信心"。在父母与婴儿的互动中，如果父母的照料及时而可靠，就有利于培养孩子对养育者以及这个世界最基本的信任感。遗憾的是，有些父母并没有给婴儿提供足够安全可靠的养育环境，这些儿童可能在一生中对他人都会疏离和退缩，既不相信自己，也难以彻底信任他人。

2. 阶段二：自主对羞怯和疑虑（1.5～3岁）

这一阶段的孩子开始有了自主感，并对这个世界开始了相对独立的探索。这个时期，如果父母能够在保护孩子安全性的前提下，给孩子独立自主探索的环境，孩子就会发展出足够的自主感，在遇到未知事物时，敢于去尝试和探索；如果父母过度保护或限制的孩子，孩子就会变得羞怯和怀疑，对自己没有信心，容易依赖他人。

3. 阶段三：主动性对内疚（3～5岁）

这个阶段的孩子经常表现得像个小大人，具有更多的主动性和攻击性。孩子通过游戏和角色扮演，学会了如何与他人相处。在与玩伴游戏和解决冲突的过程中，如果他们能够设定一个目标，并主动去实现这个目标，就会形成主动性；如果他们只能屈从于玩伴的意志，则会发展出内疚和屈从性。

4. 阶段四：勤奋对自卑（6～12岁）

这个阶段的孩子开始进入学校环境，并与其他孩子进行竞争，如竞争学习成绩、受欢迎程度、被老师注意的程度、体育特长等。如果孩子在竞争中体验到了成功，他们的竞争意识就会不断得到增强，有助于发展勤奋、进取的人格特质；但竞争的失败会使孩子形成自卑心理，他们容易怀疑自己的吸引力和能力，变得对人生的挑战和人际交往畏缩不前。

5. 阶段五：同一性对角色混乱（12～18岁）

这个时期的青少年面临着更多现实问题的挑战，同时也面临着"我是谁""我在别人眼中是什么样的"这样涉及自我意识的困扰。如果他们能够理解自己是什么样的人，接纳和欣赏自己的独特性，他们就会发展出同一性。相反，很多青少年出现了角色混乱。他们感到非常迷茫，不知道自己的人生路该何去何从，也不能充分接纳自己的独特性。这时候他们更可能选择逃学等做法来苦苦寻找和发现真正的自我。

6. 阶段六：亲密对孤独（成年早期）

这个时期的首要任务是找到自己的恋人，和恋人一起分享亲密感，并组成家庭、信守承诺。能否建立良好的亲密关系，对于这个时期的人格发展至关重要。童年期的依恋模式对这个时期的发展具有重要的影响，安全型的依恋模式有利于成人建立安全的亲密关系。另外，成人早期建立的亲密关系也有可能改变个体的情感依恋模式，例如，从回避型转变为安全型。如果个体无法和他人建立满意的亲密关系，就会体验到持续的孤独感。

7. 阶段七：繁衍对停滞（成年期）

在这个阶段的成人，不仅会忙碌于事业，也会通过养育孩子、与青年人一起工作来获得繁衍感和满足感，从而具有清晰的人生目标和意义。相反，如果这个时期的成人无法从与年轻一代的接触中获得价值感和意义，则有可能会体验到空虚感和停滞感。

8. 阶段八：自我完善对失望（老年期）

这是人生的最后一个阶段。当人回顾一生，如果发现自己有很多愿望未曾实现，有很多体验未曾尝试，没有充分地活过，对自己的人生感到厌恶与遗憾，就会有一种深深的失望感；相反，如果回忆一生，感到充实而满足，就会体验到一种生命充盈的完整感。带着这样的体验度过老年生活的人，是不会畏惧死亡的。

埃里克森对人生八个阶段的描述会让我们联想到，从婴儿到老年，我们一直走在一条铺满岔路的人生路上。在每个发展阶段，我们都会遇到人生的岔路口——不同的前进方向。成功解决人生各个阶段"危机"的方式，决定了我们今后人格发展的方向。有的人在发展的起点可能跌跌撞撞，但通过自己的不断完善与发展，最终找到了人生幸福的钥匙；而有的人则可能终生感觉迷茫不满，不断地与幸福擦肩而过。

（二）记忆重构与人格发展

从认知的角度来看，我们独特的人格取决于自传体记忆的内容——过去的自己是什么样的、你如何看待过去的自己——决定了你如何感知现在、期待未来。那么，人类的记忆可以被重构吗？

传统观点认为，一旦人的大脑中有了某种记忆，记忆本身就会永久地存储在那里，不会被轻易忘记，也不容易被修改。但有时候，心理医生为了让来访者减少痛苦记忆带来的内心折磨，会让他们讲述过去的事情，并希望通过这样帮助来访者改变过去的记忆内容，让记忆的痛苦程度变得可以接受。心理医生这样做有道理吗？

荷兰科学家2013年宣布，他们成功采用电击疗法删除了人类大脑里的指定记忆。这一突破有望在未来帮助抑郁症患者及受过心灵创伤的人忘记痛苦的过去。电击疗法也叫作电休克疗法，主要用于治疗精神障碍。新近研究发现，在人们回忆的过程中，把握好正确的时机对大脑进行轻微的电击，就可以把指定的记忆有效地破坏掉，并成功阻断记忆的再巩固过程。这对于恐惧症患者来说真的是一个福音。恐惧症的形成，多数是因为早年经历中的创伤性事件，使患者将某一事物与特别强烈的恐惧情绪相关联。当某件事物的线索出现时，个体的恐惧情绪就会被唤起。基于以上研究，心理医生可以让个体回忆引起恐惧反应的事件，在恰当的时候施以电击，从而将恐惧的记忆彻底删除。但由于人类记忆的存储和提取基于复杂的神经生化过程，所以在短期内，科学家还无法像删除电子文档里的段落那样随意地修改或删除痛苦的、不想要的记忆。

研究进展

大脑中的记忆橡皮擦

美国纽约大学的神经科学家丹妮拉·席勒领导的研究团队在2010年的研究发现，人类的记忆具有高度的可塑性。我们每一次重新回忆起童年的记忆，都有可能被新的信息重新建构。这对于有着创伤性童年经历的个体而言，真是个好消息。如果你的痛苦记忆在安全的环境被回忆，那么伴随着痛苦回忆的情感内容将会被逐步改变。换句话说，如果过去的经历让你的内心充满痛苦，你不用悲观失望，找个可信赖的人倾诉，有可能会启动你的记忆橡皮擦，把痛苦回忆所伴随的可怕情绪痕迹慢慢擦除，并代之以新的、更加缓和的情绪记忆。

记忆和情绪关系密切，相互影响。当我们处于消极情绪中时，如恐惧、愤怒、悲

伤、嫉妒，回忆起的记忆内容会更加消极；当我们处于积极的情绪中时，如开心、喜悦、满足、平静，回忆起的记忆内容就会更加积极。例如，当你感到恐慌时，你的脑海中可能很自然就浮现出过去被父亲威胁时的画面；如果你感到满足，你的脑海中呈现的可能是海边度假的放松场景。有时候，少数的一些记忆片段会勾起一连串相关的记忆，就像一粒石头投下湖泊会扩散出一连串的涟漪。这就是为什么我们一开始只有一点不开心，最后会发展为连续几天的情绪低落。

过去的记忆是我们当下人格的基础。如果你过去的记忆充满强烈的悲伤情绪，你的人格特点则会更加悲观；如果你过去的记忆充满快乐平静的情绪，你的人格特点则会更加积极乐观。那么，重建我们的记忆库意味着我们的人格也会相应被改变。在心理治疗中，治疗师会让来访者在安全的环境中重新建构过去的记忆，特别是创伤性的记忆。在重构记忆的过程中，通常伴随着强烈的情绪体验。研究表明，矫正性的情绪体验——当回忆某个创伤性经历时，不再感到恐惧、不可控制——有利于人格碎片的整合和发展。

二、人格发展和完善的途径

俗话说，"条条大路通罗马"。人格发展和完善的途径有很多，只要用心观察自己，接纳自我人格的不足，发扬自我人格的长处，就有利于自我人格的不断完善和发展。常见的途径包括：在亲密关系中发展自己、接受心理咨询和治疗、阅读、自我觉察、正念冥想、向榜样学习和模仿、培养积极的人格品质等。下面简要介绍一些常见的途径。

（一）拓展人际关系与人格发展

中国有句俗话，"近朱者赤，近墨者黑"，意思是说，我们的人格特征会被周围的重要人际关系所影响。人是社会性动物，人的社会化过程就是在人际互动中完成的。因此，人格的形成和发展绝对离不开人际关系。

在孩子早期的发展过程中，父母之间的关系、父母对待孩子的养育方式以及家庭的气氛对孩子人格的发展具有举足轻重的作用。如果孩子成长于温馨、民主的家庭环境中，孩子就有可能发展出基本的安全和自主感，具有应对人生不同阶段危机和挑战的力量。但对于那些童年期有过创伤经历或者被父母不当养育的不幸孩子来说，他们会在发展过程中体验到更多的内心冲突和焦虑不安，这种焦虑的人格特质会进一步损害他们的人际关系。建立良好的人际关系需要一定的技巧，这些技巧的获得也与父母的言传身教密不可分。在缺乏良好的社交技巧和基本安全感的情况下，有些个体需要付出巨大的努力才能维持一定的人际交往。

据调查，有超过40%的青少年曾经体验到不同程度的社交焦虑，在人际交往中缺乏自信。有些人报告说，自己的社交焦虑不受控制，在约会、演讲等场合会持续地感到笨拙和紧张，甚至会出现出汗、发抖、脸红等症状。他们会害怕谈话陷入沉默，担心被他人拒绝。研究发现，曾经经历过人际拒绝的个体，在青少年时期更容易体验到社交焦虑。有社交焦虑的人通常渴望社交和友谊，但他们的渴望却难以转化为现实的行动。

好消息是，有的人虽然在青少年时期经历巨大的内心痛苦，却能够在成年早期和成年期发展良好。随着他们不断地尝试社交，社交技巧会不断得到提高，他们学会使用幽默感来应对人际冲突，能够在恰当的场合说不，并拥有真挚的友谊。最重要的是，他们学会了在亲密关系中不断地完善自己的人格。良好的亲密关系不仅有助于疗愈童年的创伤，还能促进人格的发展。在良好的亲密关系中，个体可以更加自由、安全地探索自我的不同侧面，促进自我人格的接纳和整合。

名人名言

我爱你，不光因为你的样子；还因为，和你在一起时，我的样子。我爱你，不光因为你为我而做的事；还因为，为了你，我能做成的事。我爱你，因为你能唤出，我最真的那部分，我的傻气、我的弱点，在你的目光里几乎不存在；我心里最美丽的地方，被你的光芒照得通亮。

——罗伊·克里夫特《爱》

研究发现，真诚的人往往能够和他人建立较为深入的亲密关系，真诚往往也是受欢迎程度的良好预测指标。而真诚的交际风格，通常以良好的自我接纳为前提。当个体能够接纳自我的弱点，能够在他人面前承认自己的缺点或错误，能够对他人提供真实的反馈，并敢于承担自己的责任，他/她就具备了真诚的人格品质。这样的人格品质不仅有利于个体建立良好的亲密关系，获得足够的社会支持，还能够使个体敢于发现自我的不足，不断改变自己适应不良的行为方式，完善自己的人格。

宿舍关系是大学期间最重要的人际关系，因此宿舍关系对人格发展的影响不可忽视。在宿舍关系中，同学们经常因为舍友之间存在的种种差异而发生矛盾。其实，正确对待宿舍成员之间的差异有助于我们在人格上获得更好的发展。荣格在《心理类型学》中提到的优势人格和互补人格，就有助于我们处理这样的差异。例如，入学后不久，你就很有可能发现，某位舍友在生活习惯、思想观念等方面与你如此不同，以至于你都不想和他/她继续打交道了。如果你遇到了这样的舍友，先不要急着评判和疏远，相反，这是一个很好的学习机会。试着思考为什么他/她和我这么不同？他/她的性格是怎样的？他/她的行为习惯是什么？我能否试着当一天的他/她？试着欣赏和理解你眼中的舍友，你收获的不仅是理解不同人格行为表现的例子，而且更可能收获一生的友谊。最好的情况是，你和一个与你非常不同的舍友保持了微妙的竞争和互助关系。这种关系让你仿佛有了一个互补人格，在大学生涯中，你们可能在不知不觉中被对方改变着。内向者发展出了一些外向探索的行为表现，外向者也习得了一些沉思安静的品质。当然，这个过程的开始可能有些令人烦恼，因为从"看不惯"到"习惯了"再到"还不错"的过程可能比较漫长，但是从长远角度来看，未来的成果是非常值得你去努力的。

（二）探索自我与人格发展

"认识你自己"，这是铭刻在希腊德尔斐神庙上的一句箴言。但是，认识自己并非易事。你可能认为自己是一个慷慨的人，但你周围的人并不这么看；你可能认为自己一无是处，但在他人眼里你远比自己认为的要聪明、善良、有吸引力。一般来说，自恋的人会过高估计自己的优点，忽视自己的缺点；自卑的人会过高估计自己的缺点，忽视自己的优点；只有那些人格健康的人，才能够相对准确地看待自己。

那么，我们是如何认识自己的呢？在一定程度上，我们对待自己就像对待他人一样，需要观察自己做了什么，并在此基础上做出评价。所以，认识自己的前提是，你要充分意识到自己做了什么，然后你还需要一个相对客观的评价体系。但这两者都不简单。

第一个问题是，人们能否准确地观察自己。你可能会想，我是唯一一个知道自己真实想法的人。然而，我们大部分的心理活动是潜意识的，你可能并没有意识到，是什么样的心理过程让你一直看一部无聊的电视剧，而不是去复习下周的考试；是什么动机让你总是选择那些需要你照顾的人，却推开了那些真正有能力而又喜欢你的人？首先，我们的大部分行为是被习惯驱使、没有经过深思熟虑的。有可能这段时间你的压力有些大，心情不太好，所以就习惯性地去看电视剧来改善自己的情绪。虽然理性的你清楚地知道，看电视剧只会让你自己更加内疚，压力更大，但习惯的力量是如此强大，以至于大部分人完全屈服于习惯的力量。其次，观察自己的行为、动机、态度需要我们去掉心理防御，像观察别人那样客观。大部分心理防御机制都是在潜意识下运作的，因此想要去掉心理防御并非易事。例如，有时人们会不自觉地采用投射的方式来对外部刺激进行反应，投射之后如果被对方认同了，我们就会继续以习惯的方式和对方互动，完全意识不到自己的内部心理活动过程（图2-2）。除此以外，人们总是带着过去的信念和自我图式来选择性地关注有关自己的信息。例如，对自我有着消极图式的个体可能会选择性地注意到自己做错了什么，而不是做好了什么。这种对某种信息的选择性关注，会影响人们对自我的客观觉察。患有抑郁症的人更容易观察到让自己不满的经历，而忽视让自己满意的经历。

图2-2 投射与认同过程

第二个问题是，人们对自我的评价体系是否客观合理呢？研究发现，我们常常难以像对待他人那样客观地评价自己。有的人对他人很宽容，但对自己很苛刻；有的人刚好相反，对他人苛刻，却为自己的恶行寻找各种理由。不幸的是，我们的自我评价体系也常常不为我们所觉知。我们自己通常难以发现，自我评价体系是过于僵化严苛，还是过于松散放任。实际上，我们的自我评价体系来自于成长过程，内化了的来自父母和其他重要他人对我们的评价。例如，从小苗记事起，她的父母就一直对她非常严格，很少表扬她。有一次，小苗考了班上的第二名，只比第一名差了0.5分，却遭到了父母的严厉批评，他们要求小苗写出1000字的反省报告。大概从高二开始，小苗感到情绪低落、失眠，做什么都没有兴趣。当小苗被诊断为抑郁症后，父母慢慢改变了对待小苗的态度，不再严格要求小苗了。但小苗发现，即使父母不再苛责自己，她也不能像其他同学那样轻易地对自己感到满意。在心理医生的帮助下，她逐步认识到，自己一直以来对自我的评价都非常严苛，这使她大部分时间都感觉自己很糟糕。对于小苗来说，她需要学习如何像评价他人那样，客观地评价自己。实际上，这是一个漫长、艰辛的改变过程。

受到中国传统文化"满招损、谦受益"的影响，很多父母习惯于对孩子严格要求。孩子会在不知不觉中习得较为严苛的自我评价体系。因此，很多大学生习惯于以"自我批评"作为前进的动力，而非自我肯定。实际上，大量研究发现，自我批评常常会引发更多的消极思维和消极情绪，从长远上来说，不仅不会使我们受益，还会使我们在学习和生活中感到疲惫不堪，甚至会削弱我们的自我控制能力，使我们更容易沉溺于暂时感到轻松的"上瘾"行为中。只有变自我批评为适当的自我同情和自我肯定，才能使我们真正充满积极向上的正能量。

名人名言

因为我拥有全然的我，我可以逐渐熟悉自我。这样做，我可以爱我，和对我拥有的所有部分友善起来——我知道自我的某些部分是个未解之谜，我也有自己所不能理解的方面——但是只要我对自己友善，只要我喜欢自己，我就能鼓起勇气，怀着希望探索我自身谜题的出路。

——维吉尼亚·萨提亚

在心理咨询和治疗中，治疗师可以通过多次的心理治疗，帮助来访者认识自我、改变人格。如果你不准备或不方便做心理咨询，也可以试试正念冥想。研究证据表明，正念冥想可以帮助人们观察到自身存在的消极自动思维和认知偏差，还有可能帮助人们打破情绪与记忆的恶性循环，重建安宁平和的内心状态。正念冥想的一个核心理念，就是对专注和觉察的训练。通过长期的正念训练，人们可以学会有意识地调节自己的关注点。换句话说，当你偶尔陷入哀伤之中时，你能够及时觉察到自己的情绪和思绪，并把自己从哀伤的泥淖中拉出来。研究表明，长期正念训练的一个可喜成果是，你的人格会发生积极的改变——更加心平气和、更加睿智豁达、更加接纳好奇——总而言之，你会变成潜能中的可能实现的那个最美好的你。

心理调节技巧

每天5分钟的冥想帮助你了解自己

专注呼吸是一种简单有效的冥想技巧，它不但能减轻压力、训练大脑的专注力，还能提高我们自我观察的能力。现在让我们学习一些简单的技巧。

原地不动，安静坐好。坐在椅子上，双脚平放在地上，背挺直，这样有利于呼吸顺畅。冥想时不要烦躁，保持身体的安静状态很重要。

注意你的呼吸。你可以闭上眼睛，但不要睡着。你可以在脑海中默念"吸"和"呼"来提高对呼吸的专注度。当你走神的时候，要重新将注意力集中到呼吸上。

感受呼吸，弄清自己是怎么走神的。几分钟后，你可以不再默念"吸""呼"，试着专注于呼吸本身。注意空气从鼻子进入嘴巴和呼吸道的感受，感觉胸腹部的收缩和扩张。同样，当你走神时，要重新将注意力集中到呼吸上。

观察你的思绪。把你脑海中浮现出的思绪想象成蓝天中飘过的朵朵白云，只是观察它们飘过，不做任何评价和停留，完全地接纳它们。

当你经常这样做，就可以很快在多种场合进入冥想状态。如果你觉得很难进入冥想状态，不要紧，你同样会从关注呼吸中获益。

（三）学习和模仿

在大学期间，大学生可以通过向榜样学习，主动发展自己的优秀人格特质。比如，可以在宿舍、班级、社团组织、兴趣小组等各种社交场合遇到人格学习的榜样。除此之外，古今中外也有很多人格自我提升的榜样。史蒂文·科维写的《高效能人士的七个习惯》一直以来受到世界各国读者的广泛欢迎，其中七个好习惯的源头，依然离不开本杰明·富兰克林的人格自我锻炼法的影响。

富兰克林的生平是一部最成功的"穷孩子逆袭记"。其中，最令人钦佩的，是他从一个印刷工人到"国父"的历程中，对自我人格完善的艰苦卓绝的训练历程。富兰克林对自己人格的锤炼，是从改善消极人格的坏习惯开始的。他为自己的人格健全发展准备了一个笔记本，上面用横线和竖线划着自我约束表格。横着的一栏和竖着的一栏，分别写着他想要改善的坏习惯和日期。一天结束的时候，他自我反省，当发现自己出现了不好的行为习惯，比如"懒惰"，他就给自己的笔记本在相应的日期上记上一个黑点。随着自我管理和约束能力日益精进，他笔记本上的黑点越来越少，人格也越发高洁。然而，富兰克林最伟大之处不在于每天拿出笔记本在上面数一数小黑点有多少个，他的伟大和智慧之处，在于他把这种自我管理的方式运用在了管理家庭、社区和治理国家的方略上。用中国古典哲学的角度评价，富兰克林是一个从修身到齐家治国平天下都融会贯通了的人，他的治国方略可以追溯到青年时期他对个人人格的每时每刻的锤炼，这也是富兰克林深受人民敬佩、爱戴和引为榜样的重要原因。

以理性情绪为主导、具有恒心、规则意识强的人较为适合用富兰克林的人格自我锻炼方式进行人格发展。对于以感性情绪为主导、喜欢新奇但缺乏恒心和毅力的人，可以

在笔记本上画线记录积极人格特征。例如，在一天结束的时候，当出现一个好习惯——代表积极人格特征，就在相应的表格画一朵小红花。累计30个小红花后，可以给自己来个奖励，比如看一场电影。久而久之，那些不被奖励的行为和人格就可能更少展现。

（四）培养积极人格品质

十年树木，百年树人。培养积极的人格品质，就是为了让我们在未来几十年的人生中，打下稳固的人格根基——不因诱惑、压力、骗局而滑向阴影；与此同时，可以让我们在未来生活中更好地创造和服务他人、承担责任、享受充实的人生。

心理学家认为，积极人格特质是人固有的、潜在的具有建设性的力量，是人的长处、优点和美德；是人们在某方面得分很高，并且与特殊的优点相关，能使人生活得更幸福的人格特质；是人格中的积极力量和正向特质，涉及乐观、希望、公平、爱、感恩、勇敢、谦逊、仁慈、宽容、善良、同情心、慷慨、自律、坚持和信念等积极品质。美国心理学家卡尔（2008）在《积极心理学——关于人类幸福和力量的科学》一书中提倡的积极人格品质如下。

（1）智慧：通过好奇心、好学、创造性、好的判断力、情商、纵览全局的能力、对生活有广泛而深刻的理解来获取运用知识。

（2）勇气：面对内外部的反对，誓达目标的意志，它可以通过英勇、坚持不懈和正直获得。

（3）仁慈：意味着拥有良好的人际关系，它可以通过善良、爱与被爱的能力获得。

（4）正义：使人们能够在广泛的团体里很好地联系起来，它可以通过合作、公平和领导力获得。

（5）节制：涉及适度地表达欲望，它可以通过自制、谨慎和谦虚获得。

（6）卓越：把整个人类联系起来，它可以通过对美、优秀、喜悦、乐观、灵性、宽容、开心、幽默、热情的理解、欣赏和领会而获得。

积极的人格品质通常通过以下五个方面来体现：①对世界抱积极态度，乐于学习和工作，不断吸取新经验；②以积极的眼光看待他人，有良好的人际关系和团队精神；③以积极的态度看待自己，能自知、自尊、自我悦纳；④以积极的态度看待现在和未来，追求现实而高尚的生活目标；⑤以积极的态度对待挫折，能调控情绪，心境良好。

综合上述观点，培养积极心理品质的最终目标是让我们成长为一个趋近自我实现的人。自我实现的人是真正活着的人。当一个自我迟疑的人还在患得患失时，一个自我实现的人已经开始工作了。因此，一个自我实现的人会有更积极的态度、更积极的行动。回头去看的时候，自我实现的人为自己的成长树立了新的里程碑，而自我怀疑的人依然站在原地。

【讨论与思考】

1. 如何理解人格的概念？你了解自己的人格特点吗？
2. 分析你自己的人格，看看哪些人格特点有利于你的心理健康，哪些人格特点不利于你的心理健康。

3. 学完本章后，想一想如何发展和完善你的人格，给自己制订一个计划，并与他人分享，帮助你实现计划。

【实践与拓展】

[案例分析]

国王亚瑟被俘，本应被处死刑，但对方国王见他年轻乐观，十分欣赏，于是就要求亚瑟回答一个十分难的问题，如果答出来就可以得到自由。这个问题就是："女人真正想要的是什么？"

亚瑟开始向身边的每个人征求答案：公主、牧师、智者……结果没有一个人能给他满意的回答。有人告诉亚瑟，郊外的阴森城堡里住着一个老女巫，据说她无所不知，但收费高昂，且要求离奇。期限马上就到了，亚瑟别无选择，只好去找女巫。女巫答应回答他的问题，但条件是要和亚瑟最高贵的圆桌武士之一，他最亲近的朋友加温结婚。亚瑟惊骇极了，他看着女巫，驼背、丑陋不堪、只有一颗牙齿，身上散发着如臭水沟般难闻的气味……而加温高大英俊、诚实善良，是最勇敢的武士。亚瑟说："不，我不能为了自由强迫我的朋友娶你这样的女人！否则我一辈子都不会原谅自己。"加温知道这个消息后，对亚瑟说："我愿意娶她，为了你和我们的国家。"

于是婚礼被公之于世。女巫回答了这个问题："女人真正想要的，是主宰自己的命运。"每个人都知道女巫说出了一条伟大的真理，于是亚瑟自由了。婚礼上女巫用手抓东西吃、打嗝、说脏话，令所有的人都感到恶心，亚瑟也在极度痛苦中哭泣，加温却一如既往地谦和。

新婚之夜，加温不顾众人劝阻坚持走进新房，准备面对一切，然而一个从没见过面的绝世美女却躺在他的床上，女巫说："我在一天的时间里，一半是丑陋的女巫，一半是倾城的美女，加温，你想我白天或是夜晚是哪一面呢？"

教师启发引导：如果你是加温，你会怎样选择呢？和你的同学讨论，这个故事告诉了我们关于人格成长的什么命题。

[心理测试]

请看下面的图片（图2-3）。你认为图片中的人是个什么样的人？这个人正在想什么，做什么？是什么原因导致了当前的情境，结果如何？请你讲一个有关这个人的故事，你的回答没有对错之分。

"看图讲故事"是著名的心理学家亨利·默里（Henry Murray）设计的主题统觉测验（thematic apperception test，TAT）。该测验一般由受过训练的专业人员施测。施测时，主试依照一套客观的

图2-3 主题统觉测验图片举例

编码系统给受测者编的故事打分。在主题统觉测验中,大多数的图片人物表情和人物之间的关系被故意设计得模糊不清,这样受测者就可以将自己的各种情绪、动机和愿望投射在他们讲述的故事中了。例如,如果你认为图片中的人正为了更高的目标在努力工作,那么你的故事可能就显示出你有较强的成就动机。反之,如果你认为这个人正在想着怎么去玩,则你的成就动机可能不会太高。

【推荐与导读】

海伦·帕尔默著、徐扬编译:《九型人格》,香港华夏出版社2006年版。

你是否经历过这样的争论,争论中每个人各执己见,却难以说服对方?"九型人格"中的每一种人对这个世界的看法都是不一样的,但是通常,我们并不知道别人的看法。我们只是根据自己的看法来判断他人的思想。"九型人格"的教义所强调的,就是要走出自己的固有观念,去感受他人的思想。它帮助你对他人的处境有更多了解,从而设身处地为他人着想。

该书的作者海伦·帕尔默是"全球九型人格"理论的创始人之一,著有多本"九型人格"方面的著作,包括全球最畅销书《九型人格》(*The Enneagram*)及《工作和恋爱中的九型人格》(*The Enneagram in Love & Work*),现已有22种语言的译本。

性格决定命运。在这个人人渴望成功的时代,那些真正能够成功的人,是真正做到知己知彼的人。《九型人格》自正式出版以来,为很多渴望成功但尚未成功的人以及那些依然迷茫的读者们指明了方向。《九型人格》卓越之处在于能穿透人们表面的喜怒哀乐,进入人心最隐秘之处,发现人的最真实、最根本的需求和渴望。《九型人格》能够帮助我们洞察人心,用有效的方式应对他人,最终提升我们人生的幸福和成功。

当你能够透过其他性格类型的人的眼睛来看待这个世界时,你就会发现,没有哪一种性格是完美无缺的。不仅你本身对于其他性格的人是存在偏见的,不同性格的人因为自身观念的不同,也会有着不同的局限性。

【参考文献】

[1] 柏格. 人格心理学:第7版[M]. 陈会昌,等,译. 北京:中国轻工业出版社,2010.

[2] 程科,黄希庭. 健全人格取向的大学生心理健康结构初探[J]. 心理科学,2009,32(3):514−516.

[3] 卡尔. 积极心理学:关于人类幸福和力量的科学[M]. 郑雪,等,译. 北京:中国轻工业出版社,2008.

[4] 李祚山. 大学生健全人格特征的内隐观研究[J]. 心理科学,2005,28(6):1406−1409.

[5] 马克·威廉姆斯,丹尼·彭曼. 正念禅修:在喧嚣的世界中获取安宁[M]. 刘海青,译. 北京:九州出版社,2013.

[6] 吴玉伟. 大学生健全人格的标准探索[J]. 社会心理科学, 2012, 27 (6): 9-12.
[7] Erikson E H, Erikson J M. The life cycle completed (extended version) [M]. New York: WW Norton & Company, 1998.

（本讲执笔人：杨雪岭）

第三讲　发现未知的自己：自我意识与心理健康

【本讲概要】

恰年少轻狂，谁的青春不曾迷茫？青春的迷茫时隐时现，渐行渐远，岁月见证自我的成长。古人云"人贵有自知之明"，翻开这一页，我们将进入自我意识这个古老又永恒的篇章。

我们将在本讲解释"自我意识"的有关概念和内涵，分析当前的大学生自我意识的发展特点和常见偏差；在此基础上，讨论如何认识自我、完善自我、提升自我，培养健康的自我意识。学完这一讲，您应该能够：

(1) 回答什么是自我意识。
(2) 分析大学生自我意识发展过程中的特点和困扰。
(3) 解读自我认识的现实意义及方法，掌握自我认识与自我成长的策略和方法，给学生的大学生活提供借鉴。

本讲的重点是解释自我意识的有关概念，理解大学生自我意识的发展特点和常见偏差；难点是将认识自我、完善自我的策略与方法运用至现实生活中。

【导入】

走过高考，步入大学，人生开始崭新的一页。内心充满兴奋和喜悦，新的问题和迷茫也随之而来。我究竟是一个怎样的人？到了大学，我的目标是什么？我的未来会怎样？别人眼中的我是什么样子？为何总感觉活在别人的评价里？自豪与自卑并存，孤独与恋群交织，空虚与恐惧交错，求知与厌学同在，放松与紧张交替，自立与依赖相随，希望与失望相伴，正是大一新生的心理素描。一位大学生这样形容自己的状态："我就像一只趴在玻璃上的蝴蝶，前途一片光明，可我就是找不到出路。"

卢梭说："在人类一切知识中，对我们最有用而知之最少的是关于人类自身的知识。"大学生这些充满生活气息的各类问题的背后往往是困惑于一些千百年以来哲人思想家尝试为人类寻求答案的大问题，如：我是谁？我人生的价值是什么？我为什么要活着？我努力奋斗为的是什么？人生的目的是什么？生命的意义是什么？……这一切的疑问，都与一个古老而又永恒的话题——自我意识息息相关。

第一节 我是谁——人贵有自知之明

古老的传说中有一个谜语,"早晨用四只脚走路,中午用两只脚走路,晚上用三只脚走路",谜底是"人"。在生命的早晨,人是软弱无助的孩子,他/她用两脚两手爬行;在生命的当午,他/她成为壮年,用两脚走路;但到了老年,临到生命的迟暮,他/她需要扶持,因此拄着拐杖,作为第三只脚。斯芬克斯之谜、写在太阳神阿波罗神殿上的箴言"认识你自己"和中国熟知的那句俗话"人贵有自知之明",都表明人类在认识自然的同时,提出了认识人本身的要求。从某种意义上讲,人认为自己是怎样一个人,比他真正是怎样一个人更重要,因为每个人都是按照他认为自己是怎样一个人而行动的。认识自我是良好心理素质的体现,也是心理健康的标志。而一个人只有对自己各方面都有比较明确的了解,才能在环境的适应、个体的发展上获得较满意的结果。正确的自我意识是心理健康的首要条件。

名人名言

一个人真正伟大之处,在于他能够认识自己。　　　　　　　　——约翰·保罗
世界上最重要的事情就是认识自我。　　　　　　　　　　　　——蒙田

一、自我意识的概述

(一) 自我的内涵

自我意识是意识的一种形式,指一个人对自己存在的觉察,即自己认识自我的一切。它包括三个层次:自我的生理状况(如身高、身材、形态等)、心理特征(如能力、气质、性格、兴趣等)及人际关系(如人己关系、群己关系等)三个层次的认识。简言之,自我意识就是自己对所有属于自己身心状况的认识,是一个人对自己以及自己与周围世界关系的认识,尤其是人我关系的认识。自我意识是一个联结个体、社会影响和社会行为的概念。

由于自我是一个多因素、多层次的整体结构,它既包含生物的、生理的因素,又包含社会的、精神的因素,因此,自我意识的内容和形式也必然是多种多样的。

为了能进一步地理解自我意识的内涵,结合自己的实际情况来认识自我,我们来进行一个心理测试的活动,该活动可以独自测试,也可以作为团体活动与大家分享,下面以团体活动的形式加以介绍。

心理活动

20个"我是谁"

活动目的：理解自我内涵，强化自我认识，增强自我认同，促进自我接纳。

操作步骤：

（1）写出20句"我是怎样的人"，要求尽量选择一些能反映个人风格的语句，避免出现类似"我是一个男生"这样的句子。

我是一个_____的人。

我是一个_____的人。

…………

（2）将陈述的20项内容进行下列归类。

1）身体状况（你的体貌特征，如年龄、身高、体形、是否健康等）。

编号：_____

2）情绪状况（你常持有的情绪情感，如乐观开朗、振奋人心、烦恼沮丧等）。

编号：_____

3）才智状况（你的智力、能力情况，如聪明、灵活、迟钝、能干等）。

编号：_____

4）社会关系状况（与他人的关系、如何和别人应对进退、对他人常持有的态度和原则，如乐于助人的、爱交朋友的、坦诚的、孤独的等）。

编号：_____

5）其他

编号：_____

分类是为了了解自己对自己各方面的关注和了解程度，某一类项目多，说明你对这方面的关注和了解较多；某一类项目少或没有，说明你对这方面的关注和了解较少或不关注、不了解。健全的自我意识应能较为全面地关注和了解自己。

（3）评估你对自己的陈述是积极的还是消极的。在你列出的每句话的后面加上正号（＋）或负号（－）。正号表示"这句话表达了你对自己肯定满意的态度"，负号的意义则相反，表示"这句话表达了你对自己不满意、否定的态度"。看看你的正号与负号的数量各是多少。

如果正号的数量大于负号，说明你的自我接纳状况良好。相反，如果负号接近一半甚至超过一半，这显示你不能很好地接纳自己，你的自尊程度较低，这时你需要进行内省，寻找问题的根源，比如是否过低地评价了自己？是什么原因使你成为这样？有没有改善的可能？

（4）分组交流。将团体成员分成4～6人的小组，在组内进行交流。交流对自己的认识，以及对活动的感受。

（5）团体内分享。每组派1名代表在团体内进行小组情况交流或个人体会的发言，供大家分享。

通过以上的活动我们可以对自我的内涵有更进一步的了解。

1. 从内容上看

概括地说，自我意识大致包括以下四个方面：生理自我、社会自我、心理自我和品德自我。

（1）生理自我。这是最原始的形态，是个人对自己身躯（身高、体重、容貌、身材、性别等）的认识以及对温饱饥饿、劳累疲乏的感受等，包括占有感、支配感和爱护感。如是高还是矮？是胖还是瘦？

（2）社会自我。这是个体对自己在社会关系、人际关系中的角色的意识。即自己在集体中的地位及自己与他人相互关系的评价和体验。是对自己在社会生活中所处的经济状况、声誉、威信等方面的自我评价和自我体验，如是否受人尊重和信任？在集体生活中举足轻重还是无足轻重？它的一个突出表现是自我控制，自我控制包括坚持性和自制力。

（3）心理自我。这是个体对自己的心理活动的意识，即对自己心理品质的自我认识和评价。主要是对自己个性心理特征的意识，包括对自己性格、智力、态度、爱好等的认识和体验。它的发展是同个体的生理、情绪、思维（包括性成熟、想象力丰富、逻辑思维能力等）的发展相联系的，主要表现在自我体验、成人感、性意识、自我反省和自我意识的矛盾性等方面，即自己的理解力、记忆力强还是弱，思维敏捷还是迟钝，做事是否果断等。

（4）品德自我。这是个体对自己遵守道德行为规范、遵守法纪、思想政治品质、生活和思想作风等方面的自我认识和自我评价。

2. 从形式上看

自我意识表现为认知的、情感的和意志的三种形式，分别称为自我认识、自我体验和自我调控（图3-1）。

（1）自我认识。属于自我意识的认知成分，是一个人对自己的认识，如"我是谁""我怎么是这样的人"等。它包括自我感觉、自我观察、自我分析、自我概念、自我评价等。其中，自我评价是自我认识中最主要的方面，集中反映着个体自我认识乃至整个自我意识的发展水平。

（2）自我体验。属于自我意识的情感成分，是伴随着自我认识产生的内在感受，反映为对自己的满意状况。它主要涉及"我是否喜欢自己""我是否满意自己"等，主要是一种自我的感受，包括自尊感、自卑感、自豪感、自信、内疚等，其中自尊感是自我体验中最主要的方面。

（3）自我调控。属于自我意识的意志成分，是一个人对自身的心理与行为的主动支配和掌握，即指一个人不受外界因素的干扰，能自觉调节自己的情感冲动和行为。它主要涉及"我如何成为自己理想的那种人""我怎么样才能成为一个更有自信的人"。它包括自主、自立、自我监督、自我控制、自我教育等，实际上是通过自我调节，使自己的行为适合于周围的情境。

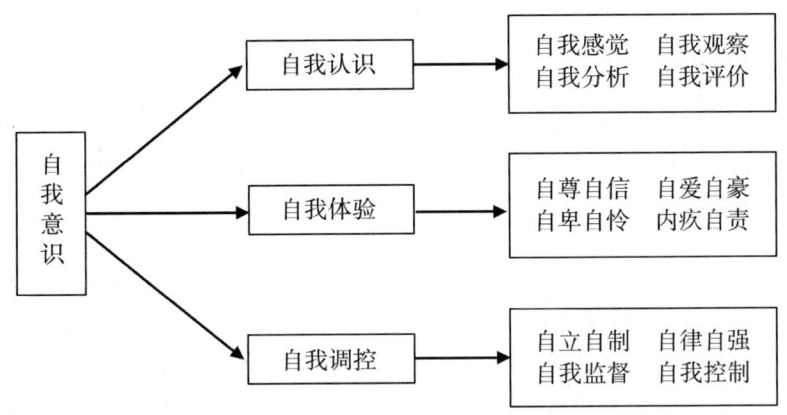

图 3-1 自我意识的三种形式

自我认识是自我体验和自我调控的基础，自我体验能强化（含正强化和负强化）自我调控，自我调控的结果又会强化、校正、丰富自我认识。以上三者互相联系、有机组合、完整统一，成为一个人个性的核心内容。

总之，自我意识不是个别的心理机能，而是一个完整的多维度、多层次的心理系统。自我意识是个体心理的调节结构，是一个人对自己的认识、体验和控制。它体现着一个人的成熟度，决定着人个性心理的发展水平。它是隐藏在个体内心深处的心理结构，虽然它是客观存在的，却难以被把握。

（二）自我的特征

自我意识是人所特有的一种复杂的心理现象，它不是与生俱来的，它有发生、发展的过程。自我意识具有社会性、能动性、同一性和形象性四个主要特征。

1. 自我意识的社会性

自我意识是社会的产物，是人们在社会实践中形成的，是社会个体本身的社会属性的反映。

社会性是自我意识的本质属性。个体的自我意识的发生、发展、变化都是受社会环境所制约的。自我意识的发生与发展过程，就是个性社会化的过程。它是人在社会环境中处于一定社会关系的情况下，在与他人互动的过程中萌发的。人只有处于人的社会环境中才能发育成长，在成长过程中逐渐产生对周围世界的认识，与此同时，也产生了对自己的认识，意识到自我的社会存在、在社会关系中所处的地位，即形成了自我意识。所以，一个人通过社会化形成了"自我"，并认识到自己是什么人、有什么特点，以及自己在与他人的关系中处于什么样的地位和作用等。

2. 自我意识的能动性

自我意识的能动性是指个人不仅能根据客观评价和自我实践形成对自己的意识，而且能根据自我意识来控制和调整自身的心理活动和行为。简言之，自我意识的能动性就是指人能自觉、主动地认识、调节和控制自己。

个体的能动性使个体不仅自觉、积极地认识自我，而且能够自觉地进行自我监督、自我批评、自我鼓励、自我教育。例如，在同一社会环境中地位不同的人，有的能够客观评价自我，表现出谦虚好学、不断进取的精神风貌，而有的人则相反。

3. 自我意识的同一性

自我意识的同一性指自我意识的协调统一性。个体自我意识的形成与发展受社会、文化等环境因素影响，但这些影响又是通过个体的具体生理、心理实现的。自我意识是在个体单独活动与社会交往的互动中完成的，是在长期的社会化过程中形成的对自己本身的一种稳定的意识。进入青年期以后，个体对自我的基本认识和基本态度会保持一贯，表现为前后同一的心理面貌。这种同一的心理面貌，使个体具有区别于其他人的个性。

4. 自我意识的形象性

自我意识是从周围人对自己的期待与评价过程中产生的主观体验而发展起来的，自己觉察到对方的态度与言语中所包含的内容，于是就丰富了自我意识的内容并产生分化，从人们对自己情感与评价的意识发展为自我态度。

库利指出，人与人可以互为镜子，都能照出他面前的人的形象。就像我们可以在镜子种看到自己的面孔、体态和服装一样，其他人之所以引起我们的兴趣，是因为他们与我们自己有关……我们在自己的影像中，设想自己的外貌、风度、目的、行为、性格、友谊等在他们的思想中怎样反映的，从而会在一定程度上影响着我们。

（三）自尊

自尊是自我意识的核心内容，也是人类生命的心理根源，它可以保持一个人生命的健康发展。在自尊作用于人的过程中，首先是人的心理健康。社会总会对人提出这样那样的要求，但不管何种要求，也不管何种社会，要求基本都是一致的，即人应该是健康的、积极的、发展的，人应该以一种良好形象出现在公众面前。

那么，是什么在维持着人的良好形象呢？人维持良好形象的内在的、深层的心理机制其实就是自尊。心理学家 R. Bednar 指出，人都有一种保持积极的、健康的、向上的自我形象的需要，这种需要既是防止与避免生存环境带给人的伤害与压力的有力武器，也是个体发展的基本力量。这正是自尊使人更好地适应社会环境、缓冲基本焦虑的一种具体体现：自尊策动人去追求和呈现一种良好的社会形象，从而更好地适应社会环境。而良好的社会适应是心理健康的重要标志之一。

自尊需要在某种意义上说也就是维护良好自我形象的需要。但是，自尊水平的高低取决于个体与社会环境的相互作用。这种相互作用如果是良性的，自尊水平往往可以发展得较高；如果是恶性的，自尊水平往往就会较低，也就是我们说的自尊不足。现实的自尊不足和理想的自尊需要发生严重冲突的时候，心理问题就会随之产生。20 世纪 90 年代心理学界提出的不一致模型（disparity models）指出，现实我与理想我之间的自我

差异或现实我与应该我之间的差异将导致一种普遍的、消极的自尊感觉和机能失调。也就是说，一个自尊不足的人一方面会常常感到维护良好自我形象的需要是非常迫切的；另一方面，表现出的自我形象又不能令人满意（确切地说，是不能令自己满意），二者之间的差距和冲突促使个体主观上愈加追求自我尊重的情感体验。遗憾的是，在这种追求的过程中，自尊不足的个体由于"先天不足"而常常走向两个极端：一个极端是由于二者之间的差距过大，个体无力弥合而产生习得性无力感，从而出现自伤性行为和态度；另一个极端是走向自恋或自我中心，这是由于个体不是通过正常的途径去获取自尊需要的满足，而是退居于目前的自尊状态并夸大、固守这种自尊状态，从而对外界环境的要求表现得不屑一顾甚至故意对抗。这种自恋式的貌似高自尊的自尊状况本质上是一虚弱的或虚假的自尊现象，个体内心深处其实极度渴望他人的尊重和关怀。许多心理学家和教育工作者都曾发现过这种现象。比如，库珀·史密斯把这种自尊称为"偏差自尊"（discrepant self-esteem），国际自尊心理学协会执行理事长布兰登称之为"假自尊"（pseudo self-esteem），而 Mruk 和其他一些研究者则采用"防御性自尊"这一术语来概括该现象。

哲理故事

一个纽约的商人看到一个衣衫褴褛的尺子推销员，顿生一股怜悯之情。他把 1 美元丢进卖尺子的人的盒子里，准备走开，但他想了一下，又停下来，从盒子里取了一把尺子，并对卖尺子的人说："你跟我都是商人，只不过经营的商品不同，你卖的是尺子。"

几个月后，在一个社交场合，一位穿着整齐的推销员迎上这位纽约商人，并自我介绍道："你可能已经记不得我了，但我永远忘不了你，是你重新给了我自尊和自信。我一直觉得自己和乞丐没什么两样，直到那天你买了我的尺子，并告诉我我是一个商人。"

真正的高自尊是一种动态平衡的自尊。也就是说，自尊需要（或维护良好自我形象的需要）与自我现状（或当前的自我形象）之间会呈现一种动态的平衡。一方面，高自尊的人对自我现状常常是满意的，他们对自己的存在能力和存在价值充满自信，即使这种能力和价值并不比别人高；另一方面，高自尊的人虽然对自我现状很满意，但并非停滞不前。相反，正是由于他们对自己很满意，很自信，所以无论在生活中还是在工作中他们都恰恰表现出了社会所期待的良好形象，社会环境自然也就给出了良好的反馈，从而与社会环境形成了良性互动，进而不断改善和提高其自尊状况。正如罗森博格所指出的，高自尊感不是指优越感。高自尊的人不一定把自己看得比别人好，他们只是能够怡然自得而已，高自尊感并不包括完美感。布兰登也曾指出，自信和自我肯定是自尊的内核，它们反映了自尊的最基本要素。这种自信和自我肯定使人看待自我和周围一切的目光明显地带有乐观、信赖和珍视的色彩，从而使其具备良好的心理素质和心理状态。高自尊的人也会有失败和落魄的时候，他们的自我意象与自尊需要之间也会产生不和谐的冲突，但是他们在与社会环境的良性互动中可以较容易地化解掉这种冲突，并很快恢复心理平衡，从而保持心理的和谐与健康。

大量的实证研究证实,自尊与心理健康的关系极为密切。这不仅包括缺乏自尊(即低自尊)与许多重要的消极可能性如抑郁、焦虑、自杀意念、机能失调、问题行为等紧密联系在一起,而且包括拥有足够自尊(即高自尊)经常与积极的心理健康和一般的心理幸福密切相关。

由此可见,自尊乃是心理健康的核心,是心理幸福的根源。这个核心的状态直接关系着心理健康的状况:高自尊的人由于有良好的社会适应能力而衍生出心理健康的各种表现,包括健康的认知、健康的行为以及健康的心态;低自尊的人则由于无法适应社会而出现不健康的心理状态及其行为表现。

心理测验

自尊量表

指导语:这个量表是用来了解你是怎样看待自己的。请仔细阅读下面的句子,选择最符合你情况的选项。请注意,这里要回答的是你实际上认为你自己怎样,而不是回答你认为你应该怎样。答案无正确与错误或好与坏之分,请按照你的真实情况来描述你自己。你的回答绝对不会向外泄漏,因此你完全没必要有这方面的顾虑。请你注意保证每个问题都做了回答,且只选一个答案。谢谢你的合作!

题　目	非常符合	符合	不符合	很不符合
1. 我感到我是一个有价值的人,至少与其他人在同一水平上	4	3	2	1
2. 我感到我有许多好的品质	4	3	2	1
3. 归根结底,我倾向于觉得自己是一个失败者	1	2	3	4
4. 我能像大多数人一样把事情做好	4	3	2	1
5. 我感到自己值得自豪的地方不多	1	2	3	4
6. 我对自己持肯定态度	4	3	2	1
7. 总的来说,我对自己是满意的	4	3	2	1
8. 我希望我能为自己赢得更多尊重	4	3	2	1
9. 我确实时常感到自己毫无用处	1	2	3	4
10. 我时常认为自己一无是处	1	2	3	4

简介和评分:

自尊量表(SES)用以评定个体关于自我价值和自我接纳的总体感受。

该量表由10个条目组成,设计中充分考虑了测定的方便。受试者直接报告这些描述是否符合自己。评分分4级,"1"表示非常符合,"2"表示符合,"3"表示不符合,"4"表示很不符合。总分范围是10~40分,分值越高,自尊程度越高。

该量表已被广泛应用,它简明、易于评分,是个体对自己的积极或消极感受的直接评估。

评分方法：

1. 记分和分值的说明。对于1、2、4、6、7、8题（正向记分题），"很不符合"记1分、"不符合"记2分、"符合"记3分、"非常符合"记4分；对于3、5、9、10题（反向记分题），"很不符合"记4分、"不符合"记3分、"符合"记2分、"非常符合"记1分。分值越高，自尊程度越高。

2. 考虑到中西方文化差异，将第8题改为正向记分。

二、心理学大师眼中的"自我"

心理学的根本问题是"人是什么"。真正心理学意义上的自我概念研究是从詹姆斯（William James，1842—1910）开始的，他把"自我"从意识活动中区分开来，将"自我"概念引入了心理学。自詹姆斯1890年把自我概念引入心理学至今，心理学对自我概念的研究曾几度兴衰。在行为主义出现之前，心理学对自我概念的研究兴趣浓厚，但随着行为主义的兴起，自我概念的研究逐渐被忽视。后来人本主义出现，特别是罗杰斯，对自我概念又进行了深入的研究。20世纪80年代后，认知学派对自我概念的研究也很重视。自此，自我概念得到人们广泛的关注，对其的研究与应用得到普及。在研究自我概念时，由于认识、方法、人性观及研究取向上的差异，不同学派的心理学者有不同的认识。这里仅介绍有关的几个经典理论。

（一）弗洛伊德的"本我""自我"和"超我"

精神分析学家弗洛伊德把人格结构分为三个层次："本我""自我"和"超我"。《西游记》是中国古代最奇幻的小说，作为吴承恩的一个"白日梦"，经过了巧妙复杂的变形改装，作者在小说中摇身一变，幻化成了四个角色，即孙悟空、猪八戒、沙僧、唐僧。这四个人物其实就是作者自己三种人格的形象化再现：猪八戒代表"本我"，沙僧代表"自我"，唐僧代表"超我"，而孙悟空呢，则在这三种人格之间游走不定。

1. 猪八戒：快乐的"本我"

弗洛伊德认为，在人类与生俱来的诸多本能当中，最重要的一种是性本能。寻找梦中性暗示和性象征是弗洛伊德解梦时的主要工作，也是他解析文学作品时的常用手段。在吴承恩的这场西游大梦中，猪八戒承载了他主要的性本能寄托。猪八戒在小说中就是一个随时随地都有可能被欲望迷心的角色，桃色事件在他的人生经历中往往起着决定命运的作用，欲望的迷狂、挣扎和受罚构成了他主要的生存状态。

贪吃好色，放纵自己的本能欲望，这是猪八戒作为"本我"代表的必然表征。"本我"的行为完全遵循"快乐原则"，跟随本能的冲动痛快淋漓地发泄着潜意识当中的各种欲望，根本不顾及世俗道德的约束，甚至不考虑现实条件的许可，只求满足"本我"这位至高无上的暴君。尽管作者有意丑化了猪八戒的形象，肆意地嘲弄他，然而，在阅读猪八戒相关的文字的过程中，我们明显地感觉到了一种本能的快感，因为在我们每一个人的心中，都深藏着一个"猪八戒"。

2. 沙僧：现实的"自我"

沙僧是作者人格结构中"自我"的化身。"自我"是弗洛伊德人格结构中的第二层次，自我的任务是在"本我"和现实之间进行调和，消除二者的矛盾冲突。可以说，我们每一个人在现实生活中所扮演的社会角色就基本上属于"自我"的范畴，我们按照既有的身份、职业、性别、地位等条件，适当地履行社会赋予我们的种种责任和义务，又适当地满足自身种种需求，循规蹈矩，按部就班，既不贪婪放纵，也不崇高忘我，只是芸芸众生中普普通通的一员。

沙僧隐藏了"本我"的锋芒，又缺乏"超我"的光辉，只是一个平凡中庸的"自我"。沙僧在作品中既不像猪八戒那样没有原则地放纵贪婪，也不具备唐僧那种无欲无求的佛家至高境界，他像一个本本分分的雇工，老老实实地干着自己那份活。在四个人当中，他像一头勤勤恳恳的老黄牛，并且起着润滑油和缓冲剂的作用，调和着猪八戒、孙悟空和唐僧之间的矛盾。

沙僧的智慧在本质上并没有超出"自我"对环境的应变范畴，只是说明"自我"在"本我"和"超我"的夹缝中有时会起伏波动，或屈服于本能，或走向崇高。

3. 唐僧：理想的"超我"

"超我"是人格结构的最高层次，它代表道义方面的要求。毫无疑问，唐僧就是作者"超我"的化身。唐僧代表了作者，也代表了当时整个时代的道德理想。唐僧的道德就内容来说，主要包括两个方面：其一，为天下苍生的幸福而牺牲小我的大慈大悲之心。取经故事的缘起是因为东土大众愚昧无知，贪淫乐祸，佛祖如来欲以真经感化大众，却需要一得道高僧来取真经。唐僧成了当然人选。尽管西天取经道路妖魔丛生，千难万险，以手无缚鸡之力的文弱身躯去涉虎狼之群，实在是有九死而无一生，可唐僧却毅然前往，正是佛门"我不入地狱，谁入地狱"的精神使然。其二，完全消除了个人本能欲望而达到了无欲无求的佛家至高境界，表现为不贪财、不贪权、不近女色。

唐僧等四人的师徒关系也颇为奇怪，唐僧作为师父，既没有徒弟们斩妖除魔的本领，也从来没有向徒弟们讲过佛传过道，仅仅靠一道紧箍咒勉强维持着师父的尊严，这种师徒关系的拼凑实在有些不合常理。而实际上，他们这种关系正好是弗洛伊德人格结构三个层次相互关系的隐喻性图解，在弗洛伊德的人格结构理论中，无论是"本我"还是"自我"，都要受到"超我"的压制，道德标准就是一道隐形的紧箍咒悬挂在每一个世人的头上，迫使"本我"伪装改扮，教导"自我"循规蹈矩。

4. 孙悟空：游走的行者

孙悟空是《西游记》中塑造得最成功的人物，也是性格结构和象征意味最为复杂的一个。他是"本我""自我"和"超我"三者的矛盾统一体，就如同我们每一个真实的人一样。取经之前的孙悟空可以说是人性"本我"最酣畅淋漓的体现者。孙悟空在五行山下一压就是五百年，出来之后又被套上了紧箍咒，从此再也没有了自由。孙悟空只好无奈地开始了他的"行者"生涯，死心塌地地保护唐僧西天取经。在现实的压力之下被迫履行某种社会义务，这是"自我"人格的主要特征。作为"行者"的悟空，内心深处仍然有着他当年的野性和张狂，并常常在一些言语行为中表现出来。孙悟空身上同样也有着"超我"的道德光辉。他身上有着许多可贵的品质，如勇敢无畏、疾恶如仇、正直善良、信守诺言、锄强扶弱、敬重师父等，这些都是人类社会提倡的优良道德品质。可见，"本我""自我"和"超我"三种人格特征，在孙悟空身上是同时交织在一起的，可能在某个时期某种人格特征要突出一些，但总体看来，并不存在着泾渭分明的界限。

（二）罗杰斯的自我概念

最初，罗杰斯并不重视自我概念，但他在临床上发现他的患者倾向于用自我来叙述，所以才开始重视自我概念。

罗杰斯认为，自我概念是个人现象场中与个人自身有关的内容，是个人自我知觉的组织系统和看待自身的方式。罗杰斯继承了詹姆斯的观点，认为自我包括主格我（I）和宾格我（me）两个方面。他认为宾格我是自我意识的对象，同时也是自我意识的本体，它是通过接受别人（社会）对自我的有意识的态度系统而形成的；主格我是自我的动力部分，是自我活动的过程，虽然它在宾格我的框架范围内活动，但它具有面向未来的特征，使人可能超出现有的宾格我的框架，使人的行为具有自由意志性、创造性和新异性。

罗杰斯还根据临床实践，提出了与现实自我（real self）相对应的理想自我（ideal self）。理想自我代表个体最希望拥有的自我概念、理想概念，即他人为我们设定的或我们为自己设定的特征。它包括潜在的与自我有关的且被个人高度评价的感知和意义。而现实自我包括对自己存在的感知、对自己意识流的意识。通过对自己体验的无偏见的反映及时对自我的客观观察和评价，个人可以认识现实自我。罗杰斯认为，对一个人的个性和行为具有重要意义的是他的自我概念，而不只是现实自我。他在临床实践中发现，现实自我和理想自我之间的不一致是导致神经症的原因之一。

总的来说，罗杰斯认为自我的认知方面、情感方面以及意识和潜意识方面都重要。他既强调自我一致性的需要，又强调正面关注自我的需要。

（三）詹姆斯的"经验自我"和"纯粹自我"

詹姆斯，美国心理学家、美国实用主义哲学家的先驱，是自我概念的创始人。在其著作《心理学原理》《彻底的经验主义》中，他对"自我"概念进行了详尽的阐述。詹姆斯认为"自我是个体所拥有的身体、特质、能力、抱负、家庭、工作、财产、朋友等的总和"，并把自我分为经验自我和纯粹自我。

"经验自我"（the empirical self）指人们可能经验到的一种对象，即与世界的其他对象共存的存在物。詹姆斯认为："每个人的经验自我，就是他试图用'我'（me）来称呼的一切。"詹姆斯认为"我"与"我的"很难区分。他反对将"从属于我的"东西与"真正的我"区别开,自我与世界之间没有明显的界限,我的身体、服饰、配偶儿女及财产都是自我本身的各种关系,参与了自我的构成。

经验自我又分为物质自我(material self)、社会自我(social self)和精神自我(spiritual self)三种成分。社会自我高于物质自我,精神自我又高于社会自我。詹姆斯认为物质自我的核心部分是身体,因为人一生中总是通过身体与周围的事物发生关系,并依据身体提出各种需求。社会自我指一个人"从同伴那得到的承认",即他/她在别人心目中的形象。精神自我属于"经验性自我",意味着一个人内心主观的存在,即他/她的心理能力或性情。

"纯粹自我"指一个人知晓一切东西,包括自我的那些东西,所以又称为能动自我或主动自我。詹姆斯在论述纯粹自我时,是以"个人同一性"(personal identity)理论为依据的。个人同一性就是"现在的自我与它想起的那些过去的自我相同"。纯粹自我由不断更迭和传递其内容的当下思想所构成。詹姆斯把作为对象的个人称为经验自我(me),把当下思想看作纯粹自我(I)。他认为纯粹自我接受不同的感觉并影响感觉所唤起的动作;它是兴奋的中心,接受不同情绪的震荡;它是努力和意志的来源,意志似乎从此发出命令。

(四)埃里克森的同一性自我

埃里克森(E. H. Erikson,1902—1994)是美国著名精神病医师,也是新精神分析派的代表人物。他认为,人的自我意识发展持续一生,并把自我意识的形成和发展过程划分为八个阶段。他认为这八个阶段的顺序是由遗传决定的,但是每一阶段能否顺利度过则是由环境决定的。

在心理发展的每一个阶段上都存在一种"危机",或称矛盾、冲突。对危机的积极解决有助于自我力量的增强,有利于个人适应环境。相应的内容见表3-1。

表3-1 埃里克森的人格发展阶段和相应的品质

年龄段	社会转变期的心理冲突	相应获得的品质	
		积极的	消极的
婴儿期(0~1.5岁)	信任感—怀疑感	希望、信任	恐惧、不信任
儿童期(1.5~3岁)	自主感—羞怯感	意志(自制力)	自我怀疑
学龄初期(3~5岁)	主动感—内疚感	自主和价值感	无价值感
学龄期(6~12岁)	勤奋感—自卑感	能力、勤奋	无能
青春期(12~18岁)	自我同———角色混乱	忠诚、自信	不确定感
成年早期(18~25岁)	亲密感—孤独感	爱和友谊	泛爱(杂乱)
成年期(25~65岁)	生育感—自我专注	关心他人和创新	自私自利
成熟期(65岁以上)	自我调整—绝望感	智慧	绝望和无意义感

埃里克森的人格终生发展论为不同年龄段的教育提供了理论依据和教育内容,任何年龄段的教育失误,都会给一个人的终生发展造成障碍。它也告诉每个人你为什么会成为现在这个样子,你的心理品质哪些是积极的,哪些是消极的,各是在哪个年龄段形成的,给你以反思的依据。

三、走进你不知道的自己

(一) 你有四个"我"

乔韩窗口(图3-2),将一个人的自我分为4个部分,"A"为自己认识到、别人也认识到的公开的我;"B"为别人未认识到而自己认识到的秘密的我;"C"为别人认识到而自己未认识到的盲目的我;"D"为别人和自己均未认识到的潜在的我。

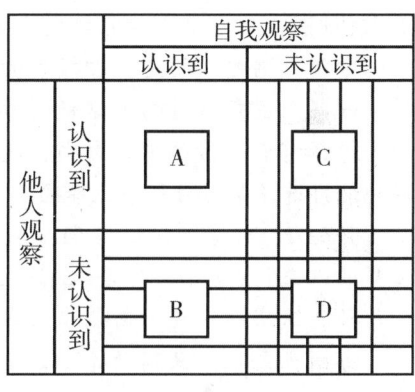

图3-2 乔韩窗口

实践表明,一个人的A部分越大,其自我认识就越正确,自我评价越全面,心理就越健康,越有利于自身发展。因此,大学生应如实地展示自我,并主动地征求他人的意见,留心观察和分析他人对自己的态度,力求缩小C部分,力争全面认识自我;同时,应按照自己的本来面目展示自己,决不有意掩饰自我,以缩小B部分。企图以假象求得别人的好感,那将造成沉重的心理负担,不利于自我成长。

(二) 心理测验中的自我

心理测验是了解自我的科学方法。常用的测验有人格测验、智力测验、心理健康评定量表等。进行心理测验要特别注意两点:第一,要选择可靠的心理测评工具;第二,要合理地看待测验的结果,心理测验如同抽血化验检查一样,仅是对心理的某个方面,或者心理的某个方面在某段时间内的表现进行了测量,结果仅供参考,绝不可以以测验的结果就给自己乱扣帽子或者给自己的人生下定论。下面介绍一个有趣的关于自我意识的小测验。

心理测验

自我意识小测验

(注:测验时不要过多思考,结果没有好坏过错之分。)

假如我是一种动物,我希望我是_____,因为_____;
假如我是一种花,我希望我是_____,因为_____;

假如我是一棵树，我希望我是_____，因为_____；
假如我是一种食物，我希望我是_____，因为_____；
假如我是一种交通工具，我希望我是_____，因为_____；
假如我是一个电视节目，我希望我是_____，因为_____；
假如我是一部电影，我希望我是_____，因为_____；
假如我是一种乐器，我希望我是_____，因为_____；
假如我是一种颜色，我希望我是_____，因为_____。

写完后，可以和周围的同学交流一下。

讨论1：你写后发现答案与你这个人有什么关系吗？你交流完后发现了什么？你跟别人相同吗？（与别人性格相似、和别人有相似之处也有不同之处）

分析：刚才做的是心理投射的练习。大家都喜欢自己写的。交流时有没有完全相同的？一般来说是没有的，这说明每个人都是不相同的，每个人都是独特的个体。因为每一个选择都有一份独特的自由，是你独特的选择，这一独特是别的所不能替代的，之所以会这样选择是因为每个选择项都有独特的价值。（例如牡丹的艳丽、小野花的生命力强）

讨论2：大家想过这些吗？在日常生活中你也是这样的心态吗？和别人比后你是什么样的心态？（例如，你看人家那么白，我……）生活中我们常常在比较中失落了自己的价值，这实际涉及如何认识自我、接纳自我。

分析：每个人来到世界上，都是独特的，正如世界上没有两片相同的树叶。所以，我们要让自己活出独特来，活出自己的精彩，调整自己的心理，完善自己的心理健康。

地球只有一个你，你要珍爱自己，人间的最大的不幸莫过于那些生而厌者。每个人都有其独特的一生，但如果不是快乐地、充满希望地接纳自己的话，生命就失去了意义。有些学生不能接纳自己，如自己来自农村，自己长相不出众……，并因此不断地否定自己，看不到自己的长处和价值。我们要全面正确地看待自己，接纳自己，活出自己的精彩。

教育如同根雕艺术家，需要根据不同的根去塑造型。每一个生命需要活出自己的特点。

影响你的不是别人怎么看你，而是你自己怎么看你。

（三）多元评价视角的自我

全面认识自我是形成自我意识的基础，如果一个人能够全面地、正确地认识自己，客观地、准确地评价自己，就能够量力而行，确立合适的奋斗目标，并为实现这一目标而不懈努力。因此，大学生只有打破自我封闭，拓宽生活范围，增加生活阅历，扩展交往空间，积极参加活动，扩大社会实践，才能找到多种参考系，才能凭借参考系来多方面、多角度地认识自我，做到既不自卑也不盲目自信，既不骄傲也不过于谦虚，才能充分发挥自己的聪明才智，实现自己的人生价值。我们可通过以下途径来认识自我。

第三讲　发现未知的自己——自我意识与心理健康

1. 通过经历分析认识自我

了解并分析一个人的生活背景与经历，有助于对他/她的认识。比如，生活在宽容的环境中，容易学会民主；生活在逆境的环境中，可能容易形成孤僻倔强的性格；生活在备受宠爱、以自我为中心的家庭，性格则多是自私自利、好逸恶劳……

我们可以从以下方面来进行自我分析：

（1）父母的职业、爱好、信念、生活方式、社会地位、价值观以及教育子女的指导思想和方式等对自己的影响。

（2）家庭的结构、主要社会关系、亲朋好友的状况对自己的影响。

（3）生长地区的风气、时尚对自己的影响。

（4）自己所处的群体的类型、性质、气氛对自己的影响。

（5）社会生活中的重大事件对自己的影响。

心理游戏

是谁塑造了我

目的：协助个人探索自己的发展历程，增强自知。

操作步骤：

（1）在每个人的成长历程中，其塑造与成形，往往是有根可寻的。请按照要求填写下面的表格。请在各方格中简单描述不同人物对你的看法、评价，以及任何难忘的正面和负面的经历。

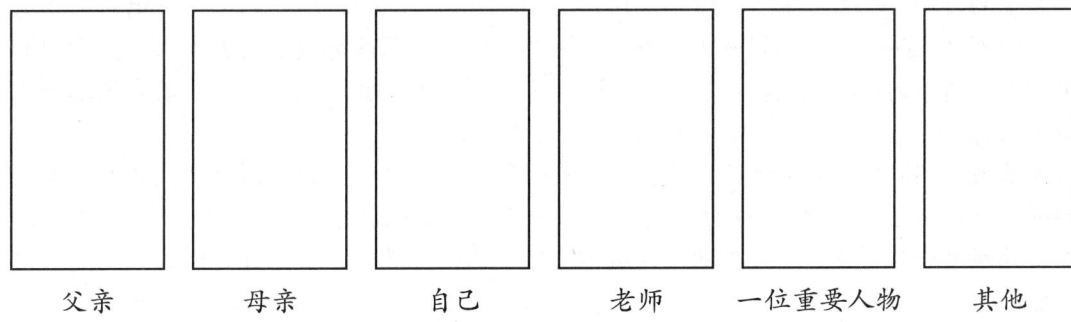

父亲　　母亲　　自己　　老师　　一位重要人物　　其他

（2）在填写过程中，请重点进行如下自我探索：

第一，你对哪一个人的看法最为重视？原因是什么？

第二，最难填写的或最少资料的是哪一部分？原因是什么？

第三，假设你很努力填写，却始终出现资料贫乏的现象时，你应当反省一下自己整体性人际关系到底如何。

第四，除非有充分理由，对于出现全栏空白的情况应做出探索。

（3）各栏所填写的，若是和谐又具正面取向时，反映你有着完整健康的自我。若各栏资料出现矛盾时，或资料倾向负面取向时，你应努力面对自我。这项练习往往能引发出你的一些长期受压抑的感受，有时还可能出现父母、其他人对自己的一些恶劣评价，甚至是羞辱性的评价，这实在是很痛苦的。面对这些情况，要设法做出有效的处理，必要时，一定要寻求团体的帮助。

（4）团体处理"（3）"中的认知与情绪。这就要求团体指导者运用心理咨询的理论与技术对负面认知和情绪进行矫正和疏导。

（5）团体分享与小结。

2. 通过分析他人对自己的评价来认识自我

艾里斯和霍姆斯曾进行一项实验：让大学生参加10分钟的会谈。在交谈的前两分钟，主试对大学生的态度反应为中性；两分钟后，通过微笑次数和声调等非言语行为对一部分大学生表现出感情深厚，对另一部分大学生以冷淡的态度对待；会谈后，让被试评价他们各自的表现。结果，那些受到热情接待的大学生比受到冷遇的大学生对自己的评价要高。

正确地认识他人对自己的评价，是自我认识的一条重要途径，大学生一般很在乎别人对自己的看法，尤其是有影响力的评价者。他们对别人的评价往往引起两方面的反应：一方面积极地接受别人的看法，另一方面也许认为别人的评价并不符合自己的实际情况。因此，评价者的特点、评价的性质将会影响到他们对评价的接受程度。开展同学之间的互评，教师给予具体而有个性的评价，均有助于学生自我意识的提高。但同时应注意评价的准确性、全面性、公正性，不切合实际、片面的、不公正的评价，也可能导致自我认识的误区。

我们再来看一个例子。一位画家把自己的画放在画廊上，请人们点评，第一天请人们把败笔之处圈出来，结果一天下来，几乎画的每一个角落都被圈出来了。画家觉得非常沮丧。画家的老师对他说："不要沮丧，明天依然拿这幅画，让人们将精彩的部分都圈出来。"结果一天下来，画的每个角落也都被圈出来了。这时候这个画家终于明白了，世人的观点难以统一，最关键是要自己有自己的想法，画自己想画的。当我们自己不能很好地认识自己时，就会被别人所左右。我们要审慎地对待他人的评价，意识到他人的评价并不是非常可靠的，吸收他人评价中合理、积极的部分，不要过分在意他人的消极评价。

想一想

如何利用态度这只晴雨表

在人际关系中，别人对我是否若即若离（须臾不离）？为什么会这样？

在集体活动中，别人是主动找我还是对我漠不关心？为什么会这样？

在某些时候，自己应如何避免受别人态度的影响而对自己认识不当？

如果你觉得无法把握别人对你的态度和评价，那就说明你太封闭自己。建议你：恰当地展示自我。

心理学家杰拉德认为："不健康的人格有一些相似的原因，他们常常不能让别人了解他，最终，他自己也不了解自己，他自己不再是自己。另外，他总是避免被别人了解，他就会产生像患了癌症一样的紧张，这种紧张会引起精神病学所谈的不健康人格，也会引起身心医学所说的躯体疾病。"

3. 通过与他人的比较来认识自我

在一项实验中，请大学生做被试，让他们和另一些竞争对手一起讨论参加工作的问题。在讨论前，大学生被试都接受自尊测定。之后，有一半被试看到的是衣冠不整、仪表一般的竞争对手；另一半被试所接触的是仪表端庄、谈吐文雅之士。讨论后，实验者又对大学生做自尊测验。结果是：接触到仪表"比自己强"的竞争者的被试自信心明显降低；而看到仪表不如自己的竞争对手的被试，他们的自信心却都大大地提高了。

人总是不由自主地将自己和他人进行比较，在比较的过程中发现自己的优势，看到自己存在的问题，认识自己能力的高低、道德品质的好坏、追求目标是否恰当等，因此，在对大学生进行自我意识的培养时，要引导他们不仅与自己情况差不多的人比较，更要敢于与周围的强者比较。我们可以通过比较来认清自己的优势和劣势、长处和短处，达到取长补短、缩小差距的目的。

思 考

如何在比较中认识自我？

比较的对象。（一个群体？一类人？你自己？还是某个人……）

比较的方式。（以自己之长比人之短，还是以自己之短比人之长？和自己的过去或将来比？）

比较的方面。（某项活动？某方面能力？某科学业？）

比较的结果。（力争上游？谦虚向学？甘拜下风？嫉妒？自卑？优越感？）

4. 通过自我比较来认识自我

人们不仅可以通过与他人的比较来认识自我，还可以从比较自己的过去、现在和将来中认识自我。因此，对大学生自我意识的培养，一方面应鼓励学生超越自我，不要满足于现有的成绩；另一方面，也要引导学生确立恰当的抱负水平，不要一味地跟自己较劲，应从自己的发展历程中进行比较，从比较中认识自我。

心理游戏

三个"我"

目的：协助个体作自我反省，促进协调整合自我。

操作：

（1）请先预备三张纸，首先在第一张纸上描述"理想的我"，时间约为十分钟。然后将已写好的第一张纸搁置一旁，暂时不准再观看。接着照此类推，在第二张和第三张纸上分别具体描述"别人眼中的我"和"真正的我"，每一次大概十分钟时间。

（2）完成后，将所有三张纸放置在桌上，对三张纸上的三个"我"作出检核，主要是看看三个"我"是否协调和谐。若否，则差异何在，并尝试找出原因何在。请你留意另外一个重点："理想的我"和"真正的我"是否协调一致？透过此重点，你往往可以发现两者之间的差异，甚至矛盾之点。同时，往往会发觉自己一些对人生所产生的深层感受和渴求。

（3）为了达到更积极的效果，你应当努力探索，看看如何可以使三个"我"更加协调一致，制订促进三个"我"协调统一的方案。有了具体的计划，你会较易在生活中落实并作出改进。一个心理健康的人，三个"我"是协调和谐的。当一个人自己和他人眼中的"我"没有太大的差距，个人理想也没有脱离现实，就是一个自我形象明确而健康的人。但当三个"我"不协调时，我们就该问自己：别人为何不了解我？我是否不能表里一致？不过，我们不必期望自己的三个"我"百分之百协调一致，因为那是不实际的期望，只会导致负面的影响。

（4）进行上述思考后，请填写以下汇总表。

三个"我"协调一致吗（汇总表）

三个"我"	开始时	调整后
理想的我		
别人眼中的我		
真正的我		

（5）团体分享。请最有感受的成员在团体内交流自己的体会，大家分享。

5. 通过自己的活动表现和成果来认识自我

大学生在从事各方面的活动中展现自己的聪明才智、情感取向、意志特征和道德品质。学生们可以通过活动认识自己，用"实践是检验真理的唯一标准"来检查自己。因此，在培养大学生自我意识的过程中，要引导他们正确分析自己的活动表现和成果，客观地认识自己的知识才能、兴趣爱好，进一步发挥自己的长处，弥补自己的短处。试填写以下空格，对自己的活动表现进行分析。

实践活动1：_____ 对自己的认识：_____
实践活动2：_____ 对自己的认识：_____
实践活动3：_____ 对自己的认识：_____

6. 通过自我反思和自我评价来认识自我

大学生已具备了一定的自我反思和自我批评能力，尤其是大三、大四的学生。在自我意识的培养中，要教育、引导他们不断地对自己的心理活动进行反思、分析，勇于解

第三讲　发现未知的自己——自我意识与心理健康

剖自己，敢于批评自己，在自我解剖和自我批评中加深对自己的认识。

心理游戏

找一个放松的姿势站好。闭上眼睛，用你的头把你的姓写出来（一定要动起来，幅度要大些，活动起来），用你的腰把你的名写出来。

闭上眼睛，找一个让你整个身体放松的姿势坐好。

把你的注意力集中在你的头部，想象一下你的五官是什么样的。

（1）你的眼睛是什么样的，眼睛大还是小，单眼皮还是双眼皮？想象一下你的眼睛都给你带来了哪些好处。假如你没有这双眼睛，你会是什么样的，你喜欢你的眼睛吗？

（2）把注意力集中到你的鼻子：想象一下你的鼻子是什么样的，你的鼻子都给你带来了哪些好处。你喜欢它吗？倘若没有了鼻子，你会是什么样的？

（3）想象一下你的嘴巴是什么形状的，你的嘴巴都给你带来了哪些好处。倘若没有了嘴巴你会是什么样的？你喜欢它吗？

（4）把注意力集中到你的耳朵：想象一下你的耳朵是什么样的，你的耳朵都给你带来了哪些好处。倘若没有了耳朵，你会是什么样的？你喜欢它吗？

（5）把注意力集中到你的大脑：想象一下你的大脑是什么样的，从小到大你的大脑对你有什么样的作用，你的大脑都给你带来了哪些好处。倘若没有了大脑，你会是什么样的？你有一个聪明的大脑，你感谢自己吗？

（6）心脏：拿你的手轻轻地抚摸你的心脏部位，去感受一下心脏跳动的节奏，想象一下你的心脏是什么样的，从小到大你的心脏对你有什么作用，你的心脏都给你带来了哪些好处。倘若没有了心脏，你会是什么样的？你健康地坐在这儿，你会感谢自己吗？你喜欢它吗？

（7）两只胳膊：想象一下你的胳膊是什么样的，从小到大你的胳膊对你有什么样的作用，你的胳膊都给你带来了哪些好处。倘若没有了胳膊，你会是什么样的？你有两只能干的胳膊，你感谢自己吗？

（8）两条腿：想象一下你的腿是什么样的，从小到大你的双腿对你有什么样的作用，你的双腿都给你带来了哪些好处。倘若没有了双腿，你会是什么样的？你有一个健全的双腿，你感谢自己吗？无论它是什么样的，你是否都打从心眼儿里喜欢？

你是什么样的人？请对自己做个描述，包括你的性格、你的特点，你现在对自己的感受是什么？无论什么感受，它是你对自己的感受，它都是你的，属于你自己的。深深地吸口气，呼出来，慢慢地睁开眼睛，给你旁边的人一个微笑。

刚才的活动你涌现了什么样的感受？也许你对自己的身体以前曾有过不满意，但今天可能会觉得它们很好，很健康，至少都属于你，没有理由自卑，且要认识自己、接纳自己、喜欢自己。"很感谢我的父母给了我一个健康的身体。"

第二节 我为何如此迷茫——自我意识发展特点与常见偏差

名人名言

最让自己惊奇的发现就是知道自己能做原来认为不能做的事,我们最大的敌人就是我们自己。

——亨利·福特

与我们应该成为的人相比,我们只苏醒了一半。我们的热情受到打击,我们的蓝图没能打开,我们只运用了我们头脑和身体资源的很小一部分。

——心理学家威廉·詹姆斯

一、自我的成长轨迹——自我意识的发展

(一)自我意识发展的过程

心理学研究表明,个体自我意识从发生、发展到相对稳定,大约要经过 20 年的时间。纵观自我意识的形成过程,我们可以把它分成四个阶段。

1. 自我意识萌生时期(生理自我形成发展期)

在生命降生之初,婴儿是没有自我意识的。他们甚至不能意识到自己和外界事物的区别。他/她经常吮吸自己的手指头,就像吮吸自己母亲的乳头一样津津有味,因为他/她把母亲当作他/她自己的一部分。可见,他/她还生活在主体和客体尚未分化的状态之中。婴儿一般在 8 个月龄左右,生理自我开始萌生,这是自我意识的最初形态。

到 1 岁左右,儿童开始能把自己的动作和动作对象区别开来,初步意识到自己是动作的主体。例如,当他/她手里抓着玩具的时候,他/她不再把玩具当作自己身体的一部分了。1 周岁以后,儿童逐步认识自己的身体,也开始意识到自己身体的感觉。不过,他/她只是把自己作为客体来认识,他/她从成人那里学会使用自己的名字,并且像称呼其他东西一样地称呼自己。

一般到 2 岁左右,儿童逐渐学会用代词"我"来代表自己。

3 岁左右的儿童,自我意识有了新的发展,主要表现在:①出现了羞愧感与疑虑感。当做错了事时,他/她会感到羞愧;当碰到矛盾时,他/她会感到疑虑。②出现了占有欲和嫉妒感。儿童看到自己喜欢的东西,就想独自占有,不愿与人共享;如果母亲对其他儿童表现出关心和喜爱,他/她会产生强烈的嫉妒感。③第一人称"我"使用频率

提高，许多事情都要求"我自己来"，开始有了自我独立的要求。应该说，3岁儿童的自我意识已经有了一定的发展，但其行为仍然是以自我为中心的，即以自己的想法去解释外部世界，并把自己的想法和情感投射到外界事物上去。

2. 自我意识形成时期（社会自我形成发展期）

3岁到青春期这段时期，是个体接受社会化影响最深的时期，也是学习角色的重要时期。个体在家庭、幼儿园、学校中游戏、学习、劳动，通过模仿、认同、练习等方式，逐步形成各种角色观念，如性别角色、家庭角色、伙伴角色、学生角色等。这一时期也是获得社会自我的时期，他们开始能意识到自己在人际关系、社会关系中的作用和地位，能意识到自己所承担的社会义务和享有的社会权利等。

青春期以前，个体的眼光是向外的，引起他们兴趣和注意的是外部世界，他们对自己的内心世界视而不见。他们虽然已经意识到自己是一个主体，可以充分认识到自己的行为，却不了解自己的下列状态：他们常常把自己的情绪视为某种客观上伴随行动而产生的东西，不懂得情绪是自己的主观感受；他们还不善于应用自己的眼光去认识世界，只是照搬成人的观点作为对外部世界的认识。

3. 自我意识发展时期（心理自我形成发展期）

从青春发育期到青春后期大约10年的时间，是心理自我的发展时期，自我观念渐趋成熟。在青春期，个人无论在生理、认识或情绪等方面，都有很大变化，如性的成熟、逻辑思维和想象力的发展、感受性的敏感，都是自我意识发展的基础。这一时期，个人的自我意识具有以下特点：一是自我意识分裂为观察者的我（I）和被观察的我（me），因而个人就能从自己的观点出发，认识和考量自己的心理活动。二是个体能够透过自我去认识客观世界，即由自我的观点来认识事物而不是从他人的观点去考量事物。三是个体价值体系的发展和理想自我的活动，总是与自我观念的发展相联系。这时，个体常常强调自己所具有的个性特征的重要性，以及认为自己追求的目标对自己的重要性。由于自我意识的发展，到了青春期，青年要求独立、自治的意识强烈，更想摆脱成年人的影响和束缚。

一般地讲，青年自我意识的发展经历着一个特别明显的、典型的分化、矛盾和统一的过程。自我明显的分化，意味着自我矛盾冲突的加剧，即主体我与客体我的矛盾斗争，理想我与现实我矛盾斗争的加剧。两个"我"不能统一，自我形象便不能确立，自我概念也不能形成。于是，青年表现出明显的内心冲突，甚至有一定的内心痛苦和激烈的不安感。他们对自我的评价常常是矛盾的，对自我的态度常常是波动的，对自我的控制常常是不自觉、不果断的。他们可能忽而只看到自己的这一方面，又忽而只看到自己的那一方面；时而能较客观地评价自己，时而又不能这样做；时而肯定自己，时而又否定自己；时而感到自己什么都行，时而又感到自己特别幼稚；时而步入憧憬境界，对自己的现实缺乏意识，时而又厌恶自己长大而津津乐道那令人留恋的童年；时而对自己充满自信，时而又感到自己无能，对自己不满；等等。

4. 自我意识完善时期（自我意识同一期）

如果说青春期自我意识是迅速发展并趋向成熟的阶段，那么青年期之后个体的自我意识则是完善和提高阶段，即主体我与客体我、理想我与现实我经过激烈的矛盾和斗争，重新实现统一的时期。这种统一是在新的水平与方向上的协调一致，使现实我努力符合理想我的要求。当然，矛盾斗争的同一结果有两种可能性，积极的结果是形成新的真实的自我统一，使人增强自信，努力奋斗，有利于自身发展；消极的结果是形成歪曲的自我统一，或自卑，或自负，影响自身的成长和发展。

自我意识的形成和发展的过程正是一个人人格成长的过程，忽视任何一个阶段的健康成长，都会给人带来终生的遗憾。

（二）大学生自我意识的发展特点

1. 大学生自我意识发展的分化—冲突—整合过程

从青春期以后到成年的大约10年时间里，个体的自我意识开始迅速发展，并逐渐趋向成熟。他们逐步获得心理自我，开始关心自己的形象，关注自己的心理活动，不再简单地接收和认同别人的观点，而是有自己独特的见解，具有浓厚的主观性。大学阶段正是自我意识的迅速发展阶段，一般具有以下特点。

（1）自我意识开始分化，并且迅速发展，自我矛盾开始出现。进入大学以后，随着学习、生活方式的改变和心理意识的发展，大学生的自我意识有了明显的变化，出现了理想自我和现实自我的分化，并且迅速发展，导致矛盾冲突日益明显。大学生对自己的生活充满信心，对未来抱有幻想，而现实往往不是他们所想象的那样，于是就出现了所谓理想自我和现实自我的矛盾。这种矛盾分化使大学生越来越多地注意到"我"的许多细节，发生自我意识的改变，经过自我体验和自我调控而表现出各种激动、焦虑、喜悦与不安情绪。当理想自我占优势时，往往会将"客体我"萎缩到实际能力以下，总认为自己事事不如人，从而产生较强的自卑感，甚至放弃努力，形成自我怜悯或伤感的心理状态。相反，当现实自我占优势时，往往表现出较强的虚荣心和自我陶醉，特别在乎别人对自己的评价，担心暴露自己的缺点。另外，大学生的自我意识中投射自我意识的成分明显增强，人际关系也因此而变得较为复杂，同学之间的矛盾也日益增多，常常会产生自己不为别人所理解的感觉，也常常要求别人理解自己，出现"理解万岁"的理念。

（2）大学生自我意识矛盾日益突出，但调控能力相对较弱。由于自我意识的分化，"主体我"和"客体我"、"理想我"和"现实我"之间的种种矛盾开始出现，随着自我意识的进一步发展，这种矛盾也越来越突出。面对自我意识中的种种矛盾，大学生便开始通过各种活动来重新认识自己，自觉或不自觉地调节矛盾中认识自己，完善自我。他们常常会问自己，"我聪明吗？""我长得美吗？""我的性格如何？""我有什么能力和特长？""我应该成为什么样的人？""我应该怎样度过自己的一生？"，等等。经过一段时间的矛盾冲突和自我探究后，大学生的自我意识就会在新的水平和方向上趋于一致，达到暂时的自我统一。然而新的自我意识矛盾又会产生，还需要不断地自我调控和自我探究。但大学生的这种自我调控能力相对较弱，往往需要借助外界环境的影响。即便如此，在自我意识的统一过程中，也会出现消极的、错误的、不利于心理健康的统一。例如，想得多，做得少；自我认识清楚，但自我调控能力太低；过多关注自己，过于看重自己，而对他人、集体、社会考虑较少；等等。

（3）自我意识的矛盾转化不断进行，且渐趋稳定。在自我意识由"矛盾—统一—新矛盾—新统一"转化发展过程中，大学生自我意识不断发生重大变化，由刚进校的"依赖性"和"盲目性"，渐渐转变为"想入非非"，到毕业前就显得沉稳多了。正是由于这种矛盾转化，使得大学生自我意识发生了明显的飞跃，个体之间出现了不同的差异，自我意识也逐渐趋向成熟。

由此可见，大学阶段是大学生自我意识的"转折"时期，也是自我意识和自我矛盾表现最突出的阶段，对个体的人生观、价值观、世界观形成有着非常重要的意义。针对大学生自我意识的发展特点采取相应的自我意识教育和培养，是高校学生管理的一个重要方面，要引导他们全面认识自我，积极认可自我，努力完善自我。

2. 大学生自我意识的特点

大学生就其年龄而言，正处于青年初期和中期阶段。特殊的年龄和心理生理发展阶段，使他们表现出不同于其他青年人的自我意识特点。

一是大学生较儿童少年时期更多地关注自己。上大学意味着独立生活的开始，生活上的独立促进其心理上开始独立，他们开始更多地关注自己，关心自己的现状和未来发展。他们不断地寻求自己未来的道路，并为之进行周密的计划和安排。他们在认真进行自我观察、自我分析、自我评价时，能不断地觉察"理想我"与"现实我"的差距。大学生在关注自我的同时还会产生一种孤独感，并产生和别人交流的欲望，内心里涌动着想被别人理解、想与别人沟通的渴望。

二是大学生自我意识逐渐趋于稳定，但未完全成熟，存在矛盾冲突。相关研究结果表明，大学生自我意识发展已达到较高水平。这不仅从大学生自我意识总体得分和自我评价的得分较高可以证明，而且从自我认识、自我体验、自我控制三者之间的关系比较协调，成为一个有机整体，也证明了大学生自我意识发展进入相对稳定时期。当然这并不意味着大学生自我意识已成熟、完善，如前所述，它还存在着各种各样的矛盾与困扰。

三是大学生自我评价能力增强，但存在片面性。由于大学生掌握了比较广阔的知识，面对社会对他们的期望和要求，他们深入了解自己的愿望更为迫切。"我究竟是什么样的人？""我应该成为什么样的人？"都是大学生们十分关心并经常思考的问题。他们还经常主动地与周围人们做比较来认识自己，评价自己。这一切都表明了大学生的自我认识具有更高的自觉性和主动性。大学生能借助一定的社会评价来认识自己，但又不完全依赖别人的评价，这是大学生自我评价能力增强的表现。但是，由于大学生对客观事物在理解和判断上的肤浅性和片面性，常使他们对自我的理解和判断不全面，或只看到表象而看不到本质。

四是大学生自我体验丰富而深刻，但两极性明显。大学生的自我体验比较丰富，有喜欢、满意自己或讨厌、不满意自己的肯定和否定的体验，有喜悦或是忧虑的积极和消极的体验，也有紧张和轻松的体验。大学生的自我体验丰富、细腻、深刻，情感体验的基调倾向于热情、憧憬、自信、急躁等，而且两极性十分明显。当他们取得成绩受到表扬时，当他们的言行举止被别人接纳时，就会表现出愉快、喜悦等积极的肯定的情感体验；当他们受到挫折、批评时，就会产生低沉、忧郁等消极的否定的情感体验。

五是大学生自我认识、自我评价很容易受情绪的影响。一旦在学习、生活中遇到困难和挫折，他们往往就会产生一些非理性的认知，表现出内疚、不安、自卑等负性情绪，以至否认自己、拒绝自己，甚至会打破原有的心理平衡，不能一分为二地看待自己，背上沉重的心理包袱。

六是自我控制、自我教育能力有较大提高，但仍有明显不足。随着独立性的提高，大学生自我控制力增强，在一般情况下，大多数学生能够理智地处理同学之间的矛盾与冲突，克服自己对专业学习的厌倦情绪，按学校的规章制度和要求管理自己。但少数学生还存在自我控制力差的一面，因此，大学生中违纪现象时有发生，同学之间矛盾激化的情况也时常出现。一旦发生问题，学生的自我监督、自我管理、自我教育能力仍不能充分地起到应有的作用。

总之，大学阶段是个体自我意识急剧增长、迅速发展和趋于完善的重要时期。

二、"我"的迷茫与困惑——自我意识的偏差

（一）理想与现实的差距

理想与现实的差距可以说是大学生自我意识矛盾最突出、最集中的表现。大学生对未来充满信心，抱负较高，成就欲望较强，但由于他们生活范围相对狭窄，社会交往比较单一，缺乏社会阅历，对自我认识的参照点较少，因此，不能很好地将理想与现实结合起来，从而使"理想我"与"现实我"之间产生较大的差距。这种差距在给大学生带来苦恼和不满的同时，也会激发大学生奋发进取的积极性。但如果这种矛盾与冲突过于强烈，不能及时加以调适，则会导致自我意识的分裂，从而带来一系列心理问题。

大学生往往对自我缺乏客观全面的认识。当自己面对"现实是什么样的人""将来应成为什么样的人""将来可能是什么样的人"等问题时，经常苦苦思索，但总是不具体、不确切。大学生随着自己主体意识逐步成熟，总是要运用所学科学知识设想自己，"应在什么样的环境条件下，应成为什么样的人""当前环境条件怎样，社会责任我能承担多少"。内心中常为"自我"画像，既画自己当前现实的像，也画自己未来的像，这就是所谓自我意识分化出了"现实的我"与"理想的我"。进入青年期，大学生自我意识显著发展，经常将自我与他人，特别是与比自己强的人比较，现实自我和理想自我的矛盾就突显出来了。

在大学生中有一段流传甚广的顺口溜："大一理想主义，大二浪漫主义，大三悲观主义，大四现实主义。"内容可能有些不太符合实际，但较客观地描述了大学生在大学阶段的心理发展过程及自我意识的调适过程呈现为"理想—冲突—面向客观实际"。

（二）过度自我接受与自我否定

进入青少年时期，随着对外界认识的不断提高、生活经验的不断积累、生活空间的不断扩大、思想的不断进步，人们要求与社会有更广泛的交往，要求在学校里有一席之地、用武之地，对未来生活充满憧憬。这时，若不能很好地对自己及周围事物做出恰当的评价，就很容易在心理上出现问题，或自傲或自卑。

自傲或自我陶醉就是过高地评估自己的长处和优点的结果。这些人妄自尊大，自以为是，孤芳自赏，不求进取。他们总认为自己比别人优越，骄傲自大，缺乏自我批评，而且不允许别人批评，"老虎屁股摸不得"，从而唯我独尊，以自我为中心。这种人一般缺乏自知，易与人发生冲突。也许他们确实存在某些长处或优点，但由于沾沾自喜，不愿进一步努力，长处和优点就会向相反的方面转化。

与自我陶醉相反的是自卑或妄自菲薄，指的是自我对自己的能力、性格、体格、容貌等深感不足。有这种思想情绪的人常对自己多有不满，觉得一切都不如意，做什么事情都不顺心，周围充满暗淡、沉闷的气氛。在生活中有许多使大学生产生自我菲薄或自卑的因素，例如，考试不及格、老师的责备、被异性拒绝等都可能使青少年产生自卑心理。有妄自菲薄或自卑感的人，往往性格比较孤僻，不大愿意与他人交往。

（三）自我中心与他我中心

在自我认识过程中，我们发现有很多个"我"的存在。首先是因"自省"而来的"主观我"，这里要解决的是"我如何看我"；其次是因"人言"而来的"客观我"，这里要解决的是"我在他人眼里是个怎样的人"；"主观我"和"客观我"经过比较、匹配，最后形成一个"我"，这就是"现实我"。"主观我"和"客观我"之间的矛盾是任何人都难以避免的，古今中外，不知有多少著名的历史人物因得不到同时代公正的评价而抱憾终生。这个矛盾对大学生来说是比较突出的，因为大学生对自己的认知和评价总会受个人出身、经历、教育程度和由个人社会地位所制约的视角所局限，很难做到全方位地对自己进行客观的审视和评价，而他人却可以从不同的地点、在不同的情况下、以不同的视角对大学生进行审视和评价，所以"主观我"与"客观我"之间的矛盾对大学生来说是必然存在的。

不少大学生未能处理好主观的我与客观的我这对矛盾，常出现两种自我意识的偏差：一种是只看重"自省"而发展为"自我中心"；另一种是一味受"人言"左右而变得丧失自我，也就是"从众"。以自我为中心的人，往往想问题和做事都从"我"出发，不能进行客观的思考和分析，盛气凌人。他们常常不能赢得别人的好感与信任，人际关系大多不和谐。从众则是一种普遍的心理现象，因为个体在群体中生活，会不知不觉地遵从群体压力，在知觉、判断、信仰以及行为上，放弃自己的主张，与群体中多数人趋于一致。通常所说的"随大流"即是一种较为普遍性的从众行为。在大学校园里

常见的从众现象有：学习从众、消费从众、恋爱从众、作弊从众、择业从众等。从众心理人皆有之，但从众心理过强、凡事都从众，就会导致独立性差，缺乏个体倾向性的世界观、人生观、价值观，自我意识薄弱，有碍于心理发展。

（四）独立与依赖的纠结

从心理学的角度看，大学生正处于"第二断乳期"，正在从幼稚走向成熟。他们长大成人，常具有时代强者之感，十分讨厌居高临下的家长式教育态度。但刚刚脱离家庭而踏上独立之路的他们在面对许多实际问题时却束手无策，缺乏信心，难以做决断，缺乏独立解决问题的能力，因此，心理上产生了主观要求独立和客观上不能完全独立的自我意识矛盾。

这一时期的青年大学生，独立意识和自我意识日益增强，迫切希望摆脱对成年人的依附。他们以成人自居，强烈要求自己作主，竭力摆脱成人的管束，自主地处理所遇到的一些问题，在思想言行的各方面都表现出极大的独立性，表现出心理"断乳"愿望，具体表现为任性固执；有时也认为学校制度不合理、不合时，认为制度应该由学生自己制定，以得到更多的自由。但他们在心理上又依赖成人，当面对陌生或复杂的环境时、遇到困难时，又不知该怎样做，特别希望得到成人的指点和帮助。他们暂时还无法真正做到人格上的独立，独立意向与依附心理的矛盾也一直困扰着他们，这种心理矛盾常使他们自叹自责，苦闷不安。

大学生不可能真正独立的原因有三。

其一，社会经验缺乏，独立处理问题的能力有限，特别是面临复杂世态时，常无法做到心中有数。面临有关人生和前途的重大问题时，大学生往往对自己的抉择缺乏信心而依赖于父母的意志。

其二，大学生就学期间在经济上一般仍依赖家庭供给。

其三，从个体的自我意识发展的连续性来看，过去形成的依附气息也不易完全消失。

三、超越人性的自卑——培养自信心

（一）自卑感

自卑感是一种不能自助和软弱的复杂情感。有自卑感的人轻视自己，认为无法赶上别人。心理学家阿德勒对自卑感有特殊的解释，并称其为自卑情结。他对这个词主要有两种相联系的用法：首先，自卑情结指以一个人认为自己或自己的环境不如别人的自卑观念为核心的潜意识欲望、情感所组成的一种复杂心理；其次，自卑情结指一个人由于不能或不愿进行奋斗而形成的文饰作用。自卑情结是由婴幼儿时期的无能状态和对别人的依赖而引起的，对人具有普遍意义。它是驱使人取得成功的力量，又是反复失败的结果。自卑情感可通过调整认识、增强信心和给予支持而消除。

自卑感是对自己不满、否定的情感，往往是自尊心屡屡受挫的结果。

自尊心和自信心、好胜心、独立感等诸多形式都是大学生自我意识发展的主要表现。它是要求个体尊重自己的言行和人格，维护一定的荣誉和社会地位的一种自我意识倾向性。每个大学生都有强烈的自尊心，好强、好胜、不甘落后。自尊心强的大学生对自己有信心，相信自己能克服缺点，取得进步。这并不是自大，但过强的自尊心却和骄傲、自大等联系在一起。自尊心过强的人常缺乏自我批评，而且不允许别人批评，以自我为中心，唯我独尊。这样的人回避或否认自己的缺点，缺乏自知能力，不能与人和谐相处，容易失败，也容易受伤害。

过强的自尊心和过强的自卑感是密切联系、互为一体的，那些自尊心强表现得越外显、强烈的人往往是极度自卑的人。自尊心、自卑感过强都会影响大学生的心理发展和人格成熟。

（二）自卑的积极意义和消极意义

自卑感是坏事吗？心理学家阿德勒对此矢口否认。事实上，要成其为人就意味着感到自卑。这对于一切人都是共同的，所以，自卑并不是懦弱或者异常的现象。实际上，这种情感是隐藏在所有个人成就后面的主要动力。一个人由于感到自卑才推动他去完成某些事业。在某人获得一项成就时就能体验到一种短暂的成功感，但是与别人获得的成就相比较，又使他产生自卑感，这样就又激起他去争取更大的成就，由此反复，永无止境。

阿德勒的理论很好地阐述了"自卑"的积极和消极作用。他把"超越自卑"看作人格形成的重要因素，其实可能用"摆脱自卑"来形容会更准确一些。

当你面对一个比你更优秀的人，而且是在同一个组织里面的时候，如果那个人是你的领导，你的"自卑"容易转化为"服从"。在这个过程中，你接受了自己比领导差的"现实"，选择了一个角色（忠实的下属）和态度（服从）去面对，"自卑"感就被转化了。人觉得自己作为一个下属去服从的时候，会觉得自己很有价值。他找到了自己的"价值"，他就摆脱了"自卑"中的焦虑状态。他的心理自我认识从自卑的"我很差，比他差"变成了"我是比他差，但是我服从他做事展现了自己的价值"。

如果那个人是你的同事甚至是你下属，自卑感的焦虑和自我否定，就更容易以"超越"的形式表现出来。人不想再自卑，不愿意一直比别人差，所以，他们通过提升自己能力或使用权力去让自己感到良好。其关键就在于，虽然"自卑"，但是你肯定了自己成长进步的可能，你肯定了自己另一方面的优势，心理的自我认识就从"我比他差，我很糟糕"变成了"我不会一直比他差"或"我也有自己的优势"。

但综合以上两种可能来说，"自卑"均源于一种绝对的判断：要么更优秀，要么更糟糕。如果能够认识到"没有更优秀，只有更合适"（另一种评价体系）或者认识到"没有永远的劣势，只有永远的进步可能"（同一种评价体系的动态形式），那么"自卑"就能被彻底消除（换了评价体系）或者被转化（如前面两个例子）。

自卑可以对人有积极作用，但这还要看你所谓的"积极作用"是什么。选择了服从与合作，就是消极的吗？选择了超越和竞争，就一定是积极的吗？只有一点可以确定，那就是自卑的体验无疑是一种不愉悦的感觉，它是一种比较"消极"的情感。但其实用"积极"或"消极"去描述人的情绪和感觉体验，也是十分不严密的，笔者觉得用个体"会想保持"和"会想摆脱"来形容更恰当。显然，自卑属于个体会想摆脱的体验。是积极还是消极，关键就看怎么去摆脱。

尽管自卑感对所有积极的成长起着一种激励作用，但是它们也会导致精神病症。一个人有可能被自卑感弄得心灰意冷，以至达到万念俱灰、百事皆休的地步。在这种情况下，自卑感是一种阻碍因素而不是以一种激励因素对积极的现实发挥作用的。这样的人被认为存有自卑情结。按照阿德勒的理论，一切人都会感受到自卑感，但是在一些人身上会由此引起精神病症，而在另一些人身上却产生了对成就的需求。

自卑的人通常都会拿自己的缺点和别人的优点相比，总是觉得自己处处不如别人，看不到自己的价值，长此以往，就会产生一种悲观厌世的情绪。他们因为找不到自己的价值所在，所以容易对生活失去希望，严重自卑的人甚至会产生轻生的念头。

（三）超越自卑，从自卑到自信

良好的心理因素对自卑的克服有重大的影响，同时也是建立自信的基础。面面俱到的优秀者、强者肯定与自卑无缘，问题是世上没有一个人能在生理、心理、知识、能力乃至生活的各方面都是一个强者、优秀者，即所谓"金无足赤，人无完人"。因此，从理论上说，自卑的情形在任何人身上都可能产生，几乎所有的人都存在自卑感，只是表现的方式和程度不同而已。成功者能克服自卑、超越自卑，其重要原因是他们善于运用调控的方法提高心理承受力，使之在心理上阻断消极因素的交互作用。

一般情况下，成功者运用的调控方法主要有以下四种。

1. 认知法

认知法即通过全面、辩证地看待自身情况和外部评价，认识到"人既不可能十全十美，也不会有全知全能"这样一种现实人生。

哲理故事

小蜗牛问妈妈：为什么我们从生下来，就要背负这个又硬又重的壳呢？

妈妈：因为我们的身体没有骨骼的支撑，只能爬，又爬不快。所以需要这个壳的保护！

小蜗牛：毛虫姊姊没有骨头，也爬不快，为什么她却不用背这个又硬又重的壳呢？

妈妈：因为毛虫姊姊能变成蝴蝶，天空会保护她呀！

小蜗牛：可是蚯蚓弟弟也没有骨头、爬不快，也不会变成蝴蝶，他为什么不背这个又硬又重的壳呢？

妈妈：因为蚯蚓弟弟会钻土，大地会保护他呀！

小蜗牛哭了起来：我们好可怜，天空不保护我们，大地也不保护我们。

蜗牛妈妈安慰他："所以我们有壳啊！我们不靠天，也不靠地，我们靠自己。"

2. 转移法

转移法即将注意力转移到自己感兴趣也最能体现自己价值的活动中去，可通过专注于书法、绘画、写作、制作、收藏等活动来淡化和缩小弱项在心理上的自卑阴影，缓解心理的压力和紧张。

3. 作业法

如果自卑感已经产生，自信心正在丧失，可采用作业法。方法是先寻找某件比较容易也很有把握完成的事情去做，成功后便会收获一份喜悦，然后再找下一个目标。在一个时期内，尽量避免承受失败的挫折，自信心提高以后，逐步向较难、意义较大的目标努力，通过不断取得成功，使自信心得以恢复和巩固。一个人自信心的丧失往往是在持续失败的挫折下产生的，自信心的恢复和自卑感的消除也是从一连串小小的成功开始。每一次成功都是对自信心的强化。每恢复一分自信，自卑的消极体验就将减少一分。

4. 补偿法

补偿法即通过努力奋斗，以某一方面的突出成就来补偿生理上的缺陷或心理上的自卑感（劣等感）。有自卑感就是意识到了自己的弱点，我们就要设法予以补偿。强烈的自卑感往往会促使人们在其他方面有超常的发展，这就是心理学上的"代偿作用"，即通过补偿的方式扬长避短，把自卑感转化为自强不息的推动力量。例如，耳聋的贝多芬却成了划时代的"乐圣"。许多人都是在这种补偿的奋斗中成为出众的人的。

自卑就如泥潭，倘若深陷其中，就很难自拔。最后，我们要强调的是：通往成功的道路上，完全不必为"自卑"而彷徨，只要我们把握自己，成功的路就在脚下。

第三节　路在何方——超越自我

名人名言

我要扼住命运的咽喉，它决不能使我完全屈服。　　　　　　　　　　——贝多芬
谁不能主宰自己，谁就永远是一个奴隶。想左右天下的人，须先左右自己。
　　　　　　　　　　　　　　　　　　　　　　　　　　　　　　——苏格拉底
我此刻正在做的事，就是我一生中最大的事，不管是在指挥交响乐团或剥橘子。
　　　　　　　　　　　　　　　　　　　　　　　　　　　　　——托斯凯宁尼
自我征服是最大的胜利。　　　　　　　　　　　　　　　　　　　——柏拉图

一、做自我的主人——自我和谐与平衡

（一）自我和谐

自我和谐就是一个人身心的和睦、协调，即人的生理和谐与心理和谐的统一。心理学家罗杰斯认为，和谐是一种调和或协调的状态，不和谐是一种矛盾冲突的现象或不协调状态。自我和谐是指个体自我概念中没有自我冲突的现象。在罗杰斯看来，自我概念不单指一个人对自己目前状况的知觉，即真实自我或自我，还意味着一个人对自己将来应当怎样的知觉，即理想自我。罗杰斯认为，理想自我和真实自我之间的差距是衡量一个人心理是否健康的指标，理想自我与真实自我越接近，人就越感到幸福和满足，心理就越健康；理想自我和真实自我之间的差距大，人就会感到不愉快和不满足，心理就不健康。一个人的目的是追求真实自我。

罗杰斯认为，个体有着维持各种自我知觉之间的一致性以及协调自我与经验之间关系的功能，如果各种自我知觉之间出现冲突或者自我与经验之间出现矛盾，个体就会体验到内心的紧张和纷扰。罗杰斯还认为，人的本性就是要努力保持一种乐观的感受和对生活的满足。要想成为一个自我完善的人，就要不断接受生活中的各种考验。他把达到这一目标的人称为心理和谐的人。正如罗杰斯所说："最好的生活是一种漂泊的、变化的过程，在其中没有任何事物是固定不变的，它们存在于成长的过程中。好的一生是一种过程，而不是一种状态；是一个方向，而不是终点。"由此可知，人之所以出现心理问题，是因为理想自我和真实自我出现偏差；之所以内心不和谐，是因为自我与自我经验不一致，为了维持自我统一而对经验采取的防御反应；之所以心理不健康，是缺乏乐观、满足的生活态度。此理论可以指导大学生正确对待自己的心理问题并对此进行正确的调适。

大学生处于青少年向成年的转变时期，这一阶段中，他们会出现自豪感与自卑感的矛盾冲突、强烈交往的需要与孤独感的矛盾冲突、理想与现实的矛盾冲突等一系列问题。这些矛盾冲突如果过于强烈和持久地存在，在遭遇某种刺激时，就容易出现心理障碍，影响个体的健康发展。

要做到心理和谐就要从以下四个方面做起。

第一，坚持不懈地学习。自我和谐问题就是自身修养问题，自我和谐要有思想、道德、文化、情感等多方面的修养。通过学习，树立正确的人生观、道德观、价值观；通过学习，提高思想觉悟、认知水平，用正确的世界观、方法论来认识和看待事物，认清事物间的矛盾，按客观规律办事，有效地处理存在的问题，化解矛盾；通过学习加强自我修养，达到思想和谐、内心和谐，能够适应环境，做到得心应手，全面发展，不被外力所扰。

第二，培育和谐的思维方式。和谐的思维方式是唯物的、辩证的思维方式，是在对立统一中以建设性态度促进发展的一种思维方式。和谐的思维方式使人们能够客观、公正、发展地看待问题，用积极的态度化解矛盾，用平和的心态接受差异，不与自己作对，不与环境作对，用积极乐观的态度面对一切。

第三，节制过分的欲望。经验表明，破坏人自我和谐的"罪魁祸首"是欲望，特别是对物质的占有欲。

第四，保持平和的心态和积极进取的精神。自我和谐很大程度取决于和谐的心态。从心理学角度说，和谐的心态就是主观追求与客观现实比较顺和的状态。"心平则气和，气和则神安"，只有心态和谐，才能理性处理所欲与所得的关系，正确对待困难、挫折和荣誉。

综上所述，自我和谐、心态和谐是一种自律，是一种人生境界。让我们对社会的给予深怀感恩之心，对给予的一时不足抱有宽待之心，对社会和他人的疾痛投以关爱之心，对自我和谐的欠缺多一点反省之心，以自尊自信、理性平和、积极向上的心态，在集体、社会、国家的坐标上定位自己的追求，正确看待自己的过去、现在和将来。

心理游戏

生命曲线

目的：协助你回顾"过去的我"，总结"现在的我"，展望"未来的我"，对自己的人生做出评估。

操作：

（1）在一张纸的中央画一个坐标，横坐标表示年龄，纵坐标表示生活满意度，如下图所示。

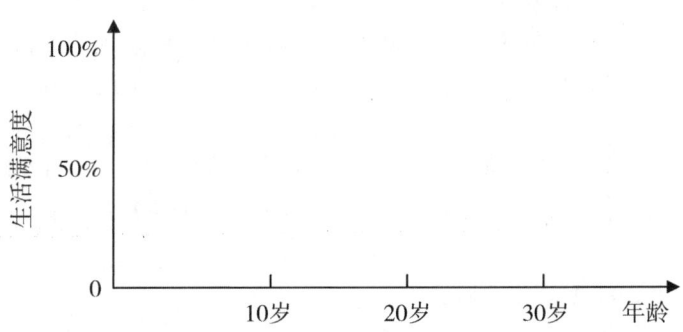

（2）闭目安静地思考一下，找出自己生活中的一些重要的转折点以及对当前的人生仍具影响力的重要经历，且评价一下自己对这些重要事件的感受，按照发生的时间和对此事件的满意度在坐标上用一个点表示，并简要地把事件标注在点的旁边。

（3）将不同的点连成线，边看着线边反省，并用虚线表示自己对未来人生的趋向。

（4）在探讨的过程中，你可参考以下的问题进行适当的思索，会令这项练习达到更佳的效果。

——你对过往的人生历程满意吗？

——人活着有什么意义？

——你认为自己生命的质量如何，有价值和意义吗？

请你仔细地再看看这简单又很有意思的生命曲线，并留意自己内心的反应。

(5) 团体分享。

（二）活在均衡的自我世界里

自我的多个维度需要平衡，健康的心理是多个因素作用的结果，同身体一样，心理也需要锻炼，我们不妨尝试以下策略。

1. 协调真实自我—理想自我

真实自我与理想自我之间的差距过大，会使我们产生偏低的自我形象，这往往隐藏着许多心理问题的萌芽。为了协调真实自我与理想自我之间的矛盾，我们需要：

（1）努力改善现实自我，使之逐渐接近理想自我；

（2）修正理想自我中某些不切实际的过高标准，使之趋近真实自我；

（3）放弃理想自我而迁就真实自我。

不管以哪种方法达到真实自我与理想自我的统一都将有利于心理健康和发展。

2. 协调真实自我—应该自我

应该自我是我们自己认为自己应该的样子，最初来自于外界对自己的要求和他人对自己的评价。我们把他人的要求和评价内化为自己对自己的要求和评价，比如我们认为"实现自己的目标是很重要的，如果做不到这点，我就不配为人""挣钱是很重要的，如果我不能挣很多钱，我就是失败者"等。在这些应该自我中，有一些是我们的真实自我的愿望，也是通过努力能够达到的；有一些则是不合理的、歪曲的、不正确的要求和评价，它们不是建立在自己的真正需要之上的，而是建立在他人的评价之上的。应该自我与真实自我的隔离状态是产生心理失衡的原因之一。为了协调二者之间的矛盾，我们应该：

（1）正视真实自我与应该自我之间的冲突，分清自己对自己的要求和评价中哪些是自己的真实需要，哪些是别人的要求和评价，哪些是自己努力就能够做到的，哪些是自己力所不能及的。

（2）不压抑自己的真实需求和感受。

（3）即使达不到自己的要求，也不用过于偏激和消极的语言来评价自己。

（4）一旦应该自我与真实自我之间存在尖锐的冲突，我们可以放弃矛盾的一方。

（5）确信自己的选择和行为，愿意和能够为自己做出的决定承担责任。这包括冒着做出错误决定的风险，以及不推卸自己的责任而愿意接受后果。

我们越能意识到并正视真实自我与应该自我的冲突，寻求自己的解决办法，我们就越能够获得更多的内心自由和更大的自主力量。只有当我们能够正视和解决冲突，我们才有希望成为自己的主人。

3. 协调自我的儿童意识—父母意识—成人意识

一个人的意识或自我由儿童意识、父母意识、成人意识三部分构成，其特点如下。

（1）成人意识：对自己负责，对别人尊重，处理事情理智。

（2）儿童意识：积极方面是友好、合作、灵活、乐观，具想象力和创造性；消极方面是不负责任，只顾自己享乐，依赖别人，自恋（沉溺于自我欣赏而不关心别人），故意引人注意，等等。

（3）父母意识：积极方面是有原则、关心爱护别人、有服务和献身精神等；消极方面是过分强求、指责和惩罚别人，对别人过分保护，有恩赐和特权的观念，看不起别人，等等。

这三种自我状态适用于不同的人际交往情境，所以我们在社会生活中应学会根据不同的时间、地点、环境来调整自己表现出不同的自我状态，以免"角色固定"，造成人际沟通障碍，影响心理健康。

4．协调本我—自我—超我

围绕自我的有三个方面：现实的环境、本我和超我。自我做得好时，超我给予奖励，引起自豪感；自我表现坏时，超我给予惩罚，产生罪恶感。自我以社会所允许的方式通过社会提供的途径来满足本我的欲望，使之符合现实条件和社会规范的限制，并通过调节外部行为和控制活动来适应环境。

如果自我过于弱小，本我过于强大，那么人会不计后果地满足自己，导致违反了社会规范、伤害了别人而自己不知道；如果超我过于强大，则会导致人的思想和行为过分僵化，过度约束自己的欲望，对自己要求过严，性格拘谨刻板，容易焦虑；如果现实过于强大则自我在面临正常的无危险的现实情境时，人就会产生恐惧。自我如仆人，同时侍奉现实自我、本我、超我三个主人，自我要足够强大才能去知觉现实自我，调节超我，并找到满足本我的途径，协调好这三者之间的关系，在三者之间找到一个平衡点，形成健康均衡的个性。

为了协调三者之间的关系，我们应该做到以下三点。

（1）正视：意识到自己的欲望和冲动（哪怕它们不为社会、超我所容），而不是压抑、否认和回避它们；

（2）升华：把不为社会、超我所接受和容许的冲动的能量转化为建设性的活动，以符合社会规范的方式满足自己的本我欲望。例如，将攻击的欲望转化为竞技场上的拼搏；

（3）发展：最大限度地抓住和利用社会所提供的各种机会和可能来发掘自己的潜能。

二、寻找"我"的坐标——自我效能的力量

是什么让有些人能够走出失败，并最终获得成功，而有些人却在挫折面前认了输？心理学家称之为"自我效能"，这是一些人具备的一种坚定不移的信念，相信自己具备取得成功的要素。自我效能由斯坦福大学心理学家阿尔伯特·班杜拉提出，如今已经成为教育界的一个关键理念，同时也是横扫心理健康领域的"积极心理学"运动的主要特征。"积极心理学"的重点是发展性格中的优势，而不是减弱性格中的不良特质。

自我效能感指个体对自己是否有能力为完成某一行为所进行的推测与判断。即便人的行为没有对自己产生强化作用，但由于其对行为结果有积极的预期，其也可能会主动地进行某一活动。"纸上得来终觉浅，绝知此事要躬行。"自我效能是一种积极的自我信念。我们可以通过训练来提升自我效能感。

（一）成功信念之一：过去不等于未来

电影巨星席维斯·史泰龙年轻时十分落魄，身上只剩100美元，连房子都租不起，只能睡在自己的车里。当时，他立志当演员，并满怀自信地到纽约的电影公司应征，但都因外貌平平及咬字不清而遭到拒绝。当纽约所有500家电影公司都拒绝他之后，他仍然坚持"过去不等于未来"的信念，从第一家电影公司开始再度尝试，在被拒绝了1500次之后，他写了《洛基》的剧本，并拿着剧本四处推荐，也继续被嘲笑奚落。在一共被拒绝了1855次之后，终于遇到一个肯拍这个剧本的电影公司老板，却又遭到对方不准他在电影中演出的要求。但最后，坚持到底的史泰龙终成闻名国际的超级巨星。

你能面对1855次的拒绝仍不放弃吗？史泰龙能做别人做不到的事，所以他最终成功了。因此，只要你真的想要，相信你也一定能。

（二）成功信念之二：没有失败，只有暂时停止成功

如果你已经为人父母，当你的孩子正在学习走路时你会给他几次机会？你会在他跌倒10次之后，让他改坐轮椅吗？还是只给他20次学走的机会，若学不会走路就要他放弃？或者当你身边有50个人叫嚣着劝你放弃，你就决定让他坐轮椅呢？我想你的答案是：不会。

的确，当问及每一位父母会给自己的孩子多少次机会？他们都会说：我会给他无数次机会，直到他站起来，学会走路为止！是的，一直坚持到底的人，最终都会站起来。那么，为什么许多父母只给孩子一次联考的机会便认定孩子成绩好坏？为什么常用失望的口气告诉孩子不适合某种行业，要求他转行呢？而许多人竟也因为没有坚定的信念，一遇挫折就认为自己能力不足，因此放弃了自己的理想。其实，凡事没有失败，只有暂时停止成功。

寓言故事

有一个王子，长得十分英俊，但他却是一个驼背的人，他请了许多名医来医治自己的驼背问题也没有治好。这使得王子非常自卑，不愿意在大众面前露面。国王见到这种情况非常着急，专程请教国中的一个智者，智者帮他出了一个主意。回来后，国王请了全国的雕刻家，刻了一座王子的雕像。刻出的雕像没有驼背，后背挺得笔直，脸上充满了自信，让人一见就觉得风采照人。国王将此雕像竖立在王子的宫殿前。当王子看到这座雕像时，他心中像被大锤撞击了一下，心里产生一种强烈的震撼，竟流下了泪来，国王对他说："只要你愿意，你就是这个样子。"之后王子时时注意着要挺直后背，几个

月后，见到的人都说："王子的驼背比以前好多了。"王子听到这些话更有信心了，更注意时时保持后背的挺直。有一天，奇迹出现了，当王子站立时，他的后背是笔直的，与雕像一模一样。

（三）成功信念之三：是上帝延迟，并不是上帝拒绝

有一个人，他在：
21 岁时，做生意失败；
22 岁时，角逐州议员落选；
24 岁时，做生意再度失败；
26 岁时，爱侣去世；
27 岁时，一度精神崩溃；
34 岁时，角逐联邦众议员落选；
36 岁时，角逐联邦众议员再度落选；
45 岁时，角逐联邦参议员落选；
47 岁时，提名副总统落选；
49 岁时，角逐联邦参议员再度落选；
52 岁时，当选美国第 16 任总统。

这个人就是林肯，因为他坚信他的成功是因为上帝延迟，并不是上帝拒绝，因此他能屡败屡试，最终成就不凡。

三、我心飞翔——行动从现在开始

（一）悦纳自我

有的人从生下来就不满意自己，天天审判自己，例如：我为什么是个女孩，不是男孩；我为什么是单眼皮，不是双眼皮；我为什么生在贫穷的家庭，没有生在富裕的家庭；我为什么不如别人那么优秀……这种过度的审判就是不接纳自己。心理学研究表明，人的很多心理问题都是自己不接纳自己造成的。金无足赤，人无完人。正确地面对自我，接纳自我，是获得成功必不可少的心理条件。一个人如果能够战胜自己内心的黑暗，就永远站立在灿烂的阳光中。是的，别人把你打倒了，你可以爬起来；自己把自己打倒了，或许永远也无法爬起来，因为你的信念倒了，意志倒了……自卑、忧伤、烦恼会使你自己永远处于黑暗之中。所以，战胜自我需要的不仅是勇气、力量，更重要的是接纳自我。

接纳自我就是相信自我。有人说世界上没有两片相同的叶子，同理，你在世界上也是独一无二的。有史以来，曾经有亿万人生活在这个地球上，但从来未曾有过第二个你。如果你不克隆自己，也将永远不会有第二个你。所以，你有足够的理由自尊自爱，即使是遭受挫折、历经坎坷。如果你连自己都怀疑，还能指望谁相信你？要相信自己的

能力,对于贬抑性的评价不要盲目接受。事实上,社会上有些评价并不总是正确的。例如,发明大王爱迪生,上小学时被老师认为"智力迟钝",刚念了三个月小学就被开除了;爱因斯坦在学生时代被老师斥责为"永远不会有出息"。而事实上呢,他们在科学领域都做出了杰出贡献。要学会把贬抑性的评价化为自己向上的动力,看作对自己的鞭策和督促,这样就能防止自卑感的产生。

接纳自己就要原谅自己。人生的大道并不是平坦的,总会有太多的不如意,如某件事没有做好,考试没有考好……假如你总是无休止地埋怨自己、惩罚自己,你将陷入自卑和自暴自弃的恶性循环之中。我们不要把一次偶然的失败看得太重,把失败当成给自己心理施加压力的包袱。有效的方法就是原谅自己,把用于挖精神陷阱的时间,用于分析失败原因,用于研究重新取胜的办法,走出失败的陷阱。

寓言故事

有一个女孩总觉得自己不受男生关注。一天,她在商店看到了一个发夹,店员职业性地称赞用上发夹后非常漂亮,于是她买下了它。

第二天,奇怪的事情发生了:她感到同学们的目光里充满了热情,男生还约她出去玩……

"这都是因为我戴了一个美丽的发夹!"她伸手向头上摸去,然而发夹根本不在自己的头上!

她这才想起:早上梳头时把发夹忘在家里的桌上了……

接纳自我就要正视自己。"尺有所短,寸有所长",每个人都有短处和缺陷,其中有的是无法补救的,或只能做有限的改善。在这种情况下,应该正视自己,坦然接受这种缺陷,并不为此羞愧,不在别人面前加以掩饰,不采取其他防御行为。只注意自身不足的人,容易产生自卑心理。例如,有些学生认为自己长得丑而有意把自己封闭起来,拒绝与人交往,幻想自己与世隔绝,想躲到深山或沙漠里去。殊不知这样做往往事与愿违,内在美表现不出来,反而增添了孤独和苦闷。人的美与丑从来就不是绝对的,相貌的好坏并不是人的本质内容。人的美包含有面貌、身材、心灵、气质等多种因素,其外在美与内在美相比较,后者比前者重要得多、有价值得多。雨果笔下巴黎圣母院中的卡西莫多长得丑,但没有一个人认为他丑,因为他的内心是美的。他赢得人们的敬爱。一位先哲说过:"人不是因为美丽才可爱,而是因为可爱才美丽。"

(二)活出最乐观的自己

有这样一个故事:有一对兄弟,哥哥看事情很悲观,弟弟却是个乐天派。圣诞节快到了,父亲送给哥哥一架玩具飞机,可以做出各种动作,而只在弟弟的袜子里放了一些马粪。

圣诞节早上,一位叔叔来拜访。他问哥哥:"圣诞老人送什么礼物给你啦?"

哥哥答:"糟透了!一架飞机!它自己什么都会做,根本用不着我动手,一点意思都没有。不好玩！"

"那你呢？"叔叔问弟弟："圣诞老人给你什么？"

"没有比这再好的了！"弟弟说："他给了我一匹活生生的小马。只不过，真可惜，在我起床以前小马跑掉了！"

从这个故事中我们可以知道，心情快乐还是郁闷，关键在于自己的选择！面对生活，每个人对于自己、他人、社会都有很多隐含的评价，这些评价就是态度。但这些态度并不是天生的，而是一种通过学习获得的自动反应，是经过很多年对周围人和事的态度的沉淀，最后才养成了自己的生活习惯。也许你明确地感觉到了它们的存在，或者你并没有意识到，但它们每天都在影响着你的每一个行为和思想，会在大脑里无声地和你对话，替你解释你所面临的情况，帮你做出判断。

每一天的生活都掌握在自己的手里，林肯说过：你想要多快乐，就可以有多快乐。一个人的生活是否过得健康、美满、愉快，很大程度上取决于他/她生活态度。好的生活态度不但影响人的生活，而且能塑造出美好的人格。相反，坏的生活态度会破坏健康，就像坏的行为习惯（如抽烟导致气管病，暴饮暴食令人变得肥胖臃肿）破坏健康一样。是否毕业于名校，是否身处要职或是否出自名门望族，这些其实都不重要。生活是否过得健康、愉快，最主要的是能否培养对事物的正确的观点，以及能否对生活始终保持积极的态度。

生活处境、生活状况相同的人，乐观者往往更健康。医学研究发现，乐观、开朗的性格会使人产生愉快、喜悦的情绪，而在人感到情绪愉悦舒缓时，大脑皮层的功能和整个神经系统的张力也增强，免疫系统处于活跃状态，机体抗病能力提高，有利于防病治病。可以说，用乐观的精神取代不良的情绪，对人体健康十分有益；除乐观精神外，世界上没有任何药剂可以使一个人时时事事都维持良好的情绪。居里夫人曾说过："愿你们每天都愉快地过着生活，不要等到日子过去了才找到它们的可爱之处，也不要把所有特别合意的希望都放在未来。"

怎样才能活出最乐观的自己，我们来看看一些策略。

1. 忘我投入地做事

国外一家报纸曾举办一次有奖问答活动，题目是"在这个世界上谁最快乐？"从数以万计的答案中评选出的四个最佳答案是：作品刚完成，自己吹着口哨欣赏的艺术家；正在筑沙堡的儿童；忙碌了一天，为婴儿洗澡的妈妈；辛苦开刀之后，终于救了危急患者一命的医生。

从中，我们可以发现那些工作着的人、充满想象的人、满怀爱心的人、用自己能力帮助别人的人都是最快乐的。

2. 培养快乐的习惯

迈克斯维尔·梅尔兹在《个性的改造——心理控制学》一书中写道："快乐或随时保持思想愉悦的观念，能够在漫不经心的练习中系统地培养出来。"

我们可以通过以下的练习培养快乐的习惯。

（1）有意识地下决心在三周内形成一个新习惯。

（2）从改变某些简单动作做起，如早晨下床穿鞋原来是先左后右，现在改成先右后左，以这种简单的方式来提醒自己，在这一整天都要改变原有的不良情绪反应。

（3）在人际交往中尽量友善，尽可能从好的角度来解释对方的言行，并做出快乐的应答。

（4）每天至少微笑三次。

（5）进行积极的人际交往。悲观的人往往喜欢独处，不爱社交，尽可能避免与人见面及接触。殊不知，积极的人际关系有助于摆脱悲观。因为人们在交往的过程中可以互相交换观点和看法，尤其在发生不愉快时把心里的话讲出来，不仅能发泄心里的苦恼，又可以得到别人的安慰和帮助，有助于事情的解决。一旦问题解决了，心情自然会舒畅。多进行人际交往，特别是和乐观的朋友交往会有助于培养乐观心态。

（6）培养广泛的兴趣。除对学习和工作保持浓厚的兴趣，多从取得的成绩中看到自身的价值外，还要尽可能地对万事万物感兴趣。比如，培养在音乐、美术或体育等方面的业余爱好，甚至对一花一木一石也有兴趣，可以使你的生活时时充满乐趣。这样即使某种情况不尽如人意，你也可以从其他方面得到补偿。

（7）培养幽默感。从事物的另一面做出出人意料的解释，用轻松的调侃代替面红耳赤的争辩，用对方未曾听过的笑话消除紧张的氛围……这是幽默带给人的欢乐。

（8）遇事乐天、豁达。生活中总有一些不尽如人意的事，要刻意培养自己的心胸，使其开阔。要拿得起放得下，对遇到的不顺心、不高兴的事，不回避，而是采取有效方法去解决。不必为了一些小事过分发愁或想不开而钻牛角尖。对做错的事要注意吸取教训，知错就改。当问题一时无法得到解决时，就等一段时间再解决，不要让自己一直消沉。

3. 看重过程

一家心理研究所通过对1000户城市家庭的问卷调查发现：快乐正悄悄地离人们远去，焦虑已成为现代人的心病。快乐减少，焦虑骤增，外因源于竞争加剧，社会把注意力过多地集中在行动"目标"或"结果"上，而忽视了对过程的注重和体验。比如，做饭时把注意力放在尽快地把饭做完，填饱肚子了事上，结果因锅碗瓢勺、油盐酱醋、洗切翻炒忙得不可开交，心生厌烦之意。因此，我们不如从容愉快地对待这些平常又重复的过程，对过程本身产生兴趣，从这些过程的甘苦中获得快乐和满足。

将追求目标的过程当作享受，那么期望的事情即使没有实现，目标即使没有达到，快乐却依然留在身边。

4. 知"苦"常乐

小张当兵时，最兴奋快乐的莫过于放假。后来转去当粗工，在烈日炎炎下工作，当工头宣布休息时，心中有说不出的快乐。现在小张到大公司里上班，休假多，工作也轻松。这样的工作却常使小张有一种莫名的倦怠。一天，爸爸对他说："你上班时很不快乐吧？我有办法让你找到快乐。"一个星期日，爸爸让小张陪他去工地在炎炎烈日下扛钢筋、水泥,这一天小张苦不堪言。隔天上班,回到舒适的环境中,小张才发现原本自己厌倦的工作,此时干起来特别顺心快乐。由于心情愉快,他不再动不动就和同事吵架,也不会为主管交代的事情感到厌烦。因此,当你觉得生活不快乐时,不妨试着让自己吃点苦,从而更好地接近快乐。知"苦"常乐!

5. 积极定向

加拿大广播公司曾经制作一个以"快乐"为主题的电视节目,一共走访了 40 个国家、数百位快乐的人,得到一个结论:想要快乐,不一定要富有、出名与美丽,只需要具备肯定自己、不怕挫折、醉心工作、顺其自然、通情达理、继往开来等特点就能成为快乐的人。

可见,快乐的人是积极的人。积极使人快乐,而快乐又可以滋生积极的力量。这也是为什么乐观的人总是比悲观的人更容易获得好的结果的原因。因为即使碰到困难,他们也会想办法让事情圆满地解决。正如佛经上所说,快乐和厌世都是起源于心,差别在于自己的持心之道。持心意念不同,世界可明可暗。心中没有阳光的人,势必难以发现阳光灿烂!心中没有花季的人,也势必难以发现花朵明媚!

尼采说:"人生就是一场苦难。"我们中国有句歇后语:黄连树下唱歌——苦中作乐。世界是黑暗的,是因为你没有点亮心中的灯盏,我们无法改变人生中那些无法改变的现实,但我们可以改变人生观;我们不能左右天气,但我们可以掌握自己的心情。生活并非全部由所发生的事情来决定的,还要看你面对生活的态度。

虽然你不一定是最棒的,但你一定是独一无二的。

(三)幸福的自我与幸运的自我

幸福与否的感觉操纵在你自己的手中,耶鲁大学教授威廉·莱安·菲尔普斯常说:"想最幸福的事就是最幸福的人。"人的幸与不幸由这个人的想法来决定,这是事实。我们依据自己的思维模式来思考,也生活在由思维创造出的世界里。因此,如果想获得永远的幸福,就必须摆正生活的态度,努力保持对幸福的思考。如果允许自己去挑剔、去恨,允许自己采取与善意和宽容无缘的心态,你就会变成不幸福的人。

幸福是一种能力,也是一份与生俱来的使命。幸福之路并无捷径,学会分享与珍惜,找到自己的内在核心价值,并为之不懈努力,幸福就在眼前。

1. 做好事也要花样翻新

研究表明,与每周做 5 件好事相比,在一周中挑一天做 5 件好事的幸福感提升得更明显,也更持久。研究还发现,如果重复做同样的好事也会降低幸福感,所以做好事也要富于创意,多想新点子。每周找一天做 1 件大事或者三四件小事,事情尽量新奇,与以往不同,这样做好事的幸福感就会最大化。需要注意的是,乐于助人不是要成为"圣人",帮助他人的时候一定要量力而行,而且应该是自愿自发的,这样才能获得最大的幸福回报。

2. 越欣赏越享受

一个人越是懂得欣赏，越能发现和体验生活中的美好，更多看到的是自我和这个世界美好的部分。懂得享受的人不一定占有得多，但拥有的却真切而深刻。没有玫瑰，她们会在上下班途中闭眼闻闻刚割过的草坪；不去咖啡馆，也不影响她们在蜗居的房间里闭眼品茗。总结为一句话，享受到的才是你真正拥有的。这样的人自然不用过多的财富也能感到生活的丰富与情趣，毕竟太阳不是只照在有钱人身上。研究发现，我们超强的适应能力很快会对各种美好习以为常，变得麻木不仁；而只有那些善于欣赏眼前美好事物、沉浸于当下美妙感觉的人才不容易陷入抑郁、压力、负罪与耻辱的心理，也将拥有更高的幸福感。所以，为了对抗享乐适应带来的幸福感下降，我们需要把一切都当成礼物，而不是理所当然。

寓言故事

很久以前，有一个年轻人，他总是感到自己的生活不尽如人意，于是他便经常去"算命"。

一天，他听说山上寺庙里有一位禅师很有道行，他就急忙去向禅师请教："大师，请您告诉我，这个世界上真的有命运之说吗？"

"有的。"禅师轻声回答。

"噢，那我是不是命中注定与幸福无缘呢？"禅师听罢此话，便示意这个年轻人伸出他的左手，大师的目光停留在年轻人的手掌之上，然后对他说："你看，这条是'爱情线'，这条是'事业线'，还有一条是'生命线'。"

之后，禅师让年轻人把手紧紧握起来。继而问道："年轻人，你说现在这几根线在哪里？"

年轻人迷惑地说："当然是在我的手里啊！"

"那么你说幸福在哪里呢？"

年轻人恍然大悟，原来幸福是掌握在自己手里的。

我们要大胆地想象幸福，每天给自己5分钟，告诉自己如何才能在生活中得到更多的幸福。时间就从现在开始，幸福就掌握在自己的手里。

3. 用积极地享受代替被动地反应

从现在开始，我们不要仅仅是被动地反应，还要积极地享受生命，就好像这是生命中的第一天或者最后一天。建议大家每天抽出几分钟时间来品味一些你通常匆匆完成的事情，比如吃午餐、走路到地铁站甚至喝水，这已被研究证明可以提升人们的幸福感。所以，对于那些让我们感到幸福的事情，更要想尽办法让它们美妙的感觉慢慢延续。比如，你可以和家人、朋友一起分享，可以用手机拍下来随时温习，也可以发到你的微博上……感受与庆祝哪怕只是瞬间的一点点美好，也会让我们从"心"领受命运的祝福，这样的习惯更会让你拥有一颗敏锐而感恩的心。

4. 越追求越满足

如果你有机会观察身边幸福的人，你会发现他们不是在开心地与孩子玩耍就是在用心地为家人准备一顿晚餐，再或者全然地投入自己的爱好，总之他们一定在做些什么。一句话，他们的生活有着明确的目标以及为目标付出的努力。当然，很多苦着脸的人也有明确的目标，甚至比那些幸福的人还多，但是他们与幸福的人最大的区别在于他们往往把目标的实现作为幸福的条件，而忽略了追寻目标的过程比目标实现本身更能带给他们持久的愉悦与满足感。所以，没有一条道路是通向幸福的，幸福就是这条道路本身。幸福的人之所以能够在走向目标的每一步都体验快乐，因为目标对他们而言不仅仅是必须实现的结果，而且是生活中的每一分、每一秒的意义。

5. 做些"不给你钱你也愿意干"的事

研究发现，最能带给我们幸福感的是对内在目标的追求。内在的目标源自我们的内心，它体现的是我们发自内心的渴望与热情，与名利无关，与成败无关。比起金钱与声望，这些目标的奇妙之处就在于追求它们的过程即是自我表达与自我满足的过程，让我们感到独立、强大和自信。请认真想想哪些是"不给你钱你也愿意干"的事情，小到学做一道菜，大到从头学习钢琴、重新布置卧室。如果想不出来，那就另辟蹊径，回忆一下在你从小到大的成长过程中，哪些目标曾经让你在追求它们的过程中就感到无比的幸福，其中有哪些可以应用于今天的生活。

6. 越乐观越幸运

失恋的人们常会向老天问个"为什么"，求职屡败的"面霸们"也会想不通这个世界到底是怎么了，在处理这些问题上，乐观与悲观的人最大的区别在于对同一件事情的解释不同。悲观的人更容易把生活中的挫折解释为自己的命运不济、苍天无眼这些恒久不变的因素，认为"没有人会雇我，我什么都做不来"；而乐观的人更倾向于把人生的低谷解释为暂时的、局限的情况，认为"他不爱我并不等于我没有价值""他不懂得欣赏又怎样？我依然能遇到珍惜我的人"。所以，悲观的人遇到难题时倾向于在自己的哀怨的情绪中反刍，透过一双黯淡的眼睛看到的只有失意与不平，行动力就这样被眼泪彻底瓦解；而乐观的人则是以解决问题为导向，他们不会错怪命运，而相信只有行动才能带来转机，他们专注行动的过程会削弱消极情绪的侵扰，以"我还能做些什么？"代替"这到底是为什么？"。

7. 越自主越持久

上面介绍了一些普遍适用的幸福的方法，其实每个人都有不同的需要、兴趣、习惯、资源和价值观，所以你的幸福计划应该包括许多更加个体化的行动。很多人经过长时间的努力，尝试了大量的方法依然没有幸福起来，其中一个重要的原因就是他们没有找到最适合自己的方式。这就如同减肥，虽然有很多种方法可供选择，但是能使你坚持

下来的才是最适合你的方法。在这样的幸福计划中你不必盲目模仿别人，就像有人说的，"幸福方案若相宜，人自勤，心自悦"。

8. 制作幸福排列表

建立自己的幸福方案，最需要的不是金钱，而是对自己的留意与观察，或者更确切地说是对幸福的在意与投入。很多人都口口声声地说自己在追求幸福，可是一旦发现原来幸福不是"自来水"的时候就变得泄气和懒惰。没有人相信不浇花的人会爱花，同理我们想要收获就要学会播种，何况为幸福努力的过程本身就是令人愉悦的。

【讨论与思考】

1. 如何理解自我意识？结合自己的情况谈谈大学生的自我意识有何特点和常见的困扰，该如何解决？

2. 结合自己的情况，谈谈用怎样的具体策略和方法可以不断地认识自我、悦纳自我和完善自我？

【实践与拓展】

［心理游戏］

（一）个人盾牌

目的：强化个人对自己独特之处的接纳，树立"我之所以为我"的积极态度，增强自信心。

操作：

1. 分享：自我的价值。

生命的价值

有一个生长在孤儿院中的小男孩，他常常悲观地问院长："像我这样的没人要的孩子，活着究竟有什么意思呢？"

院长总笑而不答。

有一天，院长交给男孩一块石头，说："明天早上，你拿这块石头到市场上去卖，但不是'真卖'，记住，无论别人出多少钱，你都绝对不能卖。"

第二天，男孩拿着石头蹲在市场的角落，意外地发现有不少人好奇地对他的石头感兴趣，而且价钱越出越高。回到院内，男孩兴奋地向院长报告，院长笑笑，要他明天拿到黄金市场去卖。在黄金市场上，有人出比昨天还高 10 倍的价钱来买这块石头。

最后，院长叫孩子把石头拿到宝石市场上去展示，结果，石头的身价又涨了 10 倍，更由于男孩怎么都不卖，这块石头竟被传扬为"稀世珍宝"。

男孩兴冲冲地捧着石头回到孤儿院，把这一切告诉给院长，并问为什么会这样。

院长没有笑，望着孩子慢慢说道："生命的价值就像这块石头一样，在不同的环境下就会有不同的意义。一块不起眼的石头，由于你的珍惜，它的价值得到提升，竟被传为稀世珍宝。你不就像这块石头一样？只要自己看重自己，自我珍惜，生命就有意义，有价值。"

如果你自己把自己不当回事，那别人更瞧不起你，生命的价值首先取决于你自己的态度。每个人都应当从小就看重自己，在别人肯定你之前，你先得肯定你自己。珍惜独一无二的你自己，珍惜这短暂的几十年光阴，然后再去不断充实自己，最后世界才会认同你的价值。

2. 根据下列问题的答案，每个人做个自己的"盾牌"。答案可以是文字，也可以是图案，在"盾牌"上可以按自己的喜好安排答案的位置与顺序。

（1）你从出生到14岁中最重要的一件事。

（2）你从14岁到现在最重要的一件事。

（3）你以前最成功的事项。

（4）你过去最快乐的时刻。

（5）你的一项专长。

（6）你想要加强的技能。

（7）你希望将来是什么样子？

（8）如果你一向无往不利，但目前只有一年可活，你将会做什么？

（9）如果你现在死了，你喜欢别人用哪三个字来形容你？

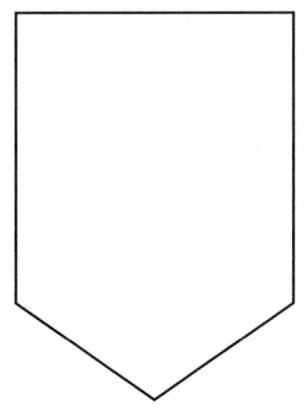

图：空白的盾牌

3. 自我欣赏。在自我欣赏中增强自信。

4. 团体分享。

（二）独特的我（我的长处和限制）

目的：帮助个人具体界定自己的长处和限制，学习接纳自己和欣赏自己。同时，肯定自己是一个独特的人。

操作：

1. 请认真地自行填写下表。

我的长处	我的限制

2. 假如你所填的长处太少,说明你是一个自我概念比较低、自我形象贫弱的人,同时你肯定也是一个不能接纳自己的人。因此,接下来所要做的就是设法具体地发掘、界定你的长处,对自己做出肯定。下面要做的是:邀请你的家人或者熟悉你的同学、朋友(起码要有两位)参与进来,让他们根据对你的了解,分别说出他们认为你拥有的长处。然后,你把包括你自己在内的三种(或更多)回答比对一下,看看其中有多少项是你没有发现,而别人却意见一致的。遇到这些项目时,你还可以和参评人做些讨论,了解自己在他人眼中是一个什么样的人。在经过别人的帮助和引导后,你的表格中的长处往往多于限制。请再填写下表:

当我再一次看清楚自己的长处和限制之后,我感到:

3. 还可以进一步深入地进行一些探讨。例如,在限制方面,按"不能改变"的限制和"可以改变"的限制进行分类。分好类后,对于后者,还可以制订改进的计划和方法。

第三讲　发现未知的自己——自我意识与心理健康

4. 小组交流后进行团体分享，或直接进行团体分享。

【推荐与导读】

赛利格曼著、任俊译：《认识自己，接纳自己》，万卷出版公司2010年版。

阅读目的：从积极心理的角度认识自我，接纳自我，培养健康的自我意识。

作者简介：马丁·赛利格曼（Martin E. P. Seligman），从"抑郁"专家到"积极心理学之父"，美国心理协会双奖加身第一人，畅销书作家，创作了《真实的幸福》《认识自己，接纳自己》等20多本畅销书，被翻译成多种语言，畅销全球。

背景介绍：本书是"积极心理学之父"赛利格曼的"幸福科学四部曲"之一，在积极心理学思潮下，对自我意识的研究和培养更加注重正性积极的力量，颠覆了部分既往的观点。从这本书中，我们可以清楚地知道自己哪些方面是可以改变的，而哪些方面却无法改变，是自己必须接受的。赛利格曼博士从改变的可能性和生物局限性出发，帮助你把有限的时间和精力集中在那些能够改变的特性上，并在此基础上找到一条自我提升的最有效途径。

作品导读：每个人都是不完美的，但这并不影响人们与家人、朋友、同事的生活与沟通。我们很强大，可以扮演不同的角色，快乐的、悲伤的、愤怒的、贪婪的、自私的，所有的这些都是为了每一个小小的慰藉与满足。赛利格曼用他自己的幸福观让我们更真实地认识自己，从而更坦诚地接纳自己。

【参考文献】

[1] 乔纳森·布朗. 自我[M]. 陈浩莺，等，译. 北京：人民邮电出版社，2004.
[2] 赛利格曼. 认识自己，接纳自己[M]. 任俊，译. 沈阳：万卷出版公司，2010.

（本讲执笔人：赵久波）

第四讲　搭建彼此心灵的桥梁：人际关系与心理健康

【本讲概要】

在这个快速变化的社会中，青年大学生对于接受事物希望尽可能地快速、便捷，对待人际关系也如此。在一般人眼中，人际关系简单得就像一本通俗畅销书的书名《5分钟和陌生人成为朋友》。假若真是如此，那就万事大吉了。然而，大多数大学生仍然承受着人际关系带来的各种困扰，祈望着在人际关系中"如鱼得水"。不难看出，人际关系没有什么所谓的捷径，如果没有对其背后所潜藏的心理学科学原理的深刻认识，"如鱼得水"将无从谈起。

在本讲中，我们将首先系统介绍大学生人际关系的普遍心理学规律；其次，以案例形式解析大学生常见的人际关系困扰；最后，讨论如何在大学校园中更受人欢迎。通过这一讲，你应该能够：

(1) 认识大学生人际关系的特点和基本的心理学规律。
(2) 了解造成大学生人际关系困扰的常见原因。
(3) 明晰大学生人际关系的用心经营之道。

本讲的重点是人际关系中的基本心理学原理，难点是对人际困扰缘由的解析。

【导入】

2013年，某著名数据调查机构发布了一份《中国大学新生心态表》的调查报告，对当年参加高考并被本科大学录取的"95后"新生的自我感觉、入学期待等方面进行了分析。调查显示，有45%的新生进入大学最担心的是人际交往问题，该比例甚至高于关注学习和生活的问题。不仅如此，诸多高校及研究机构的调查也发现，目前我国在校大学生的人际关系问题已成为心理咨询中最突出的问题之一。更为引人注目的是，近年来部分高校发生的宿舍投毒事件也让整个社会对当前大学生人际关系问题展开了大讨论。当大学生离开父母，学校是最先接触到的微缩社会，大学生该如何在其中收获美好的人际关系，不让宝贵的大学生活留下遗憾呢？

第一节 从"心"出发——大学生人际关系的心理学原理

一、大学生人际关系概述

(一) 大学生人际关系的概念和意义

人际关系是指人们在社会交往过程中所形成的联系。就像人生来就需要食物一样，人际交往是人的基本需要之一。大学生人际关系是指大学生这一群体在大学校园这一环境中所产生的各种人际互动。

大学生的人际关系问题之所以重要，主要是因为良好的人际关系能够促进大学生的身心健康，为大学生的未来发展打下基础。一个拥有良好人际关系网络的大学生，不仅会因为归属的基本需要被满足而感觉良好，而且在面对压力和困境时，也能从中获得必要的情感和资讯等支持，所有这些都将成为大学生日后长远发展的持久助力。因此，如何在注重知识学习的同时，提升自己的人际交往能力，是每个大学生都要面对的问题。

研究趣闻

社会排斥与疼痛

在人际交往中，我们有时会被别人通过转移视线或是沉默以对的方式来故意避开。这种社会排斥行为会给我们带来怎样的感受呢？一篇发表在 Science 杂志上的研究让参加实验的志愿者玩网上在线的三人扔球游戏，其中两人是电脑模拟出来的，电脑模拟的这两人故意不给参加实验的志愿者扔球。结果发现，被其他两个"虚拟玩伴"排斥的实验志愿者报告情绪低落，并且他们的大脑中与疼痛感觉有关的区域反应强烈。仅仅是在一个虚拟游戏中被排斥就会感到"受伤"，不难想象，如果在真实的人际交往中，一个人被其他人孤立时会遭受多大的痛苦。

(二) 大学生人际关系的类型

依据关系媒介的不同，大学生最常见的人际关系可分为血缘型、地缘型、业缘型和趣缘型四类。血缘型关系是指大学生的家庭关系，即与父母等家人之间的关系。地缘型关系是指大学生的同乡关系，即与来自同一个地方的人之间的关系。业缘型关系是指大学生在完成学业过程中所产生的关系，包括师生、同学以及宿舍关系。趣缘型关系是指大学生由于志趣相投所产生的关系，如社团关系。随着大学生迈入大学校门，不管是有意还是无意，他们会逐渐发现与父母的联系不如以前，而与同龄人的联系则越来越多。

相应地，从这方面所获得的乐趣以及所遭遇的人际关系困扰也占较大部分。

（三）大学生人际关系的特点

1. 环境变迁导致孤独感加剧

很多大学生在初入大学校园时会体验到很强的孤独感，这是因为离开父母和故乡到陌生的外地求学是一种巨大的人生转变。在新的环境下，一方面要应对与中学阶段完全不同的学业，让人觉得茫然无措；而另一方面又尚未建立起自己的朋友圈，缺乏一些社交活动，缺少亲密的朋友，情感上感到空虚。所有这些都会给人带来痛苦。

观点争鸣

"宅文化"

随着互联网的普及以及生活压力的增大，世界上许多国家越来越多的青年人喜欢"宅"在家里，沉迷于自己的个人兴趣和爱好，成为"宅一族"。他们通常认为宅着很舒服，没有人打扰，也不用看人脸色，只要打开电脑和网络，一切都有了。虽然"宅文化"似乎越来越流行，但是这种生活方式对人际关系的影响仍然无法确定。几乎所有的"宅一族"都是通过网络与别人沟通的，这种沟通的质量与面对面的沟通质量哪个更好？"宅一族"是否孤独感较强？他们的心理健康状况如何？这些问题都有待进行系统的探讨。

2. 思想稚嫩导致困惑重重

大学生在中学阶段经历了多年的寒窗苦读，接触的人非常有限，除了家人，可能就是与自己"并肩作战"的同学；人际交往的内容也非常简单，可能大多围绕学业展开，因此，受时间和条件限制，并没有仔细思考过如何与人和谐相处。这个问题可能在以高考为目标的中学阶段没什么意义，但是到了大学阶段却极为重要。在大学校园里，"人"的多样性和复杂性骤然增加，同样是同学，但是有的来自天南，有的来自地北，有的说粤语，有的说闽南语，地域、文化、兴趣等各个方面的差异非常大，这让不少大学生感觉无所适从。

二、大学生人际关系的基本心理规律

人际关系本质上是人与人之间的心理互动。"工欲善其事，必先利其器"，要想增强大学生的人际交往能力，首先要了解人际关系背后的基本心理规律。

（一）人际吸引

从心理学来看，迈向良好人际关系的第一步永远都是人际吸引，也就是对别人有好感，想跟别人进一步接触。虽然喜欢某个人不一定就能保证与他建立起满意的人际关系，但却使人际交往成为可能。

那么，是什么决定了人与人之间的好感呢？正如人际关系领域里的通俗畅销书《如何赢得朋友并影响他人》以及《吸引力法则》所说的，人人都是"势利鬼"，从交往中得到的"好处"越多，我们就会越喜欢对方。这里的"好处"从心理学上来讲，是指一种愉悦的感觉。如果别人很美丽，会给我们带来赏心悦目的体验。如果别人赞扬我们，我们会因为被肯定而感到高兴。如果别人能给我们带来物质利益如金钱或地位，大多数人会欣然接受。人际交往中能够让人心情愉悦的因素有很多，常见的包括接近性、熟悉性、相似性、被别人喜欢以及良好的个人特质（仪表、才干和性格等）。

1. 接近性

随着大学生活的深入，很多同学会逐渐发现，如果和中学时代的朋友考取了不同城市的大学，保持联系、维系友谊会变得越来越困难。为什么呢？这恰恰体现了空间上的接近性对人际吸引的影响。有研究发现，如果在教室中给大学生分派座位，大学生更可能与坐在身边的人成为好友。试想一下，如果同一专业的同学被分配在相隔较远的宿舍，恐怕他们之间的关系还比不上不同专业但是宿舍离得近的同学。

人际吸引的基本原理能够很好地解释这一点。接近带来了方便，与离得远的人交往所花费的时间、精力和金钱等交往成本要比离得近的人高出不少。例如，如果想与异地的朋友维持交往，电话费、交通费、路上所花的时间和精力等都更多。因此，相对而言，离得近的人所提供的好处更多，离得近更容易找到我们喜欢的朋友。

2. 熟悉性

大学中的社团活动多种多样，两个同学即使来自不同专业，住在不同宿舍区，如果他们在某些社团活动中经常见面，彼此都比较熟悉，那么他们两人之间的吸引力会比普通同学强。所谓"日久生情"，主要是因为熟悉带来吸引。有一项很有趣的研究，在大学教室内安排了一些"演员"，这些"演员"学生们都不认识，并且与学生没有任何交流，有些"演员"来听5次课，有些听10次课，有些听15次课。结果发现，大学生们认为听课次数多的"演员"更有吸引力。这样看来，我们常说的"混个脸熟"是有道理的。

熟悉性之所以会带来吸引，可能的原因在于熟悉通常是与安全联系在一起的，而陌生往往意味着危险，这是人类进化和适应环境的结果。安全感对人们来说也是一种重要的好处，所以与安全感有关的熟悉的人，其吸引力要比陌生的人强。

3. 相似性

俗话说"物以类聚，人以群分"，也就是说两个相像的人更可能相互吸引。人与人之间的相似性既包括一些人口统计学指标，例如，年龄、性别、种族、受教育程度、信仰和社会地位等，也包括性格、态度和价值观等指标。如果认真观察身边同学，就会发现相似背景的同学更容易成为朋友。

如何解释相似性对吸引的影响呢？首先，与我们相似的人一般会更容易理解和肯定我们的观点，这种肯定会增强我们的自信，对我们来讲是一种好处。其次，两个相似的人更容易参加相同的活动，接触的机会更多。例如，两位都喜欢音乐的同学，可能都会去参加校园里面与音乐有关的活动，这样更有可能接触到彼此，而增加接触又会增强吸引。

4. 被别人喜欢

被别人喜欢通常会让人心情愉悦。因此，如果感觉到别人喜欢我们，我们也会"礼尚往来"，对别人表示出好感。喜欢和吸引通常都是相互的。一位哲人说过，如果你希望被别人爱，那就去爱别人吧。当然，要让别人感受到才行。

名人轶事

喜欢我们帮助过的人

美国的建国功臣本杰明·富兰克林曾经这样描述如何把对手争取过来，成为自己的朋友的："我……听说他的个人藏书中有某种很少见的书，于是给他写了便条表达了自己想读那本书的愿望，并请求他能够借我几天。他马上把书送来。大约一周后我归还了那本书，并附上了一张便条表达我对这种帮助的感受。当我们再一次在众议院相遇时，他很有礼貌地跟我打招呼（这是前所未有的事情）；自那之后，他表示随时愿意为我效劳，我们成了名副其实的朋友，我们的友谊一直持续到他去世。这是我所知道的一个古老格言的又一例证，那就是，'曾经帮助过你的人，会比曾经接受你帮助的人更容易再次向你提供帮助'。"

5. 良好的个人特质

如果让大学生列出最受欢迎的同学的特点，恐怕大多数人会写外表好看、能力强以及性格好。出众的个人特质是增强人际吸引的法宝。在一般情况下，人们会对外表好看的人更有好感。因为无论是漂亮的长相，还是得体的装扮都能让人获得美的享受。不过，随着接触的增多，内在美对人际关系的影响会越来越大。能力强、聪明的人更加招人喜爱，其背后的原因其实非常实在，我们能从他们身上得到更多的帮助。性格也是一个人重要的内在特质。心理学家调查发现，在人际交往中，最容易让人产生好感的性格是真诚，最让人反感的性格是虚伪。为人真诚才能在人际交往中更受欢迎。

经典研究

核心性格与第一印象

在人际第一印象形成的过程中，我们会根据观察到的行为推测别人的某些性格，继而又从这些性格推测别人的其他性格。其中，有些性格维度更容易与其他性格维度联系在一起，例如，"热情—冷漠"。这样的性格维度称为核心性格。

在一项经典的心理学研究中，在讲座开始之前，每位听众都拿到一份关于主讲人的性格描述。一半听众拿到的描述中包括"热情"这个词，而另一半听众所拿到的描述则包括"冷漠"这个词，除此之外两份性格描述完全相同。在讲座结束后，要求听众描述对主讲人的印象。结果发现，拿到"热情"描述的听众与拿到"冷漠"描述的听众对主讲人的印象大相径庭。人们更倾向于将"冷漠"与"自我中心""不善社交""严肃""易怒"等性格特点联系在一起。

（二）人际关系

美国著名情景喜剧 *Friends* 讲述了六个年轻人从互不相识到成为好友的过程，连续播出了十年，到现在仍然经久不衰。俗话说"平生得一知己足矣"，这是因为亲近和亲密的人际关系能给我们带来强大的安全感和归属感。

并不是所有我们有好感的人最后都会成为我们的朋友，也就是说，人际吸引并不必然会发展成亲近与亲密的人际关系，"有缘"却可能"无分"。这是为什么呢？人际亲近与亲密关系具有分享性、互惠性、公平性和利他性，违反其中任何一点都有可能阻碍人际关系的发展进程。

1. 分享性

所谓分享性是指彼此分享私密的想法和感受，也就是心理学上所说的彼此"自我表露"。通常分享的信息越多越私密，吐露的心声越多，双方的关系越亲密。例如，如果两个人互相"吐槽"讨厌某个人，这就会成为彼此之间的"小秘密"，感情上更加亲近。需要注意的是，分享的程度是不断变化的，有的时候愿意多说一点，而有的时候又愿意少说一点，这会受到身体状态、心情、情绪、性格等很多因素的影响，但如果总体是在增加的，那么，两人的亲近感觉和亲密程度就会增加。

2. 互惠性

根据心理学中的相互依赖理论，人际交往是一种社会交换。人们彼此交换喜爱、金钱、地位、信息、物品和服务等有价值的东西。虽然这个观点听起来不那么美好，但能部分反映人际交往的本质特点。互惠性是指双方从彼此的交往中各有所得。例如，如果有朋友送你一个礼物，你通常会买礼物回赠给他。如果一方总是得到，而另一方总是付出，恐怕对两个人的关系来讲，并不是什么好事情。

3. 公平性

互惠性原则与另一个原则息息相关，那就是公平性。在通常情况下，人们的公平感是天生的，不喜欢利用别人，也不想被别人利用。例如，宿舍的四位同学一起协商好了每周的值日安排，但某位舍友这周却没有如期打扫卫生。如果这种事情只发生了一次，可能大家不会那么介意，但是如果多次发生，其他舍友会感到很不公平，进而对这个舍友有意见，并可能尝试进行沟通，万一沟通不当，甚至可能导致宿舍内部的长期矛盾。

4. 利他性

除分享性、互惠性、公平性之外，如果一段人际关系还能够具有利他性的特点，那么就可以称得上是特别亲密的"好友"关系了。所谓利他性，是指关心对方的需要，并且不求回报。有时甚至会有一种"他开心我就开心，他难过我就难过"的感觉。好友之间通常会"将心比心"，从对方的角度想问题，理解对方的感受，不断地进行心理换位。

> **科学前沿**
>
> **"疼在你身，痛在我心"**
>
> 2004年发表在 Science 的一篇研究采用无创伤性脑成像技术考察了人际心理换位过程。在实验中，志愿者自己的手接受电击，或者观看恋人的手接受电击，同时记录这两种条件下的大脑活动。结果发现，不管是自己被电疼还是看着恋人被电疼都激活了脑岛和前扣带回等脑区，而这些脑区都与痛苦的情绪体验有关。也就是说，当亲近的人痛苦时，我们也同样痛苦。

第二节 "指点迷津"——大学生人际关系困扰的常见原因

在大学校园中，融洽的人际关系会让宝贵的大学时光更为惬意和美好。大学正是寻找"知己"的理想阶段。在这个阶段，一方面，大学生人际接触范围大大增加，各种类型的人都会碰到，选择面很广；另一方面，大学生的思想日渐成熟，更了解自己，也进而更了解别人。很多人说，一辈子中最志同道合的朋友都是在大学期间认识的，并且不论以后分隔多远，再次见面时都会自然而然地亲近起来。

然而，大学期间理想的人际关系并不是必然就有的，每个人在不同时期不同情况下会因为各种各样的原因而遭遇人际关系的困扰。最常见的原因有两点，即动力不足和能力不够。

一、人际交往的动力不足

（一）不愿交往：偏重学业，忽视人际交往

沈同学在学校最热门的学院就读，专业课程非常多，同时她自己又报名修读第二专业，因此平时她早出晚归，难得待在宿舍，没有时间与舍友相处。在她眼里，学习和成绩是最重要的，其他都可以不用太介意。不久前，她与舍友发生激烈矛盾，大吵大闹一

通。之后，她的舍友们向辅导员投诉，不想与她住在一起，要求她搬离宿舍。

王同学来自农村，父母把所有的希望都寄托在他身上。拿到的大学录取通知书让父母在村里人面前扬眉吐气。上了大学后，他一心想为家里继续争光，因此心思全花在学习上，想着成绩好的话以后可以找到一份好工作。也正因为这样，有意无意地与宿舍和班级同学比较疏远，这让他感到非常孤独，甚至有点抑郁。

乍一看，沈同学和王同学的情况完全不同，但实际上都涉及人际关系的问题，而且造成这一问题的原因其实都是没有把握好学业和人际交往的平衡。随着社会的高速发展，以及大学扩招所带来的前所未有的毕业生大军，从进入大学的第一天起，许多大学生就已经开始考虑未来就业等问题。虽然早早开始自己的职业生涯规划非常明智，但是如果因此而给自己太大压力则没有必要。在大学中，学习成绩好固然很重要，并且这可能会增加以后求职的砝码，但是这并不是大学的全部。上大学除学习知识之外，也要培养和锻炼自己的能力，其中特别重要的就是人际交往的能力。未来社会需要的不仅仅是有头脑的"技术员"，可能更需要善于与人合作沟通的"社交家"。也就是说，既要专业能力突出，又要社交能力出众。因此，偏重学业而忽略人际交往，从长远来看可能得不偿失。此外，排斥人际交往也可能导致严重的心理问题。大学生通常远离家人，容易感到孤独，而消除孤独最好的方法就是寻找朋友。但是如果因为过于看重学业，而忽视了与同学的交往，那就不得不独自面对孤独的痛苦。倘若孤独感长期得不到排遣和释放，则有可能导致抑郁甚至自杀。

（二）不敢交往：害怕失败，逃避人际交往

易同学长相中等，成绩不错，但是经常被同学们冠以"清高""不合群"等评价。其实，她非常渴望交到朋友，也很想跟同学们打成一片，但是，她担心别人不喜欢自己，也担心主动向别人示好会让人觉得低人一等。

陈同学到学生宿舍宣传社团活动被人家当面忽视，后来向喜欢的女孩表白又被拒绝，于是认为自己不会与人交往，感到非常沮丧，整日躲在宿舍打网络游戏，尽可能避免与同学接触。

人际交往是两个人甚至多个人之间的互动，能否互动下去取决于双方或多方，而不可能是"一厢情愿"就能解决的。也正因为这种交互性特点，人际交往中或明显或隐晦的拒绝现象比比皆是，这是非常正常和自然的事情。但是，就像案例中的陈同学一样，不少大学生特别害怕被别人拒绝和不喜欢，并且把这种拒绝当作对自己的否定，过分渲染甚至极端化拒绝的含义。更有甚者，像易同学那样不在真实的世界中主动找同学交往，而是自己假想别人的拒绝和不喜欢。这样不仅让自己感到无力和沮丧，对自己失去信心，并且会进一步限制今后的人际交往，降低了交往的动力，从而陷入"越逃避越少交往，越少交往越逃避"的恶性循环。长此以往，有可能就像陈同学那样，在虚拟的网络世界里寻找慰藉。然而，虚拟世界是否真的能慰藉心灵呢？有研究发现，网络使用对心理健康有不利影响，网络使用越多，孤独感越强，同时伴随着抑郁程度的增强。所以，大学生需要淡然看待人际交往中的失败和拒绝。

二、人际交往的能力不足

(一) 不懂交往：缺乏对人际关系心理规律的清晰认识

1. 不尊重人际吸引规律

雷同学就读工科专业，平时卫生习惯不好，不爱洗澡，衣服也不常换洗，宿舍同学好心给他提意见，他也不听。学校公共课有时候是几个不同专业的学生一起上，雷同学的专业刚好是和历史专业一起。雷同学上课喜欢从后门进，尽量坐在后排。上了几次课后，他发现历史专业的学生里有位女生长相清秀，看起来性格温和，让他产生莫名的好感。课程快结束的时候，他鼓起很大的勇气，在下课后走到那位女生面前，问她可否留下手机号码，方便以后联系。女生虽然耐心听完他的话，却委婉地拒绝了他，并迅速离开，只留下雷同学暗自神伤。

没有相遇之初的彼此吸引和好感，就没有之后的密切交往。人际吸引的基础在于能否给对方带来愉悦感。心理学研究发现，空间上的接近性、彼此间的熟悉性和相似性以及良好的个人特质等都能影响人际好感。雷同学之所以遭遇女生的拒绝，恐怕原因之一就在于缺少足够的吸引力，没有让对方产生好感和进一步交往的愿望。他既不注重个人形象，又没有与那位女生有过接触，更没有在谈话中展现自己的个人特点，也难怪没法让对方欣然留下联系方式。

2. 不明白人际关系原则

李同学经常觉得朋友对自己不够真诚，没有把所有的事情告诉自己，但是自己明明对朋友全心付出，所以常常认为自己没有得到同等的回报，甚至有种被欺骗的感觉，并因此时不时地生气，一旦生起气来就不理睬朋友，特别影响两人的感情。

李同学的情况并不是个案，不少大学生认为朋友之间应该形影不离，没有个人隐私，否则就是不真诚、不够朋友，不是真正的友谊。根据人际亲近和亲密的心理学研究，分享性的确是特别重要的，总体的分享程度越高，亲密感越强。但是，分享并不意味着没有隐私和个人空间，也不意味着时时事事都要分享。无论再亲密的人际关系，交往双方都是独立的个体，都有各自不同的想法和做法，要达到完全的开放和同步是不现实的。既亲密又独立才是理想的关系状态。

赵同学最近很苦恼，她和同宿舍的秦同学关系要好，两人经常一起结伴上课。遇到一些热门的课程，同学们都会去占座，赵同学总是提早去，同时也帮秦同学占好位置。要是碰到早上第一节课，那就更得早早从床上爬起来。夏天还好，冬天的话，谁不想在温暖的被窝里多待一会儿呢？好几个月下来，每次都是赵同学占好座位，秦同学在课前几分钟才慢悠悠地过来上课。赵同学开始觉得没什么，想着大家关系好无所谓，但是时间久了，心里感觉不是滋味，自己明明费了好大力气去占座位，秦同学既没有提出跟她轮流来占座，也没有表示感谢。

这个案例在大学校园里并不鲜见，赵同学的苦恼也是有道理的。亲近和亲密的人际关系有很大的情感成分在里面，但是也不能违背人际交往的一般规律，那就是互惠和公平。各有所得、平等共赢的关系才能持久。两个人虽然关系要好，但是并不能将一方的真诚付出视为理所当然，任由对方付出而自己无动于衷，这样的话关系必然会有破裂的一天。良好健康的人际关系通常都会在相处中发展出一些彼此默认的行事规则，尽可能地平衡双方的利益。例如，同一宿舍的舍友需要协商好什么时间由谁打扫卫生、外出聚会如何付钱、以宿舍为单位的集体活动如何参与等基本规则。

（二）不善交往：陷入思维误区

我们在生活中常会用到"误会"一词。很多人际关系的疏远往往也是因为错误地理解了别人的意图和动机。按照心理学的说法，就是进行了错误的"归因"。归因是指归结行为的原因，根据各种信息和线索对他人和自己行为的原因进行推测与判断的过程。人们之所以会进行归因，原因之一在于好奇心，人总喜欢问为什么，为什么他这么对我？为什么他那么做？原因之二在于知道了原因之后就能够决定自己要如何应对和改变，他这么对我是因为心情不好，那我要安慰他；他那么做是因为想疏远我，那我就敬而远之。

心理学家发现，人有两种归因倾向，一种是内部归因，另一种是外部归因。内部归因是指认为一个人的行为与他的性格、态度等有关。外部归因是指认为一个人的行为与当时所处的情境有关。不同的归因会影响我们对自己以及对别人的认识。例如，班级里有位同学考试不及格，内部归因会让你认为他没有好好复习，所以咎由自取；而外部归因会让你推测他可能是因为家里发生了变故，而跟他本人的个性品质无关。那么，究竟什么时候采用内部归因，什么时候采用外部归因呢？有三类信息会影响我们的判断，分别是一致性信息、独特性信息和一贯性信息。举个例子，辅导员在今天的班会上点名批评了上课玩手机的一位同学，你如何解释这种行为？回答这个问题，依赖于你所了解的信息。首先，上专业课的老师会不会也批评过这位同学？也就是说，其他人是否也做出相同的行为，即行为的一致性信息。其次，辅导员是否也点名批评过班里的其他同学？也就是说，只对特定对象才做出这样的行为，即行为的独特性信息。最后，辅导员是否以前也经常点名批评这位同学？也就是说，在不同时间不同情境下都会做出这种行为，即行为的一贯性信息。将这三种信息结合起来的时候，如果发现一贯性高，而一致性和独特性低（辅导员经常批评这位同学、其他老师没有批评过这位同学、辅导员也批评其他同学），那么我们会进行内部归因，认为这是辅导员的问题，例如，他喜欢批评人；而如果发现三类信息都很高时，我们会进行外部归因，认为是这位同学的问题。

生活中归因过程的发生是非常快的，所以往往没有上面这个例子所说的那么有逻辑性和严谨。实际上，人际交往中的归因过程常常会自动化地、无意识地发生一些错误，心理学上称为"基本归因错误"。

1. 严于待人

在一时轰动全国的马加爵宿舍杀人事件中，事件的导火索之一就是马加爵和几个同学打牌时，有一个同学怀疑马加爵作弊，并顺口戏谑了他几句，结果马加爵将这个同学的行为归因于别人看不起他，在怒火的驱使下实施了杀人行为。在这个事件中，马加爵错误地对同学的行为进行了极强的内部归因，在一定程度上导致了惨剧的发生。

马加爵事件虽然是一个极端的例子，但反映了一种常见的归因错误，"严于待人"。也就是说，一般情况下人们会倾向于把别人的行为归因于他们的性格或态度，而不是他们所处的情境。所以，看到一个沿街乞讨的乞丐时，人们会更倾向于认为他因为好逸恶劳才沦落到这般田地，而不会考虑到他所经历的苦难。为什么会有这种倾向呢？主要是因为我们最容易注意到的就是这个人本身，而不太可能了解到他的家庭背景、生活经历等外在因素。虽然这种归因错误并不一定会导致类似马加爵事件的发生，但也常常招致不必要的人际困扰。例如，你跟某个同学约好一起打球，但是等了好久，那位同学也没来，也没打电话给你，你会怎么想？如果你不小心掉入基本归因错误的陷阱，可能会推测那位同学是一个让人讨厌的不守时间、不负责任的人，那么你很可能会甩手离开，从此跟他划清界限。但是，真实的情况可能是他在来的路上丢了手机，因着急得四处寻找而没能及时跟你联系上。

2. 过分关注自己

张同学是英语专业的学生，大一的一次英语课上，老师让她起来读课文，结果有个发音错了，让她觉得很没面子，也很懊恼。自此以后，本来就内向的她，更加封闭自己，独来独往，内心也更加郁闷。

在这个案例中，一个小小的发音错误，竟然让小张郁闷不已，甚至影响了她的人际交往，这主要是因为小张过于关注自己。过分关注自己的效应在心理学上称为"闪光灯效应"，也就是说人们倾向于认为自己的所作所为都会被别人一丝不漏地注意到，就像被一盏大功率的闪光灯一直不断地照着一样。之所以有这样的认识，是因为我们能够意识到自己会更多地对别人进行内部归因，更关注别人自身，反过来这种意识也会提醒我们自己，认为别人对我们的关注也是一样的，更关注我们自身，而不是所处的环境。也正因为这种认识，在社交场合，很多人会不由自主地紧张起来，时时刻刻在意自己的形象和行为，生怕出了差错，惹人嘲笑。有意思的是，研究发现，这种"闪光灯效应"只是我们想象出来的。实际上，其他人根本不会注意到许多细节，也并不会据此进行归因。比如，你早上起床晚了，随便抓起一件衣服，就跑去上课了，到了教室才发现衣服穿反了，结果可能整个上午都提心吊胆，担心同学发现了嘲笑自己。但事实却可能是，其他同学可能也在忙着自己的事情，根本就没留意到你穿什么衣服。

（三）技巧缺乏：缺少人际交往的必要沟通技巧

1. 不会赞扬

李同学是班里公认的"学霸"，再艰深的课程都能轻松应对，但他也是人缘最差的人。从小爸爸妈妈教导他要正直和诚实，所以他的性格很耿直。一开始，同学们喜欢向他请教一些问题，他倒是很乐于解答。但是，每次解答的时候他都习惯说"这个问题很简单""你是不是上课没好好听呀,老师都讲过的"之类的话。久而久之,大家都不怎么问他问题了,他因此感到很纳闷。

李同学虽然很热心,却没有得到好的口碑。为什么呢?因为他说话太直接,对别人要求高,不懂得发现别人的优点,也不懂得赞扬别人。同学们向他请教是想得到帮助,而不是想从他的口里听到对自己的批评。毕竟,人人都希望得到别人的肯定和赞扬。世界上不缺少美,而是缺少发现美的眼睛。每个人都有自己的特点和优势,都有可被欣赏之处,也都值得被赞扬。有的大学生会觉得自己说不出赞扬的话,那恐怕主要是因为没有学会欣赏别人。

2. 不擅批评

罗同学宿舍有一个舍友,最近交了男朋友,这位舍友每天晚上都在宿舍与男朋友通电话,大家都洗漱好睡下了,她还在继续聊,并且声音还不小,搞得其他几个同学翻来覆去睡不着。罗同学本来就睡眠不好,被她这么一弄,几乎没有睡过好觉,白天上课精神状态很不好。无奈之下,罗同学去找这个同学沟通,说这个宿舍不是她一个人的,她的行为已经严重影响到其他同学休息了。怎料到,这个同学跟她杠上了,依然我行我素。罗同学实在没辙,特别苦恼。

类似这个案例的小事可能在很多大学宿舍都会上演。人际交往过程中矛盾不可避免,有时候适当的批评不失为解决问题的好办法。但是,为什么罗同学的批评没有奏效呢?关键是技巧不对。教育家马卡连柯说:"批评不仅是一种手段,更应是一种艺术、一种智慧。"罗同学的批评带有很强的指责意味,并且充满了愤怒,直接对着那位舍友发泄出来,不像是解决问题,倒像是兴师问罪。试想想看,谁会愿意被指责,被别人怒言相向?因此,罗同学的批评不但没有解决自己的困扰,反倒可能激化了矛盾。

3. 不懂拒绝

方同学性格温和,乐于助人,他的舍友齐同学事无巨细都找他帮忙,打水、占座、带饭、倒垃圾。方同学为此非常苦恼,感觉自己的时间都被占用了,不想做"老好人"。但是,他又不敢拒绝对方的要求,担心这样会影响到两个人的关系和宿舍的团结。

人际交往要"知进退",该宽容忍让时就宽容忍让,该据理力争时千万不能胆小退缩。对于方同学来讲,主要的问题在于不懂得合理的拒绝对于人际关系实际上是正常的和有益的。人际关系讲究互惠互利、平等尊重,但是,在方同学和齐同学的关系中,完全没有体现这一点。齐同学不断索取,方同学不断付出,双方的关系越来越失去平衡,长期下去,积怨渐深。极端一点来看,这段关系本身是有问题的,对方同学而言,这种朋友不交同学也罢,根本不需要担心拒绝会影响两个人的关系。因此,方同学不妨试着委婉拒绝齐同学的无理要求,说不定两人的关系还会出现转机。

第三节 "心诚则灵"——大学生人际关系的经营之道

在大学校园里，总有一些同学非常受人欢迎，称得上"人见人爱"。其实良好的人际关系与一个人的智力水平并没有必然的联系，而是与是否看重"经营"有关。

张同学喜好交际，是班里公认的"交际达人"。她觉得自己的专业挺有趣的，所以上课、完成作业一样也不落下。虽然学习成绩不是班级里面最拔尖的，但也处于中上水平。她对此挺满意的，不想为了拿到好成绩而逼得自己太紧，那样会少了很多乐趣。在交友方面也一样，她喜欢顺其自然，合则来不合则去。她不是传说中的"第一眼美女"，但挺耐看，这主要是因为她的穿衣打扮很有个性，给人一种简单大方的感觉。她兴趣广泛，喜欢尝试不同的事物，无论是"K 歌"、看球赛，还是学太极拳、表演话剧，她都乐在其中。为此她还报名参加了学校的话剧社，在面试的时候，她既表达了自己对于话剧的喜爱，又展示了自己在中学时期的一些舞台表演经历，于是顺利通过面试，与一群志同道合的朋友一起排练和表演。每次与朋友出去玩，如果是 AA 制，她就会主动先付钱，然后再让每个人把钱交给她。聚会上，她不仅自己玩得很放松和畅快，而且总是会关注到话少的人，并且会主动找对方聊天。再加上她说话很幽默，喜欢以玩笑的方式夸人，有的时候也会自嘲一下，大家常常被她逗乐，所以有什么活动都喜欢叫上她。

张同学不仅带给别人很多快乐，自己也从人际交往中收获了很多乐趣，达到了一种非常理想的人际关系状态。从她的身上，我们能够发现不少人际关系的"经营之道"。

一、增强人际交往的动力

（一）平衡学业与人际关系

在大学期间，学业与人际关系之间的平衡需要谨慎把握。一个对学业不认真不努力的学生，恐怕他的很多方面都会存在问题，人际关系也大多不会太好。但是，一个对学业过于看重而无暇他顾的学生，估计同样不会得到别人的青睐。人际关系存在交互性，没有对别人的时间、精力、心思投入，哪能换来别人对自己同样的对待。因此，大学生需要兼顾学业和人际关系，既为未来打下扎实的知识基础，又为适应社会做好准备。值得一提的是，学业和人际关系的平衡过程中，要尽可能避免玩的时候想着学习，而学习的时候又想着玩的尴尬心态，该干什么就干什么，才会事半功倍。

（二）以平常心看待人际关系的失败

俗话说"胜败乃兵家常事"，这句话也同样适用于人际交往。人际交往不是一个人说了算的，而是需要"你情我愿"。两个人如果做得成朋友，那是缘分；如果做不成朋友，其原因可能有很多，也不需要勉强。如果硬要把别人的拒绝当作对自己的否定，就是庸人自扰。因此，人际交往中的平常心不可缺少。

二、培养人际交往的能力

（一）提高自身的吸引力

1. 打造个人魅力

要提高个人的魅力，首先可以从外表入手。无论是男性还是女性，外表魅力都是提高吸引力的首要途径。虽然美丽的长相在人际交往初期对任何人而言都是极大的人际吸引，但不是每个人生来就具有的或是愿意后天人工改变的。一个人比较容易改变的是他/她的装扮。我们常常会说到"气质美女"这个词，通常是指虽然长相并不是特别漂亮，但是装扮却具有个人特色，给人带来美的感受的女子。在网上曾经很火的一出电视剧《约会专家》中，对男女嘉宾的改造的第一步永远都是从装扮开始。因此，得体的装扮可以为自身的吸引力加分。

除外在魅力的打造之外，对能力和性格等"内功"的修炼更是必不可少。怎样锻炼能力、打磨性格呢？一个字——"试"。不试怎么知道自己的潜力究竟有多大，自己的可塑性有多强？大学校园是一个神奇的地方，在这里，一切都皆有可能。只要勇敢尝试各种不同的事物，并且在尝试的过程中用心体会。那么，即使结果并不一定会如你最初所愿，但肯定会有别样的收获。在整个尝试的过程中，坚持一个"真"字，真诚对己，真诚待人。

个人魅力还需要"天时地利人和"，也就是考虑到空间上的接近性、人际熟悉性、相似性等因素。首先，空间上接近的人，其人际吸引的程度会更高。对在校大学生而言，很多同学会越来越意识到高中时代的人际关系圈受到空间距离的影响，变得难以维持，也因此而感到沮丧或者难以接受。实际上，这是非常正常和自然的现象，其是由人际吸引规律所左右的。因此，需要接纳这种变化，并且顺应这种变化，在空间上更接近的大学校园中建立起新的人际关系圈。其次，因多次接触而熟悉的人会让人更加喜欢。有的同学会因为觉得没有朋友而封闭自己，很少参与社交活动。但实际上，这样会陷入恶性循环，更少参加社交活动，意味着更少与其他人接触，而更少的接触又会降低别人对自己的熟悉感，进而减少人际吸引，更难交到朋友。因此，更多地参与人际活动，从"混个脸熟"做起，将有助于吸引别人成为自己的朋友。再次，相似性可以增加好感。两人接触初期，多寻找彼此相近或相似的地方总是对的。最后，如果有人喜欢我们，我们也会倾向于回馈这种喜欢。"爱人者，人恒爱之。"对于想提升人际关系的人来说，最好的办法莫过于先表示出自己对别人的喜欢，并且让别人感受到，这样别人才更可能喜欢你，成为你的朋友。

2. 印象管理

所谓印象管理，是指人们试图控制自己传递给他人的信息、留给他人的印象。一

个人留给别人的印象越好，别人对他的好感也越强，越有可能展开进一步的人际交往。由于大多数人都有着不同的兴趣和才能，所以只要真实呈现，就能创造出各种不同的印象。比如，在参加某个社团的面试时，通常需要突出那些与该社团的要求符合的个人特点。如果是体育类社团，可以强调自己的篮球打得不错；而如果是音乐类社团，可以表演一下钢琴演奏；即使没什么特长，也可以突出自己兴趣浓厚、学习能力强等。

值得一提的是，人们的印象管理存在个体差异。心理学家用自我监控能力来衡量印象管理风格的不同。自我监控高的人善于调整自己的行为，以适应不同社会情境下的不同社会规范；而自我监控低的人则缺少变通，不太在乎社会规范，在不同社会情境下倾向于保持稳定不变的行为。自我监控高的人印象管理方式更灵活也更丰富，所以他们拥有更多的朋友，但这些朋友的共同点不多；而自我监控低的人形象相对稳定，所以比较费力才能找到朋友，但是朋友之间的共同点更多。可见，凡事没有绝对，没有哪种风格是最好的，关键是哪个更适合自己，能给自己带来最大的人际关系满意度。

（二）遵循人际交往的原则

1. 适度分享，互惠互利，平等尊重

有一本书里描述过这样一个大学校园宿舍关系的例子。王、林和张三位同学住在同一间宿舍里。王同学不太喜欢收拾东西，从来不管宿舍卫生。林同学积极关注宿舍卫生情况，但是有晚睡的习惯，脾气也比较急躁、直接，容易与人发生口角。张同学虽然住在宿舍，但是跟舍友的交集很少，说话也不多，更喜欢结交校外的朋友。应如何让自己在宿舍里与人愉快相处？把握好信任、互惠和平等原则即可。王同学很会说话和办事，她也知道自己的卫生习惯不好，让人不喜欢，但是她经常会买一些水果送给舍友。林同学虽然说话直接，但是为人很仗义，别人有事找她，只要能帮上忙，她都会帮。张同学处理舍友关系的原则是：我不会给任何人添麻烦，也不希望你们麻烦我。这样的舍友关系虽然在有些人眼中并不是最为理想的，但是对宿舍里的这三个人而言，却能使彼此的满意度最大化和矛盾最小化。

2. 心理换位

有这样一个故事，猪、羊和牛被关在一起。有一天，农夫把猪捉出去，猪拼命嚎叫反抗，农夫只好作罢。羊和牛抱怨道："我们也经常被捉出去，都没像你那样大呼小叫的。"猪听了说："捉你们和捉我完全是两回事，捉你们，只是想要你们的毛和乳汁，但是捉我却是要我的命呀！"

有句话说得好，"站着说话不腰疼"。立场不同，所处情境不同，人的想法是不一样的。心理换位也就是通常所说的"设身处地"，是指站在别人的角度，从别人所处的位置去思考、理解和处理事情。俗语说的"将心比心""己所不欲，勿施于人"等，也是同一个意思。心理换位对于大学生的人际交往而言非常重要，现在的大学生大多数是独生子女，从小到大全家几乎都围着自己转，习惯以自己为中心，为人处事倾向于根据

自己的想法来，而不太考虑其他人的感受。然而，人际关系恰恰不是一个人说了算的事情，一个人也不可能按照自己的意愿去控制和改变另一个人。因此，以自我为中心的人往往不受人欢迎。要克服这个问题，心理换位必不可少。也就是说，抛开自己的想法和感受，把自己想象成对方。如果你是对方，你听到了同样的话会作何反应，碰到了同样的事情会如何处理？回顾马加爵事件，倘若宿舍同学相处时能相互理解包容，或许就可以避免这场悲剧。

（三）走出思维误区

1. 客观看待他人

常见的人际交往思维误区之一就是把别人的行为看作有意为之，要么是他人性格不好，要么是他人态度不良，而容易忽略他人所处的环境的影响。人人都知道自己在不同的情况下会有不同的表现，但是却不能以同样的方式理解别人的行为。也正因为此，容易造成对别人的误会，影响人与人之间的感情。例如，在聊天的时候，朋友一直心不在焉，显得有点不耐烦，你可能不假思索地就认为他对你有意见，但有可能在跟你碰面之前他刚好遇到一件烦心的事情。子曰"三思而后行"，在人际交往过程中，需要意识到对别人的判断很容易犯错，因此更应该特别谨慎，尽量客观地看待别人的行为。

2. 克服自我中心的错觉

在与人交往的时候，人们会自动地产生一种"闪光灯效应"的感觉，认为自己的一切都暴露在众人的视线里，接受别人的苛刻评判。心理学研究已经证实，这仅仅是一种错觉，没有人会比你更在意自己。如果这种错觉特别严重的话，可能会导致社交焦虑等心理问题。因此，在人际交往中适度地放松"警惕"，做真实、自然的自己就好。

（四）学习沟通技巧

1. 赞扬的艺术

真诚的赞扬是人际关系的润滑剂。要学会赞扬，首先要能从心底里欣赏别人，然后要讲究表达技巧，使赞扬达到事半功倍的效果。要能欣赏别人，最主要的是要把别人放在心上，多观察别人，留心别人。久而久之，总能找到别人身上的闪光点。赞扬的方法同样重要。具体的赞扬比泛泛的赞扬更能打动人，例如，"你的裙子好漂亮"的效果就不如"你的裙子颜色与你的鞋子搭配得很好，显得人很高挑"。

2. 批评的艺术

直接的批评很容易伤到别人的自尊心，一般人恐怕都难以接受。因此，当涉及批评的时候需要一些技巧。先称赞后批评，往往会让人心里好受一点。例如，对于前述案例中提到的舍友在宿舍打电话到深夜、打扰其他人睡觉的问题，可以这样委婉地提

出批评:"大家平时对你的评价挺好的,但是你打电话这件事情确实是影响到大家的休息了,破坏了你在大家心里的好印象。"另外,也可以采用间接提醒的方式。伍同学的舍友吴同学平时大大咧咧,不拘小节,经常不买牙膏、洗衣液等生活用品,没有的时候就拿宿舍其他人的用,也不跟人家说一声。伍同学想想这样长久下去也不是办法,于是找了个机会跟吴同学说:"我知道你平时忙,没什么时间。我空闲时间多,如果你不介意的话,我可以帮你跑跑腿,买点生活用品回来。"吴同学一听就马上意识到自己的不对了。

3. 拒绝的艺术

很多人害怕被别人拒绝,更害怕拒绝别人。但实际上,只要注意方式和方法,拒绝别人就没那么难。如果生硬拒绝,直接说"我不愿意",甚至反问"你干吗不自己来呀",对方可能很难接受。但是,如果真诚地说明原因和难处,就能获得对方的理解,两人的关系反倒会更加亲近。例如,前述案例中不懂拒绝的方同学可以这样跟舍友沟通:"功课不忙的时候,顺手帮你带饭、扔垃圾倒也是小事,但最近手头好多事情要做,实在顾不过来了。不如你自己来,多走动走动,就当活动筋骨、锻炼身体了。"如果沟通之后对方欣然接受,那就皆大欢喜;如果对方仍不满意,那就需要他自己"消化"了,因为你已经做到该做的,那就问心无愧了。

【讨论与思考】

1. 影响人际吸引的因素有哪些?人际交往中需要把握哪些原则?
2. 大学生人际关系困扰的常见原因有哪些?你有没有过人际关系的困扰?原因可能在哪里?可以如何改进?

【实践与拓展】

[案例分析]

一位珠宝店的新业务员在接待顾客时,不小心将一粒价值不菲的钻石滚落到地上。当时店里正值营业高峰,业务员只是看到钻石滚到一位男青年脚边时就再也看不到了。业务员心急如焚,要是找不到这颗钻石,自己不仅要赔钱,连工作恐怕也保不住了。那位男青年衣着简单,看起来也正艰难谋生中,一颗钻石对他而言意味着很多。业务员走到男青年面前,忍住眼里的泪花,轻声说道:"先生,现在经济不景气,找一份工作实在不容易吧?这才是我上班第一天!"男青年不由愣住了。细心的业务员看到自己的话有了效果,于是又柔声重复了两遍。终于,男青年从背后抽出手来握住业务员的手,旋即快速奔向出口。业务员低头一看,那颗钻石正在自己手中。

教师启发引导:业务员的话为什么能够打动男青年,使他自愿归还了遗失的钻石?

【推荐与导读】

木雨著:《在北大读懂心理学》,人民邮电出版社2013年版。

本书的作者是一名北大学子,这本书是他在北京大学求学期间的所见所闻。作者用心理学的视角,细细琢磨出菁菁校园中人和事背后的悲与喜、苦与乐。

这本通俗易懂的心理学著作包括八个主题,分别是人生危机处理、压力管理、情绪管理、人际交往、心理调节技巧、平常心、平衡理想与生活和人生心态。每个主题都有若干真实的校园案例。对于同处大学校园的我们来讲,你可能觉得其中的人物似曾相识,其中的事情似曾经历,但可能从未试着带着心理学的"眼镜"去仔细审视。正如作者所说,心理学更重要的作用是修炼自己的身心,使自己过得更美好、更有价值,希望你在读完该书后能够有所收获。

【参考文献】

[1] 侯玉波. 社会心理学[M]. 3版. 北京:北京大学出版社,2013.
[2] 罗兰·米勒,丹尼尔·珀尔曼. 亲密关系[M]. 5版. 王伟平,译. 北京:人民邮电出版社,2011.

(本讲执笔人:王优)

第五讲　成功有效的学习者：学习与心理健康

【本讲概要】

　　学生的首要任务是学习。成为成功、有效的学习者，这大概是每一位学生最大的愿望。学习作为一个人非常重要的认识世界的方式，是一种认知过程，也是心理学的重要研究领域。在心理学现有的研究中，积累了关于学习本质、学习过程及学习影响因素的大量研究成果。在本讲中，我们将介绍心理学对学习本质的研究成果，分析大学生常见学习困扰的原因，并在此基础上，提供一些常见学习问题的自我调适策略。希望通过本讲的学习，能帮助你诊断学习问题、改善学习方法、提高学习效率。

　　本讲的重点是心理学对学习本质的研究结果，难点是识别自己的学习问题类型并恰当地进行自我调适。

【导入】

　　说起学习问题，同学们的反应是有人欢喜有人忧。观察身边的同学，我们总能发现，有些同学对学习充满了热情、以学习为乐，学习效果又快又好，他们不仅是老师、家长的宠儿，也是同学们羡慕的对象。这些同学通过学习收获了知识和荣誉，同时也为更好的人生发展打下了良好的基础。然而，这样"学霸"型的同学往往只是大学生中的少数，大部分同学多多少少还是会有学习方面的苦恼。"医学知识的内容太多了，记不住！""老师讲课速度太快了，跟不上啊！""上课常走神，下课管不住自己玩电脑，该怎么办呢？"这些问题都是大学生在学习上常见的苦恼。据统计，在大学生心理咨询的问题类型中，有20%～30%的问题都是关于学习方面的。那么，心理学有没有一些关于学习的研究结果能帮助同学们提升学习效果呢？学习能力可以通过学习和训练提高吗？答案是肯定的，从现在开始，我们要力争帮助你甩掉头顶上的那顶"学习低能帽"，通过了解学习的本质和学习问题的一些自我调适策略，让你也成为一名学习高手！

第一节 了解学习的本质——心理学对学习的研究

学习是生活中十分常见的现象。人从出生到死亡，无时无刻不在进行各种各样的学习。从幼儿学会喊出第一声"妈妈"，到科学家对极其复杂问题的思考解决，这些都属于学习的范畴。学习是一个非常复杂的心理过程，由于它的复杂性，人们曾从多方面对其进行过研究分析：学习是如何发生、如何进行的？学习的过程是什么？影响学习的条件又有哪些？现代认知心理学的研究为解答这些问题给出了部分答案。

一、关于知识学习的真相

"你知道学习的过程是怎样的吗？"

"你知道学习的本质是什么吗？"

各位已接受学校教育十余年的大学生们，当你面对这样的问题时是不是觉得回答起来有点困难？"我可以记住单词、掌握一些原理，但如果要描述我的大脑是如何学会领悟这些内容的，那就没法表述清楚了！"是的，学习是人脑的重要功能，发育正常、处于不同年龄阶段的人都能进行不同程度的学习，但学习过程是如何在大脑中进行的这是一个非常复杂、难以探究的问题。现代认知心理学从信息加工的角度对知识学习的过程进行了探索。他们的结论也许对我们理解知识学习的真相会有所帮助。

（一）知识的获得

认知心理学研究结论认为，人类对知识的获得有四个特点。

1. 人类的知识是通过建构而获得的

读同一段文字、听同一位老师讲课，我们对这一内容所产生的理解是不尽相同的。个体对于知识的学习并不是信息的简单传递和植入，而是在已有知识的基础上消化吸收新的信息并建构而成的——这是学习建构理论的核心内容，也是当代认知心理学对学习本质研究的一项重要结论，它表明人自身是进行信息加工以及行为活动的主体。知识虽然在不断地被传播与交流，但通过传播与交流而获得的知识，必须经过个体的重新建构，即得到理解，并且与个体大脑中已有知识联系起来，才能在某种情况下被掌握并加以运用，也只有如此，知识才能真正被个体获得并得到运用。实际上，人有时所获得的知识，要多于提供给他们的知识，因为人会创造出许多新的知识，这一般通过个体解决问题的方式或理解性活动的形式表现出来。当我们获得一些新的知识之后，新知识在我们的大脑中所激起的联想、综合、重组、转换等，都将超越所获得的知识本身。因此，勤于了解新的知识内容是让我们获得学习的原材料；勤于动脑，主动地理解和思考让新获得的知识与原有的知识发生作用和联接，这是学习建构中的重要方面。

2. 人类对知识的获得包含着重构过程

随着个体所获得的知识越来越多，不仅仅是知识的数量在不断增加，存储在长时记忆中的知识体系也在不断地被重新组织。知识重构的过程在形式和水平变化上都非常精细和复杂。知识重构过程可以视为个体创造性思维活动及其产物，因为在其中必然包含了对具有适应性价值的知识的分析和阐述。这种知识重构的过程，就是我们消化理解知识，进而超越创造新知识的过程。个体的知识体系伴随着学习不断被重构和完善，这也为下一个新内容的学习创造了更好的建构基础。

3. 人类对知识的获得具有制约性

正如前面所提到的，知识的获得必须经过新旧知识的联接互动过程。丰富系统的背景知识使我们更容易理解、接纳新的相关内容。生活中我们会发现，对一位篮球爱好者而言，要记住一位新的球星的有关信息是一件比较简单的事情；但同样是这个学习任务，对一个对篮球运动一无所知的人而言就要困难很多，这就是由于已有知识的不同而产生的获得知识的差异。个体知识获得的制约性表现为，有的知识很容易获得，而有些知识的获得极其困难。因此，知识的获得既受到个体先天倾向的影响，也受到个体已有知识结构的限制。

4. 人类大多数知识是一个领域一个领域逐个获得的

在认知心理学领域，有研究表明，个体的认知能力在面对不同领域的知识时，会产生巨大的变化差异。研究者认为，由于每个领域的知识都受到互不相同的条件制约，因此个体在获得某个领域的专业知识之前，必然要先涉及领域的概念内涵、概念之间的联系，以及它们在该领域时空条件下发生的变化。也就是说，一个人的知识很大一部分是通过参与相关领域活动，并且以其特有的活动方式获得。

以上是对四个人类知识获得的特点的描述。同学们可以对比一下自己的学习方式，如果在你的学习中有意识地按照这四个特点进行学习，相信会使你的学习效率提高。

（二）理解的生成过程

"理解"是我们在学习过程中使用频率很高的一个词。明白了一个概念、弄懂了一个原理，我们常常会说已经"理解"了这个知识。那么理解到底是如何发生的？我们是怎样建构对知识的理解的呢？让我们以理解一段文字为例。

"这个程序实际上很简单。首先，你把总件数分成几组。当然，如果件数不多的话，一次就行了……很重要的是，一次投入的件数不能太多。就是说，每次太多不如少些好。这在短时间内似乎无所谓，但经常不注意这一点，就很容易造成麻烦，而且，一旦带来麻烦，其代价可能是很昂贵的。一开始，整个程序可能看上去比较复杂，但要不了多久，它就会成为你生活中的一个部分。"

这段话你理解了吗？是不是让你有点摸不着头脑？

如果告诉你这段文字的标题是"洗衣机使用说明"，现在你能够理解上面这段话了吗？

在上面这段文字中，每个字我们都认识，每句话似乎都能懂，但整段文字会让人不知所云。而一旦给出这段文字对应的标题，我们又恍然大悟。一个简单的标题，实际上唤醒了我们头脑中的相关经验，有了这个经验背景，我们就可以解释、组织这段文字；而一旦离开了经验背景，这段话就成了一些杂乱无章的文字符号。可见，意义的理解是通过外界信息与已有知识经验的相互作用而实现的。这与我们前面提出知识的学习过程是通过建构实现的观点是一脉相承的。

对知识的理解是通过新、旧知识之间的相互作用而建构起来的，那这种相互作用的具体过程是怎样的呢？美国加州大学的心理学家维特罗克提出了"生成性学习"的理论，他认为，学习是学习者生成信息的意义的过程，意义的生成是通过原有认知结构与从环境中接收到的感觉信息的相互作用而实现的。在生成理解的过程中，学习者原有的认知结构——已经储存在长时记忆中的知识经验和信息加工策略——与从环境中接收的感觉信息（新知识）相互作用，在这一过程中，学习者主动地选择和注意信息，主动地建构信息的意义。事实上，我们可以看到，理解的过程就是知识学习的过程。

（三）意义建构的有效条件

通过前面的内容我们已经了解到，意义的建构是学习过程中的重要环节。意义建构的过程就是理解和掌握知识的过程。如果我们有意识地按照意义建构的条件去学习，那么学习自然就会事半功倍。

认知心理学对学习的研究发现，高水平的意义建构过程主要受以下三个条件的制约。

（1）学习材料本身的可理解性。学习材料应该以明确的方式表达信息，以逻辑的方式组织信息。

（2）学习者的先前知识水平。即学习者具备与所学内容有关的知识经验背景。

（3）学习者的建构性加工活动。学习者既不能仅仅关注学习内容中的一个个名词或事实信息，也不能仅仅记住、背诵课本中的原话，重复老师的说法。其应该联系自己的知识经验明确地澄清和具体地解释所学内容的意思；总结所学内容的整体意思和架构；积极地进行推理，得出课本中所没有表达的新假设，发现可以运用这些知识的新情境和新方式；察觉所学内容内部的矛盾之处以及所学内容与自己原有知识经验的冲突之处，从而不断地提出疑问；发现这些知识难以回答的问题，并尝试解决这些问题。

由此可见，有效的学习是一个建构性的活动，学习者不仅仅只是准确理解学习材料本身的意义，而且超越了学习材料本身。学习的实质，是学习者在学习内容与学习者原有知识或能力之间建立联系，把学习内容纳入原有的认知结构中，形成新的认知结构。学习过程就是不断再构认知结构的过程。了解了学习的过程和本质，有意识地创造促进学习的条件，有利于提高学习的效果。

课堂实践

针对意义建构的三个条件,请选择你最近经历的一个学习不甚理想的内容进行分析:在这个内容的学习中,比照上述三个条件而言,这项内容的学习分别在这三个方面是怎么样的?哪些是符合条件的,哪些还存在问题?并提出改进的具体措施。在实行措施一段时间后比照学习效果是否真的产生了变化。

二、成功有效学习者的决定因素

"老师,我觉得可能是我太笨了,天生就不是块学习的料子。"在咨询室里,身体深陷在沙发里的同学小方无可奈何地说着,他的脸上写满了沮丧、挫败与失望。谈及学习上的问题,许多学习效率不高的同学往往将其产生归因于智力因素。所谓"太笨",就是觉得自己不够聪明,智力不够高,他们认为这是导致学习不佳的主要原因。那么,学习不好真的主要是因为"太笨了"吗?这种归因模式有什么问题?为了将这个问题讨论清楚,我们不妨对学习的影响因素先进行分析和澄清。

学习在心理学上有广义和狭义之分。广义的学习泛指一切有机体因经验而发生的行为的变化。而我们在这里重点要讨论和关注的学习属于狭义的学习,其主要是指人的学习或学生的学习。历史上有许多心理学家对人的学习现象进行大量研究并建构出各自不同的学习理论,虽然每一种理论各有其特色和侧重点,但综观各理论对学习的内在影响因素的划分无非分为两类:智力因素与非智力因素。

(一)智力因素

智力作为学习的重要影响因素之一向来受到人们的重视。智商是智力的测量值,在心理学上称为"智力商数"(intelligence quotient, IQ),智商的高低显示着一个人"聪明程度"的高低。传统对智商的界定主要包括人的认知能力、思维能力、语言能力、观察能力、计算能力等。也就是说,它主要表现人的理性的能力。它可能是大脑皮层尤其主要是主管抽象思维和分析思维的左半球大脑的功能。许多研究表明,高智商者往往学习能力更强,接受新事物的能力更快,学习效果更好,而一些智商低于80或70分以下的人往往表现出较明显的学习障碍。由此可见,具备正常以上的智商是学习能力的一个前提保证。图5-1为人群的智商分布图,由图可知:

智商在130分以上(超常)的,只有人口的2.14%;

智商在115~129分(优秀)的,占人口的13.59%;

智商在85~114分(中等)的,占人口的68.26%;

智商在70~84分(偏低)的,占人口的13.59%;

智商在70分以下(超低)的,占人口的2.14%。

从图5-1的调查结果可以发现,智商极高的天才和智力极低者都是极少数,绝大多数人的智商都处在中等水平。对于大学生而言,能够在高考中胜出,进入大学继续学习,这本身就证明其智商水平处于至少中等以上,都能达到胜任学习和工作所需水平。将学习成绩低下归因为智商水平不高,这其实更有可能是一种误解,因为智商极高者毕竟是少数,而那些学业成绩优秀的人并不都是智商非常高的人。美国心理学家特尔曼对1500名智力超常儿童在长达30年的追踪后提出结论说:"智力与成就有一定关系,但不是完全的正相关,也有一些智力超常的儿童的成就没有超出一般人。"美国另一位心理学家孟推从800名男性中,选出成就最高和最低的各160名进行了比较,发现两组最明显的差别就是意志品质方面的差别,而非智商的差别。成就更高的一组表现为在坚持、信心、百折不挠等意志品质方面明显高于另一组。由此可见,对于智力达到正常水平以上的人群,影响学业成就的因素主要是非智力因素。接下来,我们就来了解一下,非智力因素到底有哪些?它们是如何对学习产生促进作用的?

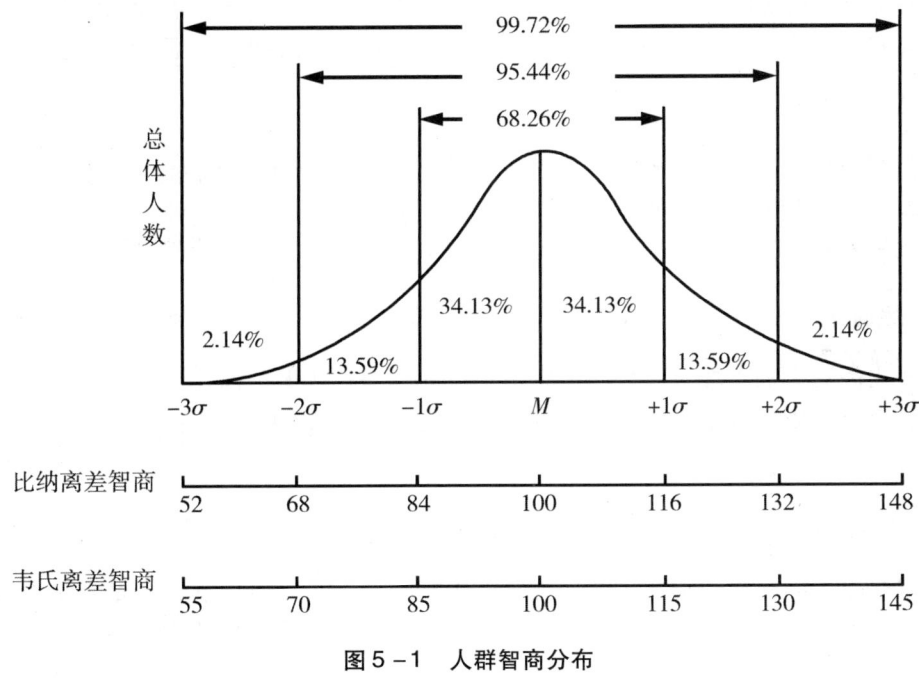

图5-1 人群智商分布

(二) 非智力因素

所谓非智力因素是指智力因素以外的所有心理因素的总称。影响学习的非智力因素主要包括成就动机、求知欲望、学习热情、责任感、义务感、自信心、自制性、坚持性、独立性等。这些心理因素可以参与智力活动并影响(促进或促退)智力活动的效率与效果,也可以不参与智力活动而独自发挥作用。日本著名的教育家木村久一结合教育实践对非智力因素潜心研究,得出这样一个结论:"天才的出现与天赋有关。但是只靠天赋将是一事无成的。孩子生下来即使具有很高的天赋,若得不到发挥,也是无济于事的。……所谓天才人物(有成就的人)就是有毅力的、勤奋的人,入迷的人和忘我的人。但是不要忘记:毅力、勤奋、入迷和忘我的出发点实际上在于兴趣。"这就指出了意志品质、学习态度、兴趣及心理品质等非智力因素在儿童成长过程中的作用是巨大

的，是成才的决定因素，智力是成才的重要因素之一，但不是决定性的。

这一说法改变了人们过去只注重智力因素的传统观念，同时也为人们带来更多令人鼓舞的信息，因为智力在很大程度上是由遗传决定的，而非智力因素则可以通过后天努力来培养提高，这使得那些大部分处于中等水平智商的人们看到了更多成功的可能性。而历史上许多为人类做出很多贡献的伟大人物的成长过程，也证明了诸如兴趣、勤奋、毅力等非智力因素在个人的成功中所扮演的重要角色。

那么非智力因素有哪些作用呢？它们又是如何影响和调节学习过程的？我们下面着重讨论这个问题。

如果我们把智力理解为一个人内在的实际能力，那么非智力因素就是决定这种能力能否得到充分发挥的关键，实际上许多大学生之所以出现学习效率低、成绩不好的现象，更多的可能是由于缺乏优良的非智力因素，能力没有完全发挥出来，学业成绩自然就不理想。非智力因素是个人成长的动力系统，它具有动力、定向、维持、调节、强化等作用。

1. 动力作用

人们开展任何一项活动都是从一定的动机出发的。非智力因素能直接转化为活动（包括学习）的动机，成为推动人们进行各种活动的内在动力。这种动力作用越大，维持的时间就越长。

2. 定向作用

非智力因素中的兴趣、爱好、情感等可以起到对行为的定向作用。例如，有人喜欢学习语文，有人则乐意学习数学，有人对物理、化学感兴趣，有人则喜欢历史、地理等。这种定向作用，能使你做出自己的选择。

3. 维持作用

学习是艰苦的脑力劳动，会遇到很多困难和障碍，是迎难而进，还是知难而退？这就依赖非智力因素中的意志等因素来维持了。好的意志品质是指毅力坚强，勇于克服困难，坚持到底，不达目的誓不罢休。

4. 调节作用

调节作用是指在活动中，非智力因素能够使人们支配自己的行为。比如，一个具有良好非智力因素的学生，能够使自己保持正确的学习态度，胜不骄、败不馁；反之则往往不珍惜时间，不善于合理分配时间和精力，缺乏自我督促、自我纠正、自我分析的自觉性。

5. 强化作用

在学习的过程中，一个人出于主客观原因，有时会出现疲倦松懈、情绪低落、不思进取等不良现象。在非智力因素上表现良好的人会不断及时提醒自己：要打起精神！而在非智力因素上表现不良的人就难以做到这一点。因此，在学习过程中，只有及时地发挥非智力因素的这种强化作用，才能使自己保持旺盛的精力、饱满的情绪和进取的精神。

从上述内容我们可以了解到，智力因素是影响学习的条件之一，但具备了一定的智力条件后仍需良好的意志品质等非智力因素来促进学习。学习不是一蹴而就的事情，它需要长久的付出、面对困难的坚韧，大学生们已经具备了良好的智力条件，有意识地磨炼自己的意志、发展自己的兴趣等非智力因素是一条提高学习效果的必经之路。

（三）学会学习

美国学者阿尔温·托夫勒曾经指出："未来的文盲不再是不识字的人，而是没有学会怎样学习的人。"在知识社会中，学科对学生的影响力远远小于学生自身的持续学习能力和动机的影响力。现代社会正进入终身学习、终身教育的社会。知识更新的速度越来越快，无论在校学习还是走上工作岗位，学习能力始终是一项核心能力。学习能力包括阅读理解能力、获取重要信息的能力、利用图书馆和网络的能力、自我评估及反思能力等。大学的学习不仅是学知识、学专业，更重要的是学方法、学策略，发展和提升学习能力。

学会学习包含着以下三个方面的内涵。

1. 自主学习的学习观是学会学习的基础

自主学习是指学生自己主动地学习、有主见地学习。在上大学生前，我们都是从小学、中学一路学过来的。那时候听得最多的就是家长老师的叮嘱：要好好学习，考上好的大学，将来找一份可以展现自己能力和才华的工作，成为一个有用的人……大学给我们打开了一扇新的窗户，离开了父母的庇护进入大学学习，在年龄来到18岁的这个当口，我们变成了一个要对自己的行为承担相应责任的成年人。自由的大学生活，同时带给我们的一系列思考中必然包含这样的问题：我在大学要努力学习吗？为什么要学？学什么？如何学？是的，当你开始有这样一系列思考的时候，这意味着我们来到自主学习观的边缘，大学生要实现的转变之一就是：从"要我学"转变为"我要学"。这种自主学习的学习观将使我们受益终生，如果你不想成为一个被社会淘汰的人，就必然会终身学习。

自主学习包括四个方面：首先，对自己现有的学习基础、智力水平、能力高低、兴趣爱好、性格特点、特长等有一个准确的评价；其次，在完成学校统一教学要求并达到基础培养标准的同时，能够根据自身条件、扬长避短、有选择有侧重地制订加强某方面基础、扩充某方面知识和提高某方面能力的计划，优化自己的知识和能力结构；再次，按照既定计划积极主动地培养自己、锻炼自己，并且不断探索和逐步建立适合自己的科学学习方法，提高学习能力和学习效率；最后，在实践中能够不断修正和调整学习目标，在时间上合理分配和调节，整理完善思维方法，以达到最佳效果。学生树立了自主学习的学习观，就会意识到自己是学习的评价者，才能在学习过程中发挥自己的主动性、积极性和创造性。同时，不断增强自我教育的意识，不断探究学习的规律，提高独立学习的能力，以适应知识不断更新的需要。对照这样的自主学习要求，相信很多大学生都还有较大差距。大家可以现在就行动起来，参照以上四个方面，着手进行计划和安排。

2. 掌握科学的学习方法是学会学习的关键

所谓学会学习，在某种意义上就是学会学习的方法。科学的学习方法不仅有助于在

学习活动中少走弯路，还有利于培养和提高各种学习能力，是学有所成必不可少的重要因素。合乎学习规则的学习方法是科学的学习方法，它具有普遍的意义，比如管理时间的方法、记忆的方法、促进学习迁移的方法等，这些是对每个大学生都适用的基本方法。除此以外，还要注意有针对性的方法。不同的学习阶段、学习目标、学习内容、学习环境下，学习方法不同；另外，每个人的认知特征、发展基础不同，智力与非智力因素有差异，在建立学习方法时必须切合个人实际，切忌"千人一方"。最好的学习方法应当既是科学的，又是适合自己的。

3. 善于自学是学会学习的基本途径

学习有两种基本形式：师授与自学。华罗庚曾经说过："对一个人来讲，一辈子总是自学的时间多。"钱三强说："自学是一生中最好的学习方法。"自学是学会学习的基本途径，也是成才的必由之路。自学的主要途径是读书。当今时代，图书资料浩如烟海，没有科学的读书方法就不能在知识海洋中自由航行。学会自学，应掌握自学的方法与技能。我们要学会利用图书馆，学会使用工具书，学会文献检索、资料查询，学会做学习笔记，学会积累和整理资料，学会对所学知识进行分析、归纳和整理总结。

第二节 为什么我的学习有困难——大学生常见学习困扰原因分析

对照前面介绍的心理学在学习方面的研究成果，大学生们可能已经发现了自己学习中存在的一些问题。大学生年龄处于青春期，这个阶段本身是一个非常动荡、个人内在思想急剧变化的时期。加上进入大学后学习方式的转变、学习环境的变化，一些同学迷失了学习的方向。通过整理以往对学习问题求助的大学生资料，我们将大学生常见的造成学习困扰的主要因素归为以下三类。

一、学习动机

动机（motivation）一词，来源于拉丁文 movere，意思是移动、推动和引起活动。现代心理学将动机定义为推动个体从事某种活动的内在原因。具体来说，动机是引起、维持个体活动并使活动朝某一目标进行的内在动力。学习动机就是推动个体从事学习活动的内在过程或心理状态。大学生常见的学习困扰之一就是缺乏学习动机，明晰学习动机的功能、构成，有利于大学生激发和形成良好的学习动机。

（一）动机的功能

心理学家通过大量研究发现，动机对于个体活动具有三种基本功能。

1. 激活功能

动机能激发有机体产生某种活动，带着某种动机的有机体对某些刺激，特别对那些与动机有关的刺激反应特别敏感，从而激发有机体去从事某种反应或活动。例如，饥饿者对食物、干渴者对水特别敏感，因此也容易激起寻觅活动；有着强烈学习动机的学生对知识有着强烈的敏感，非常愿意了解学习新知识。

2. 引导功能

动机与需要的一个根本区别是：需要是有机体因缺乏而产生的主观状态，这种主观状态是一种无目标状态；而动机不同，动机是针对一定目标（或诱因）的，是受目标引导的。也就是说，需要一旦受到目标引导就变成了动机。由于动机种类不同，人类行为活动的方向和它所追求的目标也不同。例如，在学习动机的支配下，学生的活动指向与学习有关的目标，如书本、课堂等；而在娱乐动机支配下，其活动指向的目标则是娱乐设施。

3. 维持和调整功能

有的时候，开始学习并不难，难的是遇到困难时仍然坚持下去。当个体的学习活动开始以后，动机维持着针对一定目标的学习，并调节着学习的强度和持续时间。如果达到了目标，动机就会促使有机体终止学习；如果尚未达到目标，动机将驱使有机体维持或加强学习活动，以达到目标。学习动机决定着我们学习的韧性和持久力。

（二）学习动机的构成

奥苏伯尔指出："一般称之为学校情境中的学习动机，至少应包括三方面的内驱力决定成分，即认知内驱力、自我提高的内驱力以及附属内驱力。"

1. 认知内驱力

奥苏伯尔提出的学习动机的第一个组成部分就是认知内驱力，即一种要求了解和理解的需要，要求掌握知识的需要，以及系统地阐述问题并解决问题的需要。不少心理学家根据经验和实验证明，这种内驱力主要是从好奇心派生出来的，即从探究、操作、领会以及应对环境等有关的心理素质中派生出来的。个体在幼年时期就表现出这种内驱力，正是凭借这种内驱力，儿童很早就开始探索周围的世界，他们对环境中的新奇事物特别敏感，总是不断地向成人问各种问题，这充分体现了儿童的好奇心与探究环境的倾向性。然而，个体的这些与生俱来的心理倾向最初只是一种潜在动机。这种潜在的动机力量，要转化为现实的动机就要依赖个体在实践中不断取得成功才能真正表现出来，才会具有特定的方向。成功的学习经验对内驱力的形成具有重要意义。

2. 自我提高的内驱力

学习动机的第二个组成部分是自我提高的内驱力。自我提高的内驱力是个体对因自

己的解决问题能力或胜任工作能力而赢得相应地位的需要。这种需要从儿童入学开始就显得重要，成为学习动机的主要组成部分。

自我提高的内驱力与认知内驱力不一样，并非直接指向学习任务本身。在大多数情况下，一定的成就总是能够赢得一定的地位，也就是说，一个人赢得的地位通常是与他的成就或能力水平相称的，成就的大小决定着他所赢得的地位的高低。与此同时，一定的地位又决定着个体自尊心这种情感体验，这种自尊心获得是赢得相应地位的直接表现。自我提高的内驱力是把成就看作赢得地位与自尊心的工具，因而是一种外部动机。

3. 附属内驱力

附属内驱力是学习动机的第三个组成部分。它指的是一个人为了赢得长者（如家长、教师等）的赞许或认可而表现出来的把工作做好的一种需要。学生求得学业成就并不是把它看作赢得地位的手段，而是为了从长辈那里获得赞许或认可。

在学习动机中表现出来的认知内驱力、自我提高的内驱力与附属内驱力这三个组成部分的不同比重，通常因年龄、性别、社会地位、种族起源以及人格结构等因素的不同而有异。在大学阶段，大学生的学习动机主要来源于认知内驱力、自我提高的内驱力，附属内驱力在强度方面有所减弱，期望得到同伴的赞许就是这个时期的一个强有力的动机因素。

（三）学习动机的激发

学习动机的激发是指在一定情境下，利用一定的诱因使已形成的学习需要由潜在状态变为活动状态，形成学习的积极性。同学们可以尝试通过以下方式激发自己的学习动机。

1. 设置合理目标

一般来说，具体的、短期内能实现的、难度中等的目标可以有效激发学生动机。为此，在学习过程中，学生要将相对宽泛的总体目标分成多个具体的子目标，将一个长远目标分成多个近期子目标。例如，要完成一个科研项目，可以先提出问题，查阅文献，再向老师征求建议，形成假设，设计实验，完成研究，最后统计数据，撰写提交研究报告。这种通过逐步完成子目标最后达成总目标的方式，可使学生不会被过于复杂困难的总目标难倒，始终都能在研究过程中保持良好的学习动机。

2. 有效利用反馈与评价

对学习目标达到与否的反馈或评价有助于激发动机。大量的研究表明，有无反馈对学习者动机的激发水平是不同的。在布克（W. F. Book）和诺维尔（L. Norvell）的一项研究中，让学生又快又准确地练习减法，每次练习30秒，共练习75次。在前50次练习中，让甲组学生知道每次练习的结果，不断鼓励和督促他们继续努力，并对所犯错误进行分析；而对乙组学生不进行反馈。结果甲组学生成绩比乙组学生好。在后25次练习中，给予乙组充分的反馈信息，而甲组学生不知道学习结果。结果乙组学生成绩优于甲组学生。这一实验说明,有关学习结果的反馈信息,对学习动机具有激发作用,有利于提高学习成绩。

3. 增加学习任务的趣味性

增加学习任务的趣味性是激发内部动机的有效策略之一。研究表明,增加学习任务的趣味性可以从两个方面着手:一是通过教师实现任务本身的变化。同样的学习任务,采取不同的呈现方式,所引起学生的兴趣是不同的。通过变化可以引起学生的好奇心和注意力。研究表明,没有一种教学方式是绝对优于其他方式的,所以教师可以大胆地改变任务以保持学生的兴趣和注意力。这种改变很容易做到,有时略作改变就能产生明显的效果。事实表明,无论多么好的教学内容,多么有效的教学方法,如果日复一日、年复一年地重复,学生都会感到厌倦,克服这种厌倦的有效方式就是不断变换任务与方法。二是注意选择能够吸引学生兴趣的材料。学习材料越有趣,越能激发学生的内在动机。在内容的安排上,应包含学生容易识别的特征,例如,在性别、年龄、宗教、种族和职业方面与读者相似的特征;从学生的认知需求出发,安排他们认为重要的生活事件以及一些令人感兴趣的逸事和例子。但应当注意的是,给学生呈现的有趣任务必须与教学(或学习)目标相一致,因为有些材料处置不当,将使学生习得的内容发生变化,从而违背了本来的教学意图。

4. 善用竞争

研究表明,竞争型课堂结构能够激发以表现目标为中心的动机系统。在这种竞争情境中,学生所关注的是自己的能力。竞争情境的最大特点是能力归因,学生认为获胜的机会与个人的能力直接相关。当一个人认识到自己有竞争能力时,就会积极活动,争取成功。当认为自己无竞争能力时,自尊就会受到威胁,因而会逃避竞争情境。在这种情况下,唯独最有能力、最自信的学生的动机得到了激发,而能力较低的学生明显感到自己将会在竞争中失败,他们通常会回避这种情境。一般来说,他们所采取的回避竞争和社会比较的方式是,选择极为简单或极为困难的学习任务,而回避中等难度的学习任务。然而,在实际教学情境中,中等难度的学习(即具有挑战性的学习)是最恰当的学习任务,可以使学生在已经掌握的知识基础上提高更快。学习竞赛以竞赛中的名次或胜负为诱因,可以满足学生的附属内驱力和自我提高的需要,从而在一定程度上可以提高其学习积极性,影响其学习效果。

要想使竞争发挥其积极作用,在竞赛标准上应体现出鼓励进步和团结互助,尽量多采用集体或小组竞赛的形式,而少用个人竞赛的形式,并鼓励学生开展"自我竞赛"。这样有利于使先进更先进,后进变先进,团结友爱向前进。

二、注意力

大学生的学习活动也离不开注意力,注意力差的学生易出现学习效率低下、学习成绩不良的现象。注意力是心理活动对一定对象的选择和集中。注意力是人的各种心理过

程正常进行的保证，它在人的各种感受器所接受的种种信息中选出符合个体当前需要的信息进行加工；它能维持信息在意识中进行精加工；它能监督和调节个体的行为，使之指向一定的目标，促进目标的达成。可以说，没有注意力，人的各种心理活动将很难进行。

（一）学习注意力不集中的表现

1. 容易走神

学习时注意力不集中的大学生常常在学习时不能有效控制自己的心理活动，想一些与学习毫无关系的事情。

2. 易受干扰

注意力不集中的大学生在学习时很容易被外界无关刺激所吸引，有时甚至是很微弱的刺激，也能引起他们注意力的分散，偏离当前的学习活动。

3. 无关动作增多

注意力不集中的大学生在学习时往往伴随着一些与学习无关的动作，如说话、东张西望、频繁地发送手机短信等，始终不能把注意力维持在学习上。

4. 效率低下

注意力不集中的大学生学习效率是很低的，他们通常给人的印象是花在学习上的时间很多，却见不到成效。如有的同学一个晚上都在看书，但是可能连一页书都没有看完。

（二）学习注意力不集中的原因

1. 学习目的和任务不明确

人是有目的的动物，没有目的，劲就不知往何处使，更谈不上注意力的集中。同样，当大学生对学习目的不明确时，他们也很难长久地将注意力集中在学习内容上，从而出现分心现象。但是如果只有目的，而没有具体的学习任务，那么学生在每一次具体学习时，可能会因缺乏必要的紧张度而容易走神。

2. 对所学专业不感兴趣

兴趣是引起注意的重要原因。有的大学生对自己所学的专业并不感兴趣，学习总是处于一种被动状态，形成过得去就行的心态，自然难以集中学习的注意力。

3. 不适应大学的学习方法

由于大学教育方式、教学方法的改变，大学生的学习方法与中学生的学习方法有了明显的不同。一些不适应大学教育方法的同学下课之后不知如何组织复习，并在没有督促、没有压力的情况下管不住自己，只想着玩，自然难以集中学习的注意力。

4．学习环境不良

不良的学习环境对注意力也有一定的影响，如学习时周围噪音过强，学习环境嘈杂，环境过于空旷、冷清，这样的环境都不利于学习。

5．个体心理因素的影响

大学生由于过度的疲劳和焦虑，也容易导致注意力不集中。长时间的用脑，不注意劳逸结合，不讲究学习方法，都会引起大脑过度疲劳，从而导致注意力分散。另外，如果大学生过度地焦虑，总是担心学习成绩不好、别人如何评价自己等问题，势必引起注意力的分散，影响学习效果。

（三）学习注意力不集中的调适

1．明确学习目标，规定任务

大学生在学习前应根据自己的条件为自己确立一个适当的目标，并依据目标制定详细的学习计划。每次学习时都应有具体的学习任务，要带着任务和问题进行学习。这样学习才有动力，才不易分心。

2．激发学习兴趣

大学新生入学后，学校应对各专业前景、发展方向做一些介绍，培养大学生对本专业的兴趣，促使他们将注意力集中在学习上。

3．寻找科学学习方法

大学新生在入学之初，可能对大学的教育教学方法不适应，教师应及时地对他们进行教育，使他们明白大学教学与中学教学的区别，帮助他们尽快总结出一套适应大学教学并与个人自身条件相适应的科学学习方法，把课后的时间充分利用起来。

4．选择环境，排除干扰

由于每个人的心理特征不同，个人所喜好的学习环境也不同。例如，有的人必须在绝对安静的环境下，才能集中注意力；而有的人在轻柔的乐曲声中更能集中注意力。因此，大学生可以根据个人不同情况，选择适合自己的学习环境。大学生大多过着集体生活，有时在无法选择环境、干扰无法排除时，就需要有与干扰做斗争的自制力。

5．劳逸结合，张弛有度

大学生要科学地安排作息时间，适当地休息或进行体育活动，防止过度疲劳。同时，也要消除焦虑、紧张情绪，保持平和愉快的心境。

6. 学会运用思维阻断法

注意力不集中的学生在学习时常会胡思乱想，及时阻止这种纷乱的思绪对提高学习效率大有益处。当纷乱思想出现时，一种方法是听一些柔和的音乐，使大脑放松下来；另一种方法是可把眼睛闭上，反复握拳、松开，使肌肉收缩，并同时对自己说"停"，如此反复数次，有助于集中注意力。

三、自我效能感

（一）自我效能感的作用

自我效能感理论是美国心理学家阿尔伯特·班杜拉（Albert Bandura）于1977年提出的。它是指人对自己能否成功地进行某一成就行为的主观判断，该理论已经得到了大量实证研究的支持。

在班杜拉看来，人的行为是受两个因素影响或决定的：一个是行为的结果因素即强化，一个是行为的先行因素即期待。班杜拉将期待分为两种：一种是结果期待，是指人对自己的某一行为会导致某一结果的推测。如果个体预测到某一特定行为会导致某一特定的结果，那么这一行为就可能被激活和被选择。例如，学生认识到只要上课认真听讲，就会获得他所希望的好成绩，那他就很可能认真听课。另一种是效能期待，指个体对自己能否实施某种成就行为的能力判断，即人对自己行为能力的推测。当确信自己有能力进行某一项活动，他就会产生高度的"自我效能感"，并会去进行那一项活动。例如，当学生不仅知道注意听讲可以带来理想的成绩，还感到自己有能力听懂教师所讲的内容时，才会认真听课。显然，自我效能感产生于某一项活动之前，是对自己能否有效地做出某一行为进行的主观推测。自我效能感高的学生会付出更多的努力来争取好的学习结果，且在遇到困难时更有毅力坚持学习；而自我效能感低的同学则刚好相反，他们对自己的学习能力持怀疑态度，学习的态度并不坚定，遇到困难很容易就放弃并进而归因为自己缺乏学习能力，进一步使自己的效能感降低并产生恶性循环。

在班杜拉看来，人们知道行为可能带来良好的结果后，也并不一定去从事某种活动或做出某种行为。比如，每个学生都知道勤奋努力会获得好的结果，但当学生感到无能为力时，他就不会做出某种努力学习的行为。所以，当有了相应的知识、技能和目标时，自我效能感就成了行为的决定因素。

研究历史

作家 J. K. 罗琳（J. K. Rowling）的小说《哈利·波特与魔法石》在被伦敦一家小型出版社接纳之前，曾经遭到12家出版社的拒绝。Decca Records 曾经拒绝与披头士乐队（the Beatles）签约，原因是"我们不喜欢他们的声音"。沃尔特·迪士尼（Walt Disney）曾经被一家报纸的编辑以"缺乏想象力"为由解雇。"飞人"迈克尔·乔丹（Michael Jordan）上高中时曾被校篮球队拒之门外。

为什么有些人能够走出失败，并最终获得成功，而有些人却在挫折面前认输了？心理学家认为，成败与"自我效能"（self-efficacy）有关，这是一种坚定不移的信念，有自我效能的人相信自己具备取得成功的要素。"自我效能"由斯坦福大学（Stanford University）心理学家阿尔伯特·班杜拉在20世纪70年代首次提出，如今已经成为教育界的一个关键概念，正在被广泛应用于医疗保健、管理、运动以及艾滋病（AIDS）防治等看起来极为棘手的社会问题领域。它同时也是横扫心理健康领域的"积极心理学"（positive psychology）运动的主要特征。"积极心理学"的重点是发展性格中的优势，而不是减弱不良特质。

（二）自我效能感的影响因素

研究表明，影响自我效能感形成的因素主要有两个，即个体成败的经验和个体的归因方式。

1. 个体成败的经验

个体成败的经验包括两类：一类是个体成败的亲身经验或直接经验。这是影响自我效能感形成的最主要因素。一般说来，成功的经验会提高自我效能感，反复的失败则会降低效能期待。不断的成功会使人建立起稳定的自我效能感，这种效能感不仅不会因一时的挫折而降低，而且会泛化到类似的情境中去。另一类是个体成败的替代性经验。这类经验是行为者通过观察示范者的行为而获得的间接经验，它对自我效能感也具有重要影响。当一个人看到与自己能力水平差不多的示范者（榜样或范型）在某项活动中取得成功时，就会增强自我效能感，认为自己也有能力完成同样的任务；当看到与自己能力不相上下的示范者遭遇了失败时，就会降低自我效能感，觉得自己取得成功的可能性也很小。这种替代性成败经验对自我效能感的影响是通过两种认知过程实现的：一是社会比较过程，即行为者采用与示范者比较的方式，参考其表现以判断自身的效能，当然这种比较既有可能是客观的、准确的，也有可能是主观的、不准确的。比如，一个学生与自己一个同学比较，认为自己的能力与他差不多，但实际的情况可能相差很远，这都无关紧要，只要该学生主观上认为两人的能力相差不多就会影响他的主观效能感。另一种是提供信息的过程。行为者可能从示范者的表现中学到有效解决问题的策略或方法，了解解决问题的条件，这些都会对自我效能感产生一定影响。因此，这也就不难理解当我们身边有成功的榜样时更能激发我们获得成功的信心和欲望的原因了。

2. 个体的归因方式

个体的归因方式也直接影响到自我效能感的形成。如果个体将成功的经验归因于外部的不可控的因素，如运气、任务难度等，就不会增强自我效能感。当我们将成功或者失败归因于如努力之类的内部可塑的因素时，个体会获得更大的自我发展空间。因为努力是可以由自己把控的，我们可以通过付出更多的努力以期获得更好的学习效果；同

时,在成功时将成功归因为内在的努力因素也使我们获得更大的自我肯定和认同,即我是具备这样的能力的,我是可以做到的,这就是高的自我效能感。相反,如果我们将成功或失败归因为运气、任务难度这样的外在不可控因素时,这对我们的自我效能感提高没有帮助,反而产生影响。试想想,如果你顺利地通过了四级英语考试,你的归因却是这次运气好、题目比较简单,而运气这样的因素是无法由我们所控制的,因此下一次英语的考试能否取得成功就只能再看运气了,与你自己付出多大的努力仿佛没太大关系。这样的归因模式对自我效能感会产生负面效果。

自我效能感是可以通过训练而提高的。有研究者以算术成绩极差的小学高年级儿童为对象,对自我效能感进行了研究。他为这些差生安排了一个星期的训练,在每次训练中他先让儿童分别学习算术的自学教材,然后演示如何解题,并在解题时一面计算一面大声地说出正确的解题过程,最后再让学生自己解题。在学生自己解题前,他让学生把所有的题看一遍,并判断一下他们能有多大把握来解每一道题,以此来了解学生解题的自我效能感。结果发现,经过训练,儿童的自我效能感逐渐得到增强;与之相应,儿童解题的正确性和遇到难题时的坚持性也得到了提高。

(三) 自我效能感的培养

从上述自我效能感的影响因素中,我们可以看到:在从事某些学习活动时学生体验成功的经验以及看到与自己类似程度的人获得成功,都会影响当事人学习的自我效能感。那么,我们就可以从这两个方面来进行有意识的自我训练,提高自我效能感。

恰当的方式是,如果你判断自身目前存在学习自我效能感低的情况,你可以制定合理而连续的"小步子"目标,先从学习难度较低的目标开始,让自己能够胜任并取得成功,然后在自我暗示或他人引导的前提下进行恰当的归因:这个成功是通过我的努力而取得的,这证明我有能力完成这样的学习。接着再继续在有帮助的情况下逐级向更高的目标前进,在获得更多成功的同时学生的自我效能感就能得到有效提升。在这个过程中,学生有老师及他人提供学习的帮助和指导,能以较强的动机进行这样的学习,学生才更有可能不断获得学习的小步成功,从而提高自我效能感。

与此同时,他人成败的替代性经验也很重要。那些在班级中原来学习水平与自己类似但后来有了较大提升的同学是激励自我的最佳榜样,了解他们学习能力提高的过程,并且恰当归因:如果和我差不多的同学可以做到,那我应该也可以做到。如此一来,学习者就会从同伴身上间接提升了学习的自我效能感。

此外,在获得学习成绩提高的同时,学会积极归因是另一重要因素。存在学习困难的同学往往把失败归因为能力不足,从而产生习得无助感,导致学习积极性降低。因此,有必要通过一定的归因训练,学会将失败的原因归结为努力,从失望的状况中解脱出来。如维纳归因模式所述,努力这一内部因素是可以控制的,是可以有意增加或减少的。因此,只要相信努力会带来成功,那么人们就会在今后的学习过程中坚持不懈地努力,并极有可能导致最终的成功。

第三节 我的学习我做主——学习问题的自我调适

在前来咨询的大学生中，比较突出和常见的学习问题包括考试焦虑、学习资源管理能力差、缺乏恰当的学习策略这三类。为此，我们在这部分专门针对这三个学习问题进行原因剖析并提供自我调适的方法，希望在这方面存在问题的同学积极尝试，帮助自己更快地回到高效学习的道路上来。

一、考试焦虑的自我调适

（一）考试焦虑的表现及形式

考试是学习过程的组成部分，它既是对学习效果的一种检验，也是对学生心理素质的一种考验。可以说，几乎所有学生面临考试都会紧张，只是程度不同而已。需要指出的是，考前紧张并非考试焦虑，考试前适当的紧张和焦虑对于复习和考试不仅没有坏处反而有好处，它可以使学生保持注意力的集中和学习的警觉性，还能调动身体的能量，使学生以充沛的精力投入考试。可见，适当的紧张是必要的，要避免的是过度紧张。不少学生平时学习成绩不错，但每到考试尤其是重要考试时则过分紧张、担忧，信心不足，导致发挥失常，成绩落后，久之可能形成对考试的恐慌心理，也就是考试焦虑。

考试焦虑表现在认知、情绪和行为三个方面。在认知方面，考试焦虑者注意的焦点不是如何解题，而是过分关注考试结果，思维总是指向考试失败，这种认知上的担忧使考生在记忆力、注意力方面受到妨碍，难以正常地进行答题。不仅如此，考试焦虑者还经常纠缠于过去考试的紧张经历，担心再次因紧张而考不好，结果更加紧张，造成恶性循环。在情绪方面，主要表现出一些应激反应，如紧张恐惧、心烦意乱、无精打采、喜怒无常等；这些不良情绪又引发了一系列的生理反应，如考试前失眠、肠胃不适、腹泻、发热、尿频、头痛等，临考时心跳加速、呼吸急促、出虚汗，严重时全身颤抖、四肢发软，甚至昏倒，也就是晕场。在行为方面，考试焦虑者也有一些不良表现，如拖延、退缩和逃避。总之，过度的考试焦虑不仅妨碍考试，影响学习，而且损害身心健康。从根本上说，考试焦虑取决于大学生对考试的态度和对自己能力的评价。具体而言，有以下一些原因：过分看重分数，求成心切，总希望处于领先地位，害怕失败和落后；过分自尊，把考试成绩看作提高自身形象的唯一砝码，担心考不好而被人看不起；以往的失败体验较多，缺乏自信心，或来自亲友的期望过高，心理负担过重；考前准备不足或过度用功造成疲劳，使得考试中遇到难题不知如何下手，大脑出现空白。

哲理故事

扼制焦虑的万灵公式

有一次，世界著名小提琴家欧利·布尔在巴黎举行演奏会。演奏中，他小提琴上的 A 弦突然断了！可是，欧利·布尔泰然自若地用另外三根弦演奏完了那支曲子。因此，有人说："这就是生活！如果你的 A 弦断了，就在其他三根弦上把曲子演奏完。"

也许在很多人看来，没有什么比演出中断了琴弦更让人烦躁、紧张的了，然而，欧利·布尔并没有焦虑，因为他在关键时刻扬起了闪光的智慧宝剑，于是焦虑被吓退、被斩断。所以，在焦虑中保持理智是最重要的，抵制焦虑的万灵公式就是：看清焦虑—分析焦虑—采取行动。

（二）考试焦虑的解除

克服考试焦虑可以从以下五个方面入手。第一，端正对考试的态度，明确考试只是一种手段，考试成绩不能全面反映一个人的知识水平和学习能力，更不能决定一个人的个人形象。特别要避免消极的自我暗示，如：我要是在如此重要的考试中失败，就会没有价值，会被人看不起之类，多一些积极的自我暗示和自我指导。第二，客观分析以往失败的原因，不因一次失败就自我否定；同时，正确看待亲友的期待，明确自己的长处和不足，扬长补短，确立力所能及的分数目标，不盲目攀比。第三，平时认真学习，考前全面复习，注意掌握一些应试技巧，对考试不抱侥幸心理，做到有备而来；同时，注意锻炼身体，劳逸结合，加强营养，保证有充沛的精力和清醒的头脑参加考试。第四，改变对考试焦虑的态度，既不漠视它，更不夸大它的危害。其实焦虑本身并不可怕，可怕的是认为紧张焦虑必然妨碍学习，因而急于排除紧张，结果越怕自己紧张反而越紧张。实践证明，真正难处理的是对考试焦虑的焦虑，即不是担心考试本身，而是害怕出现焦虑反应。因此，面对自己的焦虑状态，较好的做法是接受它，不再对它产生恐惧。第五，对于较为严重的考试焦虑症状可寻求心理医生的帮助，在医生指导下作放松训练、系统脱敏训练、榜样学习训练等。

二、成为高效的学习资源管理者

（一）环境管理

学习的地点和环境也是影响学习的重要因素。比如，你能确切地记得一件对你重要的事件、某个世界大事或体育盛事发生的地点，这是由这些地方产生的感情引起的。因此，你可以在经历某件必须要记住的事情时有意识地留心其发生的地点，地点能够使你的大脑联想起某个想法，有些地点还能起到激发情感的作用。由此可见，我们需要寻找一个相对固定的学习地方作为良好的学习环境。另外，注意你在什么样的环境下学习效果最好。大多数人在安静的地方学习效果较好，但也有一些人喜欢在有点背景声音的环境中学习，如打开自己喜欢的音乐，或者是在宿舍环境下。同样的，你在学习的时候喜欢一个人安静地待着，还是喜欢在图书馆或自习室和一些人一起在一个空间里安静地学习？每个人都有自己的认知风格，这是个体偏爱的习惯采用的加工信息方式。根据心理学家威特金的理论，人们的认知风格可以分为场独立型和场依赖型。场独立型指人对客观事物进行判断时，倾向于利用自己内部的线索作为参照，不易受外来因素的影响和干扰；而场依赖型是指人们对物体的知觉倾向于以外部参照作为信息加工的依据。就学习环境的管理这方面而言，场独立型的人由于有较好的内在独立判断，相对而言环境对他们的学习影响不会很大；但对一个场依赖型的人，可能在一个周围人都在安静学习的环境中学习，会对他用心学习起到更大的暗示性。

（二）时间管理

时间是极其重要的学习资源，有效的时间管理可以促进学习，并增强自我效能感；无效的时间利用则会削弱信心，降低学习效率。时间管理策略就是通过一定的方法合理安排时间，有效利用学习资源。首先，要勤奋。勤奋是最佳运筹时间的方法：勤是充分利用时间；奋是充分发挥主观能动性，最大限度地提高效率。其次，需制订用时计划，编制时间预算，并严格执行。同时，可以用"时间轨迹运筹法"统计分析自己的时间使用，即用2~3周的时间详细记录自己每天的时间轨迹（24小时的活动内容和时间，精确到5~10分钟），每天、每周做一次统计，对时间利用做适当归类，如分为必不可少的活动（上课、自习、睡觉、吃饭等）、必要的活动（集体活动、社会工作、体育锻炼、个人卫生等）、消遣活动、其他活动等。然后进行分析：时间分配是否合理？有哪些时间被浪费？如何改进？这一办法不仅能减少时间浪费，增加绝对学习时间，大大提高学习效率，而且可以强化时间意识，增强时间观念，养成惜时习惯，提高学习效率。

（三）努力管理

学习是人类生存和发展的基本实践活动，但学习并不是一件轻松的事。"少壮不努力，老大徒伤悲""天才就是百分之九十九的汗水加百分之一的灵感"等国内外先贤们切身的学习体验一再告诫人们，学习需要自己的不懈努力。努力的含义就是勉力、尽力。努力管理策略是指学习者为了达成学习目标而尽力把自己的精力投入学习活动，使学习活动高效、有序地进行。

为了使学生维持自己的意志进行努力，需要不断地鼓励学生进行自我激励。这包括：激发内在动机；树立为了掌握知识而学习的信念；选择有挑战性的任务；调节成败的标准；正确认识成败的原因；自我奖励。

名人名言

骐骥一跃，不能十步；驽马十驾，功在不舍；锲而舍之，朽木不折；锲而不舍，金石可镂。
——荀子

古之立大事者，不惟有超世之才，亦必有坚忍不拔之志。
——苏轼

三、学习策略

"业精于勤，荒于嬉"，勤奋是人们传统认为影响学习的重要前提。有一些同学在学习上废寝忘食，不辞辛苦，然而这些挑灯夜战、精神可嘉的同学，其考试成绩却未必非常理想。这提醒了我们一个事实：学习上劳动量投入与效率的提高未必成正比。一项关于学习的研究成果表明，学习的效果＝50%的学习策略＋40%的努力程度＋10%的智商。在努力程度和智商都没有问题的情况下，学习策略是我们需要关注的另外一个学习的重要因素。

（一）精加工策略

精加工策略为美国心理学家威廉·柔尔（William Rohwer）所创。现代信息加工心理学十分重视学习者对所获得的信息的加工过程，研究发现，人们在获得信息时，如果能够对它进行精加工，那么这些信息就可以在头脑中留下较为深刻的印象，其保持效果就得到提高，而且在提取时也可以获得更多的线索，从而有利于回忆。所谓精加工，就是使人们更好地理解和记住正在学习的东西而做的充实意义的添加、构建或者生发。简单地说，凡是将新学习的材料和头脑中已有的知识联系起来增加新信息的意义，有助于人们对新知识的理解的方法就是精加工。经精加工的信息进入已有知识网络，在以后需要唤起的时候容易检索，即使直接检索出现困难，也能够通过知识网络间接地把它推导出来。因此，精加工在学习过程中发挥着重要的作用，是高效率地获得陈述性知识的基本条件之一。与复述策略相比，精加工策略是一种更高水平的、更精细的信息加工策略。研究发现，学习者对材料加工得越细致、越深入，他们对知识的掌握就越牢固。

精加工学习策略的精髓就是要掌握如何进行精加工的方法。精加工的主要方法有类比法、比较法、质疑、扩展与引申。

1. 类比法

类比是根据两个（或两类）对象之间在某些属性上的相同或相似所作的一种类推，它是精加工的重要方法。运用类比，抽象的内容可以被具体化、形象化，陌生的东西可以转化为熟悉的东西，深奥的道理可以被清楚、简单地揭示出来。例如，一位数学老师在讲负数时，深入浅出地打了一个比方。他说："我们至今为止学习的最小数是零，零表示什么都没有。若用钱来表示，就是一分钱也没有。而负数比零更小，不仅一分钱也没有，而且还借了别人的钱。如借了三元钱，可以用 －3 表示。"短短几句来自日常生活的打比方，就将负数的概念揭示得一清二楚了。这种把新知识与旧知识主动联系的类比，有利于迅速提示问题的实质，加深对新知识的理解。

在运用类比法时必须注意：第一，要考虑可比性，即所选的比方与要比的事物必须具有某种同一性和相似性，否则不仅起不到过渡、启发的作用，反而会模糊思想；第二，要考虑可接受性，所选的比方必须是自己熟悉和易懂的，最好是自己喜闻乐见、司空见惯的，否则所用的打比方不仅多此一举，而且会更加糊涂；第三，打比方是手段而不是目的，只能起过渡作用，因此运用时，不应再在打比方本身上去做过多的绘声绘色的具体描述与渲染，以免喧宾夺主；第四，要注意在重点、难点、关键点上来用，在必须用的内容上来用，才更能显示出其魅力与作用。

2. 比较法

比较是对两种或两种以上易混淆的相关事物进行对比分析的一种常用方式。常言道：有比较，才有鉴别。当新学的知识与原有的知识存在某种联系而又有区别时，往往容易相互混淆，张冠李戴。对这种容易混淆的相关知识进行比较，不仅能提示新概念的关键特征，还能更容易地掌握新概念的内涵，因此，比较也是一种常用的精加工方法。比较的方法较多，下面介绍两种主要的方法。

（1）对立比较。把相互对立的事物放在一起，形成反差极为强烈的鲜明对比，易留下深刻的印象，而且记住了一个就往往掌握了另一个。比如，数学中的正数与负数、约数与倍数、质数与合数等。又如，化学中的氧化性与还原性、结晶与溶解、化合与分解、中和与水解等都是可以通过对立比较的方式进行学习。通过对立比较，就能"成双成对"地掌握知识，达到一箭双雕的效果。

（2）差异比较。对两种易混淆的事物进行分析，着重找出其差异，通过突出它们各自的"个性"来区别。比如，初学心理学的人常常混淆表象与想象两个概念，表象与想象虽然同是头脑中出现的形象，但前者是已感知过的形象组合，而且不是感知过的形象的现成翻版。又如，初学物理的人难以区别位移与路程这两个概念，这是因为两者都是描述位置变化的物理量。其实，只要抓住位移的矢量性特征与路程的标量性特征进行比较，就比较容易掌握这两个概念了。因此，区别易混事物关键是要抓住各自的不同点，不同点找到了，两者的界限就自然清楚了。

3. 质疑

质疑是以追问"为什么"，或用挑剔、批判的眼光来看待已有的事物，达到对事物的深层次理解。有人曾做过这样的研究，让两组学生学习关于太阳系、植物、动物、循环系统的知识，对一组仅要求仔细阅读，将来要考；对另一组则要求边读边向自己提问"为什么这个句子所说的事实是正确的？"实验时明确告诉学生，尽管有些事实与常识似乎有些不符，但所有句子都是正确的，并鼓励学生要尽最大努力回答自己向自己提出的"为什么正确"的问题，如果自己答不出来，就采取猜测的办法。两组学生学习之后进行即时测验和间隔74天及180天的延迟测验，结果表明质疑组测验成绩明显优于对照组。

4. 扩展与引申

对新知识进行扩展与引申也是深化理解新知识的重要途径。这是因为扩展、引申的过程就是思维的过程。思考程度增加，获得的印象就更为深刻。此外，扩展、引申后的知识比原知识具有更丰富的信息与外延，更易与有关知识经验连接起来。如学习等位基因这一内容时，一种方式是反复地一字不差地背诵课本中的定义："同一对同源染色体

的同一位置上的、控制相对性状的基因，叫作等位基因"。但如果对该定义进行三个方面的扩展分析：从数量上看，等位基因是成对的基因；从性质上看，成对基因的遗传效应具有对应关系；从存在上看，是位于同源染色体的同一位置上。这样不用背，也能用自己的话表述"等位基因"这一概念了。又如，当学生学习"维生素C可治疗感冒"这一命题时，就可以借助已有的旧知识"维生素C可以促进白细胞的生长""白细胞可以消灭病毒"，引申出新命题"维生素C能医治感冒的原因是促使白细胞的生长"。这一引申的命题加深了对新知识"维生素C可以治疗感冒"的理解，把"知其然"深化为"知其所以然"。

（二）组织策略

组织，就是按照材料的特征或类别进行整理、归类或编码，其目的是建构新知识点之间的内在联系，从而将分散的、孤立的知识集合成一个整体并表示出它们之间的关系的方法。组织的具体方式、方法或途径就是组织策略（organizational strategies）。组织策略是使信息由繁到简、由无序到有序的一种重要手段。组织了的材料储存在头脑中，犹如图书馆经过编码的书，易"招之即来"。组织策略是对信息深加工的重要形式，它不仅能有效地利于材料的识记与提取，而且能有效地加强与提高对材料的理解与表达。组织是优秀学习者的常用策略，主要包括归类组织法和概括组织法。

1. 归类组织法

归类组织法也叫归纳法，是指在自由回忆中按特征或归属组织识记材料的方法。对含有不同类型且随意排列的词组，先"归类"，再按类来回忆，可以提高回忆效果。归类法有利于学习者将新学知识相互联系，构成一个整体，形成一种结构，因此是一种有效的学习策略。在学校学习中，运用归类来输入、回忆信息是很常见的。例如，在学习我国32个省级行政区的名称时，可把32个省级行政区按地区划分为东北、华北、西北、西南、华中、华东、华南7个地区来记。有人曾给5～11岁儿童16张画片，每张画片上画有一种物品，这些物品可以分为动物、家具、交通工具、服饰四类。这些图片的次序随机排列成一个圆圈，要求被试者尽量记住这些图片，但可以重新安排次序。结果表明，随着儿童年龄的增长，归类的倾向越来越强，回忆的成绩也越来越高。

诚然，同一种材料往往可以按不同的标准来归类。Bjorklund（1972）将归类水平高低分为：高语义的、低语义的、表音的（依据发音的）、随机的四种。采用什么标准归类，与回忆成绩密切相关。采用的分类水平越高，其记忆效果越好。如果分成的组数和每组内的个数控制在 7 ± 2 项之间，更利于记忆。研究发现，通过训练让儿童按照意义进行分类，可极大地提高其组织水平，改善其思维能力。

2. 概括组织法

概括组织法指以摒弃枝节、提取要义的方式组织信息。概括是一种重要的组织策略，越来越受到人们的重视。如何概括？有学者把概括归纳为五条原则。第一，略去枝节，指概括时省略不那么重要的材料。第二，删掉多余内容，指已经涉及过的内容不再重复，尽管前后在形式上稍微有所不同，也应如此。第三，代以上位知识，其有两种情况，其一是以一个类的标记去总括属概念，如以"水果"代替"苹果""香蕉""桃子""西瓜"；其二是用一个更一般的行动（如"小红起床"）去代替一系列的具体行动（"小红止住闹钟声音，手脚一蹬，便一骨碌下了床"）。第四，择取要义，是指找出一个主题句。第五，自述要义，指对无现成主题句的段落，在阅读之后构思出一个主题句或中心思想。择取要义和自述要义是更高级的概括，需要更高的概括水平。根据概括方式的不同，概括可分为纲要法和网络法。

（1）纲要法。纲要法是一种提取材料要义、组织纲目要点的方法。只要抓住了纲目要点，对整个材料也就心中有数了。这是因为一篇材料不仅有主题、主要观点往往还有大量的说明与例证，而大量的说明与例证只是为了增强观点的说服力或者帮助读者理解主题。因此，读者只要掌握了其主要观点，将其他说明与例证作为辅助材料，就可以减少记忆负担，也更有利于对材料的掌握。常用的纲要法可分为数字纲要法和图解纲要法。

第一，数字纲要法。数字纲要法即以数字表示材料的层次，体现其逻辑关系的一种方法。数字纲要法的编写主要在通读、掌握材料的基础上，将材料分为几个层次，每层次包括若干要点，以数字（一、二、三……1、2、3……）的方式表达即为数字纲要法。例如，著名的《晏子使楚》一文就可列出以下四层数字纲要：①晏子使楚；②楚王侮辱；③晏子反击；④楚王失败。这样，《晏子使楚》一文的内容要点就容易掌握了。数字纲要法中的纲要通常可以借用大小标题、主题句、关键句；若无现成的主题句和关键句，则应用自己的话概述要义，并作为纲要。

第二，图解纲要法。图解纲要法是运用图示或连线、箭头等手段表示知识之间内在联系的方法。图解纲要法的特点是形象、直观且概括性强，有利于我们一目了然地把握知识之间的复杂关系或内在联系。

（2）网络法。网络法是指以树状式连线方式表示材料种属逻辑关系的一种组织方法。使用网络法的关键步骤是确定材料的种属关系。首先应找准各种的要领，然后按层次依次确定属概念。将有明显种属关系的材料运用网络法提取要点，逻辑关系特别清楚明了，便于理解与记忆。如一篇描写《绿》的短文，运用网络法可以编制出如下网络（图5-2），就可以将《绿》的具体要点写得一清二楚了。

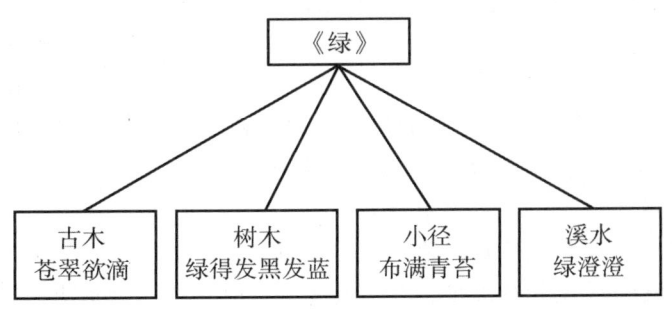

图5-2　运用网络法对《绿》一文进行组织

组织策略除这里所列出的几种具体策略外，还可以表现为其他的分类形式：有"描述策略"，即将孤立的单词组成一个描述性句子；有"归类策略"，即将分离的项目按类别组织成一序列，以减少记忆项目的数量；有"表象策略"，即将言语形式的信息转化成视觉形式或图画形式的信息，比如对"长颈鹿"和"手表"的学习，可以描述为长颈鹿长长的脖子上带着一块手表，或者一块长颈鹿牌的手表等，从而达到更好的学习效果。这些策略比较适用于简单陈述性知识的学习。

【讨论与思考】

1. 从心理学的角度来看，学习的本质是什么？
2. 学完本章后，你认为你存在哪些学习方面需要提高的地方？你将采取什么样的自我调适策略来进行改善？

【实践与拓展】

[心理游戏]

由4～6名有学习方面困扰的同学组成一个活动小组，由1名心理老师或学生任组长。围绕学习问题开展互帮互助活动。

游戏主题：学习资讯大分享。

1. 小组围圈而坐，在进行简单的热身游戏之后，给每位同学1张一样的小纸条，请大家分别写上"在学习上我有1件很开心的事，它是……""在学习上我有1件很苦恼的事，它是……"，然后大家把纸条叠成相同的样子放在小组圆圈中间，每位同学抽出其中1张纸条并读出其中内容，大家就这个主题进行发言和分享。依次分享完所有的主题。

2. 接下来组长组织大家继续以"我的学习秘籍"为主题进行分享，大家各自交流自己一些比较好用的学习方法。

3. 最后在上面两个活动的基础上，总结"学习宝典"，把大家的主要学习策略和心得进行小结，结集成册。每位同学说说最适合自己、打算马上开始尝试的改进策略是什么，总结自己的收获，彼此感谢分享并结束活动。

[心理测验]

测测你的学习动机

下面共有20道题，请根据你的真实情况对它们做出"是"或"否"的回答。

1. 如果别人不督促我，我极少主动地学习。
2. 当我读书时，需要很长时间才能提起精神来。
3. 我一读书就觉得疲劳与厌烦，只想睡觉。
4. 除老师指定的作业外，我不想多读书。
5. 如果有不懂的地方，我根本不想弄懂它。

6. 我常想：自己不用花太多的时间，成绩也会超过别人。
7. 我迫切希望自己在短时间内就能大幅度提高自己的学习成绩。
8. 我常为短时间内成绩没能提高而烦恼不已。
9. 为了及时完成某项作业，我宁愿废寝忘食，通宵达旦。
10. 为了学好功课，我放弃了许多感兴趣的活动，如体育锻炼、看电影等。
11. 我觉得读书没意思，想去找一份工作做。
12. 我常认为课本上的基础知识没啥好学的，只有学习高深的理论、读"大部头"才带劲。
13. 只在我喜欢的科目上狠下功夫，而对不喜欢的科目放任自流。
14. 我花在课外读物上的时间比花在教科书上的时间要多得多。
15. 我把自己的时间平均分配在各科上。
16. 我给自己定下的学习目标多数因达不到而不得不放弃。
17. 我几乎毫不费力就能实现自己的学习目标。
18. 我总是为实现几个学习目标而忙得焦头烂额。
19. 为了完成每天的学习任务，我已经感到力不从心了。
20. 为了实现一个大目标，我不再给自己制订循序渐进的小目标。

结果分析：

上述20个题目可以分为4组，它们分别测查学生在学习欲望上的四个方面的困扰程度：1~5题，测查学习动机是否太弱；6~10题，测查学习动机是否太强；11~15题，测查学习兴趣是否存在困扰；16~20题，测查学习目标上是否存在困扰。假如你对某一组（每组5题）中的大多数题目持认同的态度，则说明你在相应的学习欲望上存在一些不够正确的认识，或存在一定程度的困扰。

每题选"是"记1分，选"否"记0分，将各题得分相加，算出总分。总分在14~20分之间，说明你在学习动机上有严重问题和困扰，亟须调整；总分在6~13分之间，说明你在学习动机上有一定的问题和困扰，需要进行一定的调整；总分在0~5分之间，说明你在学习动机上有少许问题，必要时可进行适当的调整。

[摘自：李素梅《心理健康与大学生活》，华中科技大学出版社2011年版。]

【推荐与导读】

阿伦·蒙微塞克著、丁大刚译：《如何学习最有效：改变一生的7个学习技巧》，世界图书出版公司2005年版。

该书介绍了7个将改变你一生的学习技巧，告诉你如何利用学习时间，建议你如何学习数学、英语等困难学科。这7个学习技巧分别是：如何高效阅读的技巧、如何最有效地准备考试的技巧、如何最有效地学习外语的技巧、如何最有效地做读书笔记的技巧、如何最有效地利用记忆规律的技巧、如何最有效地将电脑与互联网辅助于学习的技巧、如何最有效地安排时间的技巧。

该书内容基础，全面实在，描述清晰生动有趣，读起来流畅而又意味深长。就像是一个熟悉的朋友、和蔼的长辈,平和而真切地诉说自己深入浅出的见解:关于大脑的知识、学习的方法、大学的生活安排以及人生的意义。

【参考文献】

[1] 北京师大辅仁应用心理发展中心. 青年心理健康读本[M]. 北京:机械工业出版社,2007.
[2] 陈琦,刘儒德. 当代教育心理学[M]. 北京:北京师范大学出版社,2004.
[3] 李素梅. 心理健康与大学生活[M]. 武汉:华中科技大学出版社,2011.

(本讲执笔人:刘欢欢)

第六讲　性爱相融与心身和谐：性、爱情和心理健康

【本讲概要】

性，对动物来说，是一种满足生理本能需要、繁衍后代的行为；对人而言，性的内涵极其复杂，包含着与性有关的生理、心理和社会需要的一切行为和现象。爱情，是人类自然属性与社会属性的统一，它与性息息相关。人类从成为人开始，性与爱情就是个体生活的两大主题。大学生因年龄、处境、社会角色等特殊性，会在性与爱情上表现出特有的现象和规律。少数大学生因为种种原因，在性和爱情方面的认知和行为上，表现出与众不同的偏差，进而会不同程度地影响到他们在性与情感方面的心理健康状况。

【导入】

小茜，女，某大学大四学生，来自普通的工薪家庭。

两年前，刚读大三的小茜在一次朋友聚会上认识了事业有成的王某。王某，34岁，从事装修工程方面的工作，已婚，育有一女。王某的仪表、谈吐及成就令小茜敬仰，小茜的貌美纯情让王某赞不绝口。当时，两人相谈甚欢。饭后，他们互留了联系方式。在随后的几次单独约会中，两人的交流越来越广，感情越来越深，直至坠入爱河。两个月后，小茜发现自己怀孕了。王某获知此事后表态：他会对小茜和孩子负责，希望小茜把孩子生下来；待小茜毕业后，他就想办法与妻子离婚并和小茜结婚。为了这份情感和对小生命的珍爱，小茜以养病为借口休学一年，在郊区租房休养待产。后来，因为小茜生下来的是女孩，王某态度陡变，玩起了失踪。走投无路的小茜，只好请母亲过来帮忙带孩子，自己外出打工。

这个案例不仅涉及大学生的性与情，还涉及法律、道德问题。事情当然没有结束，随着时间的延伸，可以想象，由此衍生的问题会不断地复杂化。能够确定的是，很多人原本正常的生活会因此而改变。

第一节 揭开性的面纱——性的内涵

什么是性？

由于性普遍存在，和生活的关系非常密切，对这个问题的回答看起来简单，实际上很复杂。每个人对性都有自己的认识。如果有人说："性是人生幸福的保证。"一定有人会回应："性是社会罪恶的根源。"如果有人认为："性是爱之父，爱生于性。"也一定会有人坚持："性是爱之子，性生于爱。"

对性的不同回答，甚至是相反的认识，恰恰说明性的内涵的复杂性。从动物到人，性从生理本能活动演变为包含心理和社会需求的复杂现象。简言之，性泛指男女差异及由此引发的一系列的生理、心理和社会现象。性生理方面包括与性有关的基因、组织、器官、功能、激素、神经等，性心理方面包括与性有关的感知、记忆、意识、观念、态度、需要、行为、情绪、情感等，性社会方面包括与性有关的道德、法律、宗教、习俗、艺术等。

可见，性是一个包括生理、心理、社会三个层次的复合体。

第一，性是一种自然现象、生理现象。性生殖系统是人体整体的一个组成部分。像其他器官系统一样，性的器官系统也有发生、发育、成熟和衰退的生理过程。但性器官系统与其他器官系统不同的是，其大约要在人10岁后才开始发育，再过大约10年才能成熟。在青春期发育的过程中，会出现一系列个体从未有过的现象，例如，男女体型体貌的特异性变化、女性的初次月经、男性的初次遗精等。

第二，性又是一种心理、社会现象。婴儿一出生，就要被当成男性或女性来养育。在3岁或5岁以前，一个人是男性还是女性，在社会心理上便已定型，很难改变。正是从家庭、幼儿园、学校，从社会接触中，一个人接受了男性应如何、女性应如何、男女之间的接触应如何的一套社会规范，形成了心理学上的性别差异，形成了社会学上的"性别角色"差异。这一过程进行得好与不好，对终生的性心理健康有着极大的影响。

一、人类的性生理发育

我们先来看一个案例。

小杰，男，某大学大一学生。

走进咨询室，鼓足勇气，小杰说出了自己多年以来的难言之隐：自己的阴茎短小，松弛状态不到5厘米长，勃起状态勉强有9厘米。高一刚住校时，小杰在公共浴室里发现别人的阴茎都比自己的粗大，感到很自卑。从那以后，每次洗澡，小杰都特别关注别人生殖器的大小，但越比越自卑。再以后，小杰洗澡、上厕所就会尽量避开别人；在宿舍，小杰特别反感舍友讨论阴茎大小的问题。小杰总想通过什么办法让自己的阴茎变得粗大些，他担心自己的阴茎过小会影响未来的性生活。

在生活中，一些男生会因为阴茎短小、阴毛过少、四肢肌肉不够强健等而自卑；一些女生会因为体形肥胖、乳房平小、月经不规律、脸部粉刺过多等而烦恼。为什么别人是那样的，我是这样的？我是不是不正常？这些问题都涉及性的生理发育。

在生命的第一个10年里，从生物解剖学来看，儿童在性生理的形态和结构上与新生儿相比，没有明显的变化，仅仅是大小的轻微改变。

在生命的第二个10年里，儿童长大为成人。生殖系统的成熟和第二性征的发育，构成了青春期（puberty）的主要变化。青春期的性生理变化主要包括以下五个方面。

（一）骨骼的加速及其后的减速生长

男女在青春期身高增长迅速；男性骨质结构较为致密，女性骨质结构较为疏松；女性骨盆变得越来越宽大，便于分娩。

（二）肌组织的发育

肌组织的发育使得力量和忍耐性增强。青春期内男孩肌细胞的增加是青春期前的14倍，女孩则为10倍。女性在10～11岁时肌细胞数量就达到最大值，而男性肌细胞要生长到30岁时才停止增加。

（三）脂肪数量和分布的变化

一般十几岁的女孩在进入成年后比年龄相仿的男孩有更多的皮下脂肪，尤其是在骨盆、乳房、后背上部和上臂部后侧等部位，这就是一般女性体形比较丰满圆润的原因。

（四）循环系统功能增强

心脏体积增大，重量能达到青春期前的2倍。血量、血红蛋白和红细胞数量都明显增加，肺体积和肺容量也是如此。

（五）生殖系统的成熟

男女两性生殖系统的成熟是典型的青春期标志。它包括体内生殖器官和体外生殖器官的加速生长（第一性征），以及女性乳房，男性面毛，两性阴毛、腋毛及嗓音的变化（第二性征）。

1. 女性生殖系统的成熟

乳房发育通常是女性青春期的第一个可见信号，一般开始于8～13岁，至13～18岁完成。通常两侧乳房发育速度不一，会导致某种程度的不对称，发育接近完全时得到矫正。阴毛通常随后出现，大约18岁时达到成年人的状态。阴毛比腋毛早出现大约1年。子宫肌明显发育。阴道扩大，阴道壁变厚。外生殖器包括阴蒂增大，对性敏感度加

强。所有这些变化中最根本的是卵巢发育。进入青春期后，卵巢开始周期性活动，使个体能够受孕且引起月经周期的规律性变化。

2. 男性生殖系统的成熟

男性青春期起始于睾丸的增大，一般在10～13岁开始，直到14～18岁结束。阴毛出现于12～16岁，面毛和腋毛在此后2年左右出现。第一次射精通常在11～12岁，但一般要晚几年才会产生成熟的精子。在睾丸和阴毛大约发育1年以后，阴茎开始显著生长。喉结变大和嗓音变深沉出现的时间相对较晚。

随着生殖系统的成熟，青春期性发育成熟的男孩开始在睡觉时经历勃起（夜间阴茎肿胀）和性高潮（遗精），女孩在性兴奋的情况下则表现为阴道润滑。

青春期的种种变化导致了两个主要的、具有深远心理社会影响的生物学结果：首先，儿童获得了成人的体格和生理功能，包括性交能力和生育能力；其次，男女两性的性别特征在此时得到确定。

需要强调的是，青春期的发育个体差异很大。青春期的到来与结束在一个较大的时间范围内波动，个体性器官的形态和功能上的差别也有一定的范围。绝大多数性生理发育的个体差异都是正常的。

二、人类的性心理发育

伴随着青春期性生理的发育，个体的性心理活动也开始加剧起来。德国18世纪伟大的文学家歌德在其代表作《少年维特的烦恼》中，写过这么一句脍炙人口的话："哪个少年不钟情，哪个少女不怀春？"深刻地反映了青春期男女性心理发育过程中的情感变化。

性心理的发育比性生理的发育更为复杂，它不仅受到生物学因素的影响，还受到个性心理特征、成长经历、家庭教育、社会环境等因素的影响。

小松，男，大一学生，来自一个小城镇。
小松说："我父母都是老师，我从小在父母严厉的管教下长大。我的学习很好，也是大人眼中的乖孩子。在初三的一个晚自习时，我到化学课代表桌前交作业，无意间从她宽松的领口看到了她的乳房，当时我很激动很慌张。她和我说话时，我已经面红耳赤，不知所言。从那以后，我就会情不自禁地去看女孩子的胸脯，看的同时又觉得自己很罪恶。有几次我在看女孩子胸脯时，我能明显感受到对方厌恶和鄙视的眼光。我知道我这样做是不对的，很想改掉，但是又控制不了。再后来，为了避免尴尬，遇到女孩子，我就低头走路。我现在几乎不能和女孩子打交道，见到女孩子我就会紧张。"

一些调查表明，绝大多数大学生在性心理发育过程中，会有这样或那样的迷茫和困惑。比如，我怎么喜欢和异性交往了？和异性说话为什么会紧张、脸红？男孩子怎么那么好色？为什么有些女孩子喜欢着装暴露？等等。

我们在探讨人的性心理发育时，有必要先了解一下动物的性心理行为，以便更深刻地认识到人的性心理发育的复杂性。

一般认为，动物的性行为是一种本能活动，主要受体内性激素水平的控制。西方的比较心理学家用动物做了大量的实验，证明了性激素与动物的性别分化、性行为差异、性活动的激发都有密切的关系。而动物的性心理活动则处在萌芽阶段，可简单归纳如下。

（1）动物的性心理停留在低级心理阶段，主要形式是感觉活动，如嗅觉、触觉、听觉等在性行为中的唤醒作用。虽然一些高等动物如恒河猴、黑猩猩等，已出现了较高层次的性心理活动，但并没有反映在思维活动上。

（2）动物的性心理是对性行为的本能反应，缺乏自觉和主动的性心理活动。

（3）动物的性行为与季节的关系密切，有一定的季节限制和性周期的制约。

从动物的性本能活动到人类的性心理活动有一个漫长的发展过程。人类的性心理也经历了由原始人到现代人的发展。就个体而言，从出生、成长，到成熟、衰老，性心理都有相应的发展历程和发展规律。人类的性心理活动明显地受到社会文化因素的影响。

（一）性心理发育的五个阶段

弗洛伊德的精神分析学说认为，心理发育的动力来自性本能，追求性欲的满足是性心理发育最重要的内驱力。弗洛伊德把与生存本能相联系，并用以推动机体性需要的心理能量称为利比多（libido）。在人的不同发展时期，利比多会投放于身体的不同部位，并以此为标准将人的性心理发育过程分为不同的阶段。每个阶段都有其特定的社会化任务，如果社会化过程出现障碍（如中断、缩短、变异），以后将可能导致性心理障碍，甚至人格障碍。

个体从出生到成年，性心理发育的五个阶段是：

1. 口腔期（婴儿期，1岁以内）

在这一时期，婴幼儿通过吸吮母亲的乳房，不仅满足对食物的需要，还因此感到性快感和安全。这一时期性表现的特征是：性快感的来源同身体中维持生命不可缺少的进食活动密切相关；婴儿尚不知有性的对象，是一种自体享乐；婴儿的性目的受快感区的直接控制。

这一时期个体开始建立对自己、他人和环境的信任感。在出生后6个月至1年内，婴儿与母亲建立起稳定的依恋关系。婴儿早期对母亲强烈的依恋正是婴儿日后建立各种其他关系的基础。此时期最大的心理危机是断奶。婴儿是否能渡过断奶期间所带来的心理危机对以后性心理的发展具有深远的影响。如果这一时期的社会化有问题，个体成年后易形成对世界、对人际关系的不信任和怀疑态度，有拒绝爱的倾向，亦害怕失去爱和信任，难与人建立亲密的关系。

2. 肛门期（儿童早期，1～3岁）

这个时期，性敏感区转移到肛门，婴儿可以在大小便时体验到快乐。性满足所需要

的肌肉动作从吸吮变为排便。

在肛门期，儿童心理发育的重要任务是获得独立性、发展自律性、接受大小便的控制等生活技能的训练，学习如何表达敌意等负性情绪。精神分析学说认为：那种故意控制大便的孩子是顽劣的，他们将粪便憋住不排，其潜意识是想要刺激肛门区，以达到自慰的目的。一切神经症患者都毫无例外地有着特殊的排便习惯和方式，就是这些人的心理发展倒退到这一时期的证明。

3. 性器官阶段（学前期，3~5岁）

性别认同开始形成，对生殖器格外好奇，既喜欢展示自己的裸体，也对别人的生殖器好奇，对两性差异有浓厚的兴趣，对父母异性一方产生爱恋情结。

"过家家"是幼儿对成人社会角色和社会关系的模仿。对自己的出生和男女差异疑惑不断，随之是穷追不舍的问题："我是哪来的？""妈妈是怎么生出我的？""女孩子为什么穿裙子？""男孩子为什么站着撒尿？""我以后可以生孩子吗？"，等等。

这一时期诸如羞涩心、厌恶感和道德感尚未建立起来，如果教育不当或存在着某些外界的不良诱导，那么，将可能导致幼儿出现多种性反常现象，可把他们的性活动引向任何一种变态。

4. 潜伏期（学龄期，6~12岁）

这一时期，男孩和女孩开始各自以同性父母为榜样来行事。个体对性的兴趣下降，开始发展对学校、游戏同伴、体育运动等新的兴趣，获得勤奋感，具有乐于学习、富有好奇心、有坚强的毅力等特征。

在这一时期，虽然性活动默默无闻，但是它并没有消失，而是转移到社会允许的活动中，这是一种升华作用。

如果这一时期社会化过程不良，则会导致个体出现不足感和自卑感等消极的自我概念。例如，在学习方面不适应，对批评采取防卫性反应，性别角色认同障碍，依赖性强、缺乏主动进取精神，等等。

5. 生殖期（青少年期，12~20岁）

进入青春期后，在心理方面，儿童逐渐从自私的、追求快乐的孩子，发展出利他的精神；从对父母依赖中解脱出来，有倾向地选择配偶，成为较现实的和社会化的成人。

这是一个充满着依赖—独立的矛盾冲突的时期。性别角色和性别认同的矛盾冲突迅速膨胀，可能会有一种惊慌失措的情绪体验。通过综合各种影响和压力，最后建立自我认同感，成为一个独立的人，接纳自己。否则可能出现认同混淆和认同危机，没有一种稳定的自我认同感。弗洛伊德认为："男女性特征的明显分化始自青春期。分化的结果对以后人格的发展，与别的因素比较起来，有着决定性的影响。"

在青春期，迅速增加的性能量会激活此前各阶段中未能得到解决的心理冲突。根据弗洛伊德的解释，这就是为什么青少年期充满情绪混乱和各种困难的原因。

由上述可见，一个成年人的性心理健康状况与他青少年时期性的社会化过程是否顺利有密切关系。

(二) 男女性心理的差异

男人与女人，微观上，有性染色体的差异；宏观上，有性器官的差异。这些生理差异会在社会文化的影响下，带来男人与女人在性的认识、观念、态度、需要、行为等心理方面上的差异。

小静，女，20岁，大三，貌美优雅，来自一个中等发达城市的教师家庭。

从大一到大三，小静谈了三次恋爱，短则一两个月，长则不到一年。让小静不断和男友分手的原因是"这些男人太好色了，整天就想着怎么骗我和他上床"。小静坚持"我绝不在婚前和男人发生性关系"。她很疑惑："现在的大学生中，还有没有只谈感情不谈性的男人？"

男女在性生理上存在着明显的差异，性心理上的差异也是巨大的。男女性心理上的差异主要表现在以下五个方面。

1. **在心理需求方面的差异**

男性在心理需求方面的特点是希望被信任、被接受、被感激、被赞赏、被肯定。女性在心理需求方面的特点是需要被关心、被了解、被尊重、被认同，需要伴侣对其忠诚。

2. **在思维方面的差异**

男性在思维方面的特点是讲求逻辑、喜欢综合、喜欢稳定、喜欢抽象、爱发号施令、遇到问题时喜欢独处静思。女性在思维方面的特点是看重直觉、喜欢分析、喜欢变化、喜欢具体事物、易依赖顺从别人的意见；遇困难时，需要更多的表达。男女两性的思维差异在处理情感问题上，常常会表现出"公说公有理，婆说婆有理"的现象。

3. **在性格方面的差异**

男性在性格方面的特点是现实、情感内向、豁达、忍让、妥协、常沉默、较粗心大意、易冲动、粗暴、较勇敢、果断、刚毅。女性在性格方面的特点是情感外向、感情细腻、多愁善感、爱唠叨、较勤奋、较柔顺。

4. **在生活习惯方面的差异**

生活是表现个性心理特征的现实舞台。男性对生活的随意性较大，对舒适的要求大于对形象的关注；在抽烟、喝酒、交友应酬方面的消费较大。女性在生活中表现为对家居生活爱整洁、有秩序；在时装、美容、衣服上的消费较大。

5. 在性欲方面的差异

进入青春期以后，随着性生理的发育和社会文化的影响，男女开始出现与异性发生性交的冲动和行为，即性欲。一般来说，男性的性欲高峰在 20 岁左右；女性的性欲高峰在 30～40 岁。

需要强调的是，人类性心理发育的个体差异非常明显。我们必须清楚地意识到，性心理健康是一个范围，而不是一条"标准线"。

三、大学生的性心理特征及心理活动表现

（一）大学生性心理特征

绝大多数大学生入学时都过了青春期，性生理发育已经成熟、性心理发育基本成熟，他们有着青年人共同的性心理特征，但由于他们的社会环境、社会角色、经济状况和文化水平等的不同，也产生了一些与一般青年不同的性心理特征。总的来说，包括以下五个方面。

1. 成熟的性生理发育与相对滞后的性心理发育之间的矛盾

青春期后，男女性生理发育已经成熟，可以完成性交、受孕、生育、哺育等生殖功能。然而，这一时期的大学生的性心理发育尚不完善，表现在对性器官和性生理过程还充满着无知的好奇感、紧张恐惧感，对异性的爱慕还具有生理的本能性和朦胧性的特点，在对性冲动的自制性、对性的审美情趣、性爱的技巧等多方面还存在着认识上的不足。

2. 对恋爱的渴望与对异性心理了解不深的矛盾

进入大学后，高考的压力解除，闲暇的时间增多；远离过去的亲朋好友，受到的关爱减少，孤独感体验明显；社团活动频繁，与异性接触交往的机会增多，许多大学生渐渐进入恋爱阶段。可是，长期已习惯以自我为中心的大学生对异性心理的了解并不深，不能很好地理解对方的心理需求，在恋爱期间，双方常常争吵、生气、分分合合，甚至出现因情轻生、他杀等恶性事件。

3. 性的身心需求与社会规范和道德责任的矛盾

为了满足性生理和性心理的需求，热恋中的男女大学生独处时常会发生一些亲密行为，如爱抚、接吻、性交等。这些亲密行为，特别是性交，与大学生过去所接受的传统教育、家庭和社会的期盼相违背，事后往往会引发当事人内心的道德焦虑。

4. 情感依赖较重，心理承受能力薄弱

如今的大学生很多都是独生子女，上大学前，在日常生活中习惯了家人的呵护和关

爱；上大学后，比较容易产生孤独感和"失重感"。因此，大学生在恋爱过程中常常表现出依赖心理，缺乏独立意识，对对方的要求较多，为对方付出和着想的较少。

5. 注重恋爱过程，轻视恋爱结果

大学生恋爱的动机和目的很复杂，有的是为了打发时间、排解寂寞，有的是为了减轻学业和就业压力，有的是为了证明自己的魅力，有的是从众跟风，还有的是游戏爱情、游戏人生等。很多大学生只注重恋爱的过程和感觉，并不看重恋爱的结果和责任。很少人把恋爱和未来的婚姻连在一起，即使主观上有这种愿望，但因为对现实生活的认识不足，愿望的满足常常被客观条件制约，表现为大学期间的恋爱很少能延续到未来的婚姻生活。

（二）大学生性心理活动

大学生性心理活动包括性意识活动和性行为活动，主要表现在对性知识的渴望、对异性的幻想与追求、性欲望和性冲动的产生及满足性欲的种种行为等。

1. 性意识活动

在青年期，性意识活动常见的有被异性吸引、常想到性问题、性幻想及性梦等。

"常想到性问题"，通常是指在遇到有吸引力的异性时，想到对方或与自身有关的性的意念、裸体表象、性感部位及体验到自身的性冲动等；或是在读到与性有关的书刊、文章时，产生对性的臆想、对自身性生理反应的感受、联想到对自己有吸引力的异性等。

"性幻想"，通常表现为在某特定因素的诱导下，"自编""自导""自演"的与异性交往情景有关的联想。性幻想可导致生理上的性兴奋、性器官充血，也可出现性高潮，因此，性幻想是性冲动的发泄形式之一。

"性梦"，是进入青春期以后在梦中出现与性内容有关的梦境。一般认为，性梦是体内性激素达到一定水平时，睡眠中性器官受到内外刺激及潜意识作用所引起的性本能活动。性梦中可以伴有男性遗精、女性阴道分泌物增多等性兴奋现象。青春期后，男女大学生的性梦减少，这与性欲得到其他方式的满足有关。

人的性意识活动是从性启蒙后开始的，其内容的丰富和活动频度的增加在青春期达到高峰。所以，大学生性意识活动频繁，也是符合人的性生理、性心理发展规律的。这些性意识活动，许多同学能够恰当应对，对自己的性心理健康不会构成不良的影响。但是，也有一些大学生不能较好地认识和对待自己的性意识活动，因而出现性意识困扰。

小琴，女，某大学大三学生。

小琴在大二迎接新生时，认识了新入校的四川籍师弟刘某。遇到老乡，小琴很兴奋、很热情。在接下来的多次同乡会活动中，两人交往越来越深，话越说越投机。小琴性格外向开朗，刘某性格内向腼腆。平时，两人相处仿佛姐弟，学习生活上互相照应。

大三后,小琴做了一个梦,梦中小琴与刘某发生了"亲密行为",而且两人还有山盟海誓。奇怪的是,这样的梦,小琴后来还多次发生。小琴就认为这是"天意",于是,就向刘某表白。刘某以"你是师姐,我是师弟,咱们不合适"婉拒。但小琴坚信"命中注定的缘分",于是自己做了一个大胆的决定:期末考试交"白卷"。留级后,小琴以为自己的牺牲能够感动刘某,没想到,自尊心很强的刘某却断绝了与她的一切来往。此后,感觉受到伤害的小琴,为了证明自己的魅力,频频更换男友。

大学生的性意识困扰会引起他们不同程度的心理冲突,使他们出现焦虑、烦躁、厌恶、恐惧、愤怒、自责等不良情绪。少部分性意识困扰严重的同学还会出现失眠、注意力不集中、情绪忧郁、我行我素等现象。极少数同学甚至会因此出现严重的心理障碍。

2. 性行为活动

性意识的出现必然会在行为方面反映出来。随着年龄的增加,大学生发生性行为的人数和性行为活动的频率也逐渐增多。

(1) 自慰。这是指用手或辅助工具刺激自己的性器官,以获得性满足的行为。进入青春期后,青少年中发生自慰的人数和自慰频率呈现上升趋势,高峰在青年期。从性心理健康的角度来看,自慰是个体在缺失性伴侣条件下的自我性满足行为。自慰是青年大学生中普遍存在的现象,一般不能视为异常行为。

(2) 约会与爱抚。在性研究领域中,约会是指两人之间可能发生爱抚的社会交往活动。爱抚指的是激发性欲、满足性欲的活动,但止于性交之前,包括亲吻、拥抱、抚摸性器官等亲密行为。

约会与爱抚的发生表明个体已经跨越了从自体性行为到社会性行为的界限。约会与爱抚的重要性并不仅局限于其性的方面,它需要有接近、回应的对象以及与性对象交流的能力,反映了个体与他人建立亲密关系的愿望。从不怎么亲密的牵手,到更热烈的身体互动,最后到性交,爱抚的进展是沿着非常固定的方向发生的。

(3) 性交。这是异性爱最重要的分水岭。性交不仅被视为最亲密的性活动,而且其带来的意义也是巨大的。恋爱中,发生性交行为后,双方从此就有了"你是我的"的性情态度。

四、大学生性心理健康

一个性健康的人,不仅需要健全的性器官、完好的性功能,还需要健康的性心理和性行为。

小辉,男,大二学生,性格内向、孤僻,不善与人交往,尤其不敢和异性打交道,恐惧目光交流。

小辉说他很自卑:初三时,同村一个远房堂哥在外打工多年后带回一个漂亮女友回村里结婚。婚后,堂哥把堂嫂留在村里,他继续外出打工。小辉因为斯文乖巧、成绩优

秀深得堂嫂喜欢，两人交往渐多。后来，在堂嫂的引诱下，小辉和堂嫂发生了几次性关系。约半年后，堂嫂突然失踪。一次，小辉无意从长辈的闲言中得知，堂嫂在嫁给堂哥前是在城里做"小姐"的。小辉听后顿时悔恨交加，一度有自残的想法。从高中到现在，一想起这些事情，小辉就觉得自己特别肮脏，内心很自卑很痛苦。

每个人在成长的过程中，性的经历、性的教育及相关文化必然会影响到性的观念和态度的形成，进一步会影响到个体的性心理健康。一般来说，性心理健康标准包括：

（1）认同和悦纳自己的生理性别。即男性应具有男性意识，女性应具有女性意识，无性别认同紊乱。

（2）能与同性和异性和谐相处，除对人类相应年龄人群外，不与其他生物或物品发生性爱。能够正常地表达自己的爱，也能够尊重别人表达爱的权力。

（3）伴随性器官和生理的成熟，有与年龄变化相一致的性反应。对情感和性冲动能给予合适的理智控制。

（4）能正确认识和处理自己的性行为带来的后果，有社会道德责任感。

（5）性爱生活遵循男女自愿、平等、科学、健康、快乐的原则。

所谓异常的性心理，泛指那些不符合绝大多数人性行为方式的心理障碍，包括对自己的性别认同紊乱、性爱对象的倒错和性爱方式变态等几类。性心理障碍可以是显而易见的，如易性癖、易装癖等；也可能是隐匿的，如窥阴癖、恋物癖等。

某校学生宿舍二楼，在一段时间内，晾在外走廊的内衣、内裤常常在夜晚丢失。女生们对此感到愤怒和不安，遂向学校保卫处反映。校保卫处安排保卫人员进行了连续的夜晚蹲守，在第五天夜晚两点多，抓获作案人陈某。

陈某，男，该校大一学生，住在事发宿舍楼的三楼。陈某承认多次盗窃行为，且悔恨交加。陈某还说，知道自己的行为不好，但是自己控制不住。保卫处在陈某宿舍的一个箱子里找到大量女性内衣内裤，其中很多衣服上有精斑；另外还有许多淫秽画报、光盘。陈某平时为人低调谦逊，学习刻苦，很少与女生交往。

这是一个恋物癖案例，属于性满足方式障碍。患者对迷恋之物的喜好远胜于异性的身体，通过抚摸、嗅闻、亲吻与异性身体直接接触的物品来激发和满足自己的性欲。

第二节 谈情说爱——大学生爱情面面观

"问世间，情是何物，直教生死相许！"的诗句表达了两层意思：一是有史以来祖祖辈辈谈情说爱，却难以说清楚爱是什么；二是人们很渴望得到爱情，甚至愿意用生命去追求。

小洁，女，某大学药学专业研究生。

当得知自己深爱四年多的男友移情别恋时，愤怒难忍，当晚喝下自己配制的剧毒药物。她在遗书里写到"我要用我的死唤醒他的良知""我要让他负疚一辈子"。

一、什么是爱情

爱情是人类最美好、最富有魅力的感情。从古至今，文人墨客在歌颂它、赞美它；学者哲人在研究它、揭示它；俗世男女又都在狂热地追求它、享受它。那么，爱情究竟是什么？

古希腊哲学家苏格拉底认为：爱情是爱一切的善，是一种动人的欲望。

意大利人文主义思想家彼得拉克认为：爱情既包括肉体感官上的爱，也包括精神上的爱，并且高尚的爱情是精神之爱胜过肉体之爱。

英国哲学家休谟认为：爱情是人的自然本性，是"美貌""肉欲""好感"三种情感的结合。

法国启蒙思想家卢梭认为：爱情不仅不能买卖，且金钱必然会扼杀爱情。

德国哲学家黑格尔认为：爱情是男女双方心灵和精神上的统一。

英国心理学家斯宾塞在《心理学原理》一书中认为，爱情应该包括以下因素：一是生理上的冲动，二是美的感觉，三是亲密，四是钦佩与尊敬，五是喜欢受人称许的心理，六是自尊，七是所有权的感觉，八是因人之间隔的消除而取得的一种扩大行动的自由，九是各种情绪作用的高涨与兴奋。

奥地利精神分析学派创始人弗洛伊德认为：爱情是性本能的表达与升华。

保加利亚伦理学家瓦西列夫则认为：爱情是在传宗接代的本能的基础上产生于男女之间的、使人能获得特别强烈的精神享受、既是生物的又是社会的互相倾慕和交往之情。

以上这些关于爱情的认识都是颇有价值的见解，它们从一个或几个视角对爱情的本质或内涵做了深刻的诠释。

马克思主义的爱情观认为，爱情是人的自然属性和社会属性的统一。爱情的自然属性是指爱情以性生理和性心理的正常发展为基础；爱情的社会属性是指男女双方相互关心、相互欣赏和倾慕，自愿结合为一体而且具有排他性的情感。男女双方培育爱情的过程，称为恋爱。

爱情是个体性生理和性心理成熟到一定程度时对异性个体产生的有性吸引力和浪漫色彩的高级社会情感。其特点是：

（1）爱情以正常性生理发育为基础。爱情是在男女两性之间生理差异的基础上发展起来的情感。性生理从发育走向成熟的过程中，个体对爱情的需要也就悄悄地随之而来。如果生理发育出现异常，则爱情很可能会出现异常。

（2）爱情是个体自我意识和性心理发展到相对成熟时自然而然产生的。在未成年异性之间所产生的相互吸引现象，只能算是爱情前期的性心理发展。

（3）爱情是一种社会感情，既受到社会法律和道德的约束，也包含经济和价值利益的交换。

（4）爱情是一种以异性之间感情为基础，具有强烈的相互吸引力和愉悦体验的高级情感，性爱是爱情的重要组成部分。

（5）男女双方彼此尊重是爱情的基础，忠诚与信任是爱情的保证，专一性或排他性是爱情的特征。

我们知道，亲情、友情和爱情是我们每个人一生中难以回避的三大情感。三大情感不仅出现的时间不同，而且在不同年龄阶段，他们在个体的情感生活中所处的地位也不相同。

个体出生后到6个月左右时，因为哺育活动，个体能与母亲建立亲密的依恋关系。随着发育成长，婴儿逐渐与身边的其他家人建立亲情关系。婴幼儿时期，亲情是个体最重要的情感。这一时期，幼小的个体最怕听到来自父母双亲的抛弃性话语——"我不要你了"。

两三岁的幼儿随着活动范围的扩大，从家里到家外，社会活动逐渐增加，开始尝试与周围的小朋友建立友情关系。以后，个体从幼儿园到学校到社会，发展了越来越深厚的友情。在童年期，儿童最怕遭到来自伙伴群体的抛弃。

进入青春期后，随着体内内分泌激素的变化、第二性征的出现，个体开始出现性欲。在此生理基础上，个体对异性的关注越来越多，也越来越注意自己在异性面前的表现，目的在于寻求性欲释放的对象和方式。基于性生理和性心理的需要，爱情也就自然而然地出现了。因为有性欲这一生理内驱力的作用，对爱情比亲情和友情更渴望、更猛烈。热恋中的男女，最怕遭受到对方的抛弃。

我们之所以说亲情、友情和爱情是三大情感，说明三者是有区别的。亲情与友情、爱情的区别显而易见。友情和爱情的关系并不是那么绝对，两者既有区别，也有联系，在特殊的情况下可以相互转化。

在大学校园里，男女同学接触频繁，学习上、生活上互相关心和帮助是很平常的事情。不管男大学生还是女大学生，大多数都有一些谈得来，甚至关系很好的异性同学。这是大学生校园生活的重要组成部分，也是每个大学生适应社会、发展自我的重要条件。但是，一些大学生不能很好地区分友情与爱情，角色混乱，行为暧昧，常常给自己或别人带来不必要的烦恼。

小璇，女，大二学生，来自发达地区的一个富裕家庭。

小璇性格活泼开朗，喜欢和异性打交道，也结交了很多异性朋友，包括低年级的、高年级的，还有不同专业的。小璇和男孩子说话时，习惯用撒娇的语气、眼神说话。小璇的这种交际特征，被一位性格较为内向的师兄余某误解为小璇对自己有特别的态度，于是，师兄给小璇发了一条求爱短信。小璇看后，哭笑不得，就回信师兄说"我一直把你看成大哥哥""我已经有男朋友了"。师兄觉得自己受到了愚弄，就在短信中辱骂了小璇。类似的事情发生过很多起，小璇自己也很纳闷，她说："我只是喜欢交朋友而已。"

一般来说，友情不具有性的因素，也不具有排他性。所以，友情是普适的，朋友越多越好。爱情则不然，爱情从它产生伊始就打上了性的烙印，所以，爱情是专一的，是具有排他性的。基于两者的差别，大学生在人际交往中，要明确自己的情感定位，把握好自己的角色，按角色规范自己的言行举止。

异性之间如何界定友情和爱情？如果你对某个异性的长相、服饰、生活细节突然产生了极大的兴趣和关注；如果你开始在某个异性面前特别注意自己的着装和言行举止；如果你对某个异性突然感到有一种欲求相见而不能的焦虑；如果你有意无意地总想和某个异性在一起，又总想避开朋友或熟人……这表明，你的爱情之花含苞欲放了。

二、大学生恋爱的动因

大学生活与中学生活相比，一个显著的区别就是，公开谈恋爱的人越来越多。

小雯，女，大二学生，来自一个离异的普通家庭。

大一时，小雯和高中一位男同学（就读于另一个城市的大学）建立恋爱关系。后来因为看到身边的学生情侣吃饭、学习、外出活动成双成对，心有不甘，于是她结束了第一段恋情。约一个月后，她和同专业的一名男生确立恋爱关系。不到半年，小雯觉得男友家境贫寒出手不阔绰，在姐妹面前撑不起面子，遂提出分手。后来，小雯又谈了两次恋爱，总是因为这样或那样的原因，难以维持长久。

成千上万的男女大学生生活在同一个校园内，在生活、学习和各种社团活动中密切接触，出现恋爱现象是自然而然的。那么，大学生的恋爱动因是什么呢？有学者研究认为，大学生恋爱的动因主要有以下五个方面。

（1）生理发育成熟。大学生在校的年龄一般在18～23岁之间。这个年龄段的青年性生理发育已完全成熟，性心理活动增强，渴望与异性交朋友，恋爱欲望强烈，他们积极构建配偶对象的理想模式并尝试付诸实践。当遇到接近理想的异性同学时，就会寻找各种机会进行试探和追求。

（2）情感需要。大学生都是经过十年寒窗之苦、奋力拼搏才进入大学校园的。中学阶段由于升学的精神压力而被暂时压抑的丰富的青春期情感此时得以爆发，自我形象逐渐清晰，渴望情感需要的满足。另外，远离家人和过去的朋友，亲情和友情突然减少，一些同学会迅速发展爱情来对自己的精神情感生活进行充实。

（3）从众心理。在高校中经常可以发现一种现象，即同宿舍里的几个同学，一旦有人谈恋爱，其他人很快也开始谈恋爱，这是从众心理的表现。有些同学本来暂时没有谈恋爱的需要，如果没有其他同学的影响，可能不会那么快地萌发恋爱的念头，但是，当看到身边的同学开始谈恋爱时，就会被激发起恋爱的意识和行为。

（4）社会和家庭的影响。社会上"大男大女'老大难'"的传闻不时地传到高校，对大学生会产生一定的影响。许多同学担心自己毕业走上工作岗位后找不到合适的对象，也会加入"大男大女"的行列。尤其是女大学生，更担心自己"曲高和寡"，成为

"孤家寡人"。一些家长也出于这种担心,希望自己的子女在大学期间谈好对象以解除后顾之忧。这种外在影响对大学生的恋爱活动也起到推动作用。

(5) 价值观念的变化。社会快速的变革和发展,追求个性、崇尚自由的文化在潜移默化地影响着青年学生的思想,进一步影响到他们的价值观和人生观。部分大学生表现出淡化政治意识、回避社会问题、理想抱负弱化、学习动力不足、玩世不恭、及时享乐、推崇性自由等。于是,一些大学生就用谈情说爱来填补精神追求上的空虚、迷茫。

可见,从性生理、性心理的发展角度来看,大学生恋爱是一种无可厚非的正常现象。但是,由于影响大学生谈恋爱的因素很多,而其中有些因素是消极的,因此对大学生的恋爱需要结合不同的情况给予一定的教育和引导,帮助大学生培养正确的恋爱观。

三、大学生恋爱的类型

小君,女,大四学生,幼年时,父母离异,小君跟随父亲生活。小君小学时,她的父亲辞职下海,做生意投资失败。艰难的生活环境促使小君发奋读书。高考后,小君以非常优异的成绩考入某医科大学八年制临床专业。

小君上大二的时候,就与高中三年一直鼓励她、支持她的年轻物理老师刘某确定了恋爱关系。在小君的影响下,原本硕士学历的刘某也考上了物理学博士。

两个人在同一个城市读书,生活上相互关怀,学习上相互激励。双方家长也非常支持他们毕业后就完婚的想法。面对未来,小君说:"尽管现在很艰苦,我相信,只要用心努力,就能过上幸福的生活。"

在大学生恋爱中,不同的人生观、价值观和现实需求,形成了不同的恋爱类型。概括起来有以下五种。

(1) 慰藉型。在大学生走向成熟个体的过程中,特别渴望得到社会与他人的理解、认同和支持,以应对心理成长过程中的惆怅和孤独。当周围的社会关系和社会支持不能满足这种心理需要时,有的学生就会以恋爱的方式向异性伸出求援之手,以寻找心理慰藉,排除内心的孤独。

(2) 理想型。有些大学生往往缺乏冷静思考,对爱情充满理想色彩,一旦认定某个异性与自己理想中的偶像吻合,就会不顾一切地去追求,并甘愿为之牺牲一切。这类学生把爱情理想化,情感比较脆弱,一旦遭受挫折便会非常痛苦。

(3) 志趣型。这种恋爱类型把感情融洽、志趣相投、事业成功作为爱情的基础。这种注重事业和精神生活的恋爱,恋爱双方道德高尚、互相尊重,行为端庄大方,感情热烈而举止文明,注重思想上的沟通,以和谐的精神生活和事业的共同追求为满足。这些学生一般能较好地处理好感情与学业的关系。

(4) 功利型。这是一种非常势利的实用主义恋爱类型。有的大学生谈恋爱首先看重的是对方的物质条件,或留在大城市的优势,或看中对方父母或亲戚的名利地位等。这类大学生往往基于获利动机而谈恋爱,恋爱前已把对方的社会资源了解得清清楚楚,把爱情当作谋取功利的手段。一旦个人利益需求受挫,爱情便岌岌可危。

（5）情欲型。一些大学生受性本能的驱使或受有性爱描写的影视文学作品的影响，控制力较弱，进行模仿尝试，追求性刺激，以满足性欲为目的与异性同学交往、恋爱。有的甚至把恋爱当作娱乐，逢场作戏，玩弄异性。这些学生只注重异性的外表，追求感官上的愉悦，而忽视或无视爱情内涵中应有的伦理因素。无疑，这是一种不健康的恋爱类型。

四、大学生恋爱的心理特点

小敏，女，某大学大三学生，是班里的班干部。

小敏大二时与同年级颇有文艺才气的黄某建立恋爱关系。起初，两人关系很好。渐渐地，小敏觉得男友不理解自己，不关心自己，对男友做的事情也越来越不满意。后来，小敏又莫名其妙地怀疑男友移情别恋，经常盘问男友，弄得男友很不开心、感觉很累。一次，黄某与另一女生在教室里进行演出彩排，小敏觉得那个女生看黄某的眼神暧昧，就气愤地冲上去打了那个女生。对此，黄某很愤怒，向小敏提出分手。小敏以死威胁黄某。

大学生恋爱，除受双方个性特征的影响外，也会遵循一般的爱情规律。总的来说，大学生恋爱有以下心理特点。

（1）交往对象的特定性。在恋爱期，男女大学生已开始按照自己各自心目中的偶像寻找"意中人"。他们追求特定的异性，并喜欢与之单独活动，出现了不喜欢参加集体活动而带有"离群"色彩的心理倾向，这一特点在男性身上表现得最为明显。

（2）爱情的浪漫性。这一时期的男女情侣往往把恋爱看成一种神秘的、奇妙的、难以理解的力量。对恋爱的浪漫情怀，女性比男性表现得更为明显。女大学生更向往"一见钟情"的爱情。浪漫的爱情与关系稳定、坚固、和谐及注重现实为特点的爱情是不同的。

（3）感情交流的深刻性。与爱慕期两性交流比较隐晦含蓄和以试探的方式进行不同，在恋爱期，两性间的感情交流较为频繁、直率、深入，并常以约会的方式进行。

（4）对爱恋对象的占有性。这一时期的男女大学生会产生对爱恋对象的占有欲，并出现毫不掩饰的嫉妒心理。对爱恋对象与异性同学和朋友的接触十分不满，甚至疑神疑鬼、反复质问；对自己的同性同学和朋友与自己爱恋对象的接触会心存戒备，也会外显愤恨。显然，这种情况的出现与性欲意识的发展极为密切。

五、树立健康的恋爱观

恋爱观是指对待择偶行为和爱情的基本看法和态度。一个人恋爱观的形成，除受到生活经历、现实需求的影响外，还受到文化、教育的影响。青年大学生的恋爱观多尚未成熟，有进一步完善的可塑空间。一方面，社会、家庭、高校有责任给予积极地教育引导；另一方面，大学生也需用心纠正自己对爱情的不恰当看法，努力塑造健康的恋爱观。

（一）追求志同道合的爱情

在恋人的选择上，最重要的条件应该是志同道合，表现在思想品德、事业理想和生活情趣等大体一致。当两个人的价值追求一致时，才能同心协力地面对生活上的种种艰难，才能在人生道路上更久远地携手相伴。大学生作为接受高等教育的高素质青年，其恋爱观应该是理想、道德、责任、事业和性爱的有机结合。

（二）摆正爱情与事业的关系

爱情是生活的重要内容，但不是人生的全部，它应该服从于事业，促进个人事业的发展。大学生应该把事业放在首位，摆正爱情与事业的关系，不能因为谈情说爱而放松了学习。没有事业的爱情如同在沙漠中播种，缺乏坚实的根基和土壤，迟早会枯萎。爱情只有与事业紧密结合，才能拥有旺盛而持久的生命力。

（三）懂得爱情是一种责任和奉献

大学生在进入恋爱状态前，应该明白爱不仅是得到，更重要的是一种奉献和责任。在社会生活中，人具有两方面的责任：一是个人对社会应尽的责任，二是个人对家庭、父母、孩子、朋友及爱侣的责任。大学生一旦进入爱的领域，就必须具有强烈的责任感和奉献精神，才能获得崇高的爱情。

第三节　走出性与情的困境——大学生常见性情困惑及调适

一、性压抑与自慰

大学生完成青春期的生理发育后，性功能已经成熟，开始表现出越来越强的性欲。从性欲变化曲线来看，男人的性欲高峰在 20 岁左右，女人的性欲高峰在 30～40 岁期间。也就是说，男大学生在校期间，正是性欲旺盛的年龄。

如果性欲得不到满足，就会形成性压抑。尽管我们可以通过转移的方法，把压抑的性能量释放到更加有利于自身发展、有利于社会进步的方面上，但那难以满足性的生理需要和心理需要。

面对越来越强的性欲，如果现实生活中没有性伴侣，自慰就成了满足大学生性欲的常用方法。

小刚，男，大一学生。

小刚说："我上初二时第一次遗精，几次遗精后，我学会了自慰。后来几年，自慰次数越来越多。高中时期，每周一两次。一边幻想心仪的女孩子，一边自慰，很快就能

射精。开始几年我会自责，觉得自己很堕落。高一时，我曾对父母说了这件事，并保证今后不再做了，但我总是发现自己不能遵守诺言，忍不住地去自慰。上了大学后，学习压力减轻，常常会和舍友看一些黄色影碟，我的自慰次数更多了，有时一周三四次。后来，在一次'卧谈会'中有舍友谈到'一滴精十滴血''精尽人亡'的事，我心里开始紧张起来。现在，我很焦虑，一方面是欲罢不能的自慰习惯，一方面担心自己的身体健康，怎么办啊？"

　　自慰给当事人带来的伤害，往往不是自慰本身，而是当事人对待自慰的态度。负性的态度带来负性的情绪。心理学研究表明，焦虑、恐惧、担忧、自卑、自责等负性情绪对我们的心身健康影响非常明显。目前，关于自慰的科学认识是：

　　（1）普遍存在。中外古今，婚内婚外，都有自慰现象，这可以从艺术作品和文学作品中了解到。几乎只要有人的地方，就有自慰行为的发生。即使在动物身上，我们也能观察到它们的自慰行为。

　　（2）男女均有。不同的调查资料显示，在单身大学生中，男性自慰率在60%～90%；女性自慰率在30%～70%。

　　（3）解除生理压抑。自慰作为一种性行为，主要的动机是解除生理上的性压抑，让人获得身体上的舒适。

　　（4）缓解心理压力。性行为对人而言，不仅仅是生理需要，还有心理和社会的需要。很多情况下，自慰是出于对心理需求的满足。当个体处于莫名其妙的烦躁、难眠时，或强烈地暗恋、思念某个异性时，自慰行为更容易发生。

　　（5）不会感染性病。自慰是自体性行为，没有与他人的身体接触，能够防止与他人性器官接触而可能引发的性病传播。

　　（6）不会妨碍未来正常的性生活。满足性欲的方式有很多，不同的条件下，有不同的、相应的方式。大学生在没有性伴侣的情况下，自慰是满足性欲的主要方式；结婚后或有了性伴侣后，性交就自然成了满足性欲的主要方式。一些大学生担心自慰会不会形成终生习惯而影响未来夫妻间的性生活和生育能力。性科学调查研究表明，这种担忧是不必要的。

　　青年大学生应该知道，任何行为过度都是不健康的，自慰也是一样。所谓"过度"并没有通用的标准来评价，因为性需求的个体差异很大。一般以个体的身体状态、精神状态能完成正常的工作、学习为准。

二、异性恐惧症

　　异性恐惧症在大学生中是比较多见的。有人认为，这可能与我国长期封建道德对性的禁锢有关。羞耻心和对自我形象的格外关注是我们社会文化传统的重要组成部分，而羞耻心是产生对人恐惧症的社会心理基础，所以，对异性的恐惧心理和这种社会心理是密不可分的。

　　异性恐惧症属于恐怖性神经症的一种，其主要特征是：患者一方面在异性面前感到异常的紧张和恐惧；另一方面，他们又有与异性接近的强烈愿望，这种愿望有的是鲜明地存在于意识之中，有的是以内驱形式埋藏于潜意识之中，由此带来的心理冲突会使患者产生严重的焦虑情绪，有的甚至出现异性关系妄想等心理症状。具体来说，异性恐惧症的主要症状有：在异性面前表现为赤面恐怖（面红耳赤）、视线恐怖（竭力回避目光接触）和面部表情恐怖（面部肌肉紧张、表情不自然）。患者在异性面前总是神情紧张、心跳过速、目光呆滞、面颊发烧、口干舌燥、额头手心冒汗、语无伦次等。他们的一个突出表现是害怕与异性目光接触，只要目光一接触就会出现其他各种伴随症状，内心感到紧张和恐惧，而且断定对方看出了自己的所思所想或自身存在的"毛病"，于是焦虑情绪更加严重，恐惧心理愈加强烈。

内外因素相互作用导致了大学生的异性恐惧症。这种心理的异常有的从中学持续到大学，给个人的生活、学习带来了不利的影响，通常需要心理学专家的咨询辅导才能减轻和消除。

三、单相思

小薇，女，某校大二学生。

前不久，小薇收到一个陌生人发来的求爱短信。短信上说："我是和你同级的临床专业的×××，我已经关注你很久了。我很喜欢你的样子，尤其是笑的样子，你就是我朝思暮想的女神。我知道你没有男朋友。希望你能给我一个机会。"小薇出于礼貌，委婉并真诚地告诉对方：谢谢你的关爱，我在家乡有男朋友了。对方不信，并说：告诉我那个人是谁，我会和他竞争的。小薇对此很生气，要求对方停止一切骚扰活动。没想到，过了几天，小薇收到了对方的威胁信息：今晚九点，我在图书馆门前等你，我穿黑色衬衣，我想和你好好谈谈。你如果不来，后果很严重！

（一）单恋

单恋又称有感单恋，是单相思的一种。有的大学生一旦爱上某个人，就不管对方是否接受，甚至在对方反复明确拒绝后仍纠缠不休，可以丧失自尊、自贱人格去表达自己的爱，干扰所恋对象的生活和学习，有的还会走向极端，做出伤害他人或伤害自己的事情。单恋是一种具有臆想性的恋爱情结和幼稚的行为方式，会令人沉浸在幻想的情爱中不能自拔，如果不及时纠正，可能会严重影响当事人的知觉和理性判断，甚至形成精神错乱。爱情是两个人的隐私和共同情感，不应单方面把爱情强加于人，一旦发现自己自作多情，就应该抛弃幻想，减少关注，控制感情，调整心态。要相信，爱上一个不爱自己的人永远不会有幸福可言。如果你真的爱对方，就应该尊重对方的选择。

（二）暗恋

暗恋又称无感单恋，是单相思的又一表现形式，常见于性格内向又好幻想的大学生。暗恋具体表现为不表露自己的内心体验，对方根本就不知道有这回事。暗恋者往往

对所恋对象朝思暮想，遇见时又紧张回避，形成痛苦、压抑、焦虑、失望等不良情绪，严重影响生活和学习。如果暗恋者通过写日记、进行文学创作等正当的途径来宣泄，可以释放并缓解这些不良情绪。在此建议暗恋者不妨鼓起勇气和信心，寻找合适的方式向对方表白，了解对方的态度，有意则进一步发展关系，无缘则了结自己的心事。暗恋者若有情感表达障碍，可接受心理咨询帮助。

四、失恋

失恋是指恋爱对象否定或中断恋爱关系的行为给当事人带来的巨大挫折。对爱的绝望感和一时的孤独感、虚无感是失恋者常见的体验。根据失恋后的行为表现，可将失恋归纳为以下六类。

（1）理智型。表现为在失恋后基本上仍是理智常态，对自己、对另一方都不采取加深心理伤害的行动。既不为自己被人抛弃而沉沦自弃，也不因对方不爱自己而视若仇人。"不成伴侣成朋友"是这种理智型的典型表现。

（2）升华型。表现为在失恋后能把痛苦暂时避开，并将自己的注意力放在有意义的创造性活动上，努力学习，以学业的成功来化解失恋的痛苦。居里夫人曾以投身物理学的研究中并取得巨大成就来对待失恋，就是这种类型的典范。

（3）自责型。表现为失恋后把情感挫败归因于自己，认为对方不爱自己肯定是自己的错或者是自己的长相、能力等方面太差所致。他们自怨自艾，消沉抑郁，觉得没有人会喜欢自己。这种自我价值的全盘否定令当事人认为自己根本就没有再活下去的意义，一些人可能出现轻生倾向。

（4）闭锁型。在失恋后总是苦思冥想，不断分析失恋的原因并将这种失败归于自己的单纯和轻信，感到自己受到了很大的伤害，因而使自己的感情从浪漫开放转向低调闭锁。特别是在以后再次走向恋爱生活时，常常心有余悸，望而却步，不敢敞开心扉。

（5）逃避型。失恋后害怕面对现实，便采取逃避的方式应付。他们离开原来的恋人，离开产生恋爱或导致失恋的环境。然而，空间上的回避并不能改变内心的感受，所以采取这种方式的失恋者并不能真正地从痛苦中解脱。

（6）报复型。这种人在失恋后把原来"狂热的爱"变成"狂热的恨"，他们不断地折磨对方，甚至采取不当的行为侵害对方，如破坏对方的名誉、毁坏对方的容貌、杀害对方等。

爱情是两个人心身灵的互动。如果一个人单方面终止了这种互动行为，就会给还想继续爱下去的对方带来挫败感。面对失恋，不同人格特征的人，表现不同。积极健康的应对态度是接受事实，认识自我，促进人格发展。必要时，失恋者应接受专业的心理辅导。

五、婚前性行为

热恋中的青年学生，当激情达到火热的程度时，会产生强大的性冲动，使情感突破理智的防线，发生性交行为。

第六讲 性爱相融与心身和谐：性、爱情和心理健康

小娜，女，来自一个离异家庭。

小娜在读本科时就谈过两次恋爱，并且与两任男友都发生过性关系，做过一次人流手术。考上研究生后不久，小娜即与留在家乡工作的第二任男友分手，与来自农村、同年级不同专业的研究生李某建立恋爱关系。因为月经一直不规律，时有时无，有时甚至半年不来，所以直到怀孕近7个月后小娜才发现有孕在身。最后，她不得已退学，奉子成婚。婚后，因为经济问题，两人争吵不断，婚姻岌岌可危。

随着社会的发展，人们对大学生的婚前性行为越来越宽容。但是，这种宽容态度不能成为大学生个体随意发生婚前性行为的理由。

须知道，读书期间，一旦发生性行为，当事双方都会因此产生很大的心理压力，不仅造成当时的身心痛苦（尤其是对女方），还会影响到以后的恋爱或婚姻。因此，大学生在恋爱过程中，一定要学会用理智制约情感。

六、拒绝"婚外情"

这是指大学生拒绝充当"第三者"，不凭自己的喜好，去侵犯、破坏他人婚姻家庭。

小梅，女，某大学大三学生。

大一时，家境贫困的小梅为筹集读书费用去一家化妆品销售公司应聘兼职，认识了年轻帅气的主管秦某。在兼职期间，秦某处处照顾小梅，常常请她吃饭，送她礼物，鼓励她好好学习，小梅很感动。渐渐地，小梅对秦某的好感变成了爱慕，尽管小梅知道秦某已有家室，但脑海里总是浮现秦某关爱自己的情形。小梅19岁生日那天晚上，两人共进烛光晚餐后，在宾馆开了房，发生了第一次性关系。事后，秦某有些愧疚，小梅表示是心甘情愿的。对此，两人做了约定：小梅不再做兼职，专心读书，所有费用秦某承担；每周约会一次，但不能影响秦某的婚姻家庭；两人的情人关系维持到小梅毕业，自动终止。但是几个月下来，小梅承受不了对秦某的朝思暮想，希望秦某能多陪伴自己。开始，秦某还努力满足小梅。后来，小梅的要求越来越多，让秦某应接不暇，力不从心。直到有一次两人"亲密"后，小梅说她想毕业后就和秦某结婚，希望秦某尽快离婚。秦某顿时觉得问题严重了。从那时起，秦某开始有意地疏远小梅。但小梅却紧追不放，除了每天电话不断，还隔三岔五地去公司找秦某。最后，秦某难忍其烦，提出分手，小梅却以死相逼。在万般无奈下，秦某只好向妻子坦白"婚外情"，妻子闻言大怒，恨恨地说："我先解决那个'狐狸精'，回头再和你好好算账。"第二天，妻子就到了小梅所在的学校，向学校反映了小梅破坏她婚姻家庭的行为。

大学生，尤其是女大学生，出于种种动机，或仰慕对方才华，或羡慕对方成就，或为获取经济支持，或被对方魅力吸引等，与已婚男人建立恋爱关系的现象，在今天的高校里并不少见，然而，却往往会带来各种痛苦的结局。

在此，仅从婚外情的特点、男女对待婚外情的思维及态度差异，来解读婚外情自身特有的艰难。

理性较强的男人，如果已有家庭，面对婚外情，他会把自己的时间、精力、财力等资源在家庭、事业、婚外情感中做自认为合理的分配。他希望通过这样的资源分配，能够更好地控制自己的情感生活。这种理性安排会让婚外情中的男人在婚外情开始时很自信，他相信自己有能力确保婚外恋人和原有家庭之间"井水不犯河水"。

感性较强的女人，不管已婚还是未婚，一旦陷入婚外情，理性会越来越少，感性会越来越强。这份情感是不是"婚外"，对她来说并不重要。重要的是她在这份情感中所获得的被欣赏、被关爱的美好感受。

几乎所有涉足婚外情的男女在情感开始时都会做一些约定（如"君子协议"）——不要影响现有的家庭。事实上，这样做是很无知的：一是不懂异性，不明白对方做出约定的本意。男人这样做，是出于对当下和未来的控制性考虑，不希望婚外情打乱自己的生活安排；女人这样做，不能作为对未来的有效承诺，仅是为了维持当下这种激情带来的美好感受。二是不懂自己。双方都认为自己有足够的理性遵守约定，以控制这份情感的范围和程度。却没有想到，婚外情的发生恰恰说明双方的理性在感性面前的弱小。三是不懂爱情。爱情像所有处于正反馈变化的事物一样，一旦开始，必然到底。尤其是女人，爱情一旦开始，就会情不自禁地追求爱情的完美——心身灵的统一。

两个心灵在不断地趋近时，必然会产生两个人身体、生活统一的期盼和行为——这就对婚外情的"君子协议"带来了根本的破坏。

随着情感的延续，婚外情中的女人对男人"形"和"神"的需求越来越多，对所爱男人的占有欲和排他性会越来越强。女人对婚外情态度的变化（希望得到更多），打乱了男人对生活的理性安排，这让男人感到自己对生活失去了控制，很不安全，很不舒服。对此，男人就会找理由逃避。于是，婚外情开始出现裂痕，像所有的情感危机一样，陷入恶性循环。

在这个过程中，不愿结束婚外情的女人会尝试种种努力，企图改善这份恶化的情感。但是，失去理性的女人不择手段地"胡搅蛮缠"会让男人更加焦头烂额、顾此失彼。当男人意识到婚外情给自己带来的痛苦大于快乐时，婚外情就成了男人千方百计想甩掉的包袱。

至此，涉足婚外情的两个人开始品尝这份情感带来的痛苦。

结束语：性与爱情是我们每个人走向成熟后难以回避的两大生活主题。在我们的一生中，每一步前行都充满着艰难。因为有美好的希望在，我们才有了走下去的勇气；因为步步艰难，才衬托出那份美好。健康的性和健康的爱情，会让我们的生活变得更加绚丽多彩。

【讨论与思考】

1. 谈谈友情与爱情的关系，以及如何在两种情感中把握自己的言行？
2. 恋爱中，男友说："你若爱我，就给我"；女友说："你若爱我，就等我"。如果你在恋爱中遇到这种冲突，怎么处理？

3. 应如何应对两性性心理上的差异，营造美好的爱情？

【实践与拓展】

［心理测验］

爱情关系合适度评定量表

指导语：以下列出恋人之间常常出现的问题，请仔细地阅读每一条，然后根据自己的感觉和真实情况，做出选择。

题目	选择		
1. 我真的爱这个人吗？	是□	可能□	否□
2. 我与他（她）在一起时是否快乐？	是□	可能□	否□
3. 我们一起做事（学习、工作、娱乐）时是否有乐趣？	是□	可能□	否□
4. 他（她）让我感到可靠吗？	是□	可能□	否□
5. 假如我病了、累了或感到忧虑时，他（她）能关心抚慰我吗？	是□	可能□	否□
6. 我从心里信任他（她）吗？	是□	可能□	否□
7. 他（她）是否有什么性格上的特点让我常感到惶惶不安或令我不舒服？	是□	可能□	否□
8. 他（她）是否有我不喜欢的某些地方？	是□	可能□	否□
9. 他（她）是否向我隐藏了什么？	是□	可能□	否□
10. 我是否感到他（她）在爱我，但希望我有些地方要改一改？	是□	可能□	否□
11. 我之所以要选这个人是因为我觉得我有些地方要改一改？	是□	可能□	否□
12. 我觉得双方信仰一致很重要？	是□	可能□	否□
13. 我们父母双方的文化水平是否一致？	是□	可能□	否□
14. 我们父母双方婚姻结构（平等、父做主、母做主）是否一样？	是□	可能□	否□
15. 我们对赚钱和消费的看法是否一致？	是□	可能□	否□
16. 我们的娱乐方式是否一致？	是□	可能□	否□
17. 我们对读书、学习的看法是否一致？	是□	可能□	否□
18. 我们的工作态度和计划是否一致？	是□	可能□	否□
19. 我们在抚养、教育孩子方面看法是否相近？	是□	可能□	否□
20. 我们对性的态度是否相似？	是□	可能□	否□
21. 如果我与他（她）的信仰价值观不一样，是否能共同生活？	是□	可能□	否□
22. 与其他人相比，我是否更愿意和他（她）在一起？	是□	可能□	否□
23. 他（她）是否最喜欢和我在一起？	是□	可能□	否□
24. 如果他（她）病了，我能照料他（她）吗？	是□	可能□	否□
25. 如果他（她）疲倦了，我能帮助他（她）吗？	是□	可能□	否□

续上表

题目	选择
26. 如果他（她）情绪不好，我能安慰他（她）吗？	是☐ 可能☐ 否☐
27. 如果他（她）依赖性强，我能接受吗？	是☐ 可能☐ 否☐
28. 如果他（她）行为专横，我能接纳或控制吗？	是☐ 可能☐ 否☐
29. 父母赞同我们的结合吗？	是☐ 可能☐ 否☐
30. 他（她）是个负责任的人吗？	是☐ 可能☐ 否☐
31. 大多数时候我们是否和谐相处？	是☐ 可能☐ 否☐
32. 我们能否一起相互促进？	是☐ 可能☐ 否☐
33. 我们能否妥善处理彼此间的分歧？	是☐ 可能☐ 否☐
34. 他（她）能否遵守协议或信守诺言？	是☐ 可能☐ 否☐
35. 我们能否很好地交流思想和感情？	是☐ 可能☐ 否☐
36. 我们是否都愿意为爱情承担义务？	是☐ 可能☐ 否☐
37. 我是否感到对方接受了我？	是☐ 可能☐ 否☐
38. 我是否接受了对方真实的自我？	是☐ 可能☐ 否☐
39. 我是否很了解对方？	是☐ 可能☐ 否☐
40. 对方是否很了解我？	是☐ 可能☐ 否☐

评分办法：

1～11题，"是"记3分，"可能"记2分，"否"记1分，累加总分。26～33分，感觉良好；17～25分，感觉一般；11～16分，感觉不良。

12～29题，"是"记2分，"可能"记1分，"否"记0分，累加总分。27～34分，价值观很相近；18～26分，价值观存在一定差异；0～17分，价值观相距甚远。

30～40题，"是"记3分，"可能"记2分，"否"记1分，累加总分。26～33分，理性基础可靠；18～25分，理性上比较犹豫；11～17分，理性上拒绝这一结合。

总评（40道题得分总和）：80～100分，成功的爱情，应努力赢得它；65～79分，有可能成功，但需加以调整；50～64分，不合适的爱情，前途不佳；49分以下，应早日结束的爱情，当断不断，必留后患。

【推荐与导读】

辛夷坞著：《致我们终将逝去的青春》，百花洲文艺出版社2014年版。

辛夷坞，女，原名蒋春玲，当下著名的"80后"女作家，青春文学新领军人物。主要作品有《致我们终将逝去的青春》《原来你还在这里》《晨昏》《山月不知心底事》《许我向你看》《我在回忆里等你》等。

《致我们终将逝去的青春》讲述的是一群大学生关于成长、关于爱情、关于梦想的故事。主人公郑微美丽活泼、纯真善良,因为喜欢邻家哥哥林静,于是来到他读书的城市上大学。可是,因为郑微母亲与林静父亲曾有的私情,林静选择逃避、悄悄出国。郑微知道后伤心欲绝。在后来的大学生活中,她意外地爱上了同校敏感细腻的陈孝正。年少轻狂的郑微以勇敢、张扬甚至放肆的姿态与陈孝正谈了一场轰轰烈烈的恋爱。大学毕业前夕,郑微的情感生活再次经受考验:陈孝正迫于家庭压力选择出国留学,却迟迟不敢告诉郑微。感觉再次被欺骗的郑微痛苦地离开了陈孝正。后来,郑微在一家公司当秘书,陈孝正也从美国学成归来,并与郑微在同一个公司。林静也早已从美国回来,成为检察官,并开始追求郑微。郑微几经权衡,最后选择了能给自己依靠的林静。

【参考文献】

[1] 陈国海,许国彬,肖沛雄. 大学生心理与训练[M]. 广州:中山大学出版社,2005.
[2] 陈国强,唐惠敏. 大学生心理健康教育[M]. 广州:华南理工大学出版社,2009.
[3] 罗伯特·J. 斯腾伯格,凯琳·斯腾伯格. 爱情心理学[M]. 李朝旭,等,译. 北京:世界图书出版公司,2010.
[4] 邱鸿钟. 大学生心理健康教育[M]. 广州:广东高等教育出版社,2004.
[5] 邱鸿钟. 性心理学[M]. 广州:暨南大学出版社,2008.
[6] 张小远. 当代大学生心理健康教育研究[M]. 西安:第四军医大学出版社,2005.

(本讲执笔人:张茂运)

第七讲　规划你的职业生涯：求职、就业与心理健康

【本讲概要】

你了解自己的兴趣和价值观吗？你知道自己擅长从事什么样的工作吗？你能大致预测 10 年后的你会在什么样的岗位从事什么样的工作吗？如果你对上述几个问题的回答都很茫然，这提示你需要了解一些关于职业生涯规划的知识了。职业生涯规划，能让你从整体上把握你的人生，成就你的人生。

我们将在本讲解释"职业生涯规划"的有关概念和内涵；分析行业、职业和专业的关系；介绍大学生职业生涯规划的具体办法。学完这一讲，你应该能够：

（1）明确在进行生涯规划的时候，需要获得哪些信息以及如何获得。
（2）知道如何通过行业分析和职业探索来获得外界环境的信息。
（3）明确自己的兴趣、能力和价值观以及它们跟生涯规划的关系。
（4）知道如何整合职业环境信息和自我知识，在此基础上做出生涯决策并制订行动计划。
（5）了解要顺利完成生涯规划，在大学的几年时间里应该遵循怎样的时间表。

本讲的重点是如何了解职业环境信息，以及如何增进对自我的认识；难点是如何将这两者结合起来做出生涯决策。

【导入】

寒号鸟的故事

春天的时候，四只寒号鸟出生了。春夏两季，他们快乐地玩耍，秋天到了，妈妈说，你们要学学如何垒窝了，我老了，管不了你们了。

第一只寒号鸟仍然四处玩耍，全然不理会。冬天来了，它在石缝里勉强栖身，一场暴风雪到来，把它冻死了。

第二只寒号鸟，很努力地学习如何拣选垒巢的小木棍、泥块和石块，它可以把一个巢垒得很牢固，但它全然没有思考过，这个巢应该垒在什么树上。冬天到了，它随便选了一棵树来垒窝。一场暴风雪袭来，大风把树刮倒了，寒号鸟的巢也被摔烂了。寒号鸟受了重伤，好久都没有缓过来。

第三只寒号鸟也很认真地学习如何垒好一个窝，同时它还会仔细观察哪些树更坚固，更适合筑巢。在冬天来临时，它选了一棵坚固的大树垒了个窝。虽然经历了多次大

风雪,由于有大树的保护,寒号鸟的窝都是安然无恙。然而,有一天,一群伐木工人过来,看到这棵大树,说:"这棵树年份也够了,砍了吧!"这棵大树轰然而倒,寒号鸟虽然在树倒之前逃了出来,但它不明白,为什么选了一棵坚固的大树还不行呢?

第四只寒号鸟也掌握了很好的垒窝的本领,它也会观察哪些树更坚固,但它同时也会问自己哪些树是自己喜欢的,哪些树更有生命力,同时它也会向其他鸟类请教如何选择一棵符合自己标准的大树。冬天来临之前,它终于选定了一棵虽然不是很大,但根系扎得很深的中等大小的树来垒窝。虽然暴风雪来了,这棵树会晃动一下,但依然屹立不倒。这只寒号鸟安然度过了冬天。

作为一个大学新生,你就像一只雏鸟,你可曾想过毕业之后要在哪棵树上栖身呢?你想做哪只寒号鸟呢?职业就像寒号鸟的窝一样,它是人们安身立命之所,所以选择在何处就业、在何处发展对发挥个人潜能,提高生活满意度和心理健康都具有重要作用。

第一节 我的职业生涯规划——概述

一、生涯发展的定义

生涯规划是什么呢?它是让你找到未来职业的过程吗?从某种角度来说,它确实跟职业选择有关。但是,它又不仅仅局限于职业,它还包括跟工作有关的其他角色。顾名思义,"生涯"就是人生的边界,即一生中所扮演的各种角色的总和。从纵向来说,则是我们生命的历程。工作或职业是个体安身立命的基础,唯有找到适合自己的职业生涯,工作以外的生活才可以更好地展开,所以职业生涯规划对个体发展具有重要意义。

生涯大师舒伯(Super)认为:生涯是生活里各种事态的连续演进方向;它统和了人一生中依序发展的各种职业和生活的角色,是由个人对工作的投入而流露出的独特的自我发展形势;它也是人生自青春期以迄退休之后,一连串有酬或无酬职位的综合,除职业之外,还包括任何和工作有关的角色,如学生、受雇者、领退休金者,甚至也包括副业、家庭、公民的角色。生涯是以人为中心的,只有在个人寻求它的时候,它才存在(黄天中,2007)。

这个定义包含以下五个方面含义。

(一)生涯发展是有方向性的

在人生的漫长旅途中,我们必须要有方向,才不会在原地打转或者走入死胡同。但这个方向并不是完全不变的,在我们一生当中,我们可能需要不断设定和调整自己的目标,为自己找到方向。指引自己内心方向的,包括自己的价值观、兴趣和能力以及外部环境的发展趋势等。

（二）生涯发展是一生当中连续不断的过程

生涯发展就像是人生，是一个连续的过程。当中的每个职业或角色构成连续过程的节点，人们就是这样从一个节点到另外一个节点。每一个当前的节点都受到前一个节点的影响，同时也影响下一个节点。例如，一个大学教师的职业生涯可能会经历助教、讲师、副教授到教授的过程。当然，还有更复杂的历程，在这个历程中，人们可以变更职业领域甚至行业。

（三）生涯发展以事业角色为主，也包含其他相关角色

从空间角度来看，每个年龄的生涯发展可能包含不同的角色。其中，职业或事业角色是生涯发展的主要方面，其不仅包含职业角色，还包含很多其他与此相关的角色。我们的生涯规划或多或少受到其他角色的影响。比如，一个女性中年工程师，她除工作角色外，还担任妻子、母亲甚至女儿等角色，这些角色构成了个体生涯空间的整体，彼此可能相互影响。

（四）生涯发展具有独特性

由于每个人的经验、能力、兴趣、价值观以及外界环境可能都不一样，因此，每个人的生涯发展都是独一无二的，其人生涯发展的路径只能作为参考，一般是不能完全复制的。

（五）生涯发展是一个个体主动寻求的过程，个体是生涯发展的主动塑造者

生命发展具有客观性，比如人们做了什么，但生涯发展更关注的是个体如何看待他的工作，以及如何从工作中看自己。这是一个主观的过程，是个体主动的意义寻求过程，只有在个体有意识这样做的时候才能意识到它的存在。人们可以在这个意义寻求过程中，主动探索自己的能力、才干和价值，主动塑造自己的生涯。

二、生涯发展阶段

生涯发展作为一个连续的过程，其发展具有一定阶段性。生涯大师舒伯将人一生的生涯分为成长期（出生～14岁）、探索期（15～24岁）、建立期（25～44岁）、维持期（45～64岁）、衰退期（65岁以后）五个阶段。其中，大学生处在生涯发展的探索期，这意味着个体要学会参考更多的机会，在各种可能和机会当中进行尝试，逐渐做出选择，比如进入一个主修的领域，或者尝试性选择一种职业角色，在此过程中发展实际的自我概念。

三、生涯规划

人们经常会说,人生就像走迷宫,你不知道下一步在哪里,只好摸索前行。然而,如果一个人站得足够高,他/她就可以看到迷宫的全貌,发现出口在哪里。在职业发展领域中也一样,要想知道下一步该往哪走,需要更广阔的视野,具体而言,就是需要进行生涯规划。生涯规划就是对自己的人生进行有计划、有目的和有系统的组织。它包括知彼、知己、抉择与行动(图7-1)。

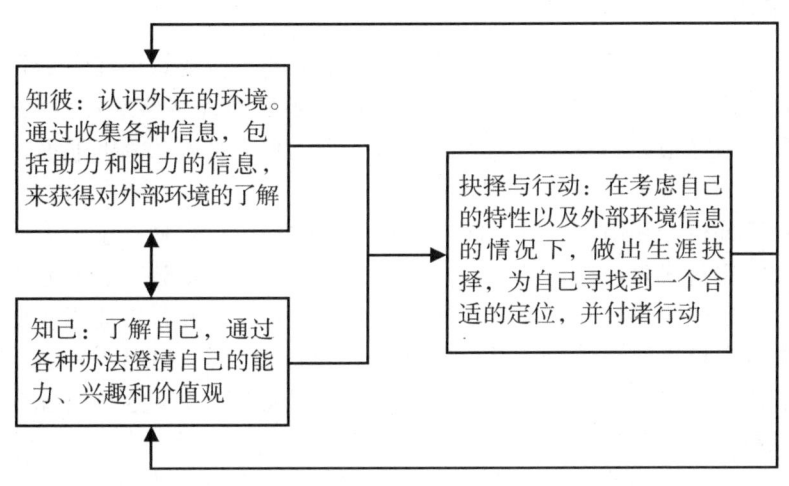

图7-1 生涯规划的内容

知彼、知己、抉择与行动的过程是一个循环往复的过程。自我认识和职业环境的探索可以同时进行,也可以先进行一个,再进行一个。在对自我和外部环境有充分认识之后,再整合这些信息做出行动的决定,制订行动计划并付诸实施。在计划实施的过程中,也可能遇到各种问题,这个时候可以再回去对自我和环境做进一步的澄清。由于大学新生对自我和环境都欠缺了解,在这里我们推荐大学生可以从探索与本专业有关的职业环境开始,接着转向自我的了解,再根据自我探索的结果转向不限专业的更为广阔的职业环境探索,然后做出生涯规划的决定,并制订行动计划。当然,要更好地规划自己的生涯,你需要及早动手,即从入学开始就为毕业做准备。

第二节 知己知彼——专业、职业与行业

在当今中国,大多数大学生进入大学后就明确了专业,这使他们面对未来生涯规划时既明确又模糊。明确是指很多大学生认为自己应该会从事专业对口的工作,但模糊的是他们对专业的其他方面缺乏了解,更别提对职业与行业的了解。在生涯规划中,对外部环境(包括行业发展前景、职业环境)的了解有助于我们更好地将自身发展与社会

发展相联系，从行业特点和专业资源能力特点最佳匹配的角度，确定自己能够在相关行业获得高于平均收益率和增长性的就业领域，探索未来职业可行的发展路径。为了促进大家对外部环境的了解，下面我们将跟大家剖析专业、职业与行业的关系，并且指出如何通过行业分析和职业访谈等方法去了解行业和职业信息。

一、专业、职业和行业的关系

（一）专业不等于职业

很多同学都认为自己就读的专业决定了自己未来的职业或者生涯目标。专业的确为生涯发展划出一定的边界，它可以帮助你比其他人更好地为某些职业发展机会做准备，尤其是对那些专业性很强的专业，如临床医学、会计和建筑设计等。然而，专业并不等于职业。

职业是指不同行业和组织中存在的一组相类似的职位，它独立于个人而存在于行业或组织中，比如销售代表、会计/财务人员等。专业并不能决定一个学生特定的职业生涯发展路径。近年来，排除经济发展水平波动性的影响，高校各专业毕业生的专业对口率并不高。根据麦可思研究院的报告，近年来全国大学生总体的专业对口率在60%左右。这说明有很大一部分学生并没有从事与本专业相关的工作。这种情况跟就业市场能够提供的专业对口职位较少有关，但也可能是学生的自主选择。实际上，同一个专业的学生可从事多样职业，即使对专业性要求很强的专业，生涯选择也比想象的要大很多。比如，制药工程专业的学生毕业后可从事医药研发工程师、销售工程师、项目经理和品质保证主管等。此外，同一职业也可以容纳多种专业的学生，比如人力资源助理这个职位可以吸收人力资源专业、经济管理专业和心理学专业等相关专业的人才。总之，大学的专业只是为未来就业提供了一个模糊的框架，未来具体从事何种职业还需要进行进一步的探索和规划。

（二）行业

行业（industry，也可称为产业）泛指所提供的产品或服务类似竞相满足同类顾客需要的企业群体。具体行业的分类可以参照《国民经济行业分类与代码》（GB/T 4754—2011）。在生涯规划的过程中，了解行业，尤其是行业生命周期，有助于大学生更好地把握行业机会，投身具有前景的行业当中。

行业是存在生命周期的，概括起来可以分为四个阶段：初创阶段、快速成长阶段、成熟稳定阶段和逐步衰退阶段（图7-2）。在行业的初创阶段，资本大量向该行业聚集和靠拢，新的公司和组织不断出现，就业机会开始增加。在行业的快速成长阶段，生命周期的曲线向上，资本继续投入，公司和组织急剧增长，进入充分竞争的阶段，开始出现优胜劣汰，就业机会大增。在行业的成熟稳定阶段，公司和组织逐步整合，组织体系数达到顶峰，小公司逐渐被淘汰，中型公司不断被合并，最后形成行业巨头，就业机会较为平稳。行业进入逐步衰退阶段时，生命周期的曲线向下，行业为少数寡头所垄断，随着行业逐渐衰退，就业机会逐渐减少，已有财团开始裁员。大学生在进行生涯规划的时候，必须考虑不同行业的生命周期。试想如果你进入了一个夕阳行业，那可能没几年就会被裁员；但如果你进入一个新兴行业，那么你可以获得更多发展和创新的机会。因此，我们在做生涯规划的时候要有前瞻性，要努力去思考未来10年的热门行业是什么，并为此做好准备。

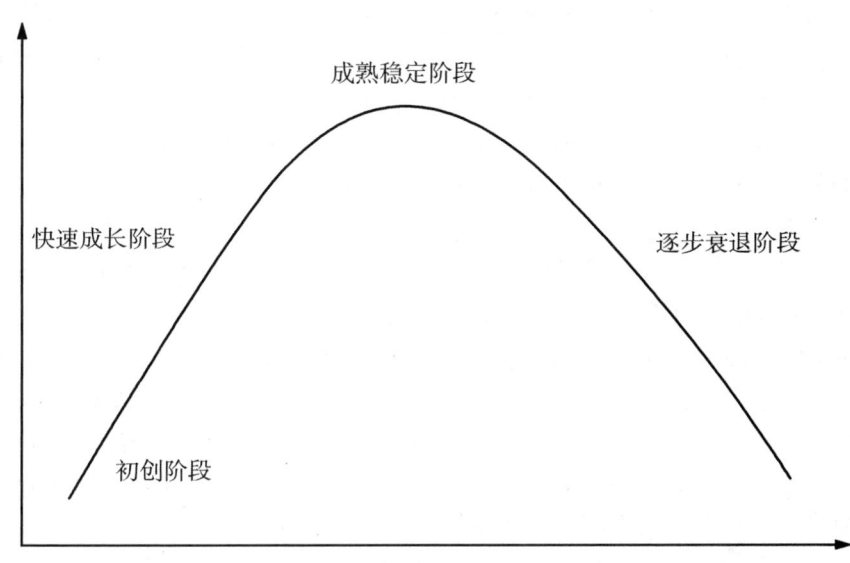

图7-2　行业的生命周期

（三）行业、职业和专业的关系

大学生在做生涯规划的时候，很多时候都只考虑了专业和职业，却忽略了行业。考虑职业固然重要，职业对相关的能力、知识做出了较为具体的限定，比较容易跟自己的情况进行比照。但是，同一职业可以存在于不同的行业当中，如人力资源这个职业在移动互联网行业、服装行业和餐饮行业都存在。因为行业选择是否恰当会影响你职业发展的远景，所以我们在选择职业的时候也要思考自己可以在哪个行业中获得某个职业。我们用一个比喻来说一下行业、职业和专业的关系。行业就像一棵大树的树干，沿着树干往上又分出一些树枝，可以看作职业，树枝上又继续分出小枝杈，这就是专业。一条树枝上的小枝杈可多可少，说明该职业可以接纳哪些专业的人才。当然，一支小枝杈也可以附着在不同的树枝上，说明一个专业可以选择不同的职业。良禽择木而栖，大学生在做生涯规划的时候，要学会对不同的行业进行分析，选择有发展前景的行业。不能像前述故事中的第二只寒号鸟一样，只顾盯着那些小枝杈（专业学习），而不考虑自己的巢应该垒在哪棵树上。

二、行业分析

要对行业发展前景进行分析，我们必须考虑以下四个方面。

（一）了解国家宏观政策

国家政策会为未来整个国家5到10年的政治、经济和社会发展指明方向，这些政策大多会对不同行业的发展产生影响。比如，2011年《国民经济和社会发展第十二个五年规划纲要》明确提出"大力发展节能环保、新一代信息技术、生物、高端装备制造、新能源、新材料、新能源汽车等战略性新兴产业"。过去3年，在国家政策的支持下，这些行业发展迅速。2013年《中共中央关于全面深化改革若干重大问题的决定》明确指出"鼓励非公有制文化企业发展，降低社会资本进入门槛，允许参与对外出版、网络出版，允许以控股形式参与国有影视制作机构、文艺院团改制经营。支持各种形式小微文化企业发展"，这意味着文化娱乐产业在未来将会得到大力发展。

（二）考虑国家经济总量和人均消费水平

2010年，我国人均GDP（国内生产总值）为29762元，突破4000美元大关。按照国际标准，我国已经进入中等经济发展水平国家行列。国民人均收入进入中等发达水平，意味着我国社会的整体格局将迎来新变化，在国家战略、政府职能及社会理念等方面都将进行一次全面的转型。随着社会经济的发展，人民物质生活提升之后，大众对精神生活和心理健康的需求将会大幅上升。这意味着包括新媒体等文化产业、心理咨询与治疗行业等将会随着大众需求的增加而获得发展。

（三）人口结构

由于不同年龄阶段对商品和服务的需求不同，一个国家的人口结构自然会影响行业发展。比如，预计到2040年，我国65岁及以上老年人口占总人口的比例将超过20%。老年人口的增加将会催生"银发产业"，保健用品、老年护理市场等会迎来一个新的爆发点。此外，2013年11月党的十八届三中全会上通过的《中共中央关于全面深化改革若干重大问题的决定》明确指出：坚持计划生育的基本国策，启动实施一方是独生子女的夫妇可生育两个孩子的政策。"单独二胎"政策放开后，我国儿童青少年的数量将会有所增长，社会对婴幼儿、儿童和青少年的用品和服务需求将会大幅增加，这将促进相关产业的发展。总之，这些藏在人口里的"密码"，对于商业发展具有独特价值（《南方周末》，2013）。大学生要随时了解我国人口结构的变化及由此带来的产业变化，把握产业发展先机，并逐渐了解如何把自己的专业学习与产业发展相结合。

（四）技术发展

科学技术的发展会为产业发展提供技术支持，促进某些新的商业形态的出现。比如，在互联网出现之前，人们很难进行一项交易。随着互联网的发展，网络购物成为可能，由此催生了各式各类基于互联网的商业形态。现在，随着移动客户端的发展，通过手机进行资讯沟通、交流和交易变得越来越频繁，网络购物也越来越多地从PC客户端转移到移动客户端。由此可见，技术的发展会对行业的发展产生重大的影响，大学生必须不断去了解最新的技术发展，并思考技术对于行业发展的意义。这样能够更快地了解

技术进步如何转换为某种产品并付诸商业实践的人将会更容易获得成功。

除在面上把握具有发展前景的行业之外，建议大学生在自己感兴趣的行业当中选取一两家具有特色的企业进行分析，主要了解其服务对象、主打产品、盈利模式、组织架构、企业文化和招聘要求等。这有利于大学生更全面地了解行业发展特点，为评估自己是否可以进入该行业以及如何进入该行业获取更为充分的信息。

要了解以上这些方面，我们必须开放地面对世界的变化，从互联网、报纸、杂志、电视和广播中经常了解国内外政治、经济和科学技术发展的最新资讯，批判性地吸收这些信息并为己所用。

三、了解职业信息

在我们确定自己要在哪个行业当中发展之后，我们还必须思考自己更适合通过哪种职业进入该行业中。职业与以后我们直接从事的任务相关，也与我们的能力、兴趣也直接相关，所以，职业在生涯规划中起着很重要的作用。要了解自己未来可以从事哪些职业，你可以从以下途径来获得信息。

（一）本校老师

向所在专业的老师或本校就业指导中心的老师询问自己专业的历年毕业生都从事什么工作。如果可以获得历年毕业生工作的记录，将有助于你判断自己的师兄师姐从事的职业类型和对应的行业；从纵向来看，也可以了解职业的变迁。

（二）网络资源

尝试用自己的专业作为关键词在网络上搜索可能的招聘信息，你将会看到很多职位信息。一般在招聘信息当中，你不但能获得职位名称，还能从招聘要求当中了解职位任务以及所对应的能力和个性方面的要求。很多大型招聘网站，如智联招聘、中华英才网等都可以提供职位信息。此外，你也可以从自己感兴趣行业的大公司或组织当中获取职位信息。

（三）职业访谈

以上两种方法获得的职业信息对职业的描述都较为简略，你难以从中获得对工作现实的真正了解，也无法了解该职业可能的晋升和发展路径。要了解这些信息，你需要做一些职业访谈。职业访谈就是大学生对某个或某些职场中人进行的职业调研，它是大学生了解职业世界的一种有效方式，是向过来人取经的一种经验传承式学习方式，是实践、互动、体验性学习的新模式。

当你准备要做职业访谈的时候，你要先列出一些你感兴趣的职业，职业越具体、越接近现实越好，这样有助于你找到相关的访谈人物。在确定好你要访谈的职业类型之后，你要想办法联系到相应职场人物进行访谈。职业访谈对象最好是刚工作几年的人（如本院系本专业的学长），他们的经验对大学生最有参考价值，因为彼此所处的时代

和背景相似,他们走过的路,你们也即将要走,所以一定要多访问这样的人。此外,企业的人力资源从业人员(HR),尤其是部门经理也是很重要的访谈对象。企业的 HR 了解一个企业及行业的用人要求,对他们进行访谈可以让大学生更好地了解职位信息及晋升路径,而且可为建立日后的实习联系打下基础。企业的部门经理也是重点访谈的对象,因为他们更为了解具体的部门及具体的岗位要求,尤其是职业的具体工作内容和所需能力素质。确定好访谈对象后,你必须通过各种可能的途径去找到访谈对象。比如,你可以请求自己院(系)的老师推荐,询问父母亲人及他们的朋友,或者通过各种职业 QQ 群、各种专业论坛、博客、网站等来联系访谈对象。你需要广泛发布信息,表达出你的诚意及你对他人的欣赏,这样你一般是可以找到访谈对象的,因为人们都比较愿意谈论自己,尤其是你请教的问题正好是他/她曾经遇到过的时候,他/她更乐意帮助你。

联系好访谈对象,你需要做一个访谈提纲,这样可以确保你们会面的成效,同时也不会因为事先缺乏准备而浪费对方的时间。具体访谈问题可以参照下面的访谈提纲表,你可以根据自己的实际情况进行问题组合。

职业访谈提纲及整理

我理想的职业:
1. _____ 。 2. _____ 。 3. _____ 。
请从中选择一个最希望了解的职业:
职业名称:_____ 。

访谈问题举例:
(1) 你工作的典型一天是怎样的? 主要的工作内容是_____?
(2) 你在工作当中曾经遇到的挫折和挑战是什么?
(3) 你是怎样进入当前这个工作领域的?
(4) 你大学期间的哪些课程或经历对你进入当前的工作领域有帮助?
(5) 你现在从事工作所需要的教育背景是怎样的?
(6) 你现在所从事的工作需具备的能力或特殊能力是什么? 这些能力的迁移性怎样?
(7) 就你的工作而言,从业者所需的人格特质是什么?
(8) 你的兴趣、爱好是什么?
(9) 就你的工作而言,从业者是否需要专业资格(或执照)?
(10) 你的工作与文字、数字、人际或事物哪一个关系较密切?
(11) 你在工作当中主要使用哪些工具或软件?
(12) 你的主要工作场所是室内还是室外?
(13) 你所在的行业是否有任何季节性或地理位置的限制?
(14) 你的工作时间是固定,还是不固定的? 时间可否自行调配? 需要经常出差吗?
(15) 你的工作的晋升和发展机会怎样?
(16) 你所在行业的人才供需状况如何?

（17）科技或任何变动对你所在行业有何影响？
（18）目前你所在行业的发展有何困难，对所在行业有何展望？
（19）你对自己从事的工作有何满意及不满意之处？
（20）你可能的压力来源是什么？
（21）你是否可以推荐一些阅读书目给我？
（22）你是否还有其他建议愿意提供给我？

请设法联系一个你感兴趣职业的从业者，在以上访谈问题中选择一些你感兴趣的对其进行访谈。

访谈方式：电话、当面、网络访谈等各种形式。

访谈资料整理：整理访谈资料，写出访谈报告，内容包括以下六个方面。

（1）访谈人物的选择（为何选择此人、如何联系上的）。
（2）访谈人物简介。
（3）访谈问题总结（根据以上各种访谈问题做出整理和总结）。
（4）对该职业的分析。
（5）访谈后自身认识的变化。
（6）访谈对自己职业发展的帮助等。

访谈可以采用当面访谈的形式，也可以通过电话、邮件、QQ、微信等社交软件，具体形式视情况而定。访谈的时候要严格遵守时间，除非对方愿意延长访谈时间，否则一定要按时结束。访谈结束后，你需要整理你的访谈资料（具体内容见上述六个方面）和个人反思。整理好之后你最好将访问的记录和个人的心得，连同感谢信寄送或通过电子邮件发给对方。这样，一方面是对访谈者表示感谢，另一方面也是征求对方的建议与评价。下面提供了一份大三学生对社会工作者进行访谈的访谈记录供大家参考。

职业访谈报告
——社会工作者职业调查

一、人物选择

对于许多人来说，社会工作者（社工）是一个陌生的群体。中国内地的社工行业发展并不充分，社会认同不高。对我来说，这个助人的行业是令人向往的，但我对它的了解很少，希望通过访谈了解到相关的具体信息，于是我选择了目前参与的一项义工活动的负责社工进行访谈。

二、人物简介

冯姑娘，社工专业毕业，工作1年，现就职于××街家庭综合服务中心。目前负责"××××"志愿者活动。这个活动招募大学生志愿者在放学后的时段为附近小学的农民工子女提供课业辅导服务。这项长期的公益活动不仅可以帮助农民工子女提高成绩，而且可以为他们提供一个安全的环境度过放学后的这段时间。

在工作过程中，我的受访者被小朋友们称为冯姐姐，她知道每一位小朋友的学习情况、性格特点、家庭情况。亲和——是我对社工这一职业最直观的感知。她身上的亲和

力给人的感觉很舒服。我想这应该是作为一名社会工作者必备的特质吧。

三、访谈问题总结

社工这一职业，主要是围绕"帮助社区居民"这一中心主题开展相关工作。工作形式包括：①个案；②小组；③社区活动。为服务对象提供机会，自我改善；提供视角，完成自助。

该职业主要工作场所是在室内，但在特殊情况下，如服务对象不能来参加活动，需要走进社区、学校等地举办活动等，则要在室外开展工作。工作不受季节性或地理位置限制，但会根据不同时间或节日开展相应活动，如元旦的游园会、"爱眼日"的宣传活动等。工作时间固定，按月取薪。

行业内工作人员教育背景不统一，但总体情况是从业者教育水平较低。造成这一现状的主要原因是我国社工职业化发展不充分，但从2008年6月开始的社会工作师职业资格考试，是该行业规范化、职业化的一个重要转折点。目前本专业本科学历可以直接参加社会工作师职业资格考试，而非本专业出身者则需要取得一定的工作经验后方可参加。对于招收非本专业人员从事这一行业，也是无奈之举。目前，高校中设置这一专业的不多；而许多本专业出身的人员对于不明朗的职业发展以及低社会认同的社工职业态度并不乐观，因而选择从事其他职业；等等，导致行业内人才匮乏，从业者素质不高。

从业者需要的能力包括专业技能、知识、人际交往能力等，此外，受访者重点提到了学习能力。这一行业要求从业者不断充实自己，提升自我。行业内部有督导制度，且有相关培训、讲座等，也会去香港等社工行业发展较充分的地区交流学习。

从业者所需要的人格特质包括亲和力、爱心、耐心、细心等。此外，还要根据具体从事的工作内容来决定所需要具备的特质，如活动组织者需要开朗热情、善于沟通，而项目规划者则需要冷静细心、善于把握全局。

受访者是社工专业出身，向我列举了一些她认为大学里学到的比较适用的课程，包括社会工作概论、社会学基础、社会学具体方法、伦理学、人类行为与社会环境等。这些课程强调的是一种"人与社会系统的适应"，社会工作是社会学的实务。

从业者的升迁和发展有两个方向：①专业方向，从助理社会工作师到督导；②行政方向，升任主管或主任。

社工是助人的职业，贯彻着与心理咨询师相同的"助人自助"的理念。这份工作最令人满意的地方是可以帮助他人，获得心灵报酬。服务对象的感谢可以使自己找到价值感，获得成就感。而不满意的地方是目前不够完善的行业管理以及不甚明朗的发展前景。压力源于自身的不足，因为随着社会的逐渐认同，居民的信任度和需求量越来越高，求助者越来越多，这要求整个机构和社工个人不断提升服务水平和自身能力素质。

四、社工职业分析

1. 行业现状

职业化的社会工作诞生于19世纪末20世纪初。目前，西方国家社会工作职业化发展已经相当成熟。在我国，社会工作起步较晚，还没有建立起完整的社会工作职业体系，职业化水平不高，面临着很多问题和挑战。

当前，我国的社工行业正处于快速发展阶段，人才需求量大，服务领域广，包括社区、社区戒毒、社区康复、福利院、监狱、收容所、学校、司法机构、妇联机构、民政局、劳动局、共青团、工会等。社工目前主要受聘于民政部及社会福利机构。

2. 发展前景

现在，许多群体如高校、政府、福利机构等都在致力于推动社工职业化，也取得了一些初步成效，已经有初步的职业化资格考试和职称制度。

随着社会的发展进步，社区以及其他机构对社工的需求会越来越大。

3. 影响因素

（1）政策。政府扶持——目前××市正号召在市内每一个街道建立一个家庭服务中心。

但同时，政府对社工行业的管理也存在着政策落实力度不够、各部门政策不协调等制约社工行业的发展。

（2）社会。总体而言，我国的社会工作专业发展才刚刚起步，因此很难形成专业认同，其实际工作的效果也未能形成极大的社会影响，使得社会关注程度不高。

但就访谈结果来看，受访者表示，他们的工作已经在社区形成一定的影响力，前来求助的人逐渐增多，相信在实际操作过程中，这一职业会逐渐得到社会大众的认可。

（3）文化。公益观念逐渐深入人心。

4. 发展方向

（1）借鉴国（境）外经验。

（2）促进社会工作专业化教育的发展。

（3）政府相关政策落实到位，深化体制改革。

（4）系统健全的社会工作运行机制。

五、自身认识变化

（1）对社会工作这一行业有了更深的、更理性的认识。尤其是关于服务领域的认识，我了解到社会上需要社工的机构非常多，可以尝试以更广阔的视角去理解这一职业。

（2）了解到提升自我的重要性。其实，无论是从事哪一个行业，都需要我们保持终身学习的状态。社会在发展，行业在发展，我们面对的环境也在发展，这也要求我们注重自身的发展和提高。

（3）注重社会学相关知识的学习。如果我决定从事这一行业，必须要加强社会学相关知识的学习。之前，我认为心理学双学位的知识储备就足以胜任社工的工作，但是，以更专业的角度来说，加强社会学知识的学习是必不可少的。

（4）积极实践，提升人际沟通能力。

六、职业发展帮助

通过访谈，使我更加慎重地考虑未来的职业选择。我了解到社工这一行业的发展前景，同时也知道了行业发展中的种种无奈。之所以想去了解这个职业，是因为怀着服务社会的一腔热血，想要实现自我价值。现在我的这个想法也没有改变，只是觉得未来如果要投入这个职业，必须学会接受现实的各种要求和不足，尽量为更多的人服务。

通过访谈，你将能获得对某个具体职业的更为深入、更为实际的认识，这对于你决定自己是否要投入到该职业当中是很有借鉴意义的。同时，通过这样一个过程，你也积累了一定的人脉关系。

（四）通过实地参观体验获得职业信息

对工作更为直接的了解，莫过于直接进入工作场合去实践。大学生可以通过两种方式来获得实际体验的机会：一种是做兼职，一种是做义务工作。大学生可以广泛利用各种媒介来寻找自己感兴趣的工作，然后利用寒暑假或课余进入相关职业领域当中进行实践。在实践过程中，学生要主动与其中的职员建立良好的关系，以便向他们学习和咨询；同时要认真观察，努力工作，通过真实的工作体验来确认自己是否真的喜欢这个工作；此外，大学生还要努力抓住所有可以施展自己特长的机会，以获取相关人员的青睐，为自己未来进入这个领域获取人脉，如获取留任的机会或者获得被推荐的机会（黄天中，2007）。

通过行业分析和职业探索，你会对社会环境具有更为清晰的认识，你会获得一份职业认知地图，那里标上了各种职业，你清晰地了解了它们的能力要求、工作环境和发展前景等。但是，你现在可能还不能确认自己应该朝哪个职业奔跑。要明确自己的方向，你还需要了解自己。

第三节　属于自己的职业规划——认识自我

黑赛在《流浪者之歌》中写道："大多数的人就像是落叶一样，在空中随风飘游、翻飞、荡漾，最后落到地上。一小部分的人像是天上的星星，在一定的途径上走，任何风都吹不倒他们，在他们的内心中有自己的引导者和方向。"如果把职业生涯看作一个历程，要确保自己在路途中不迷失方向，我们每个人都需要一个内在的引导者。这个引导者是什么呢？它可能是你的兴趣所在或者是你的生命意义或价值。你需要去探索它，去发现它，这样你的人生才会有方向。

在你做行业分析和职业访谈的时候，你已经开始了自我探索的过程。你会不断询问自己，这个行业（职业）是我感兴趣的吗，我有能力获得这个职位并发展自己的能力吗，我在这个工作中会开心吗……对自己的认识和评估是生涯规划的开始，认识了自己的能力、兴趣和价值观，相当于在起步前找到了一个立足点，据此才可以更好地确定自己下一步往哪里走。

一、了解自己的兴趣

（一）兴趣的定义及对生涯规划的意义

兴趣是指所偏爱的活动或事物，也就是指对个人具有吸引力且喜欢做的事（黄天中，2007）。喜欢打篮球或者爱好种花等都是兴趣的体现。"职业兴趣"是指某个人对某项职业或工作的喜好与投入程度。在生涯规划中，了解自己的兴趣以及选择符合自身兴趣的职业具有重要的意义。个体越对自己的工作或职业感兴趣，就越愿意投入工作，工作动力越大，越享受工作的过程；在工作中遇到困难与挫折的时候，个体越能够忍受挫折，坚持下去，而在此过程中，个体的潜能也更容易被激发出来。2008年诺贝尔化学奖得主华裔科学家钱永健非常看重兴趣。他认为科学研究应该是一种快乐。他曾经说："你的科研领域应满足你的个性，为你内心提供快乐，这样当你在科研中的沮丧时期不可避免地到来时，才能安然度过。"因此，我们在进行职业生涯规划的时候，要努力澄清自己的兴趣，结合自己的兴趣来选择职业。

（二）探索兴趣的办法

有些同学可能会说，兴趣还需要探索吗，我当然知道自己喜欢什么！这是一种很好的反应。不过也有很多学生在兴趣澄清上存在问题，有些人可能兴趣太多而找不出主要的兴趣点，有些可能是知道自己不喜欢什么，但是不知道自己喜欢什么。但无论怎样，对这些同学而言，对兴趣的探索都是有益的。对兴趣的探索可以有多种路径，你可以各种方法同时采用，从而获得对自己更为深入的了解。

1. 通过自我经验与自我反思来澄清自己的兴趣

你可以找一个比较空闲和安静的时间，在纸上或电脑上写下你对以下问题的回答：①在学校的学习生活或平常的闲暇时光中，自己最喜欢从事的活动或消遣是什么？②从开始读书到现在，你最喜欢上什么课，你喜欢它什么呢？③有什么事情或活动，无论别人如何阻止，你都要想尽办法去做？通过对这些问题的回答，你可以尝试了解自己内在热切的渴望是什么。职业的英文单词"Vocation"的拉丁字根"Vocatio"意指"一种呼唤"（a calling），这意味着职业的选择是一个响应内在呼唤的过程，你需要仔细聆听自己内在的声音，听到那热切的渴望，那是邀请你投入某种职业的呼唤。

2. 通过他人反馈来了解自己的兴趣

除了自我反思，你可以询问那些你认为最了解你的人（如你的父母、亲人或者你的好朋友等）一些问题，通过他们的反馈来获得对自己的认识。你可以问他们：你觉得我在做什么的时候最开心、最投入？他们的反馈会给你不一样的视角，因为他们对你的观察可能比你更客观。如果他们的反馈与你自我反思的结果一致，那将有助于更为确认自己的兴趣；如果不一致，你先不要着急，你要询问他们的想法，了解他们是怎样获得对你的这样的看法的。如果他们说了一些让你觉得不太舒服或者意料之外的话，不要太在意。这个经历其实也是一个学习的机会，让你学会对自己和他人采取更为开放的态度，这样会有助于你更为深入地了解自己。

3. 通过心理测验来了解兴趣

职业自我探索量表（self-directed search，SDS）是美国职业心理学家霍兰德（John

L. Holland）教授根据其类型理论发展出来的量表，是目前世界上广泛使用的职业兴趣评估测验方式之一。霍兰德认为兴趣是人格的一部分，正是这一部分在职业选择中起着非常重要的作用，是匹配人与职业的依据。霍兰德发现从事相类似职业的人具有相同的兴趣，如会计师的兴趣就不同于工程师、护士等。霍兰德将人的兴趣归纳为 RIASEC 六种类型，分别为：现实型（R）、研究型（I）、艺术型（A）、社会型（S）、企业型（E）和常规型（C），它们分布于一个六角模型之中（图 7-3）。此外，他认为职业环境也可以做相同的分类。如果人的职业兴趣类型与职业环境类型匹配，那么人们就会更满意他们的职业，在工作中就会更为投入，也能够更好地运用它们的技能和能力，获得更高的职业成就。

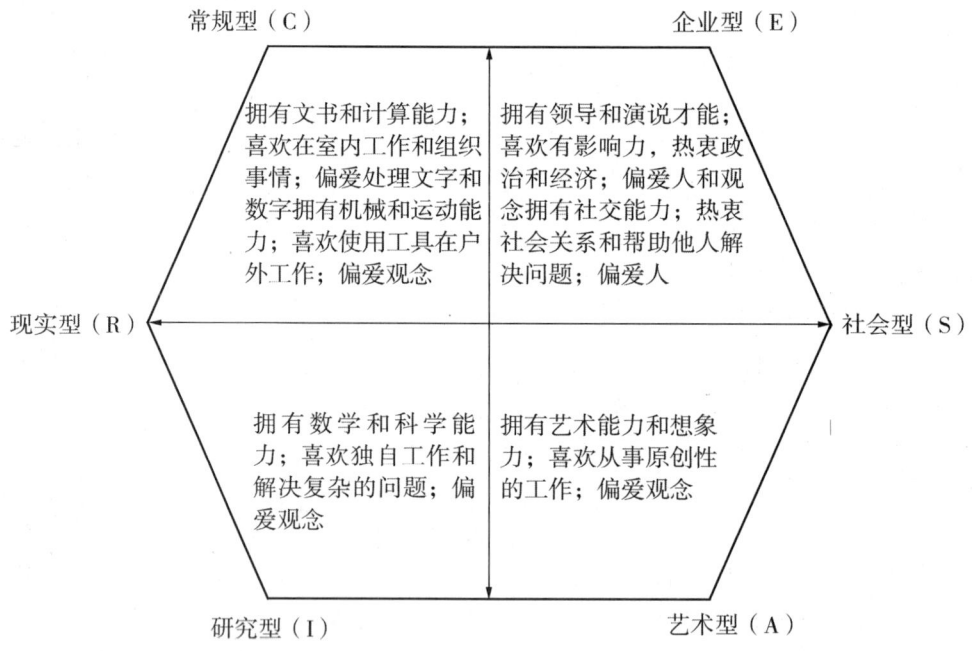

图 7-3 人的兴趣类型

职业自我探索量表根据霍兰德的类型论编制，接受测试的个体可以通过回答量表的问题来澄清自己的职业兴趣。量表最后会输出一个报告，按照个体在 RIASEC 六种类型中分数的高低给出该个体的生涯类型代码，由分数最高的前三种类型来命名。比如，代码为 IEC 表示该个体在研究型（I）上分数最高，其次为企业型（E），再次为常规型（C）。测验还会根据个体的代码给出一些适合的职业建议，如 IEC 类型可能的职业有统计员、经济分析专家、档案保管员和银行职员等。

如果想要通过职业自我探索量表来了解自己的职业兴趣，大学生可以询问自己学校的就业指导中心是否有相关的网络版或单机版的测试。此外，一些求职招聘网站也可以提供免费测试，比如海投网。需要注意的是，测评结果只是一个参考而不是真理，特别是当个体已经非常清楚自己的个性或行事风格时，如果测验结果有所不同，则对测试持有怀疑的态度是必要的。当然，通过向具有专业素养的咨询师咨询也可以获得对自己更

第七讲 规划你的职业生涯：求职、就业与心理健康

为全面的理解。

以上我们介绍了各种了解自身兴趣的方法，它们有助于你发现和确定自己的职业兴趣，从而更好地做出生涯决策。对于大学生而言，兴趣还在不断发展当中，它不是稳定不变的，而是随着经历的改变，可能有所改变，但某些核心特质可能较难改变。关键是要对自己保持开放的心，时时观察自己、反思自己，愿意为探索自己的兴趣付出努力。

生涯探索故事

寻找最本真的愉悦

钱永健1952年生于纽约，在新泽西州的利文斯顿长大。或许从儿时起，钱永健就注定了要走进科学。除来自父亲家族者以外，钱永健母亲的数位兄弟都是美国麻省理工学院的工程学教授。他在描述自己的职业选择时也说："我注定了继承家族的血统，从事这样的工作。"

幼年的钱永健患有气喘，只能关在室内以避免一切耗费体力的活动，因此，他给自己找到了新乐子——能产生奇妙色彩变化的化学实验。他常常几个小时钻在地下实验室中专注于化学实验。一个让许多媒体津津乐道的故事，是他和哥哥的一次实验引爆了自制的火药，导致家中一张乒乓球桌被烧焦。

这个华裔少年很快在科学方面展现出惊人天赋。16岁时，还在上中学的他即以"金属如何与硫氰酸盐结合"为题，获得素有"少年诺贝尔奖"之称的"西屋科学天才奖"（The Westinghouse Science Talent）第一名。

钱永健凭借全美优秀学者奖进入哈佛大学，"因为父母期许的正统专业已被兄长们占尽先机"，他选择了有机化学，20岁时，就以物理学学士和化学学士双学士学位从哈佛大学毕业。本科期间，钱永健和长兄钱永佑分获全美大学生竞争最激烈、难度最高的奖学金Marshall和Rhodes学者奖，双双前往英国，分别入读剑桥大学和牛津大学，继续深造。钱永佑后来成为著名神经生物学家，曾任斯坦福大学生理系主任。

早在哈佛大学时，钱永健就开始厌倦化学。他在多个领域辗转，寻找真正能激动人心的研究方向。最初的兴趣是神经生物，然而，他在剑桥大学的导师是位研究肌肉的电生理学家；而后是海洋学。回望过去，他早年的化学背景为他后来在药理、分子生物领域的突破提供了莫大帮助。在剑桥大学读研究生期间，钱永健利用化学技术，发明了一种更好的染料，可追踪细胞内的钙水平。

"我梦想着在蓝色海洋上远航，那样一定很浪漫，但我最终发现它（海洋学研究）完全不是这样。我的研究只是在海湾中测量石油污染的程度，最终我发觉自己根本不关心藻海的高度。"钱永健转而开始专注一个看上去永远充满神秘色彩的领域——人类大脑。他因此获得了生理学博士学位。

钱永健曾说："你的科学领域应该完美地契合你个性的深处，在你的沮丧期不可避免地到来时，这样的契合能为你提供最本真的愉悦。"

（摘自《南方周末》）

二、了解自己的能力

（一）能力的定义及对生涯规划的意义

能力是"能导致价值目标完成的具体行为能力"，简单而言，就是"你能做什么"（黄天中，2007）。就工作能力而言，可以分为专业能力和行业共通能力。专业能力是跟某种职业，尤其是专业性很强的职业（如医生、律师等）相关的能力，是通过教育培训所形成的特定的操作技巧和思维活动能力。专业能力是跟大学生就读的专业紧密相关的，必须通过对本专业知识和技能的学习来掌握，它决定着大学生毕业后进入相关专业领域的胜任力。行业共通能力是指适用于各个行业，有助于人们在不同行业成功的能力。新加坡劳动力发展局在分析了450家企业、工会和培训机构对雇员的要求后，提出了10项就业必备技能。这些能力包括工作语言和计算能力、全球化意识、终身学习精神、沟通与人际关系管理等。掌握这些技能将帮助你在未来的职位遴选中脱颖而出，成就个体的职业梦想。这些能力的掌握要求广泛的学习和实践，包括通识教育课程的学习、社会实践、博览群书等（黄天中，2007）。

在生涯规划中，对自己能力的了解有助于我们巩固优势，改善劣势。了解了自身的优势与潜能，可以让我们知道自己在哪方面可以得到最好的发展。如果未来职业跟自己的优势匹配，那么个体可以在该职业中更好地发挥自己的能力，工作起来更得心应手。此外，了解能力还可以让自己知道自己哪方面的能力比较有限，从而思考可以通过什么方式来改善自己的劣势，或者通过恰当的方法来规避这些劣势对自己职业发展的影响。

（二）探索能力的方法

1. 通过自我反思来了解自己的能力

大学生可以通过对以下问题的回答来帮助自己认清自己的优势：①自己会做哪些事情（如会画漫画、能修理电脑等）？在这些事情中，有哪些事情你会做得比别人好，好多少呢？②自己在当前和过去的求学经历中，哪些科目学得最好？把自己对这些问题的回答都列出来，然后思考这些答案都分别对应什么能力，如你在修理电脑上最为拿手，那说明你的机械操作能力很强。又或者你能够很好地帮助同学或朋友处理冲突，那说明你的人际沟通能力很强。

2. 通过自身行动结果的反馈来了解自己的能力

很多时候，我们不知道自己能力的边界，是因为我们缺乏实践机会。大学生可以积极寻找各种实践的机会，通过社团活动、社会实践、专业实习等方式积极探索自己的能力，仔细观察自己完成各种任务的实际效果，这是对我们能力最直接的证明。

3. 通过他人的反馈了解能力

虽说最了解自己的人是自己，但每个人对自己都有一些不自知的地方，这个时候我们需要以他人为镜来了解自己。有些同学感觉自己好像没有什么长处，但是他们的同学会说："我觉得你在××方面做得很好啊！"你现在可以真诚地询问你身边的人，问问他们对你做的哪些事情很满意，哪些事情需要改进。这有助于你通过他人的眼睛来看到自己的优势和不足。

4. 通过阅读一些个人发展的书籍来了解自己的能力

在美国畅销书《你的降落伞是什么颜色的?》（*What Color Is Your Parachute?*）中，作者鲍利斯强调认识自己的潜在技能对生涯规划具有重要的意义，他在书中提供了大量的练习用以帮助人们辨别和发展自己与工作相关的技能。你可以阅读该书，按照其中的练习对自己的技能进行评估，了解不同技能的重要程度、与工作的关系以及是否需要进一步发展。

5. 通过标准化测验来了解自己

你也可以通过大学就业指导中心获得一些有关技能评估量表的信息，比如，你可能会找到一些能力倾向测验，通过这些测验可以了解自己的潜能。此外，在 Reardon 等著的《职业生涯发展与规划·学生手册》中，你可以找到工作相关能力问卷（IWRA，Inventory of Work-Relevant Abilities，American College Testing，1998）。该问卷提供了对 15 种能力评价的机会，并且这些能力可以用与霍兰德六种类型相似的类型进行区分。你可以把该能力问卷的测试结果与在"职业自我探索量表"中了解的兴趣类型进行对照，帮助自己澄清能力与兴趣的关系。这一点我们在生涯决策部分还会继续探讨。

三、了解自己的价值观

（一）价值观的定义及对生涯规划的意义

价值观是"指一个人对周围事物的是非、善恶和重要性的评价"，而"工作价值观"是"指人们衡量社会上某种职业优劣和重要性的内心尺度，是个人对待职业的一种信念，并为其进行职业选择、努力实现工作目标提供充分的理由"（黄天中，2007）。无论个人对事物持什么样的看法，其价值观都是有意义的，都应该得到尊重。关键是个人的人生处世哲学要跟自己工作环境的价值观一致，否则个人很难投入工作，工作满意感也会较低。当个人不能依循自己的价值观生活时，个人很难获得最大程度的幸福感和高自尊。我们对自己的价值观越清晰，我们的生涯决策过程就越容易。

（二）了解自身价值观的方法

价值观的澄清不是一个容易的问题，但只要你努力寻求，它就会浮现出来。下面是

一些有助于你思考自己的价值观的问题：

(1) 我一生中最想要的事物是什么？

(2) 我生命中最大的喜悦是什么？

(3) 我最关心的事情是什么？

(4) 我曾经崇拜过哪些人，他们目前对我有什么影响？

(5) 哪句话你觉得最可以成为你的座右铭？

(6) 有哪些价值是我的父母认为重要的，你多大程度上认同他们的价值？

(7) 金钱、名声、帮助他人、朋友、亲情对你来说意味着什么？你愿意为得到它们做些什么？

以上这些问题主要是对一般价值观的澄清，你还可以思考一些将价值观跟工作相联系的问题，帮助你澄清价值观对生涯规划的意义：

(1) 你理想的工作形态是什么？它们跟你的价值观之间有什么关联？

(2) 未来如果你从某个工作离职的话，导致你离职的最可能原因是什么？

找一个安静的空间和比较有空的时间，将你对以上问题的回答写在纸上或电脑上。当你积极投入这种自我反思过程时，你已经开始积极创造你的未来。

无论是了解自己的兴趣、价值观还是能力，自我认识是一个终生的过程，永远不会结束。兴趣、能力和价值观都是在一定时间内相对稳定的个人特征，所以我们可以通过努力探索获得对其较为清晰、准确和稳定的认识。这种自我知识对指引我们的生涯规划具有重要的意义。然而，相对稳定并不等于不会改变。有些同学可能会说"我永远不会对×××（如数字、园艺等）感兴趣"。这种僵化的看法也是危险的。兴趣、能力和价值观与我们的经历和经验息息相关，它们是可能随着时间的改变而变化的。关键是我们要以开放的心态面对自己，真实地接纳自己，关注此时此地的思维和想法。此外，有关自我的知识来自多重经历而不是特定的某次成功或失败的经历。比如，不能把某次演讲比赛的失败当作你不适合从事一些需要公开宣讲的工作的理由。我们需要更全面地看待自己的经历，尽可能多地寻找和获得不同的生涯/生活经历，即使那些经历和经验是我们不喜欢和不愉快的，但它们对增长我们的自我知识也是很重要的。对自己更为全面的探索和认识可以避免我们扭曲对自己的能力、兴趣和价值观的认识。

第四节　付诸行动——生涯决策和行动计划

通过对职业和教育环境的探索以及对自我能力、兴趣和价值观的澄清，你拥有了较为充分的信息来进行生涯决策。生涯决策是指个体在对自我和职业环境的信息进行评估和整合之后，制定出能让自己和社会感到满意并让双方都受益的生涯规划并据此执行的过程。生涯决策不是一个容易的过程，它不仅是一个信息整合的过程，而且是面对自身的犹豫和恐惧的过程，是一个自我激励和自我管理的过程。下面我们将会介绍如何整合各种信息做出有效决策，同时分析一些可能阻碍有效决策的因素，接着引领你们通过制定行动计划一步步接近自己的目标，最后我们会列出你在大学期间生涯规划的时间表，使你更清楚自己未来的大学生活需要做些什么。

一、整合自我知识和职业环境的信息，做出有效决策

经过广泛而深入的探索，我们获得了有关职业环境、教育培训和自我兴趣、价值观和能力的知识。要做出有效的生涯决策，我们必须把这些知识整合起来，这种整合包括自我知识的整合，以及建立自我知识和职业环境知识之间的联系。

（一）自我知识的整合

兴趣、能力和价值观不是相互分离的，它们可以相互联系，一起构成个体独特的特性。在我们分别对自己的兴趣、能力和价值观做出探索之后，我们需要把这些信息整合起来，获得对自己更为全面的认识。此外，在我们整合这些信息的时候，一些发展的方向也会浮现，成为我们生涯规划的重要目标。

首先我们需要整合有关自己的兴趣和能力的知识：整合的方式可以有多种，你可以把你的兴趣领域按感兴趣的程度进行排序，同时把你的优势领域按自己擅长的程度排序，列在同一个表格里面（表7-1），这样你可以清晰地看到两者的对应关系。

表7-1 兴趣领域和优势领域

自己感兴趣的领域 （按感兴趣的程度排序，最感兴趣的排在前面）	自己的优势领域 （按擅长程度排序，最擅长的排在前面）	思考的问题
最感兴趣的：	最擅长的：	你感兴趣的领域和擅长的领域一致吗？ 是否会出现你感兴趣的但不擅长，或者你擅长的但不感兴趣？ 你怎么解释这种结果？ 它们对你的生涯规划有怎样的启示呢？ ……
次感兴趣的：	次擅长的：	
……	……	

此外，由于自我探索量表和工作相关能力问卷都可以基于霍兰德的六种类型对兴趣和能力进行分类，对比这两个测验的结果可以获得对兴趣和能力关系的更为直接的认识。你可以把你在两个测验上获得的领域代码及其分数填在表7-2中，并在旁边写下你对对比结果的思考。

表 7-2　基于霍兰德六种类型理论的兴趣和能力比较

霍兰德代码	R	I	A	S	E	C	思考
自我探索量表（兴趣）的分数							你的兴趣代码与你的能力代码一致吗？具体表现在什么方面？你怎样解释这种不一致？
工作相关能力问卷（能力）的分数							

通过以上的信息整合过程，你可能会发现自己的兴趣与能力是吻合的，即你感兴趣的领域也是你擅长的领域。这种一致性可以让你更容易选择一个未来可以投入的职业领域。但是，如果兴趣与能力不符合，那你就需要更多的思考。兴趣与能力不符合有不同的表现，如你可能会发现自己在感兴趣的事情上能力并不高，或者你对自己有能力做的事情不感兴趣。前者可能是你没有获得足够的机会来发展自己的兴趣，所以你要思考一下你可以用什么样的途径来培养这些兴趣？在你的兴趣列表中挑选出三项最感兴趣的，然后针对每一项写出未来你希望用什么方式来发展自己的兴趣。例如，喜欢绘画的人可能会通过以下方式来满足兴趣：自己在课外练习绘画、选修学校里面各种跟绘画或艺术有关的课程、参加校外辅导班、拜师学艺等。这些思考将为你的行动计划的制订提供基础。如果你对自己擅长的领域不感兴趣，那也不需要完全把这个能力领域排除在你的生涯规划之外，应对此保持开放的态度，尝试着寻找更多机会来让自己展现这个特长，在展示的过程中体会自己的感受，你可能会发现自己慢慢会对该领域产生兴趣。当然，也可能有其他原因阻止你接受自己的优势领域，比如为了反抗父母或者其他原因，这个时候你可能需要专业咨询师的帮助，协助你找到其中的阻碍因素，让你能够更真实地对待自己。

在整合了兴趣与能力的信息之后，某个或某些职业领域会慢慢浮现出来，你可以尝试把它们写下来，然后思考这些职业领域跟你的核心价值观一致吗？那些与你的核心价值观一致的职业领域可能会被你优先选择。

经过这样的整合过程，你可以获得一些大致能够符合你的兴趣、价值观和能力的所有可能的职业选择。

（二）建立自我知识和职业环境知识之间的联系

虽然在自我兴趣、能力和价值观整合的过程中，某个或某些职业领域会浮现，但你对自己是否要选择他们作为你未来的职业目标仍然存在疑惑，因为你不知道这些职业领域是否具有发展前景，是否能让你安身立命。这时，你需要把自己再放回到行业和职业背景下，将自我知识与行业、职业环境信息进行整合，在综合分析各方面信息的基础上做出决策。

要达到有效整合，你需要采用上面的行业分析和获得职业信息的方法，仔细去了解那些在自我探索过程中浮现出来的职业，获得有关它们的更多信息。为了帮助自己做出选择，你需要在详细了解这些职业信息之后，把它们与你的自我知识和经验再一次进行整合。由于大学生直接的职业经验很少，所以将自我知识与间接经验进行整合就很重要。一种有效的方法是，你可以把职业访谈获得的榜样的职业经验与自己的兴趣、能力和价值观进行比对（表7-3）。通过比对，你可以较好地对相应的职业进行评估，进而做出选择。

表7-3　职业经验与兴趣、能力和价值观的比对

职业信息	该职业符合你的兴趣吗？	该职业符合你的能力吗？	该职业符合你的价值观吗？
①你工作的典型一天是怎样的？主要的工作内容是＿＿＿＿＿＿。			
②你在工作当中曾经遇到的挫折和挑战是什么？			
③你是怎样进入当前这个工作领域的？			
④你大学期间的哪些课程或经历对你进入当前的工作领域有帮助？			
⑤你现在从事的工作所需要的教育背景是怎样的？			
⑥你现在所从事的工作需具备的能力或特殊能力是什么？这些能力的迁移性怎样？			
⑦就你的工作而言，从业者所需的人格特质是什么？			
⑧你的兴趣、爱好是什么？			
⑨就你的工作而言，从业者是否需要专业资格证书（或执照）？			
⑩你的工作与文字、数字、人际或事物哪一个关系较密切？			
⑪你在工作当中主要使用哪些工具或软件？			
⑫你的主要工作场所是室内还是室外？			
⑬你所在的行业是否有任何季节性或地理位置的限制？			
⑭你的工作时间是固定的，还是不固定的？时间可否自行调配？需要经常出差吗？			
⑮你的工作的晋升和发展机会怎样？			
⑯你所在行业的人才供需状况如何？			
⑰科技或任何变动对你所在行业有何影响？			
⑱目前你所在行业的发展有何困难、对所在行业展望？			
⑲你对自己从事的工作有何满意及不满意之处？			
⑳你可能的压力来源是什么？			

这样一个整合的过程可能不是一蹴而就的，你可能会发现要找到完全符合自己的能力、兴趣和价值观的职业不是一件容易的事情，你需要不断回到自我认识的过程或者职业探索的过程去再次澄清。通过这样循环往复的过程，你才能够找到一个自己愿意为之投入的职业。当然，你可以有不止一个选择，最好是有三个选择，这样你可以按你愿意为之投入的程度进行排序。有备选项的好处是它们给你提供了更多的可能性，同时又不会让你被很多的选择淹没。当你的第一选择由于各种原因而无法继续时，你还有新的方向可以探索。

二、制订行动计划

在你做出选择之后，你需要设法制订一个能够实现目标的行动计划。大学生在确定行动目标的时候，常常会觉得茫然，因为投入某个职业对你来说是全新的经验，这个目标对你来说有点宏大，你可能会有一种不知道如何着手准备的感觉。为了对自己的职业准备更具有指导意义，你需要设定更为具体可行的目标。

（一）目标设置的原则

一个生涯目标要对个体行为具有有效的激励作用，那么它必须符合 SMART 原则。（彭贤，马恩，2010）

"S"——specific：目标应该是非常具体的，如果目标含糊不清的话就无法对个体行为产生指导作用，因此目标设置要具体化。比如，"我毕业之后想从事人力资源管理的工作"就比较含糊，你需要仔细思考你想在什么行业、什么类型和规模的公司以什么职位来从事人力资源管理的工作，如将其修改为"我希望自己毕业五年后能够成为全国知名互联网公司的人力资源专员"就会更具体。

"M"——measurable：目标应该是可观察和可度量的，这样才能比较容易跟进目标达成的进度。比如，"获得什么方面的培训证书，完成托福考试"等目标就是可观察和可度量的目标。

"A"——achievable：目标要切实可行，否则不但难以达成，还会挫败自己的信心。大学生在设置目标的时候会表现得野心勃勃，常常会设置一些过于宏大的目标，结果难以达成，最后不了了之，这是大家要警惕的。

"R"——rewarding：目标要具有一定的意义，让个体在达成的时候能够获得自我奖励，这种意义感会让个体更为投入。

"T"——time-bounded：最好给所有目标加上合理的完成时间的范围，这样才比较容易检查自己的进度。

（二）目标分解与差距分析

人们要到达生涯目标的顶峰必须从山脚开始逐级而上，即大的目标的达成是以一个个小目标的达成为基础的。我们必须将生涯目标分解为长期目标、中期目标与短期目标。

长期目标一般为 5～10 年内的目标，跟你对生涯的长期规划有关；中期目标为 3～5 年内的目标，它为长期目标的达成服务；短期目标为 1～2 年内的目标，它是长期目标和中期目标的进一步具体化和操作化，又可细分为年目标、周目标等。在目标设置的过程中，一般是先确定长期目标，然后思考如果要达到长期目标自己还有哪些差距，这些差距包括能力的差距、知识的差距、思想观念上的差距和心理素质的差距等。了解了这些差距之后，就要找出缩小差距的方法和寻找实现的途径，如获得某种经验、学习某项技能等。这些方法和途径可以转化为中期目标，然后再思考要达到中期目标还有哪些差距，进一步找出相关的方法和途径。这些方法和途径又可以转化为短期目标。

请按照上面的目标分解和差距分析的方法完成下面的目标树（图 7-4），它将有助于你对自己的生涯目标进行分解，明确自己努力的方向。

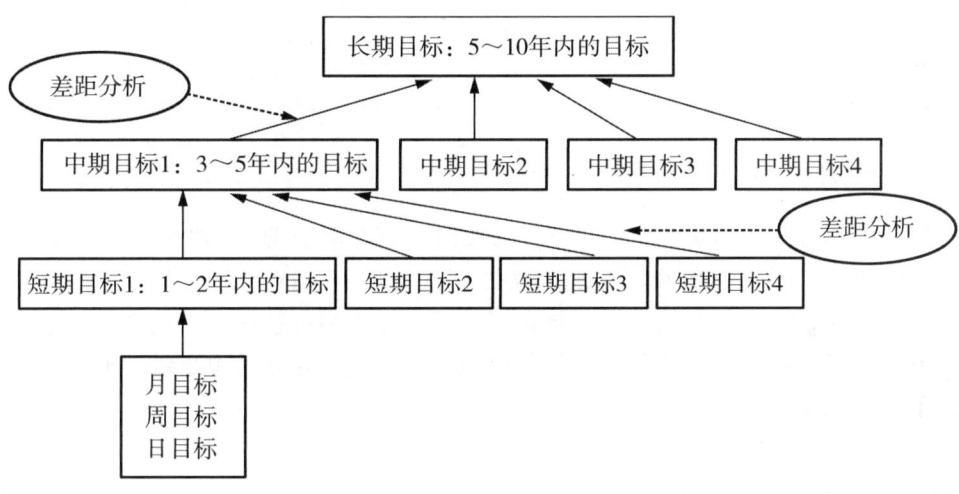

图 7-4　目标树

（三）形成行动计划

在对目标进行有效分解之后，你就可以开始制订行动计划了。你可以为每一个短期目标设计一个行动计划，将目标转化为一个个具体的行动步骤，同时考虑那些对你完成每个行动可以提供帮助的资源或者会造成障碍的阻力。有益的资源包括：①某些机构，如学校的就业指导中心、心理咨询中心或者校外培训机构等；②某些人，如亲戚、师兄师姐、老师、朋友等；某些物，如书籍等。行动的阻力包括自身的弱点（如拖延等）和环境的限制（如家庭经济地位、父母的态度等）。对资源的思考可以让你广泛寻找能够对你有所助益的人或物，增强你的行动计划的可行性。而对行动阻力的思考能使你有机会面对个人个性的弱点或者环境的限制，从而更为积极地采取措施来规避它们的消极影响。请选择你的一个目标，然后制订一个个人行动计划，见表 7-4。除具体活动、资源和限制外，你还需要在第四列中对你列出的行动排列优先顺序，指出哪个先做，哪个后做，以此类推。在排列优先顺序时你要明白你在前一个活动中获得的技能和信息可以怎样为后一个活动提供支持。比如，参与某个岗位的实习之前你先要去了解可能的岗位信息。在第五列,你可以写下完成每一个行动的时间。在第六列,你需要对自己完成行动的情况进行确认。通过这个行动计划,你可以更好地知道自己在每一个阶段的任务,同时监督自己的任务完成情况。

表 7-4　个人行动计划

计划制订日期:_____

目标:_____

有助于达到目标的行动	有助于完成行动的资源	可能对行动造成阻碍的因素及解决办法	行动的优先顺序	完成时间	完成确认(若完成则打"√")

(四) 为目标和计划预留弹性

公元 1 世纪时有一句名言:"不容许修改的计划是坏计划。"在我们制订好计划之后,计划的执行还会受到各种主客观因素的制约,不一定能完全按照原定的计划来执行。一旦发现计划本身不合理,或者是在当前的环境下很难达成,就需要及时进行修改和调整。生活中充满变数,预见到变化的可能性会让我们在意外发生的时候多一份平常心,而不至于惊慌失措。

三、无法做出决策的原因

有些同学虽然已经对自我知识和职业环境信息进行了充分探索,但还是无法做出决策并制订行动计划。这可能是由于这些同学对自己、工作甚至决策本身具有一些消极的、自我挫败的思考,这使他们很难解决生涯问题并做出有效的生涯决策。比如,他们可能会想"这个世界变化很快,做了计划也没有用",或者另外一些同学可能会想"如果我做了错误的决定,我就会入错行,那我这一辈子就毁了"……诸如此类的消极认知会让这些同学裹足不前,放弃决策和行动,导致生涯问题迟迟无法解决。要改善这种状况,大学生可以向他人如咨询师或老师那样的专业人员求助,以辨别和改变自己的消极认知。一些自我指导式的认知重建也可能会有帮助。在下面的生涯观念重构中,按照示例的样子在第一列里面写下自己的旧生涯观念,这些观念常常是消极的和不切实际的,然后从以下几个方面来对这些消极观念进行挑战:

(1) 这个观念的证据是什么?有什么证据表明这个想法是真的?

(2) 这个观念全面吗?它是否考虑到了积极的方面和消极的方面?

(3) 这个信念是如何产生的?是我自己得到的,还是由家庭中的成员传递的?

(4) 这个观念是否有助于我做出有效的生涯决策?如果它无助于我做出有效决策,

我可以对它进行怎样的改变?

在你通过这些问题对这个消极观念进行挑战之后,把你思考之后产生的新的积极的生涯观念写在表7-5的第二列里面。这个过程将帮助你重构自己的生涯规划信念,协助你移除生涯规划的障碍。

表7-5 生涯观念重构

旧的生涯观念	新的生涯观念
例1:这个世界变化很快,做了计划也没有用	我知道自己现在不能为一生做出规划,那也是不切实际的,但是我至少可以为我大学的几年,或者为我未来一个月要做些什么做出规划
例2:如果我做了错误的决定,我就会入错行,那我这一辈子就毁了	人要做出一个百分百正确的决定是不太可能的,我只能尽可能获得较为全面的信息来帮助自己做出较为正确的决定。这个决定还需经由实践的检验,在实践的过程中可能有或大或小的校正,那都是可以接受的。错误的经历也有助于我澄清自己对生涯的认识。如果我因为害怕而拖着不做决定,那我未来用于校正自己错误的机会就会越来越少,所以还是要勇敢往前走
例3:我觉得由我父母替我决定未来的职业方向,要比由我自己决定更为恰当	从父母或者其他重要他人那里获得一些信息也许会对我做出选择有益,但同时他们的一些看法也可能会使我更困惑和不确定。无论我从别人那里获得什么样的建议,最终,我才是那个要为自己生涯选择负责,并且有能力做出选择的人
……	……

四、从入学开始为毕业做准备——你的时间表

生涯规划应及早开始,因而从入学开始你就要有生涯规划的意识,并积极寻找各种资源来帮助自己做出有效的规划。以下的时间表供你参考:

(一) 大学一年级:开始自我兴趣、能力、价值观和职业环境探索的时期,了解各种有用的资源

(1) 了解自己学校有哪些部门提供生涯咨询服务,它们可能是就业指导中心或者是心理咨询中心。如果有的话,预约相关老师开始进行生涯探索,协助你初步拟定生涯目标。

(2) 拜访自己学系的老师,了解本专业毕业生历年就业情况。

(3) 选修一些跟职业生涯规划有关的课程。

（二）大学二年级：获得与自身生涯目标有关的经验的时期，对职业进行广泛探索

（1）加入一些跟自己职业目标有关的社团。
（2）加入一些与自身目标相关的志愿者机构进行工作。
（3）在一些与你的职业目标相吻合的公司或机构里寻找暑期工或其他形式的实习机会。

（三）大学三年级：进一步澄清自己的职业目标的时期，对职业进行深入探索

（1）预约就业指导中心老师或者咨询师进一步明确你的职业目标。
（2）继续在社团里发展自己的兴趣和能力，成为社团领导。
（3）进一步通过志愿者工作、暑期工作或其他实习机会来获得跟自身职业目标有关的经历。
（4）想办法加入老师的工作组或课题组，这个经历可以帮助你明确对从事本专业的教学或研究工作的兴趣和能力，同时也能让你获得老师的推荐信。
（5）尝试在学校以外找到一个你感兴趣的职业领域的导师，积极寻求他/她的指导。
（6）了解自己感兴趣职位的招聘信息和招聘过程，了解入职资格。
（7）开始草拟自己的简历。

（四）大学四年级（也可能是大学五年级，即毕业生）：正式求职的时期，充分利用各种资源找到工作或进一步读书深造

（1）列出所有可能的雇主，尝试与他们联系。
（2）再次拜访就业指导中心老师或咨询师以寻求求职帮助。
（3）扩展自己校内校外的关系网络，通过 E-mail、电话等方式告诉他们你在找工作，询问他们是否可以帮你留意可能的工作信息或给你提供其他的帮助。
（4）从你的指导老师或者校外导师处获得推荐信息。
（5）列出所有可能的求职策略并进行尝试。

总之，为自己的未来投入时间和经历是值得的，你需要确保自己尽早开始，并且在有需要的时候积极向他人求助。在你不断获得经历的过程中，你还要有意识地将自己的进步或成就以量化及质化的方式列出来，如曾成功为组织节省若干费用、曾成功化解公关危机或成功组织一个社团活动等。将这些成功解决问题的工作表现详尽列出，使自己能够看到自己在积极地进步，同时也有助于你向未来雇主展现自己的能力。

我们处在一个日新月异的社会，行业和职业都在不断更新当中，旧的行业或职业可能被淘汰，新的行业和职业不断产生。处在这样一个时代的大学生，要专心于自己专业的学习，同时也要对行业发展和职业变更持开放的态度，通过行业分析和职业探索选择具有发展前景且自己感兴趣的行业和职业。

要判断一个行业和职业是否适合自己，你还需要采用各种方法去了解自己的兴趣、能

力和价值观。澄清这些将有助于你为自己的未来发展找到一个内在的引领者。从事一个自己感兴趣、符合自己价值观，同时又能发挥自己能力的职业会让你的生命更为丰满。

在对行业、职业和自身的信息进行充分探索之后，你需要整合这些信息来帮助自己做出生涯决策，你可以选择几个可能的职业领域作为自己的目标领域。做出决策之后，你就要制订一个具体可执行的行动计划，然后按照行动计划一步步展开行动，最终实现你的生涯目标。

生涯规划的过程不是一个容易的过程，你在此过程中可能会感到焦虑、沮丧，或者会产生一些消极的看法。这时你可能需要寻求帮助，或者进行自我指导。无论如何，我们要以积极解决问题的心态面对各种可能的挑战，把它们当作一个有益的学习过程。

希望你了解这些信息之后，能够从你入学开始，就积极为自身的生涯和梦想付出努力，祝福你！

【讨论与思考】

1. 如何理解行业、职业与专业的关系？理解它们之间的关系对你的生涯规划具有怎样的意义？
2. 如何了解行业发展趋势和职业环境？
3. 了解自己的能力、兴趣和价值观的方法都有哪些？你该如何去整合不同来源的信息呢？
4. 如何根据你所获得的环境信息和自我知识做出生涯决策？

【实践与拓展】

绘出自己的生涯彩虹

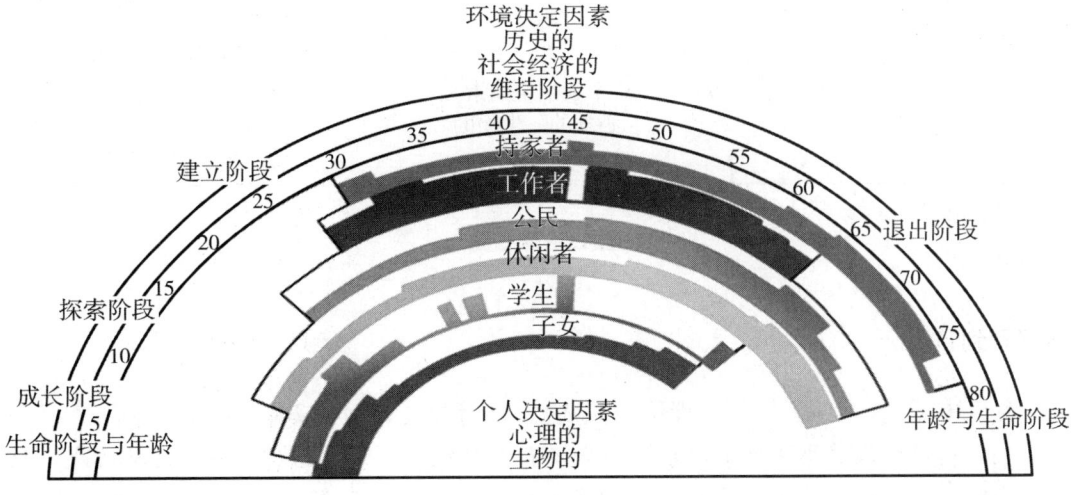

生涯彩虹图

上面这个图形叫"生涯彩虹图",图中每个不同颜色弧线的起止代表了不同角色的起始时间,弧线的高度为角色凸显程度,体现了个人在各个角色上所花的时间和情绪涉入的程度,弧线越高则投入时间和精力越多。个体在每个年龄阶段凸显的角色组合不同,其组合形态能反映出一个人当时的价值观,显示出工作、家庭、休闲、学习研究及社会活动对个人的重要程度,以及在不同发展阶段所具有的特殊意义。因此,个体在进行生涯规划时要考虑不同角色对自己的影响,要根据自身的特点建构最佳角色组合。

请大家按照以下步骤,在下面的空白彩虹图中绘出自己的"生涯彩虹图"。

第一步:根据自己过去、现在和预想的将来状况,判断在某个年龄阶段你把主要的时间和精力放在了哪个角色上,把该年龄阶段对应的角色弧形涂上颜色。在思考未来时要思考角色组合应如何安排才能兼顾社会现实、环境要求和自我实现。

第二步:画完所有年龄对应的所有角色的彩虹后,分析一下自己在某些角色上投入的时间和精力是否符合你本身的期望。

第三步:根据你绘出的生涯彩虹,思考一下它对你的生涯规划具有怎样的启示?

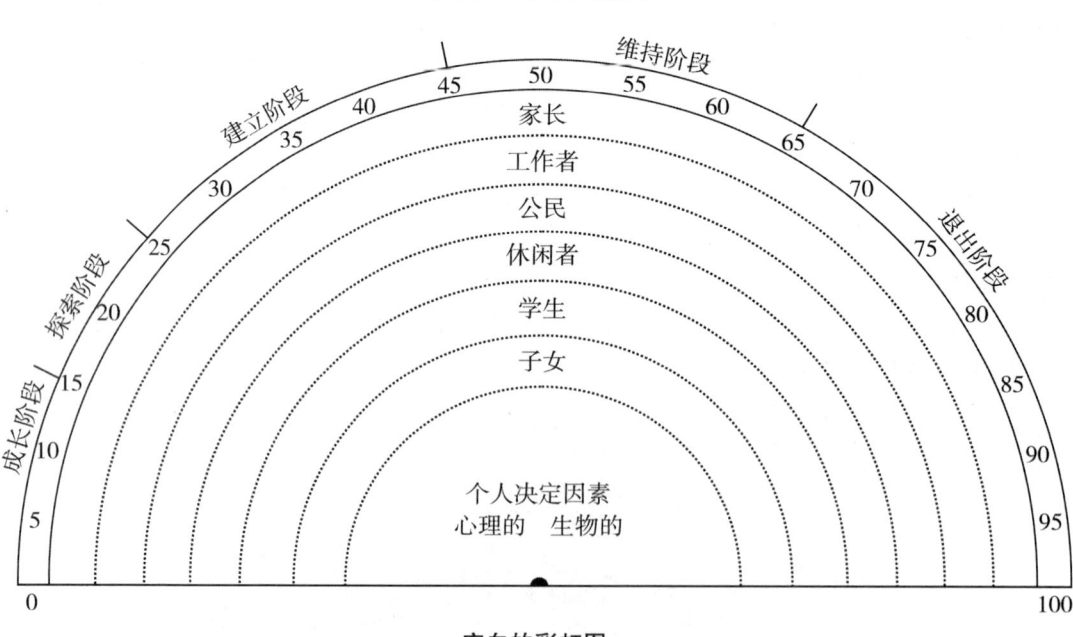

空白的彩虹图

【推荐与导读】

黄天中著:《生涯规划——理论与实践》,高等教育出版社2007年版。

人们怎样才能够快快乐乐地学习、生活和工作呢?《生涯规划——理论与实践》这本书将理论与实践相结合,系统地介绍了生涯规划与自我了解、生命历程、人际关系、压力管理、时间管理、个人理财、个人信仰、职业生涯、生涯探索、体验学习、终生学习以及自我实现等各方面的关系，旨在帮助学生认识自身价值，适应社会，规划个人生涯，提升自身价值。

该书的作者黄天中博士毕业于台湾淡江大学英文系（文学士）、美国佐治亚州摩塞尔大学教育心理学系（硕士）、美国爱荷华州德瑞克大学教育心理学系（博士），曾任美国俄克拉荷马市大学副校长、美国哈佛大学教育研究学院博士后研究访问学者、美国纽约州库克大学海外学术合作副校长兼中国项目合作负责人、美国库克大学生涯规划导论和体验教育实践教授。

该书基于美国纽约州库克大学与中国四所大学国际合作办学——管理学双学位项目中的生涯规划体验教育课程改编而成，是在西方大学生涯规划教育的基础上进一步适应中国学生的情况而撰写的，该书提供了很多学生自我探索的具体方法，有助于广大学生更好地了解自我和进行有效的自我设计，促进生涯发展和获得更美满的人生。

推荐资讯

各种名人传记，如《史蒂夫·乔布斯传》，详细记述了不同领域的知名人物的经历和他们自我探索的历程。通过阅读那些自己准备进入的那个领域中重要人物的传记，仔细分析他们解决生活和职业问题的方法，大学生可以从中得到自己感兴趣的职业的相关领域的信息，为自己的职业生涯决策提供参考。

【参考文献】

[1] 黄天中. 生涯规划：理论与实践[M]. 北京：高等教育出版社，2007.
[2] 金树人. 生涯咨询与辅导[M]. 北京：高等教育出版社，2007.
[3] 理查德·尼尔森！鲍利斯. 你的降落伞是什么颜色？[M]. 陈玮，陈绍锋，梁峰，译. 北京：中信出版社，2002.
[4] 彭贤，马恩. 大学生职业生涯规划活动教程[M]. 北京：清华大学出版社，北京交通大学出版社，2010.
[5] GYSBERS N C, HEPPNER M J, JOHNSTON J A. 职业生涯咨询：过程、技术及相关问题[M]. 侯志瑾，译. 北京：高等教育出版社，2007.
[6] REARDON R C, LENZ J G, SAMPSON J P, et al. 职业生涯发展与规划[M]. 侯志瑾，伍新春，等，译. 北京：高等教育出版社，2005.
[7] REARDON R C, LENZ J G, SAMPSON J P, et al. 职业生涯发展与规划学生手册[M]. 侯志瑾，伍新春，等，译. 北京：高等教育出版社，2005.

(本讲执笔人：曾细花)

第八讲　提升生活的智慧：挫折与适应

【本讲概要】

　　生活中，我们经常给他人送上"心想事成""万事如意"的祝福，然而，古语云，人生之不如意事十之八九。在人生的道路上，人们总是会遇到各种曲折与坎坷，会遇到各种不如意的事情使我们感到焦虑、紧张、悲伤、失望、难过……这就是挫折。

　　那么，我们应该如何认识和面对挫折呢？我们怎样才能更好地适应与成长呢？在本讲中，我们将会解释"挫折"和"适应"的有关概念和内涵；分析挫折的表现、特点及应对挫折的方法，使同学们能正确认识生活中常见的挫折，掌握应对挫折的有效方法，培养乐观的态度，提高自我的适应能力。

　　学完本讲后，你应该能够了解什么是挫折、挫折产生的原因，认识遇到挫折后常见的不良反应，大学生常见的挫折与适应问题有哪些？你可以通过认识挫折的特性来更好地掌握应对挫折的方法；此外，还能够学会什么是"适应性偏见"及如何避免它，从而更有信心地学会适应，更好地保持心理平衡，维护自我的心理健康，促进自我的发展。

【导入】

　　挫折在人的一生中是经常发生的，生活中没有人能避开挫折的袭击，人人都会经历挫折。因此，提高对挫折的适应能力、战胜挫折是每一个人生存和发展的必需。美国巴顿将军曾说："衡量一个人成功的标志，不是看他登到顶峰的高度，而是看他跌到低谷的反弹力。"这句话中的"跌到低谷的反弹力"，也就是指遇到挫折后通过适应所能达到的高度。生活中只要我们能够"吃一堑长一智"，每一次挫折，其实也是一次成长的机遇。"山重水复疑无路，柳暗花明又一村"，当我们能坦然地面对挫折，勇敢地接受挫折，人生的道路会变得更为宽广和明亮。希望通过这一讲的学习，同学们能更为清晰地认识挫折的表现、原因和特点，学会在挫折中更好地适应。挫折就像是我们成长的阶梯，让我们将挫折踩在脚下，在人生的道路上走得更高、更远、更精彩。

第一节 人生的磨炼——挫折概述

一、什么是挫折

挫折,辞海对其的释义为"失利、挫败"。从心理学的角度上讲,挫折是个体在有目的的活动过程中遇到障碍或干扰,致使个人行为动机不能实现、个人需要不能满足时的情绪体验。

挫折这一概念包括三个方面的含义。一是挫折情境,是指导致个体需要不能获得满足的内外障碍或干扰等情境因素。二是挫折反应,是指当需要不能被满足时产生的情绪和行为的反应,这属于个体主观体验。三是挫折认知,是指对挫折情境的认识和评价,这是主观反映。当挫折情境、挫折反应和挫折认知三者同时存在时,便构成典型的心理挫折。但如果主体认知不当,即使缺少挫折情境,只要有挫折认知和挫折反应这两个因素,也可以构成心理挫折。例如,你正在热恋中,却因为女朋友太优秀,担心女朋友会瞧不上自己而患得患失;期末考试刚结束,却害怕考试不能通过或不能取得理想的成绩,不断自责;因为缺乏自信,在人际交往中过于在意同学们的言行,总怀疑同学们会在背后嘲笑或议论自己。这些担心的事虽然没有发生,你却仍然体验到了焦虑、恐惧、担忧的情绪反应,产生挫折感。因此,挫折作为一种社会心理现象既有客观性,又有主观性。

二、挫折的原因

导致挫折的原因有很多,一般可以概括为外在因素与内在因素,即客观原因与主观原因。

(一)外部的客观原因

客观原因是指个体因素以外的自然、社会、学校这些外部环境给人带来的阻碍与限制,致使个体的需要得不到满足而产生挫折感。其包括四个因素。

1. 自然因素

例如,辛勤耕作一年的农民眼看丰收在望,正盘算着如何用丰厚的收益来改善生活时,一场突如其来的洪涝灾害冲走了庄稼,也冲走了他的希望。这里导致挫折的就是无法预料和控制的外部力量。但对于生活在校园里的大学生来说,挫折感很少会由自然因素所致,但当家庭因为自然灾害而受到损失时,部分大学生也会因此产生挫折感。

2. 社会因素

人的行为要受到政治、经济、法律等诸多社会因素的制约，如大学生所读专业使他没法找到称心如意的工作等，也会使大学生产生挫折感。

3. 家庭因素

人一生下来不可能自己选择出生条件，不能选择自己的父母以及家庭，家庭环境是人产生挫折感的第一温床。家庭经济困难、家庭成员关系紧张、家庭遭遇不幸、家长教育不当等都是当代大学生产生挫折感的部分原因。

4. 学校因素

学校的一些不合理的规定或部分老师对学生不公平的对待，会使大学生在大学生活和学习过程中产生挫折感，会影响我们的校园生活适应和自信心，甚至于影响我们对自我或他人的正确认知，产生心理的压抑或适应不良。

（二）内在的主观原因

主观原因是指由于个体生理、心理以及知识、能力等因素的阻碍和限制，使人的需要得不到满足，从而产生挫折感。例如，一个人身材矮小却一心想成为职业篮球运动员，这个愿望虽然并非绝对不能实现，但难度相对会很大，这就会使其容易体验到挫折感。此外，自我估计过高的人，因为常常设定不现实的目标，很多愿望难以实现，也容易受到挫折打击。内在主观的原因主要表现如下。

1. 自我意识问题

自我意识是关于自我、自我与他人和社会关系的一种比较稳定的、系统的认知。自我意识良好的核心是自知与自爱。自我意识过强或过弱都不符合心理健康标准。自我意识过强者表现为以自我为中心、唯我独尊，自我意识过弱者则表现为唯唯诺诺、随波逐流。某大学调查发现，有21%的学生对如何发挥自己的优点和克服缺点感到迷茫；有一部分学生看到班上有些多才多艺、能力较强的同学，会觉得自己一无是处、事事不如人，产生自卑心理。有些学生知道自己的不足，但又不知道如何突破自己。在大学阶段，个体的自我意识逐步增强，但在相当长的时间内，他们并没有形成关于自己的稳固形象，自我意识还不够稳定，看问题往往片面主观，加上心理的易损性，一旦遇上暂时的挫折和失败，往往灰心丧气，怯懦自卑。而且他们对周围人给予的评价非常敏感和过于关注，哪怕一句随便的评价，都会引起内心很大的情绪波动和应激反应，以致对自我评价产生动摇。

过于自卑或过于自信是影响大学生社会适应的常见原因。自卑与自信是人性格中的两面，相互排斥却又相互依赖，就好像一个铜板的两面。每个人身上都有属于自己的优点或缺点，因此，每个人或多或少都会有自信与自卑的感觉。一个人如果过于自信，以至只有自信而没有自卑，那就会变得自大，就会忘乎所以，自以为是，目中无人，从而

影响了与他人的关系,自己孤立了自己,导致人际关系不良;而一个人如果过于自卑,以至于只有自卑而没有自信,就会缩手缩脚,一事无成。通常自卑的人总认为自己样样不如人,因而陷入自责、不安、懊悔之中,导致适应不良。所以,当一个人在与人比较中获得自信时,他要学会与自己比较来获得自谦;而当他在与人比较中感到自卑时,他也要学会通过自己与自己比较来获得自信。自信与自卑是一个人自我感觉的天平,只有正确地认识自我,才能保持心理的平衡,才能更好地适应周围环境。

美国人本心理学家马斯洛在谈到心理健康时指出,要能够悦纳自我、悦纳他人、接受自然。并指出心理健康的人能够了解自己的实际情况,意识到自己的优点和弱点,并且容忍和认可它们。因此,如果不能建立良好的自我意识,不能实事求是地接纳自己,在现实生活中就容易出现心理的不平衡,出现对大学生活的不适应,甚至会造成某些心理障碍。

2. 认知偏差问题

认知是指我们对周围事物的看法或观点。一个人是否有正确、健康的认知方式,直接关系到他的心理状况。美国心理学家埃利斯(A. Ellis)认为,人的大部分情绪困扰的心理问题,都来自不合理信念,这些不合理的信念主要表现在以下三个方面。一是绝对化。即以自己的意愿为出发点,对一切事物怀有其必定会发生或不会发生这样的信念。二是过分概括化。这是一种以偏概全的不合理思维方式,常用一两件事情来对自身及他人进行不合理评价。三是认为会糟糕透顶。即认为某一事情发生了,必将会非常可怕,后果极其严重。其实,事情并非像自己所认识的那样,往往并不是事情本身可怕,而是我们把它想得很可怕。

美国心理学家贝克(Beck)指出,适应不良的行为与情绪源于适应不良的认知。个体对待事物的态度常常左右着个体的行为,消极的态度必然导致消极的行为。例如,有两个学生在考试中都得了80分,一个为自己取得的成绩而感到高兴,因为他认为自己顺利通过了这门考试,成绩良好;而另一个学生则感到失望痛苦,因为他认为80分未达到优秀水平,对他来说,达不到优秀就意味着失败,由此而情绪低落,责备自己,学习无心。因此,对现实的消极观点或片面地看待事物、主观臆想、以偏概全、主观武断等都影响着个体的适应,认知上的偏差会使我们的适应能力大大降低,阻碍自我潜能的发掘,所以,当我们在学习、生活、人际交往中,由于不适应而出现情绪困扰时,应该检查一下自己的认知是否出现了偏差。

3. 人格心理特征

人格是一个人独特的心理特征,具有相对的稳定性。适应的好坏与人格心理特征有着密切关系,下列人格心理特征常常导致适应不良。

(1)依赖心理。在儿童时期,父母对子女的过度保护可以促成过分依赖的人格特征。过分依赖的人缺乏主见,决策困难,总是希望或依靠别人来做决定。缺少独立自主性,常附和别人,压抑自己,过分寻求别人的赞同支持,过度依赖别人的照顾,不能独立面对生活。有一位大学生,他是家里的独生子,父母对他的关照无微不至,从小到大一直如此，当他考上大学与父母分离，来到新的环境时，他表现出严重的焦虑不安，生活上不能很好地自理，需要决策时不知所措。这一系列的问题便是过于依赖父母所致，从而引起一系列的适应不良的反应。

（2）偏执与嫉妒心理。有一名学生，其在入学一年中换了三个班级，每次都是觉得在原班级待不下去。问题就在于他无法与人和睦相处，从他的眼光看，周围的人都跟他过不去，嫉妒他、压制他，实则是他本人的偏执心理作怪。这样的人敏感多疑，不信任人且个性固执。这类人自认为自尊心很强，期望别人都尊重他、重视他，未给予特殊待遇便感到受了委屈，别人无意中的一句话都可以被认为是针对他的，与他过不去；固执己见，很难接受不同意见，只看对他不利的一面，忽视了好的一面。一旦形成对某人不好的看法便不再改变，结果时常与人相争，容易与人为敌，总是感到他人对不起自己，有意为难他。故而他总与人矛盾不断，难以适应现实生活。

古人故事

周瑜的故事

三国时代，有一名将周瑜，他才智过人，但嫉妒心极重，容不下与他才智相当的诸葛亮，欲除之而后快。他费尽心机，想尽办法，不料却"赔了夫人又折兵"，气得长叹"既生瑜，何生亮"，"金疮迸裂"而亡。嫉妒的人心胸狭窄，不能容忍旁人超过自己，对比自己强或优秀的人心怀醋意，讽刺、挖苦，甚至造谣、中伤、打击，将时间、精力和才智浪费在与人计较、攻击或伤害他人的无益行动中，其结果是既损人又害己。有嫉妒心未必是坏事，嫉妒心人皆有之，但不能过，过则害人害己。若将嫉妒心升华为竞争心，将其引导到正常竞争之中，则成为动力。

（3）追求完美。人们都追求真善美，这是人类的共性，但有人具有过于追求完美的特征，不能容忍缺点或失败，对自己持过高的要求。作为学生，考试每门要优秀；与人相处，希望大家都对他有好印象。对自己的缺点过分夸大，考试若有成绩未达到期望水平便认为是失败；若有人对自己印象不好，便认为自己全都不行；过高的标准并不总是能实现，一旦遇到挫折，达不到期望目标，便认为是自己的过错，是自己无能。担心失败，担心别人看不起自己，过于追求完美的个性，会使自己"活得很累"，从而影响了正常能力的发挥和人际关系的和谐。

（4）过于冲动。遇事沉不住气，易发脾气，做出过激反应，与人争吵甚至大动干戈。这种遇事冲动的个性对适应非常不利，一是破坏了心理的平衡，使人失去理智；二是破坏了与人的关系，影响了感情；三是冲动会导致行为失控，产生许多难以意料的后果。

三、常见的挫折不良反应

挫折反应指当遇到挫折时，受挫者会自觉不自觉地发生的不同类型的心理或生理反应。常见的挫折反应表现在生理、情绪和行为反应上。

（一）挫折的生理反应

当我们在日常生活中遇到阻碍时，我们可能会吃不下饭，睡不好觉；有时和人发生冲突时，会出现心跳加快、呼吸急促、血压升高、面红耳赤等表现，这一系列反应都属于挫折导致的生理反应。

（二）挫折的情绪反应

遇到挫折，我们会感到悲伤、难过、闷闷不乐，最常见的是表现出焦虑和抑郁的情绪；还有些同学面对挫折和阻碍，会表现出愤怒和生气；还有些同学则表面平静，但实际内心压抑自己的不良情绪。以上种种，都会影响自我的心理健康。

（三）挫折的行为反应

在挫折导致的不良反应当中，行为的反应对个体的影响是最为重大的。一些消极的行为反应会严重影响我们的社会适应。常见的消极的行为反应主要表现为内郁形式和外泄形式两种。

一是内郁的压抑形式，它分为以下两个方面：①冷漠：有的人在长期遭受挫折，又对改变现状感到无力无望时，可能会表现出冷漠、麻木。这种冷漠中包含着愤怒，是愤怒暂时受到压抑，而以间接方式表示的反抗焦虑。②幻想：个人遭到挫折后，可通过沉浸在自己的想象中来获得满足，如幻想可能发生某种奇迹改变现状，这是一种对待挫折的非现实的方法。幻想对挫折后的情绪可以起到缓冲作用，但它终究代替不了现实，还是不能使问题得到彻底解决。

二是外泄的形式，最常见的外泄形式有四种。①退化，是指成年人在受挫后表现得像儿童一样，任性哭闹或表现出各种非理性的行为。②固执，明知挫折不可避免，或明知继续行动下去，必然遭受更大更多的挫折，却偏要按原来动机继续行动。③气馁，对挫折无能为力而自我泄气，放弃努力，破罐子破摔。④攻击，相对来说，攻击造成的后果是最为严重的。

社会学习心理学家多拉德和米勒于1939年出版了《挫折与攻击》一书，他们运用了大量实验证据来说明挫折与攻击的关系。他们认为"攻击必然是挫折的结果"，即如果一个人表现出攻击行为，就可以推论这个人受到了挫折。在现实生活中可以找到不少这样的例子，如在单位受气回家责打妻儿，为社会所抛弃走上暴力犯罪之路等。此外，他们还将攻击行为分为直接攻击和转向攻击两种类型，认为攻击的强度取决于受到挫折的程度。因此，下列因素会决定一次挫折会在多大程度上引起攻击行为：一是支配目的行为的内驱力水平。一个人的行为动机越强烈，受挫折后越容易引起攻击性行为。譬如，某高中生多次高考都未能考上理想的学校，从而导致其绝望，以自杀来结束生命。二是挫折的完整性，是部分受阻还是整体受阻。例如，虽然平时考试成绩不佳，但最终考上大学的人，一般是不会产生什么攻击性行为的。三是较小挫折的累积作用。如中国有句俗语"屋漏偏逢连夜雨，船破又遇顶头风"，形容的就是祸不单行、一连串的挫折

打击对个体的影响。例如，某同学刚刚失恋不久，考试又未通过，没几天又把电脑丢了。接连遭受挫折，频率过高，挫折承受力必大大降低，从而更容易引发攻击行为。

根据攻击对象的不同，我们还可将攻击分为对自我的攻击和对他人的攻击两种形式。对自我的攻击，最常见的就是生气，著名哲学家康德有一句话大家可能听说过，"生气就是拿别人的错误惩罚自己"。虽然不能说百分之百的生气都是别人的错，但许多情况下的确如此。在生活中，这样的事例很常见，和同学交往不愉快生气；失恋了生气，丢了东西生气……总是生气，最终影响的是自己的心理健康。除了生气，还有自责、捶胸顿足、打自己的耳光等，最严重的自我攻击就是自杀。高校大学生因挫折而导致自杀的事件屡有报道，一系列的大学生自杀事件都与学习、生活和工作中的种种挫折有关，这些其实都是一种极不可取的对自我的攻击。

除对自我的攻击外，还有一种就是对他人的攻击，即受挫折的人把自己的受挫归因于他人，从而迁怒于人，对其进行攻击，产生各种各样的报复行为，甚至不惜同归于尽。这实在不足为取。

第二节　成长的阶梯——常见的挫折与适应问题

大学生中由于适应不良而导致出现各种心理问题甚至心理障碍者屡见不鲜，曾有研究表明，大学里有40%的新生由于适应不良存在心理障碍。此外，大学生因适应不良而陷入困惑、迷茫，以致最终碌碌无为的现象也比较突出。

由此可见，适应不良是导致大学生心理问题和心理不健康的重要原因之一。对于绝大多数大学新生来说，陌生的校园、新的人际关系、新的学习内容和方式等一系列的改变都需要大学生具有较强的适应能力。

一、角色转换的适应

从一名中学生转变为一名大学生，每一位大学新生都面临着角色的转换，面临着对自我的重新定位。在这种角色的转换过程中，如果自身的行为不能随着角色的变化而变化以符合角色的要求，不能随着时间、环境的不同而进行相应的调整，就可能会出现角色的冲突，从而出现适应不良反应。例如，有一些同学入校后，首先感到难以适应的是在班级中地位的变化，因为能进入大学的学生在中学往往是尖子生，并且习惯了"拔尖"的地位；而进入大学以后，各方面的人才聚集在一起，势必使大部分同学失去原来的"拔尖"地位而成为"一般"甚至"比较差"的成员。这种地位的变化越强烈，他们适应起来就越困难。大学里面人才济济，大多数同学要从优势角色向普通角色转变。面对新的角色，有的同学发觉自己不管是从学生干部职务还是从学习上都很难再现辉煌，于是便产生一种"挫折感"；有的同学由于往日盲目地自信和骄傲，此时便觉得自己落伍掉队，原有的优越感和自豪感变成了自卑感和焦虑感。这一转变很可能引发大学生对自己角色定位的困惑，精

神上会出现失落感,自卑、抑郁、退缩等心理问题常常就会发生。

二、生活、环境的适应

身边的故事

来自心理咨询室的案例

女大学生小A从山西考入广州某大学,可是她对新环境极不适应,听不懂方言,生活也不习惯,周围又没有一个熟人。小A一有时间就不停地打电话给父母,每次打电话都哭个不停,反复对父母说"我特别想回家,希望能退学或转学回家乡去上大学"。因为无法适应新环境,小A甚至产生了轻生的念头,当她来到学校心理咨询中心求助时,老师对她进行心理评估发现她已经表现出明显的抑郁症状。无奈的父母只得来到广州陪她,希望能帮助她调整心态,学会适应。可任凭父母如何劝说,这位女生仍然坚持要回家去,父母只好无奈地四处联系,最后帮她办理了转学回到了山西去读大学。

舒适的生活条件、父母的各种关爱,使许多学生缺乏独立生活的能力,他们一旦离开了父母,便感到生活上失去了依靠。对于新同学来说,进入大学后,没有了父母、长辈的每日悉心照料,他们首先要独立生活,独立面对生活中的困难,要学会打理日常生活,要学会自己照顾自己。从一日三餐到个人的生活,一切都要自己做主,这些,会使一部分同学感到手足无措;此外,饮食习惯的改变、生活环境的改变等,导致有的同学会抱怨食堂不可口的饭菜,抱怨集体生活的种种不便,抱怨同宿舍舍友的一些不良习惯;还有一些北方来的同学由于不适应南方炎热、潮湿的气候条件,会有一些生理的不适,从而产生各种的心理困扰。这一系列生活习惯和环境的改变都可能使他们感到不适应,因而出现想家、思念亲人、怀念老同学等现象。并由此可能产生各种烦恼,出现焦虑、抑郁、敌对、低落的情绪,严重者会影响心理健康。曾有一位考到外地高校的男生,由于无法面对离开父母照顾的生活,产生了严重的厌学情绪,最后即使选择退学,也不愿选择独立面对生活。

三、人际关系的适应

人际关系在大学生活中始终都是影响心理健康的重要因素。人际关系不良会给大学生带来很多烦恼、焦虑和不安,导致挫折感,进而产生许多心理问题。有调查发现,在大学一年级新生中有一半以上的同学有人际交往方面的心理困惑,这是大学新生最大的心理问题。

大学生来自全国各地,由于地域与家庭的差异,他们原来各自的生活方式、性格、兴趣、思想观念、饮食习惯等多方面也存在明显差异。因此,在人际交往过程中,他们不可避免地会发生一些摩擦、冲突和情感损伤。有些同学内心较为敏感,本来他们远离

父母就有一种孤独感，一旦出现人际关系不和谐发生其他冲突，这种孤独感就会进一步加剧，从而产生压抑和焦虑心理，甚至有些学生表现为人际交往心理障碍。因为语言表达能力较差，使得他们害怕与他人沟通思想感情，把自己的内心情感世界封闭起来。这样的人经常处于一种想交往而又害怕交往的矛盾之中，很容易导致孤独、自卑或抑郁。还有些人是因为性格上的不合群，他们在学生中不被理解而被排斥，其中一部分人便独来独往，不与他人接触，久而久之就产生受冷落或性格孤僻等心理倾向。

四、学习的适应

上大学是人生一个重要的转折点。据有关调查显示，有60%的新生存在不同程度的学习心理的问题。刚从中学毕业考上大学的大学生，在大学都要经历学习心理与学习方法的适应期，有的同学很快就能适应，但有的同学则适应得很慢。作为大学新生必须有意识地尽快从心理上去主动适应大学的学习生活环境，才有望打下成才的坚实基础。大学的学习比中学更复杂更深入，同时也更为自觉、独立。老师的授课方式也不同于以往，大学里很少有人监督你、主动指导你。相当一部分大学生由于上大学后"动机落差"，比如高中阶段唯一的目标是考上大学，一旦目标实现了，上大学后就开始松懈自己，没有树立起进步的好目标。他们自我控制能力差，缺乏远大的理想，没有树立正确的人生观，学习动力不足，从而影响学习效率与学习效果。

五、其他方面

大学校园里人才济济，这使得大学生在文艺、体育以及知识面、交往能力、经济条件等方面的差异更加突出，势必会引起攀比、嫉妒、自卑等心理。特别是大学生中的贫困生会由于家庭贫寒造成的生活困难以及与富裕同学相比差距很大，而使他们经常体验到因经济上的相对贫困而导致的自卑和心理失衡，甚至出现某种程度的心理困扰，如果不能及时进行调适，就会使其消极的认知和情感体验泛化到生活的其他方面，使他们感觉到自己在经济基础、风度仪表、人格魅力等方面处处不如别人，产生强烈的自卑感，导致出现人际敏感，不愿与他人交往的情绪，甚至会形成消极、冷漠、孤僻、退缩等心理和行为特征。

第三节　幸福的前奏——如何有效地应对挫折

一、调整对挫折的认知

有的同学在遭受挫折后，第一个想到的念头就是，"怎么我这么倒霉，为什么受伤的总是我？"事情真的是这样吗？在这里，我们需要认识挫折的几个特性。

（一）挫折的客观性

挫折的第一个特性是它的客观性。在现实生活中，人人都会遭遇挫折，每个人都有受到挫折伤害的时候。下面我们看看某大学对大学生挫折状况调查发现的结果，如表8-1所示，从中我们可看到，在各种挫折中，理想与现实的冲突是大学生最为普遍经历的一种挫折。

表8-1 大学生挫折状况调查

单位：%

挫折类型	大一	大二	大三	大四
学习困难	51.7	64.9	45.5	28.6
经济拮据	33.6	43.2	36.4	38.0
人际关系障碍	48.3	62.2	27.3	42.9
性格缺陷	32.8	32.4	18.2	14.3
情感缺乏	37.1	30.0	36.4	42.9
理想与现实冲突	44.8	46.0	63.6	52.0

（二）挫折的差异性

挫折的第二个特性是它的差异性。为什么面对同样一件事，有的同学可以不以为然，而有的同学却感到强烈的挫折感？这就是挫折的差异性。我们说，对挫折的感受和忍耐是有差异性的，这些差异主要是由于我们的主观因素也就是个人自身的因素所造成的。那么，有哪些个人主观原因影响我们的挫折感受性和挫折耐受性呢？主要有以下五个方面。

1. 自我形象评价偏差

自我形象评价偏差指个体因生理素质、体力、外貌以及某些生理缺陷所带来的自卑、抱怨等情绪，导致活动的失败，无法实现既定目标。美国《当代心理学》杂志曾公布了一项关于身体形象的大型调查，结果表明，在过去的20年，人们对自己的身体觉得不满意的程度在不断增长，1972年，25%的妇女和15%的男子表示他们对自己的身体不满意；到了1996年，这一数字比例分别增加到56%和43%。据调查，对自己的容貌、身材等方面不满意的大学生占有一定的比例，这种身体形象评价偏差有时候也导致大学生产生挫折感。

2. 动机冲突

在有目的的行为活动中，个体常常会因一个或几个目标而同时产生两个或两个以上动机。但由于条件所限，这些并存的动机不可能同时实现、做到双赢或多赢，而必须做出取舍，于是动机冲突便产生了。某同学既想在学业上取得良好的成绩，又想在课余兼

职打工挣钱，还想参加各种学生社团锻炼自己，但个人精力有限，若不能很好地进行取舍，就会顾此失彼，从而导致内心矛盾纠结。如果这种矛盾持续强度大、时间长，就可能引起挫折感。

3. 自我评估与抱负水平过高，而又缺乏相应的行之有效的行为

一个人自我评估和抱负水平过高，就容易产生一些按自己目前条件与实际能力根本无法实现的需要与动机，因而即使再努力，其需要也很难得到满足，于是挫折感便产生了。这种挫折感的存在往往使自我评估过高者怨天尤人，一味埋怨别人或客观条件，而不从自身方面去找原因。

4. 生活观念和态度问题

有些挫折感的产生可能与客观环境关系不大，也就是说，一些个体无论是在何处，他们都对生活充满挫折感，或稍遇不顺即产生挫折感。这是由个体的认知态度和生活态度所导致的结果。

5. 个性心理品质不良

虽说人的个性心理品质没有绝对的好坏之分，但这些品质会对挫折的认知和应对产生不同的影响。性格孤僻压抑，过于内向、被动、冲动、固执、多疑、感情脆弱等个性心理品质，虽然它们本身并不直接产生挫折，但却是加重挫折感和臆造挫折的温床。有些大学生稍遇挫折就对生活丧失信心，甚至自杀，往往与上述这些不良的个性心理品质有着密切的关系。

性格开朗、乐观、坚强、自信的人挫折承受力强，性格孤僻、懦弱、内向、心胸狭窄的人挫折承受力低。当人们对某事有浓厚的兴趣，一心钻研时，挫折承受力就强，在别人看来很苦的事，他们却乐在其中。诺贝尔在研究炸药的过程中，多次发生爆炸事故，却终获成功。可见，个人兴趣也是应付挫折不可忽视的因素。

（三）挫折的二重性

挫折的第三个特性是它的二重性。在遭遇挫折时，我们常常会被自己各种不良的情绪蒙蔽双眼，从而自怨自艾，如同陷入万丈深渊，不能自拔。但挫折对人的影响并不都是负面的。经历挫折，可以使人从失败中吸取经验教训、磨炼意志，增加克服困难的勇气，提高解决问题、适应环境的能力。俗话说"吃一堑长一智""失败是成功之母"，法国大文豪巴尔扎克根据自己丰富的人生体验，曾形象地把挫折比作一块石头。石头本身是中性的，无所谓好坏。但对于不同的人就会产生不同的影响。对于强者，它可以成为垫脚石，让人站得更高；对于弱者，它可以成为绊脚石，使人一蹶不振。挫折承受能力差的人却可能因此产生心理上的痛苦，情绪不稳，行为失态，甚至导致生理或心理疾病。可见挫折犹如一把双刃剑，可以为我们所用，也可以伤害我们，关键要看我们怎么用它。

挫折无非是一种未能如愿以偿的结果罢了。如果在失败中看到其中孕育着胜利的可

能，就能够像胜利者那样信心十足，继续努力，事情就会发生变化。有一句谚语说："如果你拒绝了失败，实际上你就拒绝了成功。"所以，我们不应该把挫折看作一种打击，而要把它当作一次考验、一个磨砺的机会。谁能够冷静地看待挫折，谁就能够勇敢地感受挫折的考验而得到最后的成功。

心理学家把轻度的挫折比作"精神补品"，因为每战胜一次挫折，都强化了自身的力量，为下一次应付挫折提供了"精神力量"。

二、冷静地应对挫折

我们在头脑里对挫折有了正确的认识，这让我们不再惧怕挫折和失败，但是屡败屡战、屡战屡挫不是我们所希望得到的结果，聪明的人不会在同一个地方跌倒，光有对挫折的认识和应对挫折的勇气还不够，我们要学会正确地寻找挫折的原因，积极地应对。

（一）正确地归因

遭遇到挫折以后，首先应当客观而冷静地分析评估。

一是挫折原因的分析。是什么原因导致挫折的？是环境方面的因素，还是个人方面的因素？是基于某种客观的障碍，还是源于主观的态度或观念？了解了挫折的原因，就可以谋求补救，可以避免重蹈覆辙，也可降低情绪方面的反应。

二是对于挫折后果的分析。它究竟将对自己产生多少影响？会造成何种损失？多大的损失？这一层分析颇为重要，因为有些挫折看上去似乎很严重，好像会引起重大的损失，而事实上却未必如此。如果能客观评估挫折的后果和影响，心理上的负担将大为减轻，降低消极的挫折反应及其对心理的不良影响。

美国心理学家韦纳（B. Weiner）对人们失败和挫折的归因方式进行了研究。认为在一般情况下，挫折与失败感由客观因素（包括任务难度和机遇）和主观因素（人的能力与努力）造成。人们的归因方式对挫折与失败感和以后的活动有很大影响：把失败归因于主观因素，会使人感到内疚和无助，因而抱怨自己，过多地责备自己；把失败归因于客观因素，会产生气愤与敌意，而不努力去克服困难和改变失败的处境。两种习惯性归因都不可能找出造成挫折的真实原因，无助于战胜挫折。

所以，大学生受挫折以后，应当冷静、客观地分析自己失败的原因，找出造成挫折的真实原因，对挫折做出客观、准确、符合实际的归因，从而有效战胜挫折。

（二）积极应对、寻求补偿的途径

挫折和失败固然是人们生活中不可避免的现象，但是遭受了挫折之后，要积极应对、谋求补救。

（1）修订自己的目标。在很多遭受到挫折的事件里，目标设定不当是颇为普遍的原因，而且往往目标定得太高。目标定得高可以激发大学生的潜能，为目标实现不断努力，但是也常常会因为达不到目标而产生挫折感。

（2）增进本身对于工作情境的了解。对工作情境的了解越清晰，所遭遇的困难自然将越少。此外，明确了当时的情境，对所发生的事件将有更深入的体察，能有更合理的解释。这样可以减少情绪性的反应，并能心平气和地去处理它，使问题获得解决。

（3）制定有效的对应措施。在遭受到挫折之后，是否就该放弃原来工作的目标呢？这是该慎重考虑的问题。如果在经过分析以后，觉得自己所制定的目标是合理的、必要的，自然不应放弃。但是，我们要寻求一个有效的途径来应付面临的困难。这里强调"有效"这两个字，就是要针对所遇到的障碍，去研究克服的途径。像前面所提到的攻击反应和防卫性行为，都不是"有效"的措施，因为那样的行为都将无补于事，不能真正解决问题。

（4）尝试其他可能成功的途径。"条条大路通罗马"，走向成功的路有很多条。"成功"对各个人的意义是不完全一致的。当一个人遭遇了挫折时，并不就表示他全盘失败，或是所有的路都走不通；而常只是在方法、路径或目标上有了问题而已。所以不应立刻就放弃努力，而应在通盘检讨之后，寻求补偿之道。所谓补偿，就是利用自己的长处，去补救或掩盖自己的短处。古语说："尺有所短，寸有所长。"每个人并不是各方面都均衡发展的，而是在一些方面优越，在另一些方面比较短拙；每个人应设法发挥自己的优点和长处，而避免用本身弱的方面去与人争短长。

（5）选择积极的应对方式。生活的挫折是人人都会遇到的，但每个人对挫折的态度和应付方式都有很大的差别，有人在挫折面前一蹶不振、退缩、幻想奇迹发生、等待，结果是被淘汰，要适应生活就得积极想办法，改变现状。

（三）建立"失败"的正确观念

大家都不喜欢失败。但是我们在平时的生活中，很多工作常常需要多次的尝试努力才能有机会获得成功。每一次的失败都能促使我们吸取更多的知识和经验，经过调整再次努力后，会更进一步地接近成功。过去有两种以数字命名的用于治疗梅毒的药，分别叫作"606"和"914"，这两个数字都有其特殊的意义，是代表它们在成功研发之前所经过的实验次数。从开始到完成的几百次实验中，你能说哪一次是失败吗？严格地说，都没有失败，每一次都有一点点成就，都对最终的成功有其贡献，没有一次是浪费的。一次"失败"激发一次尝试。

名人故事

爱迪生发明电灯的故事

1847年2月11日，爱迪生出生于美国俄亥俄州的米兰镇。他一生只在学校里念过3个月的书，但他勤奋好学，勤于思考，发明了电灯、留声机、电影摄影机等1000多项成果，为人类社会作出了重大的贡献。

爱迪生发明电灯时做了1500多次实验都没有找到适合做电灯灯丝的材料，有人嘲笑他说："爱迪生先生，你已经失败了1500多次了。"爱迪生回答说："不，我没有失败，我的成就是发现1500多种材料不适合做电灯的灯丝。"

世界上很少有十全十美的场面。做任何事情只要我们确实尽了最大的努力，就不必过分计较其成功或失败，因为还有许多因素是不在自己的控制范围之内的。我们更应该看重过程，因为从这些过程中，我们可以学到很多有益的东西。俗话说得好，"不以成败论英雄"，就是这个缘故。人人都经历过挫折，我们要利用失败的经验去发现新的途径，而不应该被它打垮。

（四）及时寻求社会支持

遇到挫折时请求帮助，这在有些人看来似乎是很丢脸面的事。实际上，大胆地请求帮助，也是意志坚强的表现。与人分忧是助人为乐的一种形式，生活中绝大多数人都有一颗助人之心，因此，遇到挫折和难以自我解决问题之时向人倾诉和寻求帮助，并非软弱和无能，更不必担忧遭人讥笑。人在失败时常常最没有主张，"当局者迷，旁观者清"。亲人、同学、好友、师长对挫折原因的分析，往往比较能够对症下药，找到走出困境、跨进成功大门的途径。正如人们常说，"一个痛苦两人分担，痛苦就减轻了一半"。当一个人感到有可以信赖的人在关心、爱护和尊重自己时，就会减轻挫折反应的强度，增强挫折的承受力。

（五）必要时可以寻找心理咨询——精神营养的补充剂

对于青少年来说，心理健康更已成为其成长过程中不可缺少的精神钙质。因此，当我们遇到心理困扰和问题时，应懂得及时寻求帮助和支持，心理咨询不失为一条有效的途径。有人形象地将心理咨询比喻为精神营养的补充剂。

第四节　做自己的心理医生——学会更好地适应

挫折与适应就像一枚硬币的两面，有挫折就有应对，在一次次应对挫折中，我们获得成长，我们的适应能力不断增强，只有经历了失败和挫折的考验，才能为我们适应生活和社会获得能源和动力。当我们面对困难和挫折失败时，应当如何才能更好地适应呢？

一、避免"适应性偏见"

适应性指的是人们对外界环境的刺激反应逐渐减弱的现象。我们每一个人生来就具有适应的本能，例如，当我们进入黑暗的房间，随着时间的推移，我们的眼睛能逐渐适应在黑暗中视物。"入芝兰之室，久而不闻其香；入鲍鱼之肆，久而不闻其臭"，这说明随着时间的推移，我们的感知觉都可以学会适应。那么，什么是适应性偏见呢？我们首先来回答以下三个有关幸福感受的问题，要求大家对每一个问题都分别选用数字1、2、3、4、5来评价非常不幸福、比较不幸福、一般、比较幸福、非常幸福。

问题1：如果你现在的生活一切正常，那么你觉得自己现在有多幸福？

问题2：假设你隔壁的邻居去年买福利彩票中了一个大奖，赢了100万人民币。请你想象一下，你的邻居觉得他现在有多幸福？

问题3：假如住在你家隔壁的邻居在去年不幸遭遇了车祸，造成下肢瘫痪，现在并没有太多的好转。请你想象一下，你的这个邻居觉得他现在有多幸福？

你是否很羡慕那些买彩票中了大奖的人呢？是否觉得他们比你更幸福呢？你是否觉得遭遇车祸的邻居会感觉到非常不幸呢？

下面我们来看看在美国心理学家所做的实际调查：心理学家在路边随机选取了一些人进行调查，发现他们的幸福程度是3.8分左右。调查了22位在一年内因购买彩票中了大奖的人（中奖金额从50万美元到500万美元不等），其幸福程度和随意选取的人几乎相同，他们的幸福程度评分也在3.8分左右，并没有比我们想象中的感觉更幸福。而其后调查了一些遭遇车祸并因此瘫痪的人，平均来讲他们的幸福程度在3分左右，也没有我们想象中的那么不幸福。

为什么会产生这样的差异呢？这是因为我们产生了"适应性偏见"。所谓"适应性偏见"，就是我们常常会低估了我们自己适应不利环境的能力，从而高估某些事情在一段时间后对自己的影响。人们会觉得不幸的事件会在很长一段时间让我们感到痛苦，好的事情会在很长一段时间让我们感到快乐，但事实并非如此。比如，升职、加薪、中彩票会让人们高兴一段时间，但很快我们就适应了，幸福程度也会回到原来的普通水平。而失恋、考试失利、生病等事件虽然会让我们痛苦，但只要给自己一段时间，我们也会很快地适应，变得没有那么痛苦。

因此，适应是人的本能，任何时候都不要低估自己的适应能力，当我们遇到困难和挫折时，不要急于否定自己，否定生活，你最需要做的就是给自己一段时间，随着时间的推移，我们会学会慢慢适应。这样我们就能避免适应性偏见。

二、培养乐观的态度

（一）"挫折教育"与"幸福感"

一位美国儿童心理卫生专家说："有十分幸福童年的人常有不幸的成年。"很少遭受挫折的孩子长大后会因不适应激烈竞争和复杂多变的社会而深感痛苦。近年来，在发达国家兴起"挫折教育"，旨在提高孩子对挫折的心理承受力。这种教育的核心是培养孩子一种内在的自信和乐观。

对于幸福感，西方有一个颇为流行的观点，认为幸福既是一种外部的状态，也是一种内在的品质。幸福状态容易来也容易失去，如给孩子一件新玩具，孩子欢呼雀跃，但这种情绪很快就会消失；幸福的品质却十分稳定，这是一种感觉良好和产生乐观的素质。西方教育和心理卫生专家几乎都认为，对挫折的良好心态是从童年和青少年时不断受挫和解决困难中学来的。这种挫折教育对培养孩子的"幸福品质"方面起着重要的作用。

西方"挫折教育"的另一重要内容就是培养孩子对受挫的恢复力。乐观的孩子不是没有痛苦，而是能很快从痛苦中解脱，重新振奋。父母和家长应认真培养孩子"在黑暗中看到光明"的自信心和技巧。

"挫折教育"说白了就是使孩子不仅能从别人或外界的给予中得到幸福，而且能从内心深处激发出一种自己寻找幸福的本能。这样在任何挫折面前才能泰然处之，永远乐观。

(二)"跳蚤故事"与"跳蚤人生"

心理学实验

有人曾经做过一个实验：他往一个玻璃杯里放进一只跳蚤，发现跳蚤立即能轻易地跳了出来。重复几遍，结果还是一样。根据测试，跳蚤跳的高度一般可达它身体的400倍左右，所以跳蚤称得上是动物界的跳高冠军。

接下来，实验者再次把这只跳蚤放进杯子里，不过这次是立即同时在杯上加一个玻璃盖，"嘣"的一声，跳蚤重重地撞在玻璃盖上。跳蚤十分困惑，但是它不会停下来，因为跳蚤的生活方式就是"跳"。一次次被撞，跳蚤开始变得聪明起来了，它开始根据盖子的高度来调整自己所跳的高度。过了一段时间以后，实验者发现这只跳蚤再也没有撞击到这个盖子，而是在盖子下面自由地跳动。一天后，实验者开始把盖子轻轻拿掉，跳蚤不知道盖子已经去掉了，它还是保持原来的那个高度继续地跳。

三天以后，他发现那只跳蚤还在杯里跳。一周以后发现，这只可怜的跳蚤还在这个玻璃杯里不停地跳着——其实它已经无法跳出这个玻璃杯了。从一个跳蚤变成了一个可悲的"爬蚤"！

在现实生活中，是否有许多人也在过着这样的"跳蚤人生"？年轻时意气风发，屡屡去尝试成功，但是往往事与愿违，屡屡失败。几次失败以后，他们便开始不是抱怨这个世界的不公平，就是怀疑自己的能力，他们不是不惜一切代价去追求成功，而是一再地降低成功的标准。即使原有的限制已取消，就像实验里的"玻璃盖"，虽然已被取掉，但跳蚤早已经被撞怕了，不敢再跳，或者已经习惯了，不想再跳了。人们往往因为害怕失败，而不敢去尝试，去追求成功。你的人生是不是"跳蚤人生"呢？

(三) 心理高度就是你的人生高度

难道跳蚤真的不能跳出这个杯子吗？绝对不是。只是它的心里已经默认了这个杯子的高度是自己无法逾越的。让这只跳蚤再次跳出这个玻璃杯的办法十分简单，只需拿一根小棒子重重地敲一下杯子；或者拿一盏酒精灯在杯底加热，当跳蚤热得受不了的时候，它就会"嘣"地一下，跳了出去。我们很多人不能认识自己最大的才能，只有生命中的大变故或大危难的磨炼，才能把它激发出来，正如人们常说的"置之死地而后生"。生活中，我们也要有这样不给自己留后路的精神，不要轻易放弃，只有坚持不懈

地去努力，才能获得成功。

人有些时候就像实验里的跳蚤一样，很多人不敢去追求成功，不是追求不到成功，而是因为他们的心里也默认了一个"高度"，这个高度常常暗示自己的潜意识：成功是不可能的，这个是没有办法做到的。"心理高度"是人无法取得伟大成就的根本原因之一。我们要不要跳？能不能跳过这个高度？我能不能成功？能有多大的成功？这一切问题的都取决于自我设限和自我暗示。一个人在自己生活经历和社会遭遇中，如何认识自我，在心里如何描绘自我形象，也就是你认为自己是个什么样的人，成功或是失败的人，勇敢或是懦弱的人，将在很大程度上决定自己的命运。你可能渺小，也可能伟大，这都取决于你对自己的认识和评价，取决于你的心理态度如何，取决于你能否靠自己去奋斗。

（四）真正能击败你的只有你自己

很多时候，并不是自己被别人打败了，而是自己被自己的失败心理打败了。因此，我们必须不断战胜自己和超越自己，只有自己才是自己最可怕和最强大的敌人，我们要坚信自己的生活信念，不管遇到了多么严重的挫折，不论碰到了多么巨大的困难，都不会发生动摇。永不言败，不断拓展自己的生活空间……

美国政府第一任华裔内阁部长，布什政府最年轻的内阁成员，出任联邦政府第24任劳工部长的赵小兰是一个很好的例子。当有位记者采访她，问她成功的秘诀是什么，她说，我也失败过很多次，但要学会宽容失败，不论做什么，失败没有关系，只要爬起来，永远不要放弃。事实证明，坚持不懈，最后一定能成功。唯一能打败你的，只有你自己。只要你自己不被自己击败，就没有人能击败你。

心理学实验

危机意识心理学家曾做过这样的实验：他们把一只活蹦乱跳的青蛙丢进沸水里，这只青蛙在千钧一发之际突然蹦出了水面，死里逃生了。半小时以后，又把这只逃跑的青蛙放进盛冷水的锅里，然后慢慢加热，青蛙开始悠然自得地享受着温水，等到水温使它忍受不住时，它却欲跳无力，终于葬身于热水之中。

或许你正在可怜这只不幸的青蛙，但你有没有意识到，也许它就是我们生活中某些现象的再现。越是在"悠闲"的环境中，越要有危机意识。对于生活的磨练，有人认为是不幸，有人则把它看作发展的机会。曾有记者采访球王贝利，问他的儿子将来是否会跟他一样有名，他说："不可能，因为我的父亲是一个穷人，而他的父亲不是。"

我们的一生都可能在与各种挫折作斗争，这不是你愿意不愿意的事情，你无路可退，只有勇往直前。不要让生活去挑战你，你要去挑战生活。就如骑自行车，你肯定知道，骑得快，车子反而稳，骑慢了就会晃，停下来，车子就会倒。积极适应也是如此，以积极的态度提高自己各方面的能力，还有什么风浪扛不过去呢？

三、运用成熟有效的心理防御机制

什么是心理防御机制呢？心理防御最早由著名心理学家弗洛伊德提出，通俗地说，防御机制就是应对方式，是指个体面临挫折或冲突的紧张情境时，在其内部心理活动中具有的自觉或不自觉地解脱烦恼、减轻内心不安，以恢复心理平衡与稳定的一种适应性倾向。个体通过积极的心理防御能够使主体在遭受困难与挫折后减轻或免除精神压力，恢复心理平衡，甚至激发主体的主观能动性，激励主体以顽强的毅力克服困难，战胜挫折。然而，也有一些消极不良的心理防御会使个体不能很好地应对现实、获得适应，不能帮助个体缓解压力，甚至还会使个体在困难和挫折前出现退缩甚至恐惧而导致心理疾病。因此，我们要学会运用成熟、有效的心理防御机制来更好地获得适应。这些防御机制主要表现如下。

（一）神奇的"金手指"：升华和利他

升华和利他，我们将其比喻为神奇的"金手指"，因为它们可以帮助个体在困难中超越自我，获得心灵的快乐和满足，犹如化腐朽为神奇，点石成金。升华就是将一些不被自己或社会接纳、许可的行为转移到一些自己或社会所能接纳的范围内。例如，当你失恋了，"强扭的瓜不甜"，你可以将失恋的痛苦转化为参与其他更具创造性的活动的动力。欧洲著名文学家歌德因为失恋，在四个星期的时间内写出了《少年维特的烦恼》一书，通过这部书信体小说抵消了爱情的痛苦并使自己从自杀的念头中摆脱出来。中国西汉文史学家司马迁一生命运多舛，因仗义执言，替投降匈奴的李陵辩护，得罪当朝皇帝，获罪下狱，被判宫刑。狱中三年，他仍然坚持撰写中国历史上第一部贯通古今、网罗百代的纪传体通史《史记》，此书后被誉为"史家之绝唱，无韵之《离骚》"。他们都是悲愤中的坚强者，将自己的"挫折"升华，将痛苦转移到文学作品中来解脱烦恼。升华是一种具有建设性的心理防御机制，也是维护心理健康的必需品，它能将生活中因挫折带来的不满、怨愤转化为有益的行为和活动，使自己或他人受益。

而利他是指通过为他人服务来使自己感到快乐和满足。它包括慈善行为以及对别人的报答性服务。利他通过帮助别人来获得自我价值的实现。生活中，有很多比我们更加不幸的人，当我们在帮助别人的时候，我们会发现自己的那些挫折是微不足道的。见多了他人的不幸，也会增强我们对生活、对社会的理解，增强我们对挫折的耐受能力。

（二）化解困境的"金钥匙"：补偿和幽默

"补偿"一词，首先出现于阿德勒的心理学中。阿德勒认为每个人天生都有一些自卑感（inferiority）（来自童年时期，自觉别人永远比自己高大强壮所产生的自卑），这种自卑感使个体产生"追求卓越"（striving for superiority）的需要，为满足个人"追求卓越"的需求，个体于是采用"补偿"方式来力求克服个人的缺陷。这即个人因身心某个方面有缺陷不能达到某种目标时，有意识地采取其他能够获取成功的活动来代偿某种能力缺陷而弥补因失败造成的自卑感。例如，某女生因自觉长相不佳而努力学习，以

优异的成绩来赢得别人的尊重，并最终获得内在的自信。这位女生容貌不美，转而致力于培养内在美，去追求成就感，才能取得学业上的成绩。而在生活中，我们会因为挫折导致我们的某些需要无法得到满足，此时，我们可以在别的方面努力获得成就从而弥补挫折所导致的遗憾。如某大学生某一门课程考试成绩不理想，此时他可以及时总结经验，争取在下一次考试时努力取得好成绩，从而补偿自己在这一门课程上的遗憾。

补偿可分为消极性的补偿与积极性的补偿。所谓消极性的补偿，是指个体所使用来弥补缺陷的方法，对个体本身没有带来帮助，有时甚至带来更大的伤害。例如，一个事业失败的人整日沉溺于酒精中而无法自拔；一个想减肥的人一遇到不如意的事，就以暴饮暴食来减轻其挫折；一个得不到关注与关怀的孩子用不良行为来获得他人的注意。另一种是积极性的补偿，是指以合适的方法来弥补自我的缺陷。它会带给我们人生一些积极的转变。例如，一个身材矮小、相貌平庸的男生致力于学问上的追求，而赢得别人的重视。人的一生中或多或少都会使用补偿方法来克服缺陷，区别在于有的人是因为生理上的缺陷（如体貌不佳），有的人是因为心理上的缺陷（如缺乏关爱），有的人是因为社会性缺陷（如事业失败）等，而使用各种不同的补偿方式。

幽默是指以风趣轻松的语言或行为来应付紧张的情境或表达潜意识的欲望。幽默常会给人带来欢乐，其特点主要表现为机智、自嘲、调侃、风趣等。在生活中，有些同学因为人际交往而产生挫折感，如有一位大学生因年少秃头而总是被人嘲笑，有人背地里给他起了个绰号为"地中海"，这位大学生听到后坦然回应说，我这是"聪明绝顶"，一笑了之，并不计较。这种幽默的表达一方面消除了人际交往中的紧张和敌意，缓解了摩擦；另一方面，也表现了该大学生心胸坦然，具有良好的自我意识和客观的认知评价，不因他人的无礼和讥讽而打击和贬低自我，以幽默来应对挫折，很好地表现出了他的自信。

（三）隐藏的能源库：压抑和预期

压抑是指个体将一些自我所不能接受或具有威胁性、痛苦的经验及冲动，在不知不觉中从个体的意识中排除抑制到潜意识里去的作用。但这里所说的压抑是一种积极的压抑。在现实生活中我们有太多的需要和欲望想要实现，但现实环境并不能满足我们的愿望，此时，我们要学会压抑，将自己内心的需要和欲望埋在内心里，成为激励自己努力的动机和目标，不断努力，当未来时机成熟时，再去实现这些愿望和需要。

例如，一位家庭贫困的大学生希望能挣多一些钱来支付自己的生活所需，他利用课余时间去校外打工，但收入微薄，一天工作5小时，仅能挣30元，导致他完全没有多余的时间用于学习，因而多门功课挂科，使他的内心产生挫折感。那么，该大学生面对打工挣钱和完成学业这两者之间应该如何做出取舍呢？打工的收入如此微薄，工作的技术性也不高，并不能让他有所学习和收获，反而影响了正常的学习。如果此时急于打工挣钱而导致挂科或留级，不能顺利毕业，影响今后的求职就业，反而得不偿失。因此，他应该学会在此时压抑自己挣钱的欲望，以学业为重，只有顺利地完成学业，掌握一定的知识和技能才能为未来挣钱打下基础。如果实在是家庭经济困难的话，也可以求助学校，申请助学贷款。

很多时候，我们都要学会压抑自己的愿望，压抑的目的是积攒力量，在未来去更好地实现愿望。这种压抑其实是一种"延迟满足"。所谓"延迟满足"，就是我们平常所说的"忍耐"。为了追求更大的目标，获得更大的享受，可以克制自己的欲望，放弃眼前的诱惑。"延迟满足"不是让我们单纯地去等待，也不是一味地压制自我的欲望，而是要培养自我克服当前的困难情境而力求获得长远利益的自控能力。它是伴随人终生的一种基本的、积极的人格因素，有利于个体在未来更容易发展出较强的社会竞争力、较高的工作和学习效率，具有更强的自信心，能更好地应付生活中的挫折、压力和困难；在追求自己的目标时，更能抵制住即刻满足的诱惑，而实现长远的、更有价值的目标。

心理学实验

棉花糖试验

20世纪60年代，美国斯坦福大学心理学教授沃尔特·米歇尔（Walter Mischel）设计了一个著名的关于"延迟满足"的实验，这个实验是在斯坦福大学校园里的一间幼儿园开始的。研究人员找来数十名儿童，让他们每个人单独待在一个只有一张桌子和一把椅子的小房间里，桌子上的托盘里有这些儿童爱吃的零食——棉花糖。研究人员告诉他们可以马上吃掉棉花糖，或者等研究人员回来时再吃还可以再得到一颗棉花糖作为奖励。他们还可以按响桌子上的铃，研究人员听到铃声会马上返回。对这些孩子们来说，实验的过程颇为难熬。有的孩子为了不去看那诱惑人的棉花糖而捂住眼睛或是背转身体，还有一些孩子开始做一些小动作——踢桌子，拉自己的辫子，有的甚至用手去打棉花糖。结果，大多数的孩子坚持不到三分钟就放弃了。"一些孩子甚至没有按铃就直接把糖吃掉了，另一些则盯着桌上的棉花糖，半分钟后按了铃。"大约三分之一的孩子成功延迟了自己对棉花糖的欲望，他们等到研究人员回来后兑现了奖励，差不多等待了15分钟的时间。

十几年后，这些孩子们长大了，再次进行调查，研究人员发现：能够坚持15分钟不吃棉花糖的孩子，长大以后，不论是在事业上还是在人际关系的处理上，都比那些马上吃掉棉花糖的孩子更优秀。他们更能应对学习和生活的压力，在困难面前不轻易放弃或退缩，具有更好的社会适应能力。因此，要预测一个人未来能否成功，能不能延迟满足是很重要的指标。

我们没办法控制别人，也不能控制大多数事情的发生，但是我们可以控制自己的行为，学会忍耐。在生活中，"棉花糖"可以是金钱、娱乐、美食、网络游戏等。总之，"棉花糖"就是眼前的甜头，就是我们在生活中的各种需要和欲望，每天都会有无数"棉花糖"摆在我们面前，不吃"棉花糖"需要很强大的意志力。我们经常需要压抑自己的欲望，当我们的种种需要不能得到满足时，我们会有挫折感，此时，如果我们能抗拒诱惑、专注在未来长远的收获上时，一时的挫折考验将为我们未来的成功积攒更多的力量。成功的人不会急着吃这些"棉花糖"，而是等待合适的时机，这样可以吃到更多的"棉花糖"。

预期是指为未来的内心不适感受作切合实际的预期或计划。俗话说未雨绸缪，就是说我们要为即将发生但还没有发生的事情做准备。我们要为未来可能发生的不好的事情提前有所准备。譬如，明天就要考试了，但你最近因忙于其他事情没有很好地进行复习。此时，你对明天的考试就不应有太高的预期，尽管在考前一天你也会全力以赴，但也只是尽人事，听天命了。如果考试成绩真的不理想时，由于此前并没有过高的心理预期，因此此时内心也不会有太大的落差，也就不会产生挫折感受。

（四）突破自我的局限：解决问题和求助

当我们遇到困难时，要勇于面对问题，解决问题。当个人力所难及时，可以求助于他人。有些同学遇到困难时不愿意求助，觉得向他人求助没面子，让人看笑话，认为向他人求助说明了自己无能，所以不愿意求助；也有一些同学对他人不信任，认为别人不会真心帮助自己，或者认为对方会骗自己；还有些同学自以为自己很强大，自己解决不了，别人也解决不了，或者由于自己个人信息或思考上的局限性，无法想象出求助的办法和对象。俗话说"一个好汉三个帮"，一个人的痛苦两个人来分担，你的痛苦就减轻了一半。失败和挫折人人都会经历，并非是不光彩的事情，无须羞于启齿，在生活中每一个人都有脆弱失败的时候，偶尔的求助会让助人者因为被信任而更愿意接近你。人们常说患难之中见真情，因为挫折而求助有时还会增进你的人际关系，加深你和朋友之间的相互理解，增加彼此之间的联系和交往。

（五）避免消极的应对方式：自责、幻想、回避

有些同学遭遇失败后，常常会自责，这种自责其实是一种自我攻击，它打击我们的自信心，长期的自责会使我们行为退缩，因为害怕承担责任和后果而不敢努力。此外，幻想也是一种不好的应对方式。当人无法处理现实生活中的困难，或是无法忍受一些情绪的困扰时，暂时逃避现实，在幻想的世界中得到内心的平静和达到在现实生活中无法经历的满足，称为"幻想"。与常说的"白日梦"相似，幻想使人暂时脱离现实，使个人情绪获得缓和，但幻想并不能解决现实问题，人必须鼓起勇气面对现实，并克服困难，才能解决问题。

也有一些同学遭遇挫折后，"一朝被蛇咬，十年怕井绳"，以回避的方式来应对挫折。如果一遇到困难就回避，那么会失去很多尝试锻炼的机会，阻碍自我的成长。

四、做一个内控的人

（一）什么是控制点

如果你很健康，你认为这是因为你能照料好自己，还是因为你幸运？有的人没有朋友，感到孤独，是因为他们不去接触各种人，还是因为他们没有机会？你赢了一场比赛，是因为你尽了自己的最大努力，还是因为运气好？这些是研究者在研究控制点的个体差异时，向受试者提出的问题。回答这些问题的关键不在于一个人的身体健康是否确

实要归功于他是否有健康的习惯,而在于他是否这样想。

控制点理论是由社会学习理论家罗特(J. Rotter)于1954年提出的一种个体归因倾向的理论,旨在对个体的归因差异进行说明和测量。罗特发现,个体对自己生活中发生的事情及其结果的控制源有不同的解释。对某些人来说,认为个人生活中多数事情的结果取决于个体在做这些事情时的努力程度,所以这种人相信自己能够对事情的发展与结果进行控制。此类人的控制点在个体的内部,故称之为内控者。对另外一些人,认为个体生活中多数事情的结果是个人不能控制的各种外部力量作用造成的,他们相信社会的安排,相信命运和机遇等因素决定了自己的状况,认为个人的努力无济于事。这种人倾向于放弃对自己生活的责任,他们的控制点在个体的外部,故称之为外控者。内控者指把责任归于个体的一些内在原因(如能力、努力程度等),外控者则把责任或原因归于个体自身以外的因素(如运气、环境因素等)。如果你是一个内控的人,你会认为人可以影响将要发生的事情,无论发生的是好事还是坏事,都是自己造成的。但如果你认为健康取决于运气,孤独是环境造成的,赢了比赛是因为运气好,那么在控制点的维度上,你就落入外控一端。

(二)控制点和人的适应

由于内控者与外控者理解的控制点来源不同,因而他们对待事物的态度与行为方式也不相同。内控者相信自己能发挥作用,面对可能的失败也不怀疑未来可能会有所改善,面对困难情境,能付出更大努力,加大工作投入。而外控者看不到个人努力与行为结果的积极关系,面对失败与困难,往往推卸责任于外部原因,不去寻找解决问题的办法,而是企图寻求救援或是赌博式地碰运气。他们倾向于以无助、被动的方式面对生活。

就学习而言,内控者由于倾向于把学习上的成功归因于自己的能力和勤奋,而把学习上的失败归结为自己的努力不够,因此在事后分析原因时,把失败作为需要付出更大努力的标志。这样,无论是学习上的成功还是失败,都能够促进他们更加勤奋,更加努力,因而这些学生的成就动机就比较强,其学习成功的可能性也就比较大。而外控者一般倾向于从外部找原因,学习成功认为是运气较好,而学习失败则认为是运气不好、教师教得不好、学习任务太难等。这种学生的成就动机比较弱,他们对学习无兴趣,逃避有关的学习活动。在被迫选择时,不是怀着侥幸的心理选择太难的任务,就是从保险的角度选择太容易的任务。在失败的情境中,他们显得无能为力,往往会中止自己的学习。与外控者相反,内控者对自己的学习充满自信,相信自己能够控制自己的成功和失败,因而他们能积极地适应中等的、适度的课堂挑战,选择现实的学习任务。内控的学生会把高分归因为自己的能力和努力,但如果外控的学生得了"A",则会觉得原因在于运气好或考试容易。内控者在面临考试时更能调整自己的期望值,这表明他们能指导自己应该怎样复习考试。外控者总为自己糟糕的表现寻找借口。考试失败之后,外控的学生并不认为是因为自己没努力,而是因为老师评分不公平,或是不欣赏他的写作风格。这样,在下次考试时他还是不努力,最终考试结果还是一样糟糕。

总之,大量研究表明,控制点和人的适应有关。无论内控还是外控,都不一定准

确。但根据人们在控制点维度上所处的位置,研究者可以预测大量的行为,包括在学校的表现,是否参加下一次竞选,下次生病时要花多长时间恢复,等等。根据罗特的观点,是否采取某种行动主要取决于我们对这种行为结果的想法。所以,那些自信可以控制情境的人和不相信自己能控制情境的人,表现是不同的。

一般而言,内控的人工作更努力,做出的成就更多,因为他们认为自己可以控制事情的进展。这种控制仅仅是指他们相信自己可以控制结果,而不是指他们确实控制了。高度内控的人认为只要付出努力,就没有什么事情做不到。他们会花精力去追逐自己想要达到的目标,甚至于做无用功,或是按照一些不切合实际的想法做事。总之,他们会尝试做各种努力去达到目标。就算目标没有达到,他们不会认为是他人的原因,而会认为是自己努力得不够、采取的方法不对,从而尝试在下次改进方法后再去努力。而外控者则常常为自己的目标设限,他们更愿意去做那些合理的、可能容易达到的目标。当他们遭遇失败时很容易放弃努力,因为他们认为失败更多是因为时机未到、环境的局限或他人的原因等,这使得他们认为自己对于改变现状无能为力从而放弃努力。

综上所述,什么人更幸福?哪种人能在生活中表现得更优秀,更受人喜欢,适应得更好呢?是认为自己可以控制一切的内控者,还是那些认为自己不能对付压力的外控者?

五、保持心理平衡

当今社会是适者生存的社会,如何使自己保持心理平衡,使自己的心理和社会适应都处于健康而良好的状态,就显得非常必要了。那么,该采取哪些措施呢?我们在面对困扰与失败时,可以通过主观的意识反应来进行自我控制并接受他人的忠告,从而达到适应的目的。美国心理卫生协会提出十一条心理平衡要诀可以帮助我们在日常生活中更好地适应环境与生活,现介绍如下。

(一) 对自己不过分苛求

人应该有自己的抱负,但有些人的抱负不切实际,根本非能力所及,欲求不得便会认为自己运气不好而终日忧郁;有些人做事要求十全十美,对自己的要求近乎吹毛求疵,结果,受害者还是自己。要把抱负和目标定在自己力所能及的范围,学会欣赏自己已取得的成果。

(二) 不要强求别人

很多人把希望寄托在他人身上,尤其是对亲人和朋友的期望,假如对方达不到自己的要求,便会大感失望。其实每个人都有他/她的思想、优点与缺点,何必要求别人迎合自己的要求呢?

(三) 疏导自己的愤怒情绪

当我们勃然大怒时,会做出来很多错事或失态的事,与其事后后悔,不如事前加以

自制。对愤怒情绪合理的分散转移，把愤怒发泄于另一方面，如打球、唱歌等，必要时不妨来点"阿Q精神"，抱着笑骂由人的态度，愤怒情绪自可抛诸九霄云外。

（四）偶然也可屈服

一个做大事的人，处事要从大处看；只有没见识的人才会向小处钻。因此，只要大前提不受影响，在小处有时也不必过分坚持，以减少自己的烦恼。

（五）暂时逃避

在生活受到挫折或打击时，应该暂时将烦恼放下，去做自己喜欢做的事，如运动、旅游或看电视等，待到心情平静时，再重新面对难题。

（六）找人倾诉烦恼

把所有的不快埋藏在心里只会让自己郁郁寡欢，如果把内心的烦恼告诉你的知己或好友，就会顿感心情舒畅。

（七）为别人做些事

助人为乐为快乐之本，帮助别人不仅使自己忘却烦恼，而且可以重新确定自己存在的价值，并获得珍贵的友谊，何乐而不为呢？

（八）在一段时间内只做一件事

要减少自己的精神负担，不应同时进行一件以上的任务，以免弄得身心交瘁。当你面临难题时，先解决一个，而且从最容易解决的问题下手。有了成功就会有信心，成功越多、越大，信心就会更足、更强。

（九）不要处处与人竞争

人之相处应以和为贵。处处以他人作为竞争对象，容易使自己经常处于紧张状态。其实，只要你不把别人看成对手，别人也不会与你为敌。

（十）对人表示善意

我们经常被人排斥，是因为别人对我们有戒心。如果在适当的时候，表达自己的善意，多交朋友，少树敌人，心境自然会变得平静。

（十一）娱乐

适当的娱乐是消除心理压力的有效方法，它可以改善情绪，调节身心，增加生活乐趣。娱乐的方式并不太重要，最重要的是要令人心情舒畅。

哲理故事

某地区有一条河，两岸都有鹿群活动，但人们发现，北岸的鹿强壮，并且奔跑及生殖能力都很强，而南岸的鹿则远远比不上北岸的。同一个品种，差别为何如此大呢？后来，经过人们考察分析才得知，原来河的北岸有狼而南岸没有。

没有鹿愿意与狼共处，而客观的事实却是狼的存在促进了鹿的强壮，正是环境中的危险因素激发了它们的斗志。

也许你正在抱怨环境是如何的不好，也许你正面临危机而焦虑不安，看了这则故事是不是对你有所启发？心理应激理论认为，危机是一种催化剂，可以打破原有的定式或习惯，寻求新的解决问题的方法。只要你积极去适应，就会增强抗挫折的能力，提高适应环境的能力。

适应也有多种方式，消极的适应是一种不健康的适应，它以牺牲发展为代价，逆来顺受，"打掉牙往肚里咽"，久而久之，会导致精神疾病。而积极的适应是一种健康的适应，它有两层含义，一是改变自己，顺应环境或顺应环境中的某些变革；二是不断地抗争和选择，以积极的态度提高自己各方面的能力，从一个目标走向另一个目标。没有人愿意自找不快，但危机一旦降临，躲是躲不过的，我们别无选择，只有去积极适应。

采取以上的各种措施，是否能帮助你适应呢？如何来评价我们是否适应了呢？评价适应与否主要从以下两个方面来看，第一是个人内在的心理是否和谐，第二是个人与外在环境之间的关系是否平衡。只有这两条的答案均为肯定的，才能说明你真正地适应生活和社会。

"宝剑锋从磨砺出，梅花香自苦寒来"，挫折是我们每一个人都需要不断学习的人生必修课，生活中我们要学会以感恩的心去面对挫折，没有挫折就没有人生的成长和收获。我们也要学会感谢挫折，在挫折中磨砺自己，走向成功！

凡事感激

感激伤害你的人，因为他磨炼了你的心志；
感激绊倒你的人，因为他强化了你的双腿；
感激欺骗你的人，因为他增进了你的智慧；
感激蔑视你的人，因为他醒觉了你的自尊；
感激遗弃你的人，因为他教会了你该独立。
凡事感激。
学会感激。
感激一切使你坚强的人！

【讨论与思考】

1. 什么是挫折？导致挫折的常见原因有哪些？

2. 挫折具有哪些特性？基于这些特性，你会如何来应对挫折？
3. 什么是适应性偏见？如何避免适应性偏见？
4. 适应的方法有很多，就你而言，本讲中的哪些方法能有助于你更好地适应呢？

【实践与拓展】

[心理测验]

你是一个内控的人吗？

内外控评定量表

说明：下面的问题反映人们对现实的不同感受，请你根据自己的感受情况选择回答（设有很不同意、不同意、不太同意、基本同意、同意、很同意 6 种选择，分别用数字 1～6 来反映，请你根据自己的实际感觉，对以下问题进行评分）。

1. 我得到了我想得到的，主要是因为我为之勤奋努力的结果。
2. 当我制订计划时，我几乎肯定能实行它。
3. 我更偏爱那些凭借运气而不是纯粹需要技术的游戏。
4. 只要我拿定主意，我几乎能学会任何事。
5. 我主要的成就大多来自勤奋地工作与天资。
6. 我一般不制订计划，因为我很难坚持实行。
7. 竞争创造优秀。
8. 个人能取得多大成就常常由机遇决定。
9. 无论是何种考试或竞赛，我都想知道我与其他人比起来做得如何。
10. 尽管我竭尽全力，却几乎一事无成。
11. 无论我怎样努力都无法改变现状。

参考解释：得分高于 52 分者，为内控型个体；得分低于 44 分者为外控型个体；44～52 分之间者为中间型个体。

【推荐与导读】

韦恩·戴尔著、李磊译：《正能量（实践版）》，湖南文艺出版社 2013 年版。

《正能量（实践版）》是一本世界级心理励志书，是韦恩·戴尔的经典之作，是作者联合数十位科学家、心理学家，耗费十余年心力的研究结晶。该书讲述通过各种有趣、新奇的实验，得出一系列行之有效的方法，以帮助所有身处人生低谷、长期焦虑、沮丧、消沉、自我怀疑的人过上幸福喜乐的生活。该书是一部改变工作、生活、行为模式的心理学著作。每一章都像一次心理咨询，详细论述了各种自我挫败行为，分析我们之所以不愉快、消极应对生活的原因，把人们日常生活中所暴露的性格缺陷（如自暴自弃、崇拜、依赖）和不良情绪（如悔恨、忧虑、抱怨、愤怒）逐条分析，揭开你最想知道的心理学真相。每章结尾都提供了简易的方法，可使你即刻改变恶行，拥抱新生。

该书通过翔实的数据和案例，告诉你如何增强内心的能量，接纳自身的不完美，与焦虑、惰性等负面情绪共处,并获得真正的疗愈。书中的每一个章节都给出了改善和提升的方法,让我们的心智得到锤炼,变得更强大、智慧、喜悦自在。

该书几乎自始至终都强调"做出选择"和"活在当下"这两点。仔细阅读之后,你会叩问自己:"我现在为什么要自寻烦恼?""我怎样才能更有效地利用现在的时光?"该书将助你清除所有阻碍成长的负面能量,帮助你发现并选择新的方向,提升你人生的正能量,真正掌控并管理自己的情绪和生活,拥抱幸福的新生。

【参考文献】

[1] 陈建文. 青少年社会适应的理论与实证研究:结构、机制和功能[D]. 西南师范大学,2001(6).

[2] 樊富珉. 大学生心理健康教育研究[M]. 北京:清华大学出版社,2002.

[3] 樊富珉. 社会现代化与人的心理适应[J]. 清华大学学报(哲学社会科学版),1996(4):43-48.

[4] 胡月琴,甘怡群. 青少年心理韧性量表的编制和效度验证[J]. 心理学报,2008,40(8):902-912.

[5] 马莹. 大学生心理适应能力与神经生理特点及相关研究[J]. 健康心理学杂志,2002,10(6):425-426.

[6] 奚恺元. 别做正常的傻瓜[M]. 北京:机械工业出版社,2004.

[7] 张大均,冯正直,郭成,等. 关于学生心理素质研究的几个问题[J]. 西南师范大学学报(人文社会科学版),2000(3):25-28.

[8] 朱智贤. 心理学大辞典[M]. 北京:北京师范大学出版社,1989.

[9] BURGER J M. 人格心理学[M]. 陈会昌,等,译. 北京:中国轻工业出版社,2014.

[10] VAILLANT G E. 怎样适应生活:保持心理健康[M]. 颜文伟,等,译. 上海:华东师范大学出版社,1996.

(本讲执笔人:肖蓉)

第九讲　喜怒哀乐，我能做主：情绪与调节

【本讲概要】

情绪是人们心理状态的晴雨表，它出现在人们日常生活的每个角落。

我们将在本讲解释"情绪"的有关概念和内涵，分析当前大学生的情绪特点，探究常见不良情绪的表现；并在此基础上，讨论如何保持良好的情绪状态。学完这一讲，你应该能够：

（1）了解什么是情绪及健康成熟的情绪状态。
（2）分析大学生不良情绪的原因，解析情绪问题的正负性作用。
（3）了解和掌握有效调控自身情绪的方式，学会善用积极的情绪促进成长与发展。

本讲的重点是解释情绪的有关概念，了解不良情绪的种类；难点是学会如何恰当而有效地使用情绪调控技巧促进自我改善。

【导入】

你是否有过这样的经历：考上理想大学后的喜悦与兴奋之情？考试前的焦虑不安、坐卧不宁？和同学争吵后的气恼与冲动？与同伴游山玩水时的愉悦与畅快……我们在生活中随时随地都可能会遇到一些使我们高兴或悲伤的事。而这些心理感受就是我们通常所说的情绪。情绪涉及我们生活的每一个方面，可以说在我们清醒的每一刻，都会伴随有感觉差异、变化以及情绪的冲动。

美国著名的心理学家丹尼尔认为，一个人的成功，只有20%是靠IQ（智商）获得，80%是凭借EQ（情商）来获得的。EQ管理的理念即是用科学的、人性的态度和技巧来管理人们的情绪，善用情绪带来的正面价值与意义帮助人们成功。真正健康、有活力的人是和自己的情绪感觉充分在一起的人，他们懂得驾驭、协调和管理自己的情绪，让情绪为自己服务。你无法改变天气，却可以改变心情；你无法控制别人，但可以掌握自己。让我们从现在开始，学习管理自己的情绪，创造自己想要的生活。

第一节　成败的魔术师——情绪情感认知

情绪就像人的影子一样每天与人相随，我们在日常的工作、学习和生活中时时刻刻都体验到它的存在给我们的心理和生理上带来的变化。在人的心理活动中，情绪是最为敏感、最为活跃的心理因素。每个人都有喜、怒、哀、乐，它被我们每个人所感受，它在我们的生活中产生很多奇妙的作用。当你激动、愤怒的时候，你的心跳在加快、血液在沸腾，积蓄的能量像汹涌的浪潮，随时可能冲破堤岸。当你安静平和的时候，却能感受到如月色般的宁静心境，心旷神怡。那么，情绪究竟是什么？

一、情绪的概念与内涵

心理学界有关情绪的研究，已有一百多年的历史。但至今为止，对情绪还没有一个明确的界定。关于情绪的界定，众说纷纭。

理论研究

情绪的界定

《简明牛津英语词典》写道："情绪是一种不同于认知或意志的精神上的情感和感情。"

苏联心理学家概括地将情绪定义为：情绪是人对客观事物的体验。与机体需要相联系的体验叫情绪，是人与动物所共有的；与社会需要相联系的体验为情感，是人所特有的。这是一个比较概括、宽泛的界定。

心理学家吴伟士认为情绪是有机体的一种激动状态，各种情绪的反应都以其引起的情境来定义。例如，愤怒与他人所引起的不愉快情境相关联，内疚与由自己所招致的不愉快情境相关联，而悲伤则与环境控制的不愉快情境相关联。

西方心理学界则对情绪的描述比较详尽些，而且对情绪和情感一般不作区分。

扬（P. T. Young, 1973）将情绪定义为："情绪起源于心理状态的感情过程的激烈扰乱，它同时显示出平滑肌、腺体和一总体行为的身体变化。"他强调了情绪的干扰性质。

利伯（R. W. Leeper, 1973）则主张："情绪是一种动机和知觉的积极力量，它组织、维持和指导行为。"他反对把情绪看作起破坏作用并干扰行为的观点，更重要的是他指出了情绪的组织作用。

目前，比较流行的关于情绪的定义是：情绪是人们对客观事物是否符合自己的需要所产生的主观态度、内心体验及外在表现。如果客观事物能满足人的需要，人便感到满意、快乐、高兴，获得喜欢和爱的体验；如果客观事物不能满足人的需要，那么人便会经受失望、痛苦、仇恨和愤怒的体验。可见，人的情绪并不反映事物的本身，而是反映人与客观事物之间的关系，即客观事物是否能满足人的需要。因此我们说，需要产生情绪。

心理学家认为，一般情绪包括主观体验、生理基础和表情行为三个方面。

（一）情绪的主观体验

情绪的主观体验主要是指情绪反映了个体的需要是否获得满足以及满足的情况如何。如果个体的需要获得了满足，个体就会产生积极的情绪体验；如果没有得到满足就会产生消极的情绪体验。个体需要满足的程度也影响着情绪体验的程度。情绪的主观体验比较含蓄、隐蔽，可以通过个体自我陈述的方法来了解。

（二）情绪的生理基础

情绪的生理基础是指和情绪有着密切关系的人体许多内部器官活动。研究表明，大脑皮层对情绪起调节和抑制作用，边缘系统参与情绪体验的产生，内分泌系统与自主神经系统和中枢神经系统之间的联系，直接参与情绪活动；情绪和情感的产生和变化对呼吸系统、循环系统、消化系统等都具有重要的作用。当情绪产生时，人们身体的各系统器官都会发生相应的生理变化（如心跳）和反应，其生理机制就是大脑皮层的不同种神经元产生兴奋，皮下中枢包括海马、丘脑和脑干网状结构不断传递和反馈信息，协调和支持脑的激活水平和情绪状态。随着脑和神经系统的变化，机体的其他内脏器官也随之产生不同的生理变化，如呼吸急促、心跳加快等。

（三）情绪的表情行为

情绪的表情行为是指个体在产生某种情绪体验的时候，一般会伴随着身体各个部位动作、姿势的变化，也就是身体语言，主要包括面部表情、身段表情和言语表情。情绪的外在表现主要通过观察的方法来了解和判断。表情在情绪活动中具有独特作用，是情绪本身不可分割的发生机制，也是传递情绪信息的外在表现。如遇到伤心、悲痛的事就捶胸顿足、垂头丧气，遇到高兴的事就手舞足蹈。

由此可见，情绪不是一种单一的心理活动，它涉及人的内心体验、外显行为和生理活动等多种身心过程。

心理学小知识

"生物三节律"

心理学家的研究认为，一般人的情绪变化呈现周期性的规律。

20世纪初，英国医生费里斯和德国心理学家斯沃博特同时发现了一个奇怪的现象：有一些病人因头痛、精神疲倦等会每隔23天或28天就来治疗一次。于是他们就将23天称为"体力定律"，28天称为"情绪定律"。20年后，特里舍尔发现学生的智力是以

33天为周期进行变化的,于是他就将其称为"智力定律"。后来,人们就将"体力定律""智力定律"和"情绪定律"总称为生物三节律。

一个人从出生之日起到离开世界为止,生物三节律自始至终没有丝毫变化,而且不受任何后天影响。三种节律都有自己的高潮期、低潮期和临界日。以情绪为例,在高潮期内,人的精力充沛、心情愉快,一切活动都被愉悦的心境所笼罩;在临界日内,自我感觉特别不好、健康水平低下、心情烦躁,容易莫名其妙地发火,在活动中容易发生意外;而在低潮期内,情绪低落,反应迟钝,一切活动都被一种抑郁的心境所笼罩。

在很多心理学家的报告中,我们都能看到情绪周期的描述,有的人说是28天,有的人得到的结论是5个星期。不管怎样,我们可以大致得到这样的一个概念:人类作为有自然性的动物,存在着情绪上的周期变化。因此,你可以通过有意识记录的方式来了解自己的情绪变化,由此可以提前预测自己的情绪变化,避免因为情绪的变化而影响学习和生活。

二、情绪和情感的关联

我们在描述人类的感情活动时,情绪和情感两词经常被使用,有时还相互替换。情绪和情感同属于不同认知和意志活动的感情性心理活动,是对同一过程、同一活动的两个不同层面的描述。

情绪是指感性活动的过程和感受体验本身。而情感是较高级的感情现象,着重体现在感情的内容方面,具有较稳定持久、内隐含蓄的特点,与人的基本社会需要相联系。所谓基本社会性需要就是指如依恋需要、交往需要、尊重需要等,它是个体在后天环境中形成和发展起来的。与这些社会性需要相联系的情感有依恋感(爱与恨)、归属感(如友谊与孤独感)、自尊感(自尊与自卑)、美感等。这些情感虽然在一般情况下并不外露,但在具体情境中,会因客观事物刺激而以情绪形式外显,表现为一定的喜怒哀乐等。

情绪常会因情境的变迁而变化,但情感本身具有相对稳定性。例如,母爱是一种典型的依恋感,平时并不外显,但在某些特定情境下,往往会以强烈的情绪形式表现出来,比如当孩子做错事,母亲会因"恨铁不成钢"而发泄愤怒之情,然而其内心的母爱则是不会轻易变化的。

三、情绪的功能

在我们的生活中,情绪不是一种毫无目的、没有任何意义的伴随体验。相反,它是在适应外界变化的过程中产生的,是具有重要作用的工具。

(一)自我防御功能

在最简单水平上,情绪能够帮助我们做出更迅速的反应。当身体或人的其他方面受到威胁时，人会产生恐惧以应对；当发生利益或权利上的冲突时，人会产生愤怒以应对；当吃到不适的食物或污物时，人会产生厌恶感。这些情绪反应表现出非常明显的自我保护性倾向。

（二）社会适应功能

情绪能够使个体针对不同的刺激事件产生灵活自如的适应性反应，并调节或保持个体与环境间的关系。情绪之所以具有灵活性的特征，是因为情绪的功能不仅可以来源于个体全部的先天功能，而且来源于学习及认知活动。许多种情绪都具有调控群体间的互动功能。譬如，羞怯感可以加强个体与社会习俗的一致性；当个体对他人造成伤害时，内疚感可激发社会公平重建。其他的情绪如同情、喜欢、友爱等，也能起到构建和保持社会关系的作用。它们不仅可以增强群体内的凝聚力，而且可以提高个体的社会适应能力。

（三）动力功能

达尔文认为，人类祖先在捕猎和搏斗时产生愤怒的情绪反应，有助于增强体力，战胜猎物或敌人。现代科学更清楚地提示了人在紧张情绪发生时会表现出一系列生理变化，如血压升高、呼吸频率提高、肾上腺素分泌增加等。这一切都有助于一个人充分调动体力来应付紧急状况。适度的情绪反应能够激励人的活动，提高人的活动效率，进而推动人们有效地完成工作任务。

（四）强化功能

大量研究表明，当出现紧急情况时，消极的情绪（如愤怒和恐惧）能够唤起大脑的警觉水平；积极的情绪（如高兴）能使一个人的感觉和知觉变得敏锐、记忆获得增强、思维更加灵活，有助于一个人内在潜能的充分展示。

（五）信号功能

一个人不仅能凭借表情传递情感信息，而且能凭借表情传递自己的某种思想和愿望。表情是思想的信号，如微笑表示赞赏，点头表示默认，摇头表示反对。俗语"出门看天色，进门看脸色"，意思是说可以通过别人的情绪反馈信息，察觉到别人对自己的态度。

四、大学生的情绪特点

大学时期是心理成熟的重要时期。在这一时期，大学生不仅具有了青年人共有的情绪特征，还因其独特的社会地位、知识水平等产生共有的鲜明特点。专家认为，大学生处在人生第二次"断乳期"，其在生理和心理层面都会发生很大的变化。

研究历史

人类情绪和情感的发展进程及特点

人们的情绪和情感发展是从简单到丰富、从不成熟到成熟的发展进程。每个发展阶段都有各自的特点：婴儿（1～3岁）在出生后不久基本上只有愉快和不愉快两种情绪，然后才渐渐会形成快乐、害怕、发怒、害羞等情绪，并和母亲产生感情依恋；在童年期（3～14岁）时各种情绪会继续丰富发展，并同时产生形成理智感、道德感、美感等社会产物；青年期（14～25岁）的人，此时的情感丰富复杂且体验深刻，情绪的波动起伏大，易冲动；而在壮年期（25～45岁）时，情绪和情感会渐趋稳定成熟，能够自我控制和调节情绪，此时社会责任感强烈；中老年期（45岁以后）的情绪基本是平静、恬淡、顺其自然，但会受更年期、疾病、衰老、家庭生活变故等影响，易出现忧郁悲观、孤独寂寞、多疑易怒等消极情绪。

（一）丰富性和复杂性

大学生的情绪具有丰富性和复杂性：情绪好时，精神振奋；情绪不好时，垂头丧气；有时因失意或其他不如意的事情而感到情绪压抑；有时又会因为如愿以偿而感到欣然自得。从生理发展分段来看，大学生正处于多梦的年龄阶段，几乎人类所具有的各种情绪，都可以在大学生身上体现出来，并且各类情绪的强度不一，如有悲哀、遗憾、失望、难过、悲伤、哀痛、绝望之分；从自我意识的发展来看，大学生表现出较多的自我体验，自我尊重的需要强烈，易产生自卑、自负等情绪体验；从社交方面来看，大学生的交际范围日益扩大，与同学、朋友及师长之间的交往更细腻、更复杂，有的大学生还开始体验一种更突出的情感——恋爱，而恋爱活动往往又伴随着深刻的情绪体验，这种特殊的体验对大学生有十分重要的影响；在情绪体验的内容上，大学生的情绪呈现出相当丰富多彩的特征，以惧怕的情绪来说，大学生所怕的事物主要与社会的、文化的、想象的、抽象复杂的事物和情势有关，如怕考试、怕陌生人、怕寂寞等。青年人对刺激情境变化的敏感是情绪不稳定的主要原因。

（二）波动性和两极性

大学时期是人生面临多种选择的时期，学习、交友、恋爱等人生大事基本在这一阶段完成。社会、家庭、学校及生活事件都会对大学生的情绪产生影响。尽管大学生的认识水平有了一定的提高，对自己的情绪已有了一定的控制能力，情绪亦趋于稳定，但同成年人相比，大学生相对敏感，情绪带有明显的波动性；一句善意的话语、一个感人的故事、一支动听的歌曲、一首情理交融的诗歌都可以使他们情绪发生骤然变化。而在社会转型过程中，社会的变迁、体制的变革、新与旧价值观的更替、种种复杂的社会现象也容易使大学生产生困惑和迷茫，出现情绪的困扰与波动。

由于大学生正处于情绪表现的"动荡"时期，自我认知、生涯发展及心理发展等还未成熟，他们的情绪起伏较大，带有明显的两极化特征：胜利时得意忘形，受挫时垂

头丧气;高兴时"花草皆笑",悲伤时"草木流泪";情绪的反应摇摆不定、跌宕起伏。有学者对大学生进行调查,发现他们70%的情绪是经常两极波动的,也就是像"波动曲线一样,忽高忽低",忽愉快忽愁闷。

(三)情绪的冲动性与爆发性

心理学家霍尔认为青年期处于"蒙昧时代"向"文明时代"演化的过渡期,其特点是动摇的、起伏的,他把这一时期称为"狂风暴雨"时期。由于知识水平和认知能力的提高,大学生对自己的情绪能够有所控制,但由于他们兴趣广泛,对外界事物较为敏感,加之年轻气盛和从众心理,因此其情绪在许多情况下易被激发,犹如急风暴雨不计后果,带有很大的冲动性。他们往往对符合自己信念、观点和理想的事件或行为迅速产生热烈积极的情绪;对不符合自己信念、观点和理想的事件或行为,则迅速出现否定情绪。个别的人甚至会盲目地狂热,而一旦遇到挫折或失败又会灰心丧气,情绪来得快,平息也快。

大学生情绪的冲动性常常与爆发性相连。大学生的自制力较弱,一旦出现某种外部强烈的刺激,情绪便会突然爆发,借助于冲动的力量驱使,以至于在语言、神态及动作等方面失去理智的控制,忘却了其他任何事物的存在,极易产生破坏性的行为和后果。

(四)阶段性和层次性

大学阶段由于不同年级培养目标和培养重点不同,教育方式和课程设置有所区别,各个年级面临的问题不同,大学生的情绪特点也不同,呈现阶段性和层次性特点。大学新生所面临的是环境适应,学习方法的改变,新的交往对象熟悉、了解以及新的目标确立等问题。新生自豪感和自卑感混杂、放松感和压力感并存,新鲜感和恋旧感交替,情绪波动大。大学二、三年级学生经过了一年级的适应过程,能够融入校园生活,情绪较为稳定。毕业班学生面临毕业论文(毕业设计)及择业等多方面的重大问题,压力大、情绪波动大,且消极情绪多。另外,由于社会、家庭及自身要求、期望不同,能力、心理素质的差别,大学生也会体现出不同的情绪状态。

(五)外显性与内隐性

大学生对外界刺激反应迅速敏感,喜、怒、哀、乐常形之于色,比起成年人较外露和直接;但比起中小学生,大学生会掩饰、隐藏或抑制自己的真实情感,表现出内隐、含蓄的特点。一般而言,大学生的很多情绪是一眼就能看出的,如考试第一名或赢得一场球赛,马上就会喜形于色。但由于自制力的逐渐增强,以及思维的独立性和自尊心的发展,他们情绪的外在表现和内心体验并不总是一致的,在某些场合和特定问题上,有些大学生会隐藏或抑制自己的真实情感,有时会表现出内隐、含蓄的特点。例如,对学习、交友、恋爱和择业等具体问题,他们往往深藏不露,具有很大的内隐性。另外,随着大学生社会化的逐渐完成与心理逐渐成熟,他们能够根据特有条件、规范或目标来表达自己的情绪,表现为外部表情与内部体验的不一致性。例如,有的学生对异性萌生了爱慕之情,却往往留给对方的印象是对其贬低、冷落。

五、大学生情绪健康发展的标准

健康的情绪是健全人格的必要条件之一。一般而言,情绪的目的性恰当、反应适度,不带有幼稚的、冲动的特征,符合社会规范的要求,就是情绪健康的标准。

有研究者认为健康的情绪应当是平和、稳定和愉悦的。平和是指心境宁静、安怡,不浮躁。当代大学生处于一个急剧变革的时代,要做到心态平和确实不太容易,在这个时代有很多激动人心、令人鼓舞的进步和变化,同时也存在种种危机。例如,功利主义、躁动不安、缺乏远见、及时满足等成了一种社会心态。在这种社会环境里,成年人都很难保持平和的心态,何况是青少年。但这是一个需要努力达到的精神状态。稳定是指情绪平稳,不大起大落。情绪化的人往往使他人难以适应也很难与人共处,当然也影响自我判断力和学习、工作的效率。青少年时期是情绪两极性最为突出的时期,培养稳定情绪有益于他们的健康成长。愉悦是指心情快乐。愉悦是一个人必不可少的精神养料,并不是有钱就能买到的。有的人很有钱,有的人很有权,但并不一定快乐,因为他们每天想着要赚更多的钱,想拥有更多的权力,于是钩心斗角、尔虞我诈。快乐在人们的内心,当人们走进大自然,与之融为一体,有着心旷神怡的感觉时,是快乐的;当人们像孩童般地嬉戏玩耍时是快乐的;当人们不求回报地帮助了别人时是快乐的;当人们经过多年的努力,实现了奋斗目标时是快乐的……

对大学生来说,情绪健康具体表现为:情绪的基调是积极、乐观、愉快、稳定的,对不良情绪具有自我调控能力,情绪反应适度;高级的社会情感(理智感、道德感、美感等)能得到良好的发展。

心理学小知识

情绪健康的各种指标与特点

心理学家瑞尼斯等人提出情绪健康的六项指标:

(1) 发展出某些技巧以应付挫折情境。

(2) 能重新解释与接纳自己与情绪的关系,不会一直自我防卫,能避免挫折并安排替代的目标。

(3) 知觉某些情境会引起挫折,可以避开并找寻替代目标,以获得情绪满足。

(4) 能找出方法,以缓解生活中的不愉快。

(5) 能认清各种防卫机制的功能,包括幻想、退化、反抗、投射、合理化、补偿,避免成为错误的习惯,以致防卫过度,造成情绪困扰。

(6) 能寻求专家的帮助。

心理学家索尔也指出情绪健康的八个特点:

(1) 独立,不依赖父母。

(2) 增强责任感及工作能力,减少对外界接纳的渴望。

(3) 去除自卑情结、个人主义及竞争心理。

(4) 适度的社会化与教化，能与人合作，并符合个人良心。
(5) 成熟的性态度，能组织幸福家庭。
(6) 培养适应，避免敌意与攻击。
(7) 对现实有正确的了解。
(8) 具有弹性以及适应力。

第二节　今天，你郁闷吗——大学生常见情绪情感问题

某市高校体育卫生验收资料统计，在全市5万名大学生中，有16%的人存在着不同程度的心理障碍。由于一些人羞于承认或没有意识到自己的心理疾患，一些心理专家估计实际人数还可能更多一些。

随着社会的发展、文明的进步以及竞争的不断加强，心理健康问题，尤其是具有不良情绪问题的人数日益增长逐渐为社会各界所关注。情绪和情感像空气一样时刻围绕着我们，正因为有了喜、怒、哀、乐、爱、憎等不同的情绪和情感，生活才显得如此丰富多彩。处在青年期的大学生，其在心理上正经历着急剧的变化。尤其反映在情绪和情感方面，表现为情绪起伏波动大，情感体验深刻、丰富和复杂，容易陷入情绪困扰。这一特点明显地影响到大学生的身心健康。青少年常见的情绪问题有焦虑、恐惧、抑郁和自卑等。这些情绪问题如果得不到解决，将会对他们一生的发展带来不利的影响。因而正确了解大学生情绪和情感发展的特点，学习调适、消除不良情绪，对于增进大学生的心理健康有着重要的意义。

一、影响大学生情绪健康的因素

（一）遗传和生理因素

遗传与心理变态有关，这是国内外学者比较一致的观点。美国学者柯尔曼于1959年通过研究1000名精神病患者及其血缘关系，揭示了遗传因素对心理变态的影响。已有研究数据显示，精神病发病率与患同类病者血缘关系的远近有密切关系。在非血缘关系的人口中，当其中一人已患有精神病，其他人患同类病的发病率只有0.85%；如同胞兄弟姐妹间有一人患精神病，其他人的发病率则增长到14.3%；同卵双生子中有一人患精神病，则另一人的发病率将提高到86.2%，超出无血缘关系者100倍。血缘关系的远近，反映了遗传基因的异同。血缘关系越近，共同的遗传信息越多，则有相同的影响心理变态因素的可能性越大。

（二）社会环境因素

大学生的正常和异常情绪心理都受制于社会环境，是一定的社会环境影响的反映；变态情绪心理是大学生与环境协调关系的冲突。也就是说，变态情绪心理是对一定环境的消极的不正常的适应方式。所谓一定的环境，应该看作与大学生整个生活历程相关的环境。即不仅仅是青年期所面临的现实环境，而且包括其儿童时代、少年时代所处的环境，还应该包括其相关的环境，即家庭环境、学校环境。

国外的学者在研究影响心理变态的社会环境因素时，还探究人们的社会地位与心理变态的关系，认为处于不同社会地位的人，所受的社会传统、习俗、价值观念、道德规范等压力不同，因此，在心理发展中所受的社会影响力也不同。

（三）主观心理因素

影响大学生情绪健康的主观心理因素很复杂，知识经验、智力水平、情感成熟度、意志品质和个性等方面的欠缺和障碍都可能导致心理异常。由于心理健康与心理异常是整个心理结构发展变化的结果，所以国内外的学者一般不单独研究某个心理过程和心理因素，而把注意力集中于个性的研究上。

我国学者从不同角度揭示了容易引起心理异常的消极个性特征：①情绪特征，不稳定、易冲动、易躁易怨，或者低沉、冷漠、郁郁寡欢；②意志特征，固执、刻板、任性、胆怯、缺乏自制力；③对人的态度，敏感、多疑、心胸狭窄、好嫉妒；④对己态度，过分自尊和自重，或自卑、自贱；⑤交往特征，孤僻、退缩、"圈子封闭"；⑥对困难的态度，过分紧张不安，经受不住挫折和打击，不易摆脱内心矛盾和困惑。

另外，大学生已经具备了相对稳定的内部心理环境。它的结构、水平和特点，不仅制约着环境对大学生情绪心理的作用，规定着大学生情绪心理接受还是不接受环境影响，而且制约着大学生情绪心理对环境的反作用。不同的心理结构、水平和特点规定着大学生对同一环境的不同适应方式。因此，大学生已有的心理水平和状态是影响大学生情绪心理健康发展的关键因素。

二、大学生常见情绪情感问题

苏联生理学家巴甫洛夫说："愉快可以使你对生命的每一跳动，对于生活的每一印象易于感受，不论躯体和精神上的愉快都是如此，可以使身体发展、健康。"俗语所说的"人逢喜事精神爽""笑一笑、十年少"，就是指愉快乐观的情绪和情感可以延缓衰老、增进健康。不良情绪是大学生的敌人，它不仅会引起生理疾病，而且易导致各种心理疾病和障碍，危害极大。

（一）焦虑

1. 概述

焦虑是一种比较复杂的消极情绪现象，是人们对即将发生的某种事件或情境感到担忧和不安，又无法采取有效的措施加以预防和解决时产生的情绪体验，是一种具有警戒性的适应反应。几乎正常人在生活经验中都有过这种经历和体验。过分的焦虑使人处于一种无所适从的状态，总是担心将要发生的事情，坐立不安，注意力分散，办事效率低下。引起学生焦虑的主要原因有：入学适应困难、学习问题（如考试焦虑）、人际交往（如社交恐惧引起的焦虑）、求职就业问题等。青少年的焦虑大多是非病理性焦虑，一般的考试焦虑、社交焦虑等都属于正常焦虑状态。

心理学研究数据

青少年的焦虑调查

刘贤臣等人应用焦虑自评量表对2462名13～22岁的青少年学生进行测查，结果发现16%的青少年有不同程度的焦虑状态，其中轻度和中重度分别为12.22%和3.78%，男性17岁年龄组发生率最高（21.89%），20岁年龄组最低（3.8%），18岁开始呈下降趋势。女性16岁年龄组最高（21.89%），21岁年龄组最低（3.39%），17岁开始下降。可见，14～17岁的青少年焦虑状态的发生率较高。

大学生的焦虑情绪与人格特点、年龄阶段、生活事件、内心动机冲突和挫折等因素相关。因适应困难产生焦虑是大学生常常遇到的困扰。大学生面临生活方式的剧烈变化带来的重新适应压力，适应不良则引起焦虑情绪反应。学校中的大学生学习考试的压力是大学生焦虑的又一常见诱因。大学生处于人生重要的成长成熟阶段，但他们对该阶段自己的目标、任务、责任并不十分明确，这也会导致大学生的焦虑。由于个性尚未完全形成，对如何取得成功、如何解决人生的重大问题等都没有把握，大学生因此容易陷入对未来的莫名焦虑中。青春期性的冲动与社会禁忌之间的冲突也是引起大学生焦虑的重要因素。

2. 焦虑的表现

大学生存在过度焦虑的现象，其表现和原因是多方面的。

（1）适应焦虑。因生活和学习适应困难而产生焦虑，这是大学生中比较常见的情况。生活环境的改变使一些缺乏独立生活能力和来自偏远地区的大学生，不知如何处理生活和人际关系。这类情况常发生在新生中。学习上的不适应也是促使焦虑产生的原因。不少大学生习惯了高中时那种学习方式，上大学后对大学的学习方式不能很快适应。另外，还有一部分中学的尖子生来到大学后可能不再突出，或成为一般的学生，他们的尖子心态一时难以扭转而感到羞愧和焦虑。

（2）考试焦虑。一些同学考试前几天就表现得极其紧张，以致不能安心复习，其焦虑程度随考期临近而日益严重。也有一些同学因为曾经的考试失败经历而导致以后的考试焦虑。

（3）健康焦虑。这是因为对自己身体健康和生理现象过分关注而产生的焦虑，如失眠、疲倦、手痛等。大学生因学习比较紧张、高强度的脑力劳动，存在着一些可能使健康水平下降的症状，如呼吸加快、失眠、疲倦、头晕等。这些身体感受是正常的，如果学生去医院检查，任何指标都正常，但就是自感身体不舒服，终日无精打采。他们就会对这些反应产生恐慌，导致焦虑不安的发生。其实，在情绪的影响下必然会导致躯体的反应，这时主要是要调整心理状态，使情绪平稳，就会缓解躯体症状了。同时，也有一部分同学由于缺乏性知识，对遗精和手淫产生焦虑。

（4）选择焦虑。这是一种面临动机冲突和困难的选择而产生的焦虑，像交际、恋爱、择业过程中出现的心理冲突。如择业焦虑，在2005年对全国大学生进行的一份研究调查报告中显示，就业问题列在了"大学生最苦恼问题"的首位。择业前，冷门专业的学生为能否找到工作而焦虑，形势好的专业的学生又为留在城市还是回家乡就业而焦虑，本科毕业生难找工作已成为大学生们苦恼的事情。因此，面对继续深造读研究生还是尽快找个工作难以做出选择时，大学生们也常常感到焦虑。

心理学实验

心理学家巍格纳曾做过这样一个有趣的实验。让一些大学生作为被试者，事先规定，要求他们在实验的5分钟内，谁也不能想到白熊，如果谁想到了，就必须要按眼前的电铃按钮。结果在实验开始后的5分钟内，这些大学生被试者，几乎都在不停地按电铃，这就是这些大学生被试者们在排斥自己的心理活动过程，因此更关注和强化了这些观念和感受。这个实验也就解释了为什么一些学生越是畏惧考试时紧张，结果在考试过程中就越紧张；越是担心自己在与陌生人交往时出现畏惧情绪，当与陌生人接触时，就越会产生担心和恐惧感。这也是一些人感到自己的情绪难以控制的原因所在。

心理学知识扩展

性焦虑的表现

有关调查表明，大学生的性焦虑主要表现在：①手淫问题；②生殖系统疾病；③性知识缺乏；④婚前性行为；⑤性心理障碍，如认为自己有同性恋倾向或有恋物癖倾向等。

但适度的焦虑是有利的，它可以唤起人的警觉、集中注意力、激发斗志等。就拿考试来说，对大学生而言，它是一种紧张刺激，因此它引起的焦虑反应是正常的。考试的焦虑几乎是每个学生都曾经历过的。教育心理学的研究证明，中等程度的焦虑最有利于考生水平和能力的发挥，而过高的焦虑则不利于考生能力的正常发挥。

3．焦虑的调适

对焦虑进行调适最主要是要进行认知上的调整，改变对待事物错误的观点，缓解因错误的认知而造成的焦虑。此外，学生还应学会正确认识自己的情绪反应。大学生的情绪困扰有时来自因无法接受或无法控制自己的情绪现状而产生的不适感。例如，一名同学在平时学习时，常为自己头脑中闪现一些毫无意义的杂念而烦恼不已。本想克服，但没想到越是绞尽脑汁想将其克服，杂念不仅没有减少，反而越来越严重了。这位同学产生情绪困扰，就是因为其不能接受自己的情绪反应。我们应该知道，情绪是人的一种自然的和本能的感受，不论是否愿意，也不论情绪是否为负性情绪感受，都是不以人的意志为转移的。其实，当我们对某一种情绪排斥和不接受的时候，实际已在关注和强化它。

（二）抑郁

1. 概述

抑郁（depression）是一种持续的心境低落、悲伤、消沉、沮丧、不愉快等综合而成的情绪状态。情绪低落是生活中难免的境遇，也是一种比较常见的情绪问题。事实上，60%～70%的成年人一生中都会经历程度不同的低潮期，这很正常。每当情绪波动，绝大多数人都有能力进行自我调节，使自己情绪低落的时间尽可能地缩短。一旦出现反常，心境灰暗，持续时间长，难以解脱，整天处于焦虑压抑等负性情绪中，躯体相应也产生不适感，睡眠发生严重障碍，人生似乎已全无乐趣，甚至觉得痛不欲生，这就极可能是患上了抑郁症。

魏斯曼等人的研究指出，大约四分之一的人在其一生中曾经有过抑郁情绪。人们所忧虑的抑郁症时代已经悄然来临。世界卫生组织（WHO）预测，在22世纪，人类最大的健康威胁不是癌症，不是心脏病，甚至不是艾滋病，而是这种以低落情绪为标志的疾病——抑郁症。在一项对北京、上海、广州三个城市的白领人群所做的心理调查显示，有80%以上的人认为自己时常感到不快乐，70%左右的人在人生的不同时期陷入过抑郁的低谷。而在美国，抑郁症终身患病率高达17.1%，其中女性是男性的两倍，这些患者中，将有10%～15%最终死于自杀。

抑郁状态发展到一定程度就会成为抑郁性神经症。它一般在认知上表现为自我评价比较低、自责愧疚、罪恶感、无望和无力感、对未来悲观失望等；情绪上表现为沮丧、悲伤、闷闷不乐、甚至绝望；行为上表现为萎靡不振、沉默寡言、兴趣减少、行动迟缓、不想活动等。如果说适当的焦虑有一定的积极意义，那么抑郁基本上没有什么积极作用。不过，抑郁与焦虑是有一定联系的。严重焦虑者常常伴有抑郁的心境。有关研究表明，在焦虑症患者中，34%～65%有抑郁症状。我国学者江开达的研究也发现，以焦虑症为主的患者，有52%伴有抑郁情绪，并且一般焦虑症发生在前，抑郁发生在后。

近年来，儿童、青少年的情绪抑郁问题也引起了我国医学界和教育界的重视。刘凤瑜采用考万克斯编制的"儿童抑郁量表"对895名7～17岁的中小学生进行测查。结果表明，儿童青少年的抑郁程度随年龄的增长而增高，初中生和高中生的抑郁程度显著高于小学生，但初中生和高中生之间没有显著差异。就总体来说，男生的抑郁程度显著高于女生。但性别和年级之间存在交互作用，小学、初中和高中不同年级的男生之间没有显著差异,而女生之间存在显著差异。小学男生的抑郁程度高于女生,而初中和高中的男女生之间没有显著差异。研究者认为,一般来说小学男生比女生顽皮、淘气,更具有破坏性,学习也往往比女生差,因而比女生更容易受批评、训斥和责怪,所以会表现出较强的抑郁。而到了中学,进入青春期以后,女生的烦恼逐渐增多,压力开始增大,因而抑郁程度也随之增高。在大学阶段,由于环境或身份的变化,学业的压力等,大学生的抑郁情绪表现也极为常见。2020年的一项 meta 分析显示,大学生抑郁症状的检出率为 24.71%(王蜜源等,2020)。

2. 抑郁的成因

一般认为,抑郁产生的原因与以下因素有关。

(1) 社会心理因素。如人际关系紧张、学习困难、工作压力、家庭变故、意外事故、躯体疾病等不良生活事件都有可能引发抑郁。其中包括:①环境诱因。令人感到有压力的生活事件及失落感也可能诱发抑郁症,如丧偶、离婚、丢掉工作、财务危机、失去健康等。②药物因素。对一些人而言,长期使用某些药物(如一些高血压药、治疗关节炎或帕金森症的药)会造成抑郁症状。③疾病。患慢性疾病如心脏病、中风、糖尿病、癌症与阿尔兹海默症的病人患抑郁症的概率较高。甲状腺功能亢进者,即使是症状轻微的,也会患上抑郁症。抑郁症也可能是严重疾病的前兆,如胰脏癌、脑瘤、帕金森症、阿尔兹海默症等。④抽烟、酗酒与滥用药物。过去,研究人员认为抑郁症患者借助酒精、尼古丁与药物来舒缓情绪。但新的研究结果显示,使用这些东西实际上会引发抑郁症及焦虑症。⑤饮食。缺乏叶酸与维生素 B_{12} 可能引起抑郁症状。

(2) 个体内部因素。如性格内向、过于自卑,或者不良的认知模式、非理性思维,都会对抑郁产生作用。

(3) 遗传的影响。家族中有患情感性障碍的人产生抑郁的比例比较高。研究显示,父母中 1 人得抑郁症,子女得病概率为 25%;双亲都是抑郁症病人,子女患病率提高至 50%~75%。

另外,有研究表明抑郁情绪与季节有关,冬季比夏季更容易发生抑郁,这是日照随着季节的变化所致。所以,抑郁的大学生可以尝试多进行一些户外活动,接受更多的阳光,当然包括多进行体育运动。

3. 抑郁情绪的预防

大学生抑郁情绪的预防可以从以下几个方面着手。

(1) 建立良好的社会支持系统。亲子关系、同伴关系和师生关系是青少年主要的人际关系。良好的人际关系可以为青少年面临压力事件时,提供不同的支持、安慰,有效地避免抑郁情绪的发生。

(2) 客观地评价事实。在相同的情境下,有的人情绪平静,有的人抑郁沮丧,这可能就是对情境的不同评价造成的结果。家长和教师要帮助青少年客观地评价自我、评价别人、评价生活中发生的事件,尤其要纠正非理性想法。

(3) 调整个体的期望。过高的期望会引起较高的压力,由此容易使人产生抑郁情绪。这就不仅要求家长和教师对青少年抱有适当的、与之能力相适应的期望,而且要求青少年本人对自己要有适当的期望。

(4) 保持良好的心态。如前所说,经常保持愉悦、平和、乐观的心态,会使人变得积极开朗,挫折承受力得到增强,这将减少青少年产生抑郁的机会。

(三) 愤怒

当人们的主观愿望与客观现实相悖时就会产生消极的情绪反应——愤怒。也就是说,当事物不符合自己的需要或愿望时,心理受到挫折的情绪体验。心理学研究表明,脾气暴躁、经常发火不仅是诱发心脏病的致病原因,而且会增加患其他病的可能性。处于青春期的大学生内分泌系统处于空前活跃时期,中枢神经系统的抑制和兴奋发展不平衡,自制力较差,容易冲动。易怒是大学生常见的第二种消极情绪,有的大学生因为一件小事或一句话激动得暴跳如雷,或出口伤人,甚至动拳脚伤人。大仲马曾经说过:"你要控制自己的情绪,否则你的情绪便控制了你。"

心理学家雷诺瓦提出4种指标可检查愤怒:①频率,多久生一次气;②程度,是否很强,强到了盛怒的状况;③持续时间,情绪是否很快就恢复正常;④表达方式,保持沉默、拒绝配合、暴力反击。这4个指标很重要,在生气的时候可以拿出来检查、对照一下我们自己的表现,进而提醒我们的行为方式,并采取有效的解决方式。

控制愤怒的一个有效办法就是推迟动怒时间。当你控制不住情绪要发脾气时,可先在心里数15下,再发怒。下一次数30下,不断延长动怒的间隔时间。俄国文学家屠格涅夫说"开口之前,先把舌头在嘴里转个圈",即动怒之前不要讲话,以缓和不良情绪。苏联教育家马卡连柯则采用"制动器法"来缓解不良情绪的发作,他说:"人的意志不仅善于期待获得某种东西。没有制动器就不可能有机器,没有抑制力也就不可能有任何的意志。"

另外,还可以采取宣泄、转移注意力等方法控制愤怒。

除采取可实施性的方法外,我们要想从根本上控制自己的愤怒,就应当学会宽容。

法国19世纪的文学大师维克多·雨果曾说过这样的一句话:"世界上最宽阔的是海洋,比海洋宽阔的是天空,比天空更宽阔的是人的胸怀。"不妨看看生活中我们身边使我们生气愤怒的事,就会发现其实许多都是不足挂齿、鸡毛蒜皮的事。

(四) 自卑

自卑是自我情绪体验的一种形式,在心理学上又称"自我否定",主要表现为对自己的能力、学识、品质等自身因素评价过低。由于学习环境、生活环境的改变,部分大学生由高中时期的"佼佼者"变成大学校园中的"普通一员",这种"地位"的改变是造成部分大学生自卑的重要原因,还有一些学生由于家庭条件差或自身某些不足而自卑。有自卑感的学生由于自我评价过低,评价不符合自身实际情况,因此会轻视自己,或者看不起自己,对自己没有信心,在社会生活中表现出行为畏缩、瞻前顾后、多愁善感、担心不被他人尊重;并且自尊心极强,过于敏感,对他人的评价异常关注敏感,为避免受到进一步的心理伤害,尽量不与人接触,把自己封闭起来,严重影响了身心各方

面的正常发展。

如何调整自卑心理呢？一是正确地进行自我评价。不能总拿自己的缺点与他人的优点相比，越比越没信心，越容易导致自我挫败。二是学会积极地自我暗示。人在危难时，最忌讳自己贬低自己，扼杀自己的勇气。在遇到挫折打击时，要学会一边安慰自己，一边积极地鞭策自己，为自己加油、鼓劲，尽快摆脱低落情绪，重新出发。

（五）嫉妒

嫉妒是指他人在某些方面胜过自己引起的不快甚至是痛苦的消极情绪体验，是自尊心的一种异常表现。西班牙作家塞万提斯说"嫉妒是万恶的根源，美德的蠹贼"。黑格尔曾说，嫉妒是"平庸的情调对于卓越才能的反感"。在日常生活中，嫉妒的存在是很普遍的。英国科学家培根认为："在人类的一切情欲中，嫉妒之情恐怕要算作最顽强、最持久的了。"当看到别人比自己强时，心里就酸溜溜的不是滋味，于是就产生一种包含着憎恶与羡慕、愤怒与怨恨、猜忌与失望、屈辱与虚荣以及伤心与悲痛的复杂情感，这种情感就是嫉妒。具体表现为当看到他人学识能力、品行荣誉甚至穿着打扮超过自己时内心产生的不平、痛苦、愤怒等感觉；当别人身陷不幸或处于困境时则幸灾乐祸，甚至落井下石，在人后恶语中伤、诽谤。嫉妒者不能容忍别人超过自己，害怕别人得到自己无法得到的名誉、地位等，在他看来，自己办不到的事别人也不该办成，自己得不到的东西，别人也不该得到。

嫉妒是人本质上的疵点，嫉妒心强的人容易出现心身疾病。人若长期处于不良的情绪状态中，会产生压抑感，容易引起忧愁、消沉、怀疑、痛苦、自卑等消极情绪，会严重损害身心健康，还会大大降低学习的效率。另外，嫉妒心强可能使我们结交不到知心的朋友。嫉妒心强的人往往事事好胜，常想方设法阻止别人发展，总想压倒别人。这可能使同学们想躲开你，不愿与你交往，从而给自己造成一个不良的人际关系氛围，你会感到孤独、寂寞。

嫉妒对人的心理健康不利。一是破坏人际关系的和谐。当一个人嫉妒另一个人的时候，就不会对那个人友善、热情，两个人的关系必然冷淡。嫉妒的对象越多，关系冷淡的对象就越多，这会给人际交往带来极大的伤害。更有甚者，还会破坏集体的团结和良好的心理氛围。二是造成个人的内心痛苦。一个嫉妒心强的人，常常陷入苦恼而不能自拔。时间长了会产生自卑，甚至可能采取不正当的手段去伤害别人，使自己陷入更恶劣的处境。法国文学家巴尔扎克曾经说过："嫉妒者比任何不幸的人更为痛苦，因为别人的幸福和他自己的不幸，都将使他痛苦万分。"

克服嫉妒首先要开阔视野，开阔心胸，懂得"天外有天，人外有人""强中自有强中手"的客观规律。真正做到豁达开朗并非易事，如果正处在愤怒、兴奋或消极的情态下，能较平静、客观地面对现实，是能达到克服嫉妒的目标的。其次要学会转移注意力，需要积极进取，使生活充实起来，以期取得成功。培根说过："每一个埋头沉入自己事业的人，是没有工夫去嫉妒别人的。"因此，积极参与各种有益身心的活动，使大学生活真正充实起来，嫉妒的毒素就不会滋生、蔓延。为了缓解自己的失败带来的心理上的不平衡感，可以找一些理由，使自己不再嫉妒别人。再次学习并欣赏别人的长处，

化嫉妒为动力。一个人在嫉妒别人时，总是关注别人的优点，忽视自己的优点。一般而言，嫉妒心理较多地产生于周围熟悉的年龄相仿、生活背景大致相同的人群中。因此，我们要采取正确的比较方法将人之长比己之短，而不是以己之长比人之短。有意识地想一想自己比对方强的地方，这样就会使自己失衡的心理天平重新恢复到平衡的状态。最后，建立正确的自我意识，提高自我意识水平，正确地评价自己和别人。嫉妒是一种突出自我的表现。在这种心理支配下，待人处事常常以我为中心，无论什么事，首先考虑到的是自身的得失，因而引起一系列的不良后果。若出现嫉妒苗头时，可进行自我约束，摆正自身位置，努力驱除嫉妒心，会感到"心底无私天地宽"。

第三节　你不能左右天气，但能左右你的情绪——情绪的心理调适

一、不良情绪的危害

"喜、怒、忧、思、悲、恐、惊"，中医称之为"七情"，分别由心、肝、脾、肺、肾五脏所主，认为不良情绪是重要的致病原因。早在2000多年前，经典医学著作《黄帝内经》中就指出："人有五脏化五气，以生喜怒悲忧恐""喜伤心""怒伤肝""悲伤脾""忧伤肺""恐伤肾"。也就是说，七情六欲，人皆有之，属于正常的精神活动；但异常的情志活动，七情过极，则可引起很多疾病，小至毛发，大至全身。所以，中国的养生学非常重视调适精神在养生保健中的作用，提出了"神形相因"的学说，认为良好的精神状态可以增进人体健康，延年益寿。在现实生活中应特别强调"七情"养生法，安神定志、心境坦然、怡情放怀是健身延年的重要条件。俗话说："笑一笑，十年少；愁一愁，白了头。"意思是说，愉快的精神状态可使人心情开朗，满面春光，福寿俱增，而不良的精神刺激，会使人心情抑郁，疾病缠身，夭亡短寿。

现代医学研究发现，一切对人体不利因素的影响中，最能使人短命夭亡的就是不良的情绪。长期情绪忧郁、恐惧悲伤、嫉妒贪求、惊怒激昂或情绪紧张的人比精神状态稳定的人更容易患一些不时之症，如高血压、冠心病、神经官能症、精神病、哮喘、慢性胃炎、青光眼、癌症等。医学研究表明，70%以上的胃肠疾患与情绪变化有密切关系，心理性因素引起的头痛在头痛患者中占80%～90%。现代身心医学实验证实，不良心理因素、七情郁结、精神过度紧张或忧郁悲伤，是一种强烈的"促癌剂"。上述种种无不与情志变化密切相关。自古以来，由七情过极而致死或致病的事例屡见不鲜。

而良好的情绪是人体的一种最有助于健康的力量。因为当人精神愉快时，中枢神经系统兴奋，指挥作用加强，人体内进行正常的消化、吸收、分泌和排泄的调整，保持着旺盛的新陈代谢。根据对四川省372名百岁老人的调查结果显示，有98%的寿星具有开朗、乐观的性格。

当人在焦虑、忧愁、悲伤、惊恐、愤怒、痛苦时，会发生一系列生理变化。通常此

类变化为时短暂，没有什么不良的影响，但若情绪作用的时间延续下去，生理方面的变化也将延长。久而久之，就会通过神经机制和化学机制引起心血管系统、消化系统、泌尿生殖系统、呼吸系统、内分泌系统等各种躯体疾病。

心理学实验

有关"生气时呼出气体"的研究

心理学家做过这样的实验：设法收集人在生气时呼出的气体，然后将这些气体溶于生理盐水中，将溶液注射到小白鼠的体内，发现小白鼠在一段时间后死亡。这种和香烟有害的实验相类似的结果告诉我们，人情绪不好的时候，体内还会分泌出一种有毒的荷尔蒙，这种荷尔蒙聚积起来，会形成和漂白粉一样的分子结构，对人体产生不利的影响。时间一长，人容易患上慢性病甚至癌症。

心理学家认为：学会保持最佳心态，就好像一条活鱼，能够自由自在地遨游在社会、家庭、生活的海洋。豁达快乐的积极情绪还能使别人更喜欢接近自己，从而有助于建立良好的人际关系。此外，研究证明愉快的情绪能使整个机体的免疫系统和体内化学物质处于平衡状态，从而增强对疾病的抵抗力。有人调查发现，几乎所有长寿老人平时都非常愉快，并且长期生活在一个家庭关系亲密、感情融洽、精神上没有压力的环境中。

生活中，人们面对不良情绪常有几种解决方式：一是忍气吞声，强压怒火。心理学研究表明，许多心身疾病，如胃溃疡、高血压、癌症，都与情绪压抑有关。二是投向自我，情绪激动又不便发作时，打自己耳光、摔自己的东西，甚至自杀。三是转化为无意识冲突，成为神经症的根源。四是报复性发泄，伤害他人或财物，容易造成不可挽回的损失。五是正常的发泄，不掩饰自己的不满或气愤情绪，在不违背社会伦理的条件下直接表达出来。

适当的情绪疏泄方法是指当大学生处于较激烈的情绪状态时，应以社会可以允许的方式直接或者间接地表达其情绪体验。实践表明，坦率地表达内心的愤怒、苦闷和抑郁情绪，心情会变得舒畅些，压力会减少一些，与情绪体验同步产生的生理改变也能较快地恢复正常。情绪疏泄方法可以分为直接疏泄法与间接疏泄法。前者是在刺激引发情绪反应之后，即时表达自己的内心感受，如遭遇到不公平对待，可以马上提出来，被人伤害后，直接告诉对方自己很生气，要求赔礼道歉。后者是在脱离引发情绪的情境之后，向与情境无关的人表达当时的内心感受，宣泄自己的愤怒、悲痛等体验。例如，在受到欺侮后，向家人或能够主持公道的人倾诉，有助于平息激烈的情绪活动。

情绪疏泄方法也有"度"的问题，不能把合理的情绪疏泄理解为疯狂式的情绪发泄。如以暴力或其他不恰当的方式发泄情绪，其后果往往很严重，不仅不利于问题的解决，还会引发新的问题。大学生之间发生矛盾时，如情绪冲动出手打架伤人，即时的痛快可能会招来过后的痛悔。所以，情绪疏泄的方法应强调其合理性，情绪的发泄不得损害其他人的利益。

心理学小故事

法拉第的故事

据说英国著名化学家法拉第在年轻时由于工作紧张，神经失调，身体虚弱，久治无效。后来，一位名医给他做了详细检查，没有开药方，只留下一句话："一个小丑进城，胜过一打医生。"法拉第仔细琢磨，觉得有道理。从此以后，他经常抽空去看滑稽戏、马戏和喜剧等，并在紧张的研究工作之后，到野外和海边度假，调剂生活情趣，以保持经常的心境愉快，结果活到了76岁，为科学事业做出了很大贡献。

二、大学生情绪调节的常用技巧和方法

（一）正确认识自我

心理健康的标准之一就是个体能正确地认识自我并悦纳自我。心理学家认为，认识自我指对自己存在的观察，即认识自己的一切，包括自己的生理、心理特征以及自己与他人的关系，包括自己的智力、情绪、性格、气质、兴趣爱好、道德观和人生观等。对自我有一个充分、全面、正确的了解，这样有利于对自我情绪的有效控制和调整。如气质属于急躁类型的大学生如果意识到了这一点，就会有针对性地去暗示或控制自己要保持一颗平和的心，这样对你做的事很有利，只要能控制一点就会有很大的益处。

（二）正确地对不良情绪进行归因

这是从主观和客观两个方面进行归因。在遇到不顺心的事情时，或是遇到困难和挫折时，既要从自己本身出发找原因，也要从周边环境的客观世界中寻找原因。如较内向的大学生由于比较敏感，对于同一件事在别人看来没有什么，但是却能引起他的不必要的猜疑、深思。反思一下自己情绪的不良是不是由于自己过去的经验缺少、缺少社会交往阅历等，如自己是不是总是在父母家人或他人的保护和包办之下面对困难，而导致现在手足无措、情绪低落。在客观方面找原因就是考虑周边的环境条件，如天气、气候、自然地形、社会文化等因素，这些都是我们每个人无法控制的，是不以我们的主观愿望而改变的。面对这些客观存在的困难我们没有必要去为它而忧伤、烦恼。只有能正视现实，充分地利用客观现实积极的一面，才能够妥善、合理地处理好现实的困难挫折。

（三）自我激励法

自我激励是人的精神生活的动力源泉之一，主要指用生活中的哲理、榜样的事迹或明智的思想观念来激励自己，同各种不良情绪进行斗争。古人云：知足者常乐。大学生不要总为没有得到的东西而烦恼。相反，要经常想到自己是幸福而充足的，要相信凭借自己的意志、能力和奋斗精神一定会实现自己的理想。这样便能增强自信心，驱除自卑感，保持心情舒畅，从而增加获得成功的可能性。

（四）增加自己的幽默感

名人警语

会不会笑，是衡量一个人能否对周围环境适应的尺度。

——杰·列文（美国心理学家）

幽默感会使人得到生活中最珍贵的礼物——笑。笑是一剂良药，可以消除抑郁的心理，对不良情绪起到调节作用，使不良情绪得到有效控制。高尚的幽默是精神的解毒剂，是极其有助于个人适应的工具。当一个人发现一种不调和的或对自己不利的现象时，为了不使自己陷入激动状态和被动局面，最好的办法是以超然洒脱的态度去应付。此时，一个得体的玩笑往往可以使本来紧张的情况变得比较轻松；使一个窘迫的场面在笑语中消逝，使愤怒、不安的情绪得以缓解。善于幽默的人不开庸俗的玩笑，更不随便拿别人开心，而是以机智的头脑、渊博的学识，巧妙诙谐地揭露事物的不合理之处，既一语中的，又使人容易接受。在一些非原则问题上，宁可自我解嘲，也不要去刺激对方，激化矛盾。笑是我们精神生活的阳光，就让我们常沐浴在这灿烂的阳光中吧。

（五）转移调节法

心理学的研究表明，在发生情绪反应时，大脑皮层上会出现一个强烈的兴奋中心。这时，如果另找一些新颖的刺激，引起新的兴奋中心，便可以抵消或冲淡原来的兴奋中心。因此，当某种情绪激动起来时，为了使它不至于立即爆发，可以有意识地通过转移问题或做点别的事情来分散和转移自己的不良情绪。采取积极行动也是转移注意力、驱散烦恼的一种有效的精神疗法。一旦出现烦恼情绪的征兆，便激励自己多做有意思的工作、学习、劳动或娱乐，把时间表尽可能排得满一些、紧凑些，或者为别人做事，这样不仅可以使自己忘却烦恼，而且可以体验到自己存在的价值，还可获得珍贵的友谊。

转移调节法按其转移的方向可分为两类，即消极地转移和积极地转移。消极地转移是指情绪不佳时，转而去吸烟、酗酒、自暴自弃。这是大学生应该避免的转移方向。积极地转移是指把时间、精力从消极情绪体验中转向有利于个人未来发展的方向。

心理学小知识

有研究表明，运动锻炼对抗忧郁反应的效应可以与传统心理治疗及心理资源技术相比。有人曾对随机分配的精神科的诊病患者（分为跑步治疗组和传统心理治疗组）进行12个月的随访，发现跑步治疗组的12人中有11人保持无症状，而接受传统心理治疗组仍需继续治疗。而用药物治疗主要在于减轻急性期的植物性神经系统症状，如躯体不适感、食欲减退及睡眠障碍等；而运动锻炼则可帮助病人增强社会适应能力，改善人际关系，消除主观上的忧郁反应。此法对治疗忧郁症，尤其对改善忧郁状态有着积极的作用。

人们参加某项运动并坚持锻炼，他的生理功能、身体素质都会得到改善，也会相应掌握并发展一些体育的技能和技巧。当取得这些成绩后，个体会以自我反馈的方式传递其成就信息给大脑，从而产生自我成就的认知和情感体验，产生愉快、振奋和幸福感。譬如，锻炼者在体育活动中若能完成自己制订的锻炼计划，达到具体的目标，就将会获得一种成就感。因此，适宜的身体锻炼能使有忧郁情绪的锻炼者从中获得心理满足，产生积极的成就感。

研究证明，音乐、美术、书法是调控情绪的最佳方式之一。欢快有力的节奏使情绪消沉者振奋，轻松优美的旋律让紧张不安者松弛。挥毫舞墨的书画也可陶冶人的情操，化解各种不良的情绪。

体育和旅游活动也是转移调控情绪的良好方法。当情绪状态不佳时，游山玩水、打球下棋都是极好的情绪调控手段，体育活动既可以松弛紧张情绪，又可以消耗体力，使消沉者活跃、激愤者平静，实现平衡情绪的目的。

心理学小知识

运动是解除忧郁的良方

"生命在于运动"的口号吸引了越来越多的人积极参加体育运动，大量研究表明：体育锻炼除了可以增强体魄、锻炼意志，还有心理治疗效应。现代奥运之父顾拜旦在他的名作《体育颂》中曾满腔热情地歌颂道：体育是"勇气"，是"乐趣"，它能使人"内心充满欢喜""思路开阔""条理更清晰""可使忧伤的人散心解闷，可使快乐的人生活更加甜蜜"。由此，体育锻炼对消除忧郁、帮助人们性格完善的作用可见一斑。

活动转移方法之所以有效，其原因有三：一是新的活动如果是大学生所喜爱的，从事该类活动，大学生马上可以感受愉悦；二是新的活动带来的成功有利于帮助大学生寻找自我价值所在，获得自尊、自信；三是每个人的时间、精力都是有限的，用于一件事多些，则用于另一件事自然就少些，无暇再陷入负性情绪之中。

（六）认知调控法

情绪反应产生于主体认识到刺激的意义和价值之后，对相同的刺激，不同的评价将会引起不同的情绪反应。所以，我们可以用调整、改变认知的方法调控情绪反应和行为。例如，一些同学考试前十分紧张，是因为他们把考试看得太重要，担心考不好会被人看不起，担心不及格、补考等可怕的后果。这时，我们可以通过自我暗示来放松紧张情绪，如认为考差一点关系不大，紧张情绪就会缓解。

认知调控方法是指当个人出现不适度、不恰当的情绪反应时，理智地分析和评价所处的情境，分析形势，理清思路，冷静地做出应对。认知调控的关键是控制与即时情绪反应同时出现的认知和想象。例如，当人非常愤怒时常会做出过激行为，如果此时能够告诫自己冷静分析一下动怒的原因、可能的解决办法，可使过分的反应平息，找到恰当的方式解决问题。

（七）建立社会支持系统法

当大学生陷入较严重的情绪障碍时，有必要向社会支持系统寻求帮助。每个大学生都应该建立自己的社会支持系统，有能够在心理方面给予自己支持、帮助的社会网络，如亲人、朋友，或者是专业的社会工作者、心理医生。社会支持系统的存在有多方面的意义：一是可以获得倾诉的对象，苦恼的人将苦恼向他人倾诉之后，会有轻松解脱的感觉，大学生应该经常主动自觉地利用好这种情绪调控手段；二是别人可以提供新的视角和思路，帮助当事人走出个人习惯的思维模式，重新评价困境，寻找新的出路；三是社会工作者和心理医生可以提供专业性的意见和建议，运用心理学手段和方法帮助大学生更有效地解除情绪障碍。

（八）合理情绪疗法

人们对事物的不同认识可以导致情绪的极大不同。例如，当学生受到老师批评时往往会有不同的反应，有些学生认为老师是在和他作对，故意刁难他；而有些学生认为老师是在教育他，帮助他认识到自身的不足。正是因为这些认识上的不同，人们才会产生不同的情绪。前者会对老师产生厌恶甚至对立的情绪，而后者会觉得和老师的关系更为亲密。所以，情绪的变化有时取决于人对事物的看法。

合理情绪疗法又称为 ABC 理论，是由美国临床心理学家艾利斯提出的。艾利斯认为人的情绪的产生是一个被称作 ABC 的过程。A 是指诱发性事件（activating events），B 是指个体在遇到诱发性事件后产生的信念（beliefs），即他对这一事件的看法、解释和评价；C 是指特定情景下，个体的情绪及行为的后果（emotional consequences）。诱发性事件 A 只是引起 C 的间接原因，更直接的原因是 B。也就是说，人们对事物的看法不同，会引起行为和情绪的不同。

因此，在受到情绪困扰的时候，我们可以通过调节自己的认识的方式来调节情绪。例如，考试失败的时候，可以问自己："是否别人都可以有失败的记录，而唯独我不能有呢？"答案当然是否定的，因为任何人都会遭受不同程度的失败，你当然也不例外。通过改变对事物的看法，可达到调节情绪的作用。

【讨论与思考】

1. 情绪在我们的生活中有哪些积极的促进作用？
2. 如何培养健康的情绪？
3. 你会如何调适自身的不良情绪？

【实践与拓展】

［学生情绪管理团体活动］

1. 本训练的命题：面对"冲动"和自我情绪管理。

第九讲　喜怒哀乐，我能做主：情绪与调节

2. 本训练的目的：面对"冲动"，提升情绪管理能力。

3. 具体操作，分三个步骤的活动。

活动一：分组。

（1）组成6～8人的小组。用报数、游戏、身份卡等各种形式分小组。

（2）选出组长，熟悉组员。小组同学互相介绍姓名、年级专业、爱好、故乡（根据同学的相互熟悉程度来选择活动），目的是相互熟悉。

（3）为小组起一个漂亮的名字。时间限制：3分钟。

下面的活动都是以小组为单位。每位同学思考后，小组分享，然后大组分享。

活动二：识别并描述你的情绪。

（1）当你遇到不同情绪，你常用哪三种方式表达？请记录下来，并用"√"表示自己接纳这种表达方式，用"△"表示期望改变的方式。

（2）描述自我情绪：我是一个在情绪上……的人；当……时，我会很生气；当我生气时，我常常会有……感受；当……时，我会很高兴；当我高兴时，我常常会有……感受。

活动三：表达你的情绪。

（1）当我很生气时，我会做……来平息怒火。

可能的答案：骂人、摔东西、疯狂购物、吃东西、撕纸、生闷气、找人打架、找人倾诉、写日记、听音乐、砸东西、摔门、写作业、自习、运动等。

（2）准备一些小卡片，每张纸上写有一种情绪，如平时出现的状态：喜悦、悲哀、恐惧、愤怒、惊奇、烦躁、忧虑、郁闷等。训练前将卡片发给每个成员，每人1张，要求每人都要将自己的卡片收好，不能让别人看到。

（3）先让一个成员将自己卡片上所写的情绪按照平时的方式表达出来，同时要求其他成员仔细观察，看这个成员表达的是什么情绪，并把观察的结果写在一张纸上。小组成员不得相互讨论。按照这样的程序，每个成员都轮流做一次。

识别他人情绪	表达自己的情绪
准确性	准确性
情绪1	组员1
情绪2	组员2
情绪3	组员3
情绪4	组员4
合计	合计

（4）评分：观察正确或基本接近（如激动和兴奋）得1分，不正确得0分；表达准确（或接近）得1分，不准确得0分。若是6人小组，能够准确表达自己的情绪（通过别人观察得知），满分为5分；准确识别他人的情绪，满分也是5分，通过评分就可以了解自己在表达和了解情绪方面的情况。每个成员如此轮流一遍，以了解自己是否恰如其分地表达了情绪和了解别人的情绪。

（5）讨论：若想有改变，写下期望怎样地改变。如面对冲动时或很生气时，我常常会做……来平息内心的怒火。你找到恰当的方式了吗？

请记住：简单技巧重复使用就能获得灿烂人生！

【推荐与导读】

芭芭拉·弗雷德里克森著、王珺译：《积极情绪的力量》，中国人民大学出版社2010年版。

该书受到积极心理学之父塞利格曼、心流之父希斯赞特米哈伊、情商之父戈尔曼倾情推荐，被誉为缔造了当代积极心理学的最新巅峰。一本改变人类命运的书照亮我们追寻幸福的路。

相对于有关消极情绪的丰富的研究，积极情绪的分类、识别和功能却由于研究的零散性和测量技术的局限性而长期止步不前。弗雷德里克森教授作为致力于积极情绪研究的先驱，在十几年间通过一系列针对积极情绪在身心健康状况、韧性、创造性、社会关系、社会偏见、危机应对以及生理和神经活动等方面的交互验证和实证研究，为积极情绪在分类、测量和功能界定方面奠定了基础，为积极与消极情绪的动态系统建立了初步的数学模型，并以"拓展和建构理论"为积极情绪的研究提供了第一个清晰、统一的理论框架。尽管实证研究本身是思辨、技术、符号和数据的高度整合与提炼，但作者在该书中细心地将清冷的科研成果揉入温暖的生活实例中，将自己人生的感悟、事业的跌宕起伏与积极情绪螺旋上升的动态模型巧妙结合、娓娓道来，让读者在层层地共鸣、感慨和回味中品尝到积极情绪的馈赠。

（美）卡拉·麦克拉伦著、林琳译：《情绪的语言：情绪是人类与生俱来的语言》，龙门书局2012年版。

卡拉·麦克拉伦，美国著名心理学家、作家、教育家，移情疗法的创始人。她用移情的方法处理情绪，成功治愈了自己童年的创伤，并开始了移情治疗的职业生涯。现在她的研究领域拓展到社会学、神经病学、认知心理学和社会心理学，出版了《发现情绪的深层次秘密》《花园重建：童年创伤愈合疗法》等多部专著。

情绪是人类与生俱来的语言；不论是积极情绪，还是消极情绪都有其独特的价值。本书是我们了解情绪的重要向导。卡拉·麦克拉伦关于情绪的独特移情的观点重新评估了情绪的价值，甚至包括最"消极"的情绪，开辟了理解人类灵魂深处的新途径。

《情绪的语言：情绪是人类与生俱来的语言》一书将告诉你如何认识自己的情绪，接受生存的智慧，安全地解决情绪问题，走向平衡状态。通过全方位的情绪体验练习，从愤怒、恐惧、羞耻到嫉妒、悲痛、快乐等，你将学会如何流畅地、专业地与自己的和他人的情绪合作。

【参考文献】

[1] 李明. 大学生心理健康教育[M]. 北京：清华大学出版社，2013.
[2] 孟昭兰. 情绪心理学[M]. 北京：北京大学出版社，2005.
[3] 庞丽娟. 做情绪的主人[M]. 北京：中国华侨出版社，2012.
[4] 王蜜源，韩芳芳，刘佳，等. 大学生抑郁症状检出率及相关因素的 meta 分析[J]. 中国心理卫生杂志，2020，34（12）：1040－1047.
[5] 叶素贞，曾振华. 情绪管理与心理健康[M]. 北京：北京大学出版社，2009.

（本讲执笔人：刘晓秋）

第十讲　虚拟世界的诱惑：网络心理辅导

【本讲概要】

我们生活的世界已经被互联网包围。互联网带来的远不止是一个机会，还是一整个与现代科技息息相关的时代。

在这一讲中，我们将讲述由于互联网的发展而带来的一系列心理问题，分析当前大学生与互联网相关的成瘾疾病。此外，我们还会解释成瘾的心理和生理基础，在此基础上讨论如何应对网络成瘾，并介绍相应的应对策略。学完这一讲，你应该能够：

(1) 回答什么是成瘾以及网络成瘾。
(2) 列举出网络成瘾所带来的对生活习惯和心理所产生的影响。
(3) 考察网络成瘾产生的原因。
(4) 分析自己使用网络的健康程度并掌握主要的应对方法。

本讲的重点是网络成瘾的有关概念，理解网络成瘾的病因；难点是如何正确地将自我调整的方法恰当地运用于现实生活中。

【导入】

互联网自诞生之日起，就给我们的生活带来了翻天覆地的变化。网络使得世界上的信息的流动越来越快，传播范围越来越广，但是伴随而来的人与人之间的心理距离却越来越远了。对于渴望知识、渴望探险、渴望开拓视野的年轻人来说，这个新事物的产生从某些方面改变了传统的生活方式。然而，伴随着这个新事物的产生，我们生活中的新问题也层出不穷。那网络对我们的影响究竟是好是坏，我们应该怎么看待它对我们产生的影响呢？在本章，我们就将以网络成瘾症为起点，根据网络对我们的生活习惯和心理产生的影响，介绍网络使用过程中产生的以网络成瘾为主的各种问题及其产生的原因，从而帮助大家分析自己的网络使用健康程度并习得自我调整的主要方法。

第十讲　虚拟世界的诱惑：网络心理辅导

第一节　虚拟世界的到来——网络发展与网络成瘾的概念

当我们回顾20年前的生活，陪伴我们开始一天的新闻传播方式还是传统媒体，人们通常会边吃早饭，边看报纸或者电视、听广播。而现在的年轻人则更倾向于一边吃早饭，一边浏览互联网以获得全世界的新信息。在当代社会，互联网已经成为我们日常生活不可或缺的一部分。在我们开始正式讨论网络心理问题之前，还需要先澄清相关的关键概念和这些概念之间的关系及其发展，以帮助我们理解这些网络心理问题产生的基础和影响范围。

网络，也就是互联网，是计算机交互网络的简称，是指通过通信设备和线路将全世界上不同地理位置的功能相对独立的数据以千万计的计算机系统连接起来，以功能完善的网络软件（网络通信协议、网络操作系统等）实现网络资源共享和信息交换的数据通信网。

1986年，我国首次引入互联网。在那个时候，互联网主要在我国的一些科研部门和高等院校使用，用于研究互联网技术和开展科研课题和科技合作工作。大部分的互联网活动仅限于小范围内的电子邮件服务。到了1994年，互联网逐渐通过中关村地区教育和科研示范网络工程的发展开展起来。ChinaNet、CERnet、CSTnet和ChinaGBnet等多个互联网项目在全国范围相继启动，互联网从此进入公众生活，并在我国得到了迅速发展。到了1996年底，我国互联网用户已经达到20万。从那以后至今，互联网的使用一直呈上升趋势。根据中国互联网络信息中心（CNNIC）在2014年1月16日发布的第33次《中国互联网络发展状况统计报告》，截至2013年12月，我国网民规模已经达6.18亿，互联网普及率达到了惊人的45.8%。其中，手机网民规模达5亿，并继续保持稳定增长。在这种增长趋势下，我国的网民增长进入平台期，通过手机连接网络生活的人越来越多。各种社交类综合平台琳琅满目，网络游戏终端的竞争日益加剧。伴随着网络对日常生活的渗入，网购、团购的规模也在迅速增加。

伴随着互联网行业的快速发展，越来越多的人有机会接触到网络。大部分的人在最初接触网络时，就已经被互联网深深吸引，不想离开电脑屏幕一分一秒，仿佛一眨眼的时间就会有什么在互联网上发生的精彩瞬间被错过。一些人从而长时间地坐在电脑前，享受网络生活带来的对于现实的弥补感。这样一来，无论从时间上、从金钱上甚至从感情上，他们都对互联网产生了依赖，就像有了毒瘾一样。而这样的状态就是我们平常所说的网络成瘾。在接下来的部分我们将会讨论什么是成瘾，什么是网络成瘾以及容易与网络成瘾弄混淆的相关概念。

一、网络成瘾与网络滥用

（一）成瘾

在探讨什么是网络成瘾之前，我们必须首先了解什么是成瘾。成瘾这一概念来自药物依赖或者药物成瘾，一般指人对某类事物或东西的依赖性超越正常的程度。这一现象伴随着人类文明一同发展，算起来甚至已经有超过5000年历史了，而现在这一行为已经发展成为影响人类身心健康的全球性灾难。从成瘾的来源上说，我们可以把成瘾分为物质成瘾和精神行为成瘾。根据已有研究，精神病学已经将成瘾性疾病尤其是毒品成瘾定义为一种慢性复发性脑病。因而成瘾远不仅仅是一种躯体疾病，更是一种心理疾病。在过去，研究者和医生们往往从医学角度来看待成瘾患者，主要采用相应单纯的药物治疗方法，复发率高。然而人们对成瘾和成瘾患者的疾病态度在今天已转为医学和心理学结合的双向观点。临床医生和相关研究者更加倾向于通过药物与心理治疗和"急停"治疗相结合的方式进行综合性治疗，以期对患有成瘾性疾病的人群进行更有效的治疗并发展更加客观有效的治疗和预防措施。

经典研究

国内成瘾医学专家何日辉提出一种集药物治疗、心理治疗、行为矫正、感恩教育和社会支持"五位一体"的综合性成瘾性心理疾病的治疗模式，其治疗效果受到了广泛的好评。由此可见，为了提供高成瘾治疗的疗效必须采取药物治疗和心理治疗双管齐下的方法。

1. 物质成瘾

所谓物质成瘾又称药物依赖，这里的"物质"指的是精神活性物质。精神活性物质指来自体外，可影响精神活动并可导致成瘾的物质。1973年，世界卫生组织向全世界推荐统一使用"药物依赖性"概念取代原来的"成瘾性"概念："是一类以强迫性的药物寻求行为（drug-seeking behavior）为特征的综合征，最终导致身心健康损害和社会活动障碍。"各类成瘾性药物或物质如乙醇、尼古丁、海洛因等通过多次作用于机体中枢神经系统，使机体对相应药物产生依赖。成瘾以后如果强迫成瘾的个体进行药物戒断，其初期的主要表现是以身体不适为主的停药症状（withdrawal symptom），也叫生理性成瘾（physiological addiction）；而长期戒断（long-term abstinence）主要会激发成瘾者对使用的药物的心理渴望。因为长期使用成瘾性药物会使得个体的中枢神经系统通过正性强化和条件性暗示使个体产生欣快感、解除焦虑、激活活动等效果从而使个体不断追寻与药物发生联系。而在压力诱导下的成瘾者，尤其是长期成瘾者很容易复发成瘾的行为，因为其已经产生心理性成瘾（psychological addiction）。换言之，之所以会产生心理性成瘾是因为成瘾的个体对相应成瘾物质所产生的渴求以及在环境压力的诱导下,加之前产生的联系性学习记忆通路使得个体很难拒绝成瘾物质的诱惑而复发成瘾行为。此外,个体的心理性成瘾会随着慢性成瘾症状的发展越来越顽固,也就是说,成瘾的时间越长,心理对成瘾物质的依赖越强,想要根治心理性成瘾可能就越困难。

2. 精神行为成瘾

说到精神行为成瘾,其实更多指的是行为成瘾。与上文提到的物质成瘾相对应,行为成瘾指的是不因为成瘾物质的使用,特指药物的使用而形成的成瘾行为。常见的行为成瘾包括强迫性的不断重复进行某种活动,哪怕这种活动的后果会导致个体在身体健康、心理、社会功能或经济等方面出现负面的结果。由于生活中的很多事情都可能在个体的心理作用下让个体表现出强迫性的行为表现,一般并没有太大的负面影响,所以行为成瘾又被称作软性成瘾、过程性成瘾或者非物质相关性成瘾。比如,有些人的一些嗜好对人体无害,甚至有益,如果形成了这样的软性行为成瘾不光成瘾者不自知,旁边的人也会觉得好像并没有太大的问题而不会对成瘾者的行为作出约束或者对他们进行负面评价,如有人酷爱读书,在烦躁、头痛难耐的时候,一读书也就不痛了。这样的行为常常被当作个体的自我行为、心理调控。但是,如果个体一旦遇到什么烦心事就开始读书,逃避到书中的世界从而逃避现实问题,那这些个体就有可能发展为精神行为成瘾。也有些非常明显的有害行为成瘾,如病态的赌博、过度购物和疯狂的工作甚至纵火癖等,这些行为不但会导致个体出现严重的心理健康问题,甚至还会危害社会及他人的生命安全,属于病态的成瘾。而网络成瘾作为一种行为成瘾,其严重程度的发展也有可能给成瘾的个体及其周边生活的人带来严重的影响甚至是伤害,所以重度网络成瘾也算是一种病态的精神行为成瘾。

(二) 网络成瘾

1994年,美国纽约的一位精神医师伊文·戈德博格(Ivan Goldberg)首先发现"网络成瘾"的现象,他借用《美国精神病分类与诊断手册》DSM-IV中关于药物依赖的诊断标准,提出了"互联网成瘾失序症"(internet addiction disorder, IAD)的概念。这个名词主要用来代表个体由于过度使用互联网而导致产生明显的社会、心理损害的一种现象。

1996年,美国匹兹堡大学金伯利·S. 扬(Kimberly S. Young)博士在美国心理学年会上发表《网络成瘾:一种新的临床疾病》一文。她从DSM-IV对病理性赌博的判断标准中发展出"病理性网络使用"(pathological internet use, PIU)的概念,主要想指明网络成瘾和药物依赖的不同之处在于,网络成瘾更像是"一种没有麻醉作用的冲动"。因此,她提出了"控制失控症"(impulse-control disorder)这一名词来强调网络成瘾患者对自己网络使用行为的失控性。

Hall等(2001)提出了另一种网络相关障碍的概念,即网络行为依赖(internet behavior dependence),他们认为网络行为依赖是一种适应不良的认知应对。当个体在现实生活中遭受了挫折或其他不尽如人意的事件或经历后,由于他们不能有效地纾解自己的

不良心境但是又想要放下重担继续生活,即在网络中找到了轻松便捷的渠道来弥补现实生活中满意感的缺失。这样的心理经历是每个普通人在生活中都有可能遇到,并需要克服的问题,可以通过基本的认知行为干预加以矫正。但是,那些沉迷于网络的个体由于他们不能善于利用生活环境中的资源来处理这个不良心理过程,因此对网络产生了依赖,进一步导致他们出现了网络依赖行为。

除了上述定义,还有一些其他英文名词被用作称呼网络成瘾,如 internet addiction、internet dependency、online addiction、problematic internet use 等。我国学者现有的研究中,绝大多数采用的都是网络成瘾这一提法,而也有少部分学者使用网络依赖、网络沉溺、病态性网络使用、过度网络使用等提法。从这些五花八门的名称中就可以看出,现在学术界对网络成瘾到底是一种成瘾行为还是一种精神疾病、是对网络的过度使用还是在使用网络过程中产生的心理或行为问题的观点其实非常不一致。以往认定网络成瘾最常用的一个标准就是上网时间过长,但是有人就对此项标准提出过反对意见:如果我们把过长时间的网络使用行为定义为网络成瘾的话,那么为什么没有人去说那些工作过长时间的人、阅读过长时间的人也是成瘾症患者呢?过长时间使用网络的背后也许跟个体的心理健康或精神疾病状态有着千丝万缕的关系。

目前,对于网络成瘾的定义,我国最常使用的是由周荣、周倩在世界卫生组织对物质成瘾的定义的基础上经过修改所给出的定义。所谓的网络成瘾是"由重复地对网络使用所导致的一种慢性或周期性的着迷状态,并带来难以抗拒的再度使用之欲望。同时会产生想要增加使用时间的张力与忍耐、克制、戒断等现象,对于上网所带来的快感会有一种心理与生理上的依赖"。学术界在关于网络成瘾到底是一种新型的成瘾症,还是一种心理疾病的表现,又或者是由于某人先患有某种精神疾病而导致对网络的使用容易产生问题而好像成瘾的态度一直没有统一。

经典研究

关于网络成瘾症

网络成瘾症(internet addiction disorder,IAD)是指上网者花费大量的时间、精力、金钱在虚拟网络世界,获取短暂的精神愉悦、刺激,超脱现实的自豪感和成就感,是严重危害身心健康,甚至对自己的学业、生活、人生产生颠覆性影响的心理性障碍。

随着网络使用的普及化,网络生活内容不断丰富,促使网络成瘾诞生的各种网络基础平台层出不穷,我们可以从网络活动对象的角度集中划分出以下几种主要的网络成瘾行为。其中,影响最广泛、最引人瞩目的就是网络游戏成瘾。

1. 网络游戏成瘾

网络游戏成瘾指的是个体,尤其是青少年,当然也包括大学生,因过度参与(在时间上表现尤为明显)网络游戏而诱发产生的对于网络游戏的生理以及心理的一种病态依赖。这种病态的依赖伴随着一种追求虚拟快乐的冲动,容易使个体出现控制行为失序。

而且这种病态的依赖还会伴随产生和参与网络游戏相关的个体的耐受性的改变以及强迫性行为,并导致个体出现明显的心理、社会功能损伤。

从游戏的功能本质来看,游戏对于人的意义涉及社会学、心理学、教育学、人类学等各个层面,从席勒、斯宾塞、谷鲁斯到弗洛伊德、埃里克森、皮亚杰等,诸多学者都从不同的角度对游戏的功能予以阐述和赞扬。人类,尤其是年幼时期的人类不但可以通过游戏打发多余的时间和精力,还可以通过游戏调整倦怠的身心,从游戏中汲取乐趣。对于那些年幼的个体来说,借助游戏可以帮助他们发展认知、满足心理的欲望等。游戏超越了单纯的生理活动和心理活动的范畴,有些游戏甚至可以说是人类日常生活的缩影。对人类文明而言,游戏承载着深刻的文化功能,通过游戏年幼的人类可以便利地习得和练习社会对于其成员的要求而不受制于其有限的生理基础。从某种意义上说,人类丰富的精神成果——语言、哲学、艺术、科学都曾受益甚至直接脱胎于游戏,"在游戏成分或缺的情况下,真正的文明是不可能存在的"。因此,从心理学的角度来看,游戏被看作"克服人性分裂的治愈手段",贯穿人的一生。适当的游戏可以帮助甚至促进个体的发展,维护个体的身心健康。

而现今流行的网络游戏从本质上来说与传统游戏一样,具有游戏主体的轻松愉悦性与严肃性、秩序性;还有自由、自愿和非功利性的特征。网络游戏还具有虚拟现实性,可以通过程序的设计为游戏的玩家营造非常逼真的境遇,带给玩家们丰富多样的虚拟体验等特征。可以说,网络游戏继承了游戏这一古老文化的诸多特征,又通过科技的发展赋予了游戏更多的魅力和想象力。作为当今人类所有游戏类型中最现代化、科技含量最高、最富魔力的一种游戏,网络游戏融合了网络这一新锐媒介的诸多优势,显现出它与传统游戏相区别的强大吸引力和竞争优势。随着电脑多媒体技术和互联网技术的发展,网络游戏综合了文本、图像、音频、视频等各种媒介符号的优势。从形式上看,网络游戏是一场华丽的视听盛宴,拥有酣畅淋漓的战斗系统和简单有效的操作系统;从内容上看,网络游戏具备了恢宏的背景设置、暴力美学和魔幻主题;再加上匿名化的游戏方式,使游戏玩家们在虚拟世界里可以尽情发挥他们在现实世界无法展现的潜能,满足他们的各种心理需求。

总的来说,网络游戏之所以这么吸引人,甚至让人成瘾,主要是由其无法比拟的超时空性、高度开放性、多向度互动性和虚拟社区的建构四个方面所共同塑造的。

首先,让我们来看看什么是网络游戏的超时空性。在传统的游戏中,游戏的参与者必须在同一个时间与空间才可以产生互动;而在网络游戏中,这种时间与空间的束缚被彻底打破了。有人曾说过:"在人类所有宿命般的悲剧中,有一个永恒的悲剧就是生命之有限而时间之无限,人生空间之有限而世界之无限;在人类所有的梦想中,有一个梦想就是超越时间和空间的束缚而获得生命的自由。"在生活节奏日渐加快、生活压力越来越大的今天,网络的超时空特性使人们实现这种梦想具有了可能。网络游戏可以使参与游戏的玩家们彻底摆脱其所存在的物理空间的局限性,跳脱具体的物理场景,超越时间与空间的界限,把远距离的两个或者多个人从不同的国家、不同的时区中抽离出来联系在一起,游戏玩家甚至可以在网络游戏中轻松自如地实现古今中外的穿越,探索宇宙的边际或者神秘莫测的虚拟幻境。尤其是魔幻类游戏更是为各位玩家塑造了一个穿越时

空及宇宙的无限想象场所。

其次，让我们来了解一下什么是网络游戏的高度开放性。总体而言，传统游戏具有相对封闭的结构。为保证游戏规则的严密性和游戏的顺利进行，传统游戏往往被界定在一个相对狭窄而固定的时间和空间里，玩游戏的人必须要在同一个场景下，尽可能地使用同一种语言。而在网络游戏中，简单而程序化的操作在一定程度上突破的语言的限制，一个熟练的游戏玩家可以触类旁通地迅速掌握非其母语游戏的操作系统和关键指令，与来自世界各地不同语言文化背景的玩家们一同享受网络游戏所营造的虚拟世界的乐趣。网络本身所具有的开放性也为游戏玩家们提供了更广阔的活动空间和极大的自主权，尤其体现在游戏者的来去自由上。网络游戏区别于以往的单机游戏，在网络游戏中，游戏者既是接受者，也是传播者；既是消费者，也是生产者；既是读者，也是作者，游戏玩家的自由度、自主性得到提高，发挥空间被拓展。

再次，网络游戏还具有多向度互动性。与杂志、报纸和电视等传播媒介相比，网络媒介在互动性上具有非常明显的优势。而这种优势被网络游戏所借用，大幅度地提高了游戏玩家们的地位和主动性，增强了游戏玩家们彼此之间的互动性，使网络游戏的吸引力大大增强。此外，网络游戏中的高速信息传递功能从根本上提高了游戏的互动性，满足了玩家的交流需求，玩家除能够享受游戏本身为他们带来的愉快体验外，还通过操作游戏的过程享受着人际交流以及团队协作带给他们的乐趣。这也是网络游戏区别于其他游戏并容易使人成瘾的又一大特征。

最后，我们来看看通过网络游戏所慢慢形成的网络虚拟社区的建构。"虚拟社区"这一概念由英国学者霍华德·莱因哥德在1993年出版的《虚拟社区》（*The Virtual Community*）一书中首次提出。在现实社会中，人与人的交往出于地域和生活压力等诸多缘故受到重重局限，进而导致现代的人际关系较疏远与淡漠。虚拟世界打破了许多现实世界的限制并通过其匿名性构成，在一定程度上来说提高了"虚假的"安全感，从而使得人们更愿意参与网络上的人际互动活动。网络游戏借助互联网在玩家们参与游戏、自己建构自己的游戏王国的过程中也不知不觉地构建了一个处于现实社会之外，但又无比现实的虚拟社区。在这个虚拟社区中所有有共同爱好的游戏玩家们都可以用"匿名化"的状态"聚居"在一起，通过电子程序对他们身份进行加工和创作。网络游戏提供给玩家一个相对于现实世界更加"安全"、多元的环境，使玩家们在网络游戏的"虚拟社区"中暂时摆脱真实生活的束缚，展示内心中真实的自我，并且在网络游戏所营造的"超现实"中感受到竞技、沟通带来的全新娱乐体验，进而实现"真实世界可望而不可即的友谊、关爱和尊重"。虚拟社区中有夫妻、父子、母女等各种关系的称谓。这样的称谓也很好地满足了玩家们对于归属感的需求，对于那些本来就有潜在心理弱点的玩家们来说，这正是吸引他们网络游戏成瘾发展的关键所在。

Griffiths对大型网络游戏进行了深入而细致的研究，通过描述大型网络游戏在线角色扮演的特征来研究网络游戏成瘾的过程。Griffiths的理论认定网络游戏成瘾分为两种：一种是被游戏的刺激性所激发。游戏者之所以进行游戏是为了得到回报，或是为了通过游戏检验他们的技术和水平，因而会增加游戏时间和游戏投入。另一种是为了用游戏来替代别的活动，或是为了通过游戏来减少来自某个领域的压力，从而将游戏当成某种寄托。Griffiths认为，后者相较于前者是更严重的成瘾，因为从心理上说，后者倾向于逃避现实生活。感情上发展还不够成熟的大学生很容易受到现实生活的挫折而变成第二种类型的游戏玩家，一不小心就网络游戏成瘾了。

经典研究

游戏也有偏见

最近脑神经学家的研究发现，青少年过多地沉迷于网络游戏会使得脑神经元网络连接减少。每个人出生的时候大脑神经元的数量就已经被决定好了，出生之后通过不断的环境刺激和学习建立脑神经元之间的联系，由此形成的神经网络可以发展个体的智商，我们大脑的沟回就是基于这样的原理不断发展和加深的。但是，网络游戏成瘾则会妨碍这个过程，对青少年发展中的智力造成影响。

但是，脑神经学家同样证明，对于老年人来说，玩玩网络游戏则可以更好地帮助他们减缓智力的衰减，为什么？因为当我们老年的时候脑神经网络早已建立得差不多了，为了维持脑神经网络的稳定除需要摄取营养外还需要不断的锻炼。由于老年智商的灵活转换性降低，电脑游戏设计好的单一动作操作反射模式则能够很好地帮助老年人迅速掌握操作方法，加强某一神经通路的联系。当然，这也表示不是所有的游戏都是适合老年人玩的。

2. 网络成瘾的其他类别

在研究大学生的网络成瘾问题时我们发现，性别差异对于大学生的网络成瘾不同类别的发展具有相当重要的影响。一般来说，男大学生的网络成瘾者更倾向于使用网络在线游戏和电子论坛，而女大学生的网络成瘾者更倾向于参与聊天交友等活动。这两个典型的性别特征与大学生的网络生活需要不无关系。总体而言，大学生的网络成瘾除我们上面讨论的网络游戏成瘾外，其他的主要表现形式包括网络信息收集成瘾、网络交友成瘾、网络恋情成瘾、网络色情成瘾和网络购物成瘾。

（1）网络信息收集成瘾。有的时候，我们上网的时间一延再延，总是舍不得花时间去做别的事情，这可能是网络信息收集成瘾的行为所致。网络上的各种悬浮窗和各种软件"跳出"的时事总是在不断地刺激我们感官。好奇本来就是人的天性，结果这看看，那看看，总怕自己不知道偶像的最新动态、世界的最新变化。不知不觉中，当我们不断用信息满足自己的好奇心的时候，就变成了网络信息收集成瘾症的患者。网络总能提供五花八门的文字甚至图片信息让我们流连忘返，有的人慢慢地就变成网络信息收集成瘾症的患者。

（2）网络交友成瘾。所谓网络交友成瘾可能在今天已经变成大学生生活的一部分，就像以前的年轻人喜欢交笔友，现在的大学生们则更喜欢交网友，利用各种聊天软件及网站的聊天室进行人际交流以满足人际交往的需要。特别是人际交往受挫的大学生或者在现实生活中觉得自己没有魅力的人，换言之，那些比较自卑的大学生们则

更容易通过聊天安抚自己的失落，不断寻找人生知己，以至到成瘾的程度。事实上，即使那些并不觉得自己自卑或其他负面自我评价的大学生们，也希望在网络中能够得到别人的认同。他们不停地更新自己的网络日志，发出各种照片，吸引他人的关注而形成了一种新的网络行为——"集'赞'"。当他们的更新不能在一段时间引起足够的关注，他们就会比较容易形成一些与得失心相关的负面情绪。这些负面情绪和经历所造成的交往阴影使得年轻的大学生们逐渐产生了与他人沟通的困难，而他们天生在这个阶段所由内而外蓬发的与人交往的需求不能得到满足就会使他们感到格外的孤独压抑。在此契机下，由现实生活经历所造成的种种不适就自然而然地使他们选择网络交往成为其替代，在网络交往的虚拟性遮蔽下从心理上突破了现实世界交往的复杂性所导致的交往障碍。因此，大学生更容易倾向于借助网络交往以填补现实世界交往的虚缺。

（3）网络恋情成瘾。这个名词可能已经被现在的大学生们抛之脑后，甚至嗤鼻一笑。无论是哪个时代的大学生，几乎都正处于青春萌动时期，追求异性爱恋已经成为大学生活的必不可少的部分。但由于不少大学生在现实生活中或缺乏一定的经济基础或缺乏良好的自身条件或缺乏恋爱经验或不敢于面对异性，因此仍有不少大学生不由自主地借助网络来释放自己的恋爱情结。"网恋"中的人没有现实生活中的种种顾忌，通过网络卸下现实生活中的一切掩饰和伪装，解除自己的恐慌和失落，扮演在现实生活中无法扮演的角色，来显露或宣泄现实生活中行为规范或社会期望所压抑的情绪，从而得到一种自我的重塑。由于网上情缘可以逃离现实生活中种种窘迫，同时不需要任何承诺，也没有任何约束，这使得大学生在网上建立恋爱关系的可能性瞬间增大。因为在现实生活中，一旦确立了恋爱关系，恋爱双方就必须对对方具有强烈的责任感和义务感，感情不专一就会受到舆论的谴责。比如在网络环境中，一个正谈恋爱的女孩同时有几个网上男友，甚至举行了网婚仪式，却不会受到丝毫的道德谴责。在网络环境中，每个人都可以毫无顾忌地展示自己内心的隐私，追求情感宣泄和自我解脱。

网络就像一层温情脉脉的厚厚的面纱，隔开了恋爱中的两个人，也遮住了两个人的真实面目。在交往时，双方只能从对方的"言谈举止"中去猜测，即使有所了解也是"犹抱琵琶半遮面"。由于缺乏实际的接触，恋人们往往会借助对方文字的表达来想象对方的形象，并且将自己希望的美好形象赋予对方，这种想象使对方变得魅力无穷，格外迷人。心理学家也认为"网恋"为恋爱中的双方对彼此产生的朦胧感为想象提供了无限的空间，想象则产生了亦真亦幻的美感。正是因为这样，网络上虚幻的"异地"甚至是"跨国"恋情才比现实中的异地恋更加的美好。现实中的异地恋往往则因为不能长相厮守而产生陌生感甚至互相猜疑最终导致感情破裂。就算有视频或图片，借助各种修图或特色拍摄软件和角度，恋爱中的大学生们还是能够克服现实的遗憾塑造出完美的恋人角色。这些年轻的浪漫和幻想很容易使大学生们陷入网络所创造的虚幻罗曼蒂克之中而不能自拔。

（4）网络色情成瘾。由于网络法规的不健全和管理的不规范，网络空间信息良莠不齐，鱼龙混杂，充斥着大量的色情信息。大学生正值青春发育期，性生理迅速发育和成熟，而性心理还处在发展阶段。大学生们对自身生理的变化充满了疑惑，对性知识和两性关系充满了好奇并产生破解欲望。这种好奇心和破解欲往往会使大学生不自觉地陷入网上的色情音乐、图片以及影像,有的甚至陷入不可自拔的境地,从而产生了网络色情成瘾。此外,由于网络信息的庞杂使得有人浑水摸鱼地在网络的各种信息交流平台中传递色情交易信息,抱着试试看的心情打开这些"诱人"的信息的年轻大学生们也有陷入网络色情成瘾的危机。

(5) 网络购物成瘾。说到购物,大家总以为是女生的专利。但是,实际上在网上购物的人群男女老少都有,各个族群所关注的购物对象不同而已。近来各大电商逢年过节就搞什么抢购、秒杀,日日夜夜蹲在屏幕前等待秒杀的大学生们也不在少数。我们还可以从另外一个角度看到大学生们的网络购物热情,那就是每天中午或傍晚在校园食堂门口或其他角落摆开阵仗的快递员。网络的物价貌似比实体店中的便宜很多,只要你愿意投入时间和精力总能在网络商品的茫茫大海中找到自己心仪的、物美价廉的商品。有的人因此变得越来越沉迷,买了这个又想买那个,而且由于网络购物的大部分支付是非现金付账,这种方式缺乏直接现金交易时钞票面值和数量变化带来的心理压力,使大学生们无法正确估计自己购买时投入的金钱而导致过度购物。

(三) 如何区别网络成瘾与依赖

就像我们在开始的部分所讲到的,不是所有长时间上网的行为都是网络成瘾。有时候这仿佛是一种现代病或现代生活习惯,因为网络的便利性,它已经深入我们生活的各个方面而让我们对它产生了依赖感。我们常常混淆那些网络成瘾的患者和对网络有重度依赖的大学生。应该如何区分网络成瘾和网络依赖呢?我们可以通过表10-1来了解一下。

表 10-1 网络成瘾 VS 网络依赖

	网络成瘾	网络依赖
对现实生活的影响	严重地影响生活,除了维持生命需要的吃饭、睡觉,时间、精力都花在网络上	一旦有空闲时间就想上网,但仍旧能保持正常的社会生活
人际交往	实际生活中没有人际交往,自我封闭	和周围人正常交往
情感表现	情感冷漠,和家人朋友没有语言交流	情感表现正常,有固定的社交圈
思维意识	依赖虚拟世界,厌恶现实	能分清虚拟和现实的区别
心理病症	程度不同地存在着抑郁症、自闭症、强迫症、偏执症等心理症状	没有心理上的病症
大脑控制元素	脑中控制情绪,心境的元素"5HT"不平衡	"5HT"平衡

从表 10-1 我们可以看出,网络成瘾会严重影响一个人的正常日常生活,使成瘾的个体不能正常与别人交往而把自己封闭起来。这种自我封闭并不同于性格内向。一个性格内向的大学生仍会参加社交活动,与朋友一起谈天说地,而网络成瘾的患者则随着其成瘾程度的加深而变得感情越来越淡漠,更喜欢网络虚拟的世界,相对应地对现实世界产生厌恶感而自我封闭。这种自我封闭的趋向性也会导致成瘾的患者出现一些典型的心

理问题,最常见的就是抑郁症。慢慢地网络成瘾患者的大脑和神经反射系统也会出现相应的变化,尤其是在脑神经递质的分泌和传导方面。如果网络已经占据你生活的全部尤其是影响到你的社会交往和人际关系,那我们可能就要开始担心,你是不是有网络成瘾的可能了。但是,如果在网络的虚拟世界和现实世界之间你还能够比较自由地切换频道,完成日常的工作,与人交往并且维持基本的心理健康,那你更可能是由于网络的便利而产生了网络依赖。如果及时调整自己的心理状态则不会发展为网络成瘾,理想的状态下还能在网络的虚拟世界中找到自己的精神后花园。

二、关于网络成瘾的理论解释

网络成瘾的心理机制比较复杂,有需要、动机等动力因素;也有抑郁、孤独、自制力差、高感觉寻求和应对方式消极等人格特质因素。综合这些因素对网络成瘾的解释,最具代表性的是金伯利·S. 扬的 ACE 模型、Davis 的认知－行为模型和 Grohol 的阶段模型。

金伯利·S. 扬在 1999 年提出以可用性(accessibility)、控制性(control)和兴奋性(excitement)等三个因素来说明强迫性互联网使用的形成过程,并将它们看作促进网络成瘾过程的三种潜在变量,即所谓的 ACE 模型。其中,可用性指的是网络信息的可利用性、网上交互范围的大小和色情图片的吸引性;控制性指的是个人对电子交互方式中可感知的隐私性信息的可控制程度;兴奋性则为网络信息对个体内部情感的激活程度。该模型的建立对于理解网络成瘾行为的形成、制定相应的治疗计划有一定的积极作用。

Davis 提出认知－行为模型,试图解释病态网络使用(pathological internet use)的发展和维持。Davis 认为病态网络使用的认知症状先于情感或行为症状出现,并且导致了后两者。有病态网络使用症状的个体在某些特定方面有主要的认知障碍,从而加剧个体网络成瘾的症状。该模型认为,病态行为受到不良倾向(个体的易患素质)和生活事件(压力源)的影响,它们位于病态网络使用病因链的远端,是其形成的必要条件。其中,个体易患素质指的是当个体具有抑郁、社会焦虑和物质依赖等素质时,其更容易发展出病态网络使用的行为的现象。压力源(紧张性刺激)则是指那些让个体产生压力的时间,也包括不断发展的互联网新科技。大学生网络成瘾形成的心理基础是对上网形成的非适应性认知(认知障碍),而这种非适应性认知又进一步强化了其上网行为。

Grohol 提出的阶段模型认为所谓网络成瘾只是一种阶段性的行为。网络使用者大致会经历 3 个阶段。第一阶段:网络新手被互联网迷住,或者有经验的网络用户被新的应用软件迷住;第二阶段:用户开始避开导致自己上瘾的网络活动;第三阶段:用户的网络活动和其他活动达成了平衡。Grohol 认为,所有的人最后都会到达第三阶段,但不同的个体需要花不同的时间。那些被认为是网络成瘾的用户只是在第一阶段困住,需要帮助才能跨越这一阶段。

第二节 网络成瘾的产生原因及其带来的主要问题

一、网络成瘾形成的主要原因

（一）网络成瘾形成的社会原因

网络成瘾能在全世界范围内产生如此广泛的影响，是具有其深刻的社会成因的。从网络成瘾的外部因素来看，互联网的特性为网络成瘾奠定了深刻的外部基础：①互联网具有自主性。互联网的这种自主特性为大学生的个性化发展提供了广阔的空间。②互联网具有开放性。互联网带来了网络文化的多元化，既拓宽了大学生闲暇生活的视野，又过早使他们了解了成人社会的内容，从而使大学生深陷其中不能自拔。③互联网具有虚拟性。网络通过其互连关系构成了一个社会，创设了一个虚拟空间。这个虚拟的社会给初入社会的大学生一定自由，让他们可以开创属于自己的空间。④互联网具有交互性。这种交互的特性使处于学习发展阶段的大学生见识了不同的模式，这对他们新的思维模式的形成具有突出作用。⑤互联网还具有内容的丰富性。互联网强大的内容空间，如性、网络游戏、聊天等功能对当代大学生产生了强大的吸引力。

（二）网络成瘾形成的心理原因

除了深刻的社会原因和互联网的固有特性，网络成瘾的产生和发展还具有一定的心理原因。

1. 大学生的好奇心理

正是这种好奇心理，促使现在的大学生在更早的时候就迅速进入网络世界，同时网络环境又进一步刺激和开拓大学生们的求新、好奇心理，使得他们在网络的世界里沉浸，猎取着不同的信息。

2. 大学生的宣泄心理

由于我国教育体制尚有改进的空间，而以考试为主的选拔机制成为一座"大山"长期压在学生心头。即使是上了大学仍不能摆脱考试、考证等一系列正式和非正式的考试的影响，而由此造成的长期压抑需要以一定的方式加以宣泄，因此，无拘无束的网上冲浪无疑成为大学生首选的便捷途径。只需一台电脑和一根网线或者移动 WiFi，大学生就可以畅所欲言，相互吐槽，宣泄压力。

3. 大学生的从众心理

有的大学生本来对网络世界并不感兴趣，但经常听同学们议论上网如何有趣，不会上网则如何遗憾，为了和他人保持一致、有共同的话题，那些本对网络没有太大兴趣的大学生也开始学习如何上网。在这一过程中，有的大学生逐渐开始网络上瘾甚至不能自拔。大学生作为一个正在成长的群体，对新生事物的接受能力比其他群体高出许多。而网络中似乎总是充斥着前所未有的新事物，因此，上网已经成为当代大学生学习休闲的一种时尚和潮流。就像网络刚开始流行时，"网恋"也成为一种具有时代感的恋爱方式，瞬间铺天盖地而来，席卷了整个大学校园。走在时代前列的大学生顺应从众心理的影响，不甘落后，赶上这股潮流，并希望成为这股潮流的弄潮儿。从聊天室的打字到语音，再到视频影像的传递，打破了传统的婚恋方式，宣扬网恋。

4. 大学生的逃避心理

大学生在遇到挫折或与现实中的人发生冲突以后，他们很可能躲到虚拟的空间里以回避挫折。情感表达是大学生网民的一个重要内容，通过上网来寻求人与人之间的相互关心、相互理解是大学生上网的一个深刻动机。在大学生的聊天内容中，最多的话题就是爱情和友谊。他们在网络里绝不会感到孤独，因为无论兴趣爱好是什么，总能找到许多人相互交谈、相互倾诉。此外，在网络里可以找到理想的恋人，由于不用面对彼此，一向含蓄的人可以大胆热烈地表达爱情，把所有能想到的爱意都传达给对方，把自己的烦恼告诉给对方，彼此"快乐着你的快乐，悲伤着你的悲伤"。网络最大程度地满足人们内心深处对浪漫爱情和友情的渴求，也慰藉了个体内心深处的孤独，从而使网络成了大学生逃避现实的最佳去处，满足了他们逃避的心理。

5. 大学生的自卑心理

弗洛伊德精神分析理论认为，征服和攻击是人的本性，当这种本性不能得到满足时就会出现自卑的心理。大学生也不例外，容易受到这种心理受挫后产生的自卑的影响。在现实中的任何困难都可以让大学生们将自己的攻击性和征服的需求以及在社交中失败而产生的自卑感，通过网络，在虚拟的网络空间里通过交友、分布消息等网络活动来进行弥补。比如，有些大学生黑客具有高超的网络技术水平，他们经常向更高的技术难度发起冲击，每次成功冲击后，他们在网络黑客群体中的地位也会水涨船高。也许对于成绩回天乏术的自卑感反而更促使他们通过不断钻研挑战黑客技术，不断发展与完善自身网络技术，即使他们的学业屡次亮起红灯，也使用黑客技术所带来的成功喜悦进行弥补。这一点与马斯洛的需求层次理论是吻合的。虽然不是所有的人都可以成为非常厉害的黑客，但各种新软件的应用给大学生提供了一个展示自己才能的平台，在互相比较软件的应用熟练程度过程中安慰了其现实中的自卑心理，而变成了网络成瘾者。

6. 大学生的自我表现的心理

一些大学生性格内向、敏感、抑郁、自卑，缺乏人际交往技巧，不善于与异性交

往；自我价值感低，不敢向身边的异性表达情感，平时往往因缺乏自信而采取逃离现实的回避行为。网络正好给他们提供了掩护自尊、获得异性或他人认可的虚拟环境。他们认为只有在网络上才可以看到一个理想的、魅力四射的自我，在网络这个没有性别、年龄、相貌特征的虚幻世界里，可以任意展现自己的"语言魅力"而不必担心被别人讥笑、指责，也不用担心暴露自己的真实情感。通过幻化、包装，一个人想成为什么样的人，就能成为什么样的人。上传自己的照片、自己制作的影片和录制的歌唱或舞蹈片段，不一定需要露出真实的面孔就可以得到网友们的追捧，网络平台使得现实生活中不完美的普通人更具魅力，从而满足了大学生的自我表现心理，使某些人更容易沉醉于网络中那个受人欢迎的自己而变成网络成瘾。

（三）网络成瘾形成的家庭原因

除了外部社会原因和内部大学生自己的心理特性，家庭也在网络成瘾的诸多成因中起着非常重要的作用。孩子在童年的时候只有得到父母的充分照顾才能发展出完整的自我，才会有安全感使他们能够忍受与父母的分离去独自探索这个世界。如果没有安全感，孩子会觉得非常无助，爱与归属的需要得不到满足，比如父母忽略孩子的存在，对他不闻不问或者表现得漠然和拒绝，不仅会伤害孩子的自尊心，还会伤害孩子的自信心。幼小的孩子只能不断发展虚假的自我来维持自己的自尊而使得他们产生自恋的倾向，关心点指向自己内部，他们努力向他人心中构建自己与众不同的形象，告诉别人自己是多么的特殊。而网络，如网络游戏就给他们提供了一个丰富的资源平台，使得他们不用在乎别人的眼神，在一众网友的关怀和追捧下忘记父母带给他们的伤害而渐渐变得不能自拔。

另外，有的家长刚好形成两个相对的极端，不是对自己的孩子过度保护，就是对自己的孩子不闻不问。在孩子成长的过程中他们需要成年人的正确指引，过度保护和过度放纵都会使孩子找不到自己在家庭中的正确定位，一旦网络向他们招手，给他们提供他们所期待的位置和归属感，那么这个孩子就很容易变成网络成瘾的个体。即使是大学生，在面对被迫加速的成长期和陌生的大学环境时，如果不能顺利地自行调整适应，也得不到父母的支持和帮助，那么网络就成了他们"询医问药"的最佳对象。由于大学生本身对信息的正确性的判断能力还有所欠缺，所以就像没有根基的浮萍，容易迷失在网络的汪洋大海中。

二、网络成瘾的鉴别

网络成瘾与一般的药物成瘾不同，并不具备明显的生理体征表现，那么如何鉴别网络成瘾就成为网络成瘾的基础，因而显得格外重要。我国台湾学者 Chou 翻译了 Brenner 编制的互联网相关成瘾行为量表，此量表共有 32 个项目，具有较好内部一致性系数，可以识别出一定程度的网络成瘾患者。台湾学者陈淑惠等（2003）依据 DSM-IV 物质成瘾的诊断标准及临床个案的例证，发展出了较为完整的中文网络成瘾量表（CIAS），共 26 个题目，是一种四级自评量表，从耐受度、强迫上网症状、网络戒断症状、时间管理和人际健康损害5个维度对网络成瘾进行诊断。崔丽娟博士用安戈夫方法设定的网络成瘾量表，共12个题目，界定分数为7，即受试者在12个项目中，有7个做出肯定回答即被界定为网络成瘾者。潘琼编制了病理性互联网使用诊断问卷。该问卷是在Young、Davis和师建国等人的网络成瘾相关诊断标准及DSM-IV的成瘾物质依赖诊断标准、酒精依赖诊断量表及药物依赖诊断量表的基础上修改而成。内容包括：心理渴求、不能控制、耐受性增强、戒断症状、试图戒网、放弃其他活动、社交与职业受损、否认症状、以上网缓解不良心境、心理与躯体健康受损10个项目，以"是""否"作答，答"是"记1分，答"否"记0分。沿袭Young的观点，总分大于5分则为病理性互联网使用。通过项目分析以及项目与PIU总分的相关检验，该问卷10个项目的鉴别力都达到满意水平。白羽等人认为，网络依赖和网络成瘾还有一定的差异。他们把互联网使用行为看成一个连续体，而非网络成瘾和不成瘾为两个极端，由此编制了"大学生网络依赖测量与判断"，尝试设定正常网络使用、网络依赖和网络成瘾的标准。白羽等人将中文网络成瘾量表修订版的项目减少为19个。修订后全量表的内部一致性达到0.90，网络成瘾核心症状分量表的内部一致性系数为0.85，网络成瘾相关问题分量表的内部一致性系数为0.84，修订后的量表及其分量表与效标之间的相关系数介于0.65到0.85间。

由上述可见，研究者们从不同的切入点设计了多种网络成瘾的诊断量表，但是最重要的还是两点：一是网络行为是否影响了大学生们的正常生活和学习；二是网络行为是否影响了大学生的心理健康而伴随产生了一些常见的心理问题，如焦虑、抑郁。

三、网络成瘾所带来的主要问题

（一）心理问题

首先，网络成瘾使得大学生的亲和感消失，正常人际关系受到阻碍，社会责任感减弱。大学生在网上耗费大量时间与精力，使得其与家人朋友的近距离关系疏远，结构上的"共生性"联系变得淡薄。患有网络成瘾的大学生本身就存在融入社会和社会交往的恐惧，而网络成瘾加剧了这一恐惧，使得网络成瘾的大学生与社会的联系更加淡薄，更加封闭，也由此带来大量的心理问题，如抑郁、反社会倾向等。美国一项耗资150万美元的研究计划对这一群体的研究发现，沉溺互联网、长时间使用电脑会让使用者的心理健康状况下降，其危害程度不亚于酗酒或吸毒。

其次，网络成瘾使得大学生混淆虚拟世界和现实生活。由于长时间生活在网络世界里，网络成瘾的大学生已经不具备区分虚拟网络世界和现实生活的能力。网络世界对这些网络成瘾的大学生来说，是脱离于现实世界的另一个世界，是一个世外桃源一样的存在，似乎与现实世界的个体生命所遵从的道德规范和伦理价值无任何瓜葛。久而久之，这些网瘾患者对用以形成现实感的生命信息输入不足，或者对脱离实际的虚拟无效信息输入过多，由此导致他们陷入虚拟世界不能自拔，并且视社会道德规则和法律如无物。大学生的网恋、自杀甚至虐伤动物事件就是这种现象在个体身上的具体表现。个别沉迷于网络游戏的大学生因为游戏中的人物可以死而复生，竟然也分不清现实生活中生命的独一无二性，从而仓促结束自己或他人的宝贵生命，实在令人叹息。

最后，网络成瘾引起了大学生的道德问题。正如前文所述，网络成瘾除给大学生带来了诸多心理问题，让他们分不清虚拟世界和现实生活之外，还带来了严重的道德问题，如网络上个人信息的盗取等。当今的信息技术是以几何级数的速度发展的，掌握较好技术的网络高手多如牛毛，已经不需要像以前一样一定是黑客中的高手才能窥探别人电脑中的秘密。借助一些软件的帮助，那些对黑客技术稍有了解的人也可以利用网络使用者的疏忽而完成这一非道德行为。由于生存于虚拟世界所需要的道德素质较少，在黑客的"榜样"示范下，一些学生将网络作为自己施展"才能"的天地，网络自然成为一些玩世不恭、恶作剧的戏剧对象，网络中的道德问题就日益凸显出来。这刚好迎合了大学生的社会叛逆心理。大学生心里普遍存在着离经叛道和渴望新秩序的后现代性特点，因此他们的行为在现实社会中常常受到法律和社会公德的约束，但他们一旦涉足虚拟的网络世界，这种格局就会被彻底打破，现实不再具有束缚他们的能力；网络中不够完善的法律监督体系和尚未构建的道德控制机制对他们窥探他人隐私的行为显得苍白无力；有些大学生掌握着先进的网络技术，在网络上有着极强的驾驭能力。当他们对现实中的某些观点、某些现象不能接受时，就会用破坏性的黑客行为来宣泄心中的不悦。

（二）行为问题

大学生网络成瘾导致荒废学业。据北京、上海等地的相关调查，在被迫退学的大学中有80%是沉溺网络导致的。网络成瘾阻碍了大学生们追求的实现。它大量耗费了大学生的学习时间、削弱了学习动机、消磨了学习意志，阻碍青年大学生人生目标的实现。大学生在虚无缥缈的网络上扮演各种角色，使得其在聊天、游戏中任意侵犯别人、偏激自夸等。除大家可以利用类如Google或者百度这样的搜索引擎来搜索自己需要的信息外，还有如Wikipedia之类的专业信息搜索引擎，可谓是没有我们通过网络搜不到的，关键看你想不想得到。

大学生网络成瘾还可能纵容非法行为。近几年来"人肉搜索"这个词在社会上引起了极大的反响。"人肉搜索"几乎使人们成了"网络侦探"。几年前的"范跑跑""辽宁女""虐猫女"等事件无不是发动万千网友，最终将这些人找到，因而也被人们称为"网络通缉"。人肉搜索并不乏积极的社会意义。然而，"人肉搜索"从诞生之日起，一直游走在法律和道德之间。"人肉搜索"的善良初衷未必就一定能达到维护道义的目标。"人肉搜索"的价值标准，也仅仅是基于一个群体对于另一个人的判断。"人肉搜索"如果不予以约束则会被滥用。就现有的情况来看，即使是一些出于正义诉求的"通缉"，也往往充斥着怀有个人目的的报复、造谣、辱骂和骚扰，严重侵犯了被搜索对象的权利。使其身心受到严重伤害。此外，在很多时候这也会导致不相干的人被误解或指责，谁又会为他们恢复名誉呢？参与"人肉搜索"的各路高手到处挖掘、搜集并公布当事人的隐私信息，一方面推动了对当事人的"网络追杀"和非理性谴责，另一方面也极大地满足了众多网民充当事件看客和"道德判官"的心理。这种在网络暴力事件中充当"路见不平，拔刀相助"的大侠的心理其实是民众受传统道德感和正义感

的影响的结果。但不容忽视的是，身处现代法制社会，当公民行为已不受道德限制时还有法律对其进行约束，而这类网络攻击行为涉嫌侵犯当事人的隐私、人身安全等正当的公民权利，并且让当事人身心承受了巨大的压力，影响了被攻击对象的生存和发展，也可以算是一种侵犯人权的行为。

（三）生理问题

除了可能引起的心理和行为问题，网络成瘾还会对我们的身体健康造成极大的影响。网上交往主要是以人机对话或以计算机为中介进行交流，长久坐在计算机显示器荧光屏之前，埋头于花花绿绿的网络世界之中，不仅会造成视力下降、颈椎、腰椎、四肢酸痛，而且会导致情绪低落、焦虑、压抑，生物钟紊乱和思维迟缓，严重时诱发"网络综合征"。而伴随这些"网络综合征"的产生，"网络并发症"也层出不穷，其典型的症状有语言能力退化、手关节突发痉挛等。英国医学专家的一项研究表明，网络成瘾者持续数小时操作键盘、鼠标，电脑屏幕发出的低频辐射与磁场，会导致数十种疾病。电脑屏幕发出的低频电磁波与人的脑波相近，刺激大脑过度工作，会引发身体出现多种症状。此外，长时间上网还会使大脑中的化学物质水平升高，这种化学物质会使人呈现短时间的高度兴奋，而后进一步增加上网者的颓废感和沮丧感，从而导致自主神经功能紊乱，体内激素水平失衡，人体的免疫功能降低。这使人出现种种疾患，如心血管疾病、胃肠神经症。

（四）文化演变

从个体层面来说，网络成瘾对我们的心理、行为和生理健康都产生了一定的影响，那么从更广阔的层面上来看，网络又对整个社会和人类文明产生了什么样的影响，带来了怎样的变化呢？随着网络的广泛应用，尤其在年轻的网络使用者中出现了一种在网络表达、交流中使用的独特语言——"网络语言"。这种语言使人与人之间的交流方式发生了重大的转变，符号的传输与交换也不再受到时空的制约，词语的表征功能日益削弱，语言的传统意义被逐渐修改，形成了一种全新的传播模式。如今，打开互联网，有一些网络"热词"总能蹦入你的眼帘，诸如："打酱油""很傻很天真""猪坚强""看灰机"……还有轰动一时沿用至今的"囧"。这些看似简单生动的网络流行语背后都有各自的故事，都连接着网民关心的社会热点。同"酱紫""猫""东东"等早些时候的网络用语相比，上述新网络流行语被赋予了更多的内涵和意义，比如"人艰不拆""喜大普奔"。很明显，这些"新网语"表面上是娱乐，背后却隐含着现实社会的博弈，而它的流行更体现出了社会的包容度。网络流行语的产生最早可以追溯到十几年前，当"酱紫""伊妹儿""菜鸟""886"这些直接产生于网络，或者由网络衍生发展而来的流行语充斥网络社会的时候，它们还只是一些替代传统大众用语的单纯文字游戏，由网友创造出来，自娱自乐。而现在的网络流行语，尤其是大学生们的网络流行语，仅从字面上看很难读懂其意义。一看到新网语，不但能让人们联想到它背后的那个故事，也让人们在其中看见了网民的褒贬和情感。还有另外一些在网络中常常被人们使用的名词或者说文体也构成了一股势力强劲的网络流行语。"梨花体""脑残体""知音体""红楼体""甄嬛体""舌尖上的中国体"……在当下的互联网上,新锐文体方兴未艾、各领风骚,流行"语体"层出不穷。

这些新时代的网络语言既是轻松文化的象征,尊重普通群众的意愿,但同时也体现出主流文化的困境。网上所流行的各种亚文化以潜移默化的方式影响着"网民"的政治倾向、道德品质、人生价值和文化素质,过多地接触就会产生亲近感、信任感甚至认同和依赖。也有一些语言学家担心,网络语言的发展可能会产生一种负面影响,导致中国优秀传统文化和汉语萎缩的窘境。

第三节　何去何从——如何应对网络成瘾

一、如何自我调控

既然已经知道了网络成瘾产生的原因以及它可能带来的主要问题,那我们要采取怎样的应对方法呢?

(1) 从增强大学生的心理承受力、提高大学生的自我心理调整能力的角度来看,大学生应该学会正确分析、理性地选择网络信息,提高辨别网络信息真假的能力。

首先,对于那些有自我意识偏差的大学生,他们在现实生活中或担心被别人歧视,或认为自己天资愚钝,盲目自卑,或害怕自己其貌不扬被人拒绝,对自己给人的印象缺乏信心,惧怕与人接触。但事实上,他们内心深处有着强烈的交往愿望。这部分人以往常选择进入"网络虚拟社会"寻找满足感。但是,我们可以通过以下两点来帮助大学生克服这种自我意识缺陷,培养起健康的自我意识。

第一,要全面正确地认识自我。全面认识自我就是要全面地了解自我,对自己做一分为二的分析,既要看到自己的优点,也要承认自己的不足之处。

第二,要积极地自我评价,进而悦纳自我。研究表明,心理健康者更多地表现出对自己的接受和认可,而心理障碍者则明显地表现出对自我的不满和排斥。因此,在平常生活中多给自己以鼓励,逐步建立起对自己的信心可以帮助我们更好地融入社会,培养健康的自我意识,从而避免沉溺于网络虚拟社会获得虚假的满足感。

名人名言

一个人真正伟大之处,就在于他能够认识自己。

——保罗·约翰·路德维希·冯·海塞

其次,作为大学生要积极拓展自己的交友圈,跟朋友们通过交谈,分享自己的内心想法,在相互的讨论、嬉笑怒骂中锻炼自己的思想。这需要大学生们不仅要掌握来自网络的各种时效性非常强的信息，还要拓展自己的阅读范围。书作为文化传承的载体，从文字出现的那天至今延绵流传千年，各种思想的精华都蕴含在文字中。阅读所带来的乐趣是网络媒体无法取代的。而阅读收获的知识也能够更好地帮助大学生在交友过程中表现出自己的魅力和修养。

（2）从改善大学生的网络使用习惯、提高大学生的身体素质的角度来看，大学生应该学会调整自己的行为，合理地分配学习、娱乐的时间，适当从事有益健康的运动。

多参加体育运动能帮助大学生摆脱网络的诱惑，战胜网络成瘾带来的消极影响。有研究表明，体育作为一种既有身体的对抗、又有智力的较量的活动，不仅能增强人们的体质，还能促进身体的正常发育和机能的发展。除此之外，体育运动还能有效地塑造人的行为方式，促进人际交往和个体的社会化过程，在体育运动过程中发展个体与他人的人际关系。体育运动也有助于培养良好的个性品质，提高大学生的心理适应能力，促进身心健康，因为它可以使人体验到运动愉悦感。做体育运动的人越是投入自己喜欢的体育活动，就越能培养起专业技能和审美情趣。从事体育活动还能经常带来"高峰体验"——一种短暂的狂喜、入迷、出神，极大的幸福感和愉快感。神经心理实验研究表明：当人体进入运动状态时，在大脑主管情感的右半球立即兴奋起来，参加者进入一种愉悦氛围中，体会到成功的快感，以达到精神振奋。体育文化被称为宣泄的文明，只有在体育场上，你才可以放声地呐喊、尽情地宣泄。

名人名言

只有当人充分是人的时候，他才游戏；只有当人游戏的时候，他才完全是人。
——费迪南·坎宁·斯科特·席勒

一些对心理素质要求较高的体育运动项目还可以帮助大学生树立良好的自我概念，体现自己的价值，如游泳、滑冰、滑雪、摔跤、跳高等具有表演风格和挑战性质的项目。从事上述体育运动还可帮助大学生培养坚强的意志品质并把这种坚强的意志品质迁移到日常的学习、生活和工作中去，提高对生活环境的适应性。

经典研究

体育锻炼的功效

美国科克凯尔迪等人1990年指出：体育锻炼已作为治疗心理疾病的一种方法。根据1983年的一项调查，在1750名心理医生中，有60%的人认为应该将体育锻炼作为一种治疗手段来消除焦虑症；80%的人认为，体育锻炼是治疗抑郁症的有效手段之一。实验证明，锻炼可以降低肾上腺素能受体的数目或敏感性。

（3）从提高大学生的法律意识和道德感、维护自身和他人权益的角度来看，大学生应该注意保持正常、有规律的生活，养成良好的上网习惯，不断增强自身的网络法律意识、政治意识和安全意识。

如同我们之前提到的,网络中有很多的站在道德边缘的信息,作为成年人尚未能够正确应对,更不用说思想观念还不够成熟又对未知充满兴趣的大学生了。现在的网络已不够隐秘,我们可以通过 IP 地址追踪一个人,甚至都不用高端的黑客技术即可从博主自己发布的文章或照片看出一个人的动向,一个人无心关注的事情可能会引起很多人有意的关注。所以,在使用网络时要注意维护个人的身份信息,也不要盲目攻击他人。网络所传递的信息不一定都是真是的,千万不要因为一时的冲动而做出暴露自己、伤害他人的事情。当你决定要行动前,最好能多核实相关信息,听听身边的人的想法,对于无法核实的信息切莫盲从。

二、如何寻求帮助

除当事者自身的努力应对外,我们还可以寻求哪些外界资源的支持呢?

首先,家庭的作用是绝对不可忽略的。亲子间进行良好的感情沟通可以促进大学生的认知社会化、情感社会化,避免大学生沉溺于互联网交往。家长要尽可能地学会使用网络,借助现代传输方式加强与孩子的沟通和联系,与孩子一起提高网络修养。而大学生们即使远离家乡也可以通过电话等其他的方式与父母保持联系,在需要的时候向他们倾吐苦闷或寻求意见,帮助自己更好地适应大学生活,远离网络的诱惑。

其次,由于网络的过度使用,有一小部分同学可能已经达到成瘾的标准,这些同学常常会伴随成瘾行为产生一系列的心理问题;又或者,之前没有及时解决的一些心理问题导致这部分同学容易受到网络成瘾的侵扰。在这两种情况下,最好的解决方式还是寻求专业心理咨询和治疗的帮助,去找心理医生聊聊你的烦恼,也许可以帮助你更快地找到生活的动力和目标,善用网络,远离成瘾。

最后,对于在校大学生来说,除老师要积极关心同学们的心理状况外,同学之间也要多些互相关心,及时发现他人的异常心理状况,并向心理老师寻求帮助。大学生网络成瘾心理的形成与大学生的大学生活适应中的人际关系、情感需要和学习就业压力等有一定关系。如果同学之间能够互相帮助以尽早适应大学生活,处理好人际关系和情感需要中产生的矛盾,化解心理压力,那么逃避到网络虚拟世界中求"安慰"而不能自拔的人就会减少很多了。

【讨论与思考】

1. 如何理解网络成瘾?为什么会产生网络成瘾?
2. 网络成瘾会对我们的生活产生哪些负面的影响?
3. 在读完本章后,你如何看待"网络是把双刃剑"这句话?我们应如何在利用好互联网的同时避免伤害到自己?

【实践与拓展】

[案例分析]

案例一：

王强（化名），2013年以优异成绩考入重点大学学习。在刚到大学学习之初，他充满了抱负和希冀，但是后来才发现达不到自己预期的期望。他虽然学习不顺利，但在网络游戏技术上进步很快，在游戏中找到了成就感和满足感。在与同学和老师的交往中，他也失去了中学时期的中心位置，感觉受到了冷落。在网络中他却交到了很多的朋友，网络让他摆脱了现实的孤独寂寞。一段时间之后，他对网络的使用和游戏有种强烈的渴求和冲动感，与同学的交流渐渐减少，性格变得内向，时有自卑感，情绪低落，甚至与家长对抗，对数学知识、体育运动和其他事物兴趣下降，出现一系列的心理问题，并经常逃课，彻夜不归。经同学和班主任劝告，他试着在一段时间内停止网络游戏，但出现了周身不适、心烦易乱、易激动、上课注意力不集中、睡眠障碍等现象。后来，他再次沉迷网络和游戏，网络已经成为其逃避问题或缓解不良情绪的途径。

为什么王强会出现网络成瘾的问题呢？作为当代大学生，我们要怎样对待这日新月异的网络信息技术，防止大学生在网络中迷失自我呢？

案例二：

张扬（化名）是一名大二学生，家庭条件优越，父亲为局级干部。张扬的父母工作较忙，张扬自幼跟姐姐一起玩耍，因此姐姐对他影响比较大。而姐姐从小比较喜欢上网，每次上网的时候都喜欢带着张扬一起去网吧。久而久之，张扬逐渐养成了上网的习惯并形成了网瘾。但由于从小学到高中父母都在自己身边，因此对张扬形成了一定的约束力，所以他的网瘾表现不是特别明显。后来张扬进入大学学习，父母的管教变少。同时张扬性格比较内向，进入陌生环境后与同学交流比较少，因而更喜欢进入网络世界宣泄自己的情绪。在进入大学学习之后，张扬迷上了一款某著名网络公司开发的网络游戏，从此沉迷于网游，经常出入网吧，彻夜不归。而由于本身家庭条件比较优越，父母对张扬的大学生活费并没有严格限制。因此，张扬在进入大学之后学习欲望基本消失，长期沉溺于虚拟的网络世界。当被问及大学学业完成后有什么规划或者目标时，他却无法给出具体答案，对此十分茫然。

如果你是张扬的同学，你能给他哪些帮助和建议？如果你是张扬，你又会为了摆脱网络成瘾做出怎样的努力呢？

【推荐与导读】

陶然主编、银子著：《真情的虐待——一个网瘾心理医生的手记》，人民军医出版社2007年版。

陶然主编：《受伤的翅膀——青少年心理成长札记》，外语教学与研究出版社 2010 年版。

这两本书是常年工作在青少年网络成瘾治疗第一线的心理医生们的工作总结。书中栩栩如生地描述了网络成瘾的青少年们如何一步步走向网络成瘾的深渊而不能自拔，又如何通过心理医生们的帮助摆脱网络成瘾重新获得健康生活的过程。每个个案都深入浅出地结合他们的生活环境和心理学理论进行了通俗易懂的分析，能够引起读者的共鸣和反思。通过阅读你也许会发现有些经历似乎曾经也发生在你的身上，通过阅读可以帮助你更深入地思考自己的心理和行为，为预防和规划自己的网络行为早做准备。

【参考文献】

[1] 陈淑惠，翁俪祯，苏逸人，等. 中文网络成瘾量表之编制心理计量特性研究[J]. 中华心理学刊，2003，45（3）：279-294.

[2] 崔丽娟. 用安戈夫方法对网络成瘾与网络游戏成瘾的界定[J]. 应用心理学，2006（2）：142-147.

[3] 刘磊，李文静. Kimberly S. Young 关于网络成瘾的 15 年研究述评[J]. 理论观察，2013（7）：23-27.

[4] 马庆国，戴珅懿，王小毅. 网瘾概念的定义研究[J]. 管理工程学报，2006（2）：151-154.

[5] Chou C, Chou J, Tyan N C N. An exploratory study of internet addiction, usage and communication pleasure[J]. Computer Mediated Communication, 1998（1）：19.

（本讲执笔人：杜青芸）

第十一讲 化险为夷，化危为机：自杀与危机干预

【本讲概要】

自杀是一时冲动还是深思熟虑的结果？是什么原因让自杀者选择走上绝路？翻开这一页，我们将与你一起揭开自杀的神秘面纱。我们将会在本讲中对自杀进行概述；分析大学生自杀的现状以及原因；并在此基础上，讨论大学生自杀的预防与干预。学完这一讲，你应该能够：

（1）了解自杀的概念与特征、自杀的类型，以及自杀的一般心理过程。

（2）了解大学生自杀的现状，解析大学生自杀的原因；识别自杀线索，对自杀危险进行评估。

（3）了解危机干预的理论和策略，纠正有关自杀的错误观念。

（4）最后也是最为重要的是，强化珍惜生命、热爱生活的意识。

本讲的重点是了解大学生自杀现状以及对大学生自杀原因的分析，难点是识别自杀线索和对自杀危险的评估。

【导入】

生命的逝去并不能重新倒带，自杀所造成的伤害是深远而不可弥补的。我们渴望窥探自杀者的内心世界，哪怕一丝一毫，但自杀却是那么神秘、那么难以捉摸，以至于我们对于自杀的理解总是如此的片面，尤其是当我们一次又一次探寻这些悲惨的自杀事件原因的时候，得到的经常只是支离破碎的间接证据以及自杀者家属朋友们悲伤痛苦的眼泪。究竟是什么驱使商界精英从公司的顶楼纵身而下；究竟是什么驱使明星把床头的安眠药吃得只剩下空瓶；究竟是什么驱使大学生抛弃家人、放弃前途走向自我毁灭？在这张薄薄的面纱下，究竟隐蔽着什么？

第一节 了解自杀——自杀概述

世界上，没有人生来就厌恶生命，因为生命是幸福的前提，是创造幸福的源泉。世界上，没有人不恐惧死亡，因为生命对于每个人而言都只有一次。可人类为什么还是会

自杀？有人认为贫穷是自杀的重要原因，可从统计资料上看，自杀率高的地方往往是文化、经济相对发达的地区；有人认为自杀是浪费生命，但生命价值高的人却偏要实施这种浪费；有人认为自杀是一种病态；有人认为自杀是一种疾病……德国哲学家叔本华说过："当一个人对生存的恐惧大于对死亡的恐惧时，他就会选择自杀。"那么什么是最大的生存恐惧呢？究竟，我们该如何理解自杀，自杀又具有什么特点呢？

一、自杀的定义和特征

在心理学界，对"自杀"这一术语的内涵界定存在诸多争议，而且大多都过于学术化或晦涩难解，总体而言，其基本特点包括：①自杀是死亡；②自杀是故意的；③自杀是自我采取行动或针对自我的；④自杀可以是间接的或者被动的。为了便于理解，我们可以简单地说，自杀，就是个体主动地结束自己生命的行为。

二、自杀的动力

心理学家诺曼·法布罗（Norman Farberow）将自杀动机分为两类：人际动机（interpersonal motivations）——将自杀作为一种影响、改变、操纵他人的行为或寻求帮助的手段，引起他人的重视和/或改变他人的感觉与态度，其对象常指向与自杀者有切身利害关系的人（如配偶、情人、家庭成员等），在极端的情况下，其对象可以是泛化的，甚至可能是社会本身；也有用自杀行为来表达自己的内疚或对别人的歉意的人，不过比较少见。持此类动机者多为女性，且自杀未遂者多见。个人内心动机（intrapersonal motivations）——主要是表达自我的需要得不到满足所遭受的压力和痛苦难以承受，持此类动机者通常死的愿望非常坚决，自杀成功的可能性很大，常见于因年老体衰、社会联系减少而生活孤单无助的老年人。

弗洛伊德通过心理动力理论来解释自杀行为，认为自杀有时是由个人经历非常大的心理刺激时所激发的内部冲突导致的。这种刺激会唤醒内心中强大的攻击性本能，而攻击性却常常被压制而不能合理地向外释放，攻击性无处发泄只好对自己倾泻，而导致自杀。在一些极端的病例中，自杀者自毁、自惩的意向可转向攻击他人。

三、自杀的一般心理过程

自杀，特别是理智型自杀，不是突然发生的，多有比较明显的心理发展过程和心理表现，这也是对自杀危险性进行评定和对自杀行为进行干预的基础。日本学者长冈利贞指出，自杀过程一般经历产生自杀意念—下决心自杀—行为出现变化＋思考自杀的方式—选择自杀的地点与时间—采取自杀行为。对于不同年龄、不同个性、不同情境下的人，自杀过程有长有短。一般而言，自杀行为的发展过程分为如下三个阶段。

（一）自杀动机或自杀观念的形成阶段

在很多自杀的案例中，自杀被自杀者当作一种逃避现实生活或在遇到自以为难以克服的挫折和打击时使自己得到解脱的手段。如有人觉得生活没有意义，前途暗淡，便决定以自杀作为解脱的方法；有人则借自杀作为对自己因做错了事而产生的悔恨、自责自罪的心理补偿，如有的学生因学习成绩不好，感到有负于家庭的殷切希望和培养，产生强烈的自责自罪心理，并在其驱使下想通过采取自杀行为而达到"谢罪"的目的；自杀还常常被自杀者用来报复与自己有关的人，以使他们感到内疚、后悔和不安，如青年男女在失恋后，其中一方可能通过自杀来使对方背负道义上的包袱以达到报复的目的。

（二）矛盾冲突阶段

在这一阶段，自杀者虽然已有自杀的意念，但求生的本能和对世事的牵挂常常使自杀者在做出最终的自杀决定前陷入生与死的矛盾冲突状态中。此时，自杀者经常会与人谈论与自杀有关的话题，反复预言、暗示自己的自杀可能，或以自杀威胁他人，表现出直接或间接的自杀意图。事实上，这一切可以被看作自杀者向他人发出的寻求帮助或引起注意的信号。这种信号如果能及时被周边的人觉察到，使自杀者得到适当的关注，或通过外界的帮助找到解决问题的办法，自杀者的自杀企图就有可能被减轻甚至打消。这也是自杀行为可以被预防和救助的心理基础所在。

（三）自杀的平静阶段

自杀者在这一阶段似乎从所面临问题的困扰中解脱出来，不再谈论或暗示自杀，抑郁情绪有所减轻，表现得轻松平静如常，这使得周围的人们以为其心理状态真的好转，从而放松警惕。事实上，这可能是一种假象，因为自杀者很可能已经做出了坚决的自杀决定，不再为生与死的抉择而苦恼，认为自己终于找到了解决问题的办法。他们不再谈论或暗示自杀，甚至表现出各方面情况的好转，只不过是为了摆脱周围的人对其自杀行为阻碍和干预的可能，他们所要做的事情是为实施自杀进行最后的准备工作——考虑自杀方式，准备自杀工具，并等待一个合适的时机来结束自己的生命。

第二节 走进象牙塔——大学生自杀现状及其原因分析

如前所述，自杀给社会和家庭带来巨大的影响，每一个自杀者都将牵连多个亲近的人，由于身份的特殊，大学生自杀造成的负面影响更大。因此，大学生自杀问题日益受到社会各界的关注，并已成为许多学者共同研究的课题。了解分析高校大学生自杀的现状及其产生的原因，将为我们认识和解决这一问题提供帮助。

一、大学生自杀现状

(一) 国外大学生自杀的统计资料

据资料统计,西方发达国家的大学生自杀率为万分之四到万分之五。在美国,自杀是大学生第三位死亡原因,大学生自杀率比没有读大学的同龄人高出40%～50%;在英国,每三个死亡的大学生中就有一个是自杀的;在日本,自杀高居大学生死亡原因的第一位。

(二) 国内大学生自杀现状

《中国卫生统计年鉴(2010—2021)》数据显示,15～24岁青少年的自杀死亡率最初在2010—2017年有所下降,但在2017—2021年有所上升。而此年龄段的大学生中,大部分人目前面临着居住环境和生活方式的变化、高强度的学习和工作负担、经济压力以及复杂严峻的就业形势等多重压力,心理健康问题频发。

《中国国民心理健康发展报告(2021—2022)》的分报告《2022年中国大学生心理健康状况调查报告》(以下简称"报告")指出,国家高度重视大学生的心理健康问题。2022年各种形式的高等教育在学人数总规模4430万人,其中有21.48%的学生存在抑郁风险,45.28%的存在焦虑风险,也就是近半数的大学生存在着不同程度的心理健康问题。其中需要注意的是,有研究表明,不良生活事件、压力、抑郁情绪等情绪障碍都与自杀意念密切相关。海南省对6所高校的2908名大学生展开调查,其自杀意念检出率为16.59%(陈秀珍,2020)。一项"新冠"期间的大规模重复横断面研究在广东省的22所高校中展开,在约16万学生的调查中,存在自杀意念的学生在不同时间段的自杀意念率为8.5%～14.3%(Liang et al,2022)。

值得注意的是,一项Meta分析中指出,2010—2020年国内大学生的自杀意念检出率为10.8%,自杀未遂的检出率为2.7%。该数据与2004—2013年国内大学生自杀意念的检出率相当(Li et al.,2014),而自杀未遂的检出率亦与之前研究报道检出率几乎一致(Yang et al.,2015)。这表明中国大学生自杀比率并没有升高。

二、大学生自杀原因分析

自杀是生物因素、心理因素、社会因素相互作用的结果,或者说是个体(心理素质、遗传)与环境(心理社会应激)相互作用的产物。对于大学生来说,内在精神疾病和外在应激环境是他们发生自杀行为的风险因素和易感因素。应激-素质自杀行为模型认为单一因素不足以引起自杀,应激因素与素质因素共同作用才导致个体发生自杀,应激因素包括急性精神病、药物滥用、负性生活事件、家庭危机等;素质因素涉及遗传、人格特征等,简单来说就是内外因的共同作用。这被用来解释为什么抑郁严重程度相同的患者,有人发生自杀行为,有人却无自杀行为。

大学生自杀有各种各样的原因：有的是恋爱受挫，有的是学习失败，有的是人际关系紧张，还有的是家庭不幸，等等。学者普遍认为，造成高校学生心理健康问题突出的原因是综合性的，既有教育的问题，也有家庭、社会因素对学生的影响。但总的来说，可分为个体因素和家庭社会因素两大方面。

（一）个体因素

为什么同样是在高考中名落孙山，有的人能东山再起，有的人却一蹶不振？同样是经历恋爱失败，有的人能直面现实，有的人却不能自拔？同样是遭遇逆境，有的人能顽强抗争，有的人却自暴自弃？辩证唯物主义告诉我们，内因和外因是相互作用的，但内因是主导因素，外因必须通过内因才能起到相应的作用。这就是说，在导致大学生自杀的诸多原因中，外界的因素固然是重要的，但其终归只是诱因，起决定作用的是个体自身的内在因素。我们可以从以下两个大的方面来探讨这一问题。

1. 生理因素

（1）遗传因素。对于精神病的遗传学基础或者说存在家族史，已经没有异议。自杀，从本质上来说是一种疾病，一种特殊的身心疾病，因此其存在一定的遗传学基础也应该是很正常的。

经典研究

自杀基因

加拿大渥太华皇家医院的一个科研小组经过 10 年研究得出结论，认为许多人的自杀行为与基因变异有关。美国著名作家欧内斯特·海明威的孙女玛尔戈·海明威于 1996 年自杀身亡。科研人员首先对一些国外自杀身亡者进行集中检验，发现他们大脑中一种叫作"SEROTONIN5-HT2ARECEPTOR"的蛋白质的编码基因发生变异。"SEROTONIN5-HT2ARECEPTOR"是一种传导大脑发出的指令的蛋白质。科研人员后来又对 120 名患抑郁症的加拿大人进行观察和检验，也发现自杀与基因变异有关。

家系调查和孪生子研究表明自杀行为的确有一定的遗传学基础，但有人认为，这种遗传学基础可能是附加于精神疾病的遗传所致。事实上，我们从国内的自杀事件中也可以看出类似的规律。这提示我们，对于那些家族中有自杀者的人，有必要予以特别关注。

（2）神经生物学因素。近 20 年来，日益增多的证据表明自杀行为有着强烈的神经生物学决定因素。大量的研究发现，自杀未遂者脑脊液（CSF）中 5-HT 的代谢产物五羟吲哚乙酸（5-HIAA）水平降低，进一步的分析发现其降低的程度与致死性自杀或自杀未遂的严重性呈正相关——致死性企图越明显，CSF 中 5-HIAA 的降低越显著，而且 5-HIAA 水平较低的患者在出院后 12 个月内的自杀率很高。对自杀者死后的脑研究揭示脑前额叶皮质中 5-HT 的活性降低，尤以腹侧前额最为明显。

另有研究发现，尿中游离可的松升高、给予地塞米松后血浆可的松分泌不抑制、灌注 5 – HIAA 后出现过度的可的松反应、灌注 TRH（促甲状腺激素释放激素）后血浆甲状腺反应迟钝等指标与抑郁症患者的自杀行为有关。

2. 心理因素

（1）自我认同危机。在大学生中，自我认同危机的存在是非常普遍的，由此导致的自杀事件也比比皆是。所谓自我认同危机，就是自我概念（self-concept）方面的危机，是由于个体心目中或希望的自我形象（即理想自我）与现实中的自我形象（即现实自我）不符合或有差距时产生的心理危机。很多大学生在中学时代都是所在学校的佼佼者，有过一段值得骄傲的历史，这使得有些人习惯了出人头地的生活，习惯成为人们关注的中心，上大学后不能正确地评价自己和他人，甚至根本就不愿意承认他人的长处或优点，保持着中学时代唯我独尊的心态。但是进入大学以后，就像进入一个高手云集的新起点，在其中要脱颖而出，绝非易事。因此，这部分大学生的内心会产生一种强烈的危机感和紧张感，为了继续保持各方面的优势，往往会不切实际地给自己制定过高的目标，不争个"数一数二"的成绩就是失败。于是，在常人看来是很正常甚至是优秀的成绩，在他们的眼中可能就成了无法接受的耻辱。希望越高往往失望越大，凡事过犹不及，过分自尊可以转变为自卑，而强烈的自卑感则导致自暴自弃。这就是在自杀者中，我们能看到一些在学校"品学兼优"的学生的原因所在。

（2）自我中心。如果一个人以自我为中心，压力就会变得很大，人也容易在急剧变化的时代中迷失方向，造成更大的身心伤害。而以自我为中心，正是现在家庭教育失败造成的孩子的通病，这导致不少大学生经不起"挫折"，也不积极改善本人的心理状况。心理的幼稚在大学阶段往往会体现出来，受挫、失落、没有方向、自闭，甚至放纵，发展需求的异化很可能造成对存在需求的否定，最极端的就是自杀。

当代大学生被人称为"抱大的一代"——为了使他们集中精力学习，家庭事务一律不用插手，过着"饭来张口，衣来伸手"的日子；不仅没有父辈们上山下乡日晒雨淋的经历，甚至连洗衣、购物之类的基本生活技能都没有学会；虽然已经是年满18岁的成年人，但在父母眼中依然是襁褓中的孩子，百般呵护无微不至。在这样的环境中长大的孩子，不自觉地形成以自我为中心，往往徒有超过常人的智商，却缺乏独立生活的能力，遇到一点小小的问题就不知如何独自面对。此外，过往的学习与生活上的一帆风顺使得他们缺乏应对挫折和失败的经历和心理准备。因此，一个微不足道的挫折就可能引起他们强烈的不良情绪反应，甚至精神崩溃。

（3）个性缺陷。一个人的心理健康水平与其个性心理特征有着非常密切的关系。在生活中，我们可以见到大量这样的情况：有的人心胸宽广，不计较个人得失，与周围的人相处融洽；而有的人自私自利，常为鸡毛蒜皮的小事患得患失，不断与他人发生矛盾。有的人乐观开朗，能在逆境中看到希望的光芒，遇到不顺心的事能坦然对之；而有的人多愁善感，带着灰色眼镜看世界，为一些平常的事情抑郁悲伤。有的人善于沟通和交流，及时宣泄负性情绪，保持理性思维；而有的人性格内向，将恶性情绪埋于心底，甚至以极端方式（自杀或杀人）来解决问题……

"郁闷"一词，如今已经成为大学生的口头禅，成为这群本该与郁闷无关的年轻人挂在嘴边的字眼。一些学生在进入大学后，由于性格内向等原因，在和别人交往的过程中不知所措或无法和别人较好地沟通，长此以往，这些学生沉默少言、郁郁寡欢，甚至走上自杀之路。

统计显示，约有5%的反社会型人格障碍者死于自杀。一般认为反社会型人格障碍有以下特点：自童年或少年时开始情绪反应异常；无明显的智力缺损；表现疯狂只是一时性或阵发性的；惩罚无效，不能从既往的经历中吸取教训；缺乏判断力、预见力和普通应有的谨慎态度。

（4）精神疾病。大量研究表明，50%～90%的自杀死亡者可以被诊断为精神疾病患者，其中以心境障碍最多见。抑郁症是自杀者最常见的精神疾病诊断，15%的抑郁症患者最终死于自杀，占全部精神疾病自杀的25%，其自杀高峰期常为起病初期和抑郁发作末期。而精神分裂症病人的则有10%最终选择自杀，主要集中在病程的前几年。在自杀的发展过程中，许多自杀者常常表现出明显的抑郁情绪，一半以上的自杀者有明显的抑郁症候群或处在严重的抑郁状态，且几乎所有的抑郁症患者都有不同程度的自杀企图，抑郁情绪被认为是评定自杀危险性的重要指标之一。尽管一项权威的流行病学调查表明，女性抑郁症发病概率是男性的2倍，但有学者指出，男性患抑郁症的后果要比女性严重——女性的情绪来得快去得也快，而男性情绪的自我宣泄能力较差，最后可能会选择极端方式来解脱。

（二）家庭与社会因素

1. 家庭因素

家庭是组成社会的细胞，父母是孩子的第一老师，一个人在走向社会以前，家庭是其生长生活的主要场所，而父母则是对他影响最大的人。融洽的家庭氛围和父母良好的个人修养，对子女完整人格的形成起着"润物细无声"的效果；而破碎的家庭和双亲个人修养的缺乏，则是子女个性缺陷的催化剂。在对自杀者影响因素的分析中，家庭因素占有相当重要的地位。

（1）家庭教育的失误。家庭教育对人的心理健康极为重要，在相当多的情况下，青少年自杀都是家庭教育失败的结果。从家庭系统论的观点看，家庭中任何成员心理上出了问题，说明可能整个家庭系统出了问题。孩子最易认同同性别的父母，父母不良的人格特点、对孩子的教育内容和教育方法不当等，都将严重制约儿童心理的健康发展。

每个父母都非常爱自己的孩子，但是对自杀的大学生的父母的调查表明，不少父母对孩子爱得太过分。研究自杀的学者美国心理学家施奈德曼（Shneidman）认为，好心的父母给孩子的爱太多、太过分了，不管孩子的需要是否合理，提出来就满足，其结果往往适得其反。

俗话说，"三岁看小，七岁看老"。父母长辈的一言一行对子女起着潜移默化的示范作用，并从小在其人格、个性中打下深深的烙印。在中国，由于既往物质生活的贫乏和计划生育政策下独生子女的增多，长辈对晚辈的生活关怀可谓无微不至。孩子成为家中的"小皇帝""小太阳",许多家庭是"六对一",即六个长辈(祖父母、外祖父母、父母)为一个晚辈提供生活保障。家庭将孩子看得太重,生活中尽量满足子女的物质需要,至于如何实施个性教育,使个体合理的自我尊重需要及时得到满足,并通过示范、引导,使他们能主动地尊重他人则考虑得很少。这样的家庭环境极易滋生孩子的自我中心意识,不懂得关心、爱护他人,不懂得珍惜和回报。在这种环境中长大的大学生虽然具有较高知识层次、较高理想志向,也很看重尊重和实现自我表现价值的需要,但对"尊重"的认识却往往是单向的,即更多的是满足自我受尊重的需要。一旦这种"自我尊重"感得不到满足,部分人就开始走向极端,甚至不惜以自杀来"抗争"。

(2)"期望"负荷过重。一些大学生的父母由于生活条件差没有机会得到很好的教育,因而,他们没有机会实现自己心中的梦想,便将一切希望寄托在子女的身上。"父愿子还"的特殊现象,使得当代大学生不仅肩负着实现自身人生理想的压力,还不自觉地肩负着实现父辈人生理想的压力。

父母对子女过分溺爱是一种"害",对子女过高的期望值、过强的人生压力是另一种"害"。长期的应试教育和父母的溺爱使一些学生不适应大学的学习和生活环境,生活上感到措手不及,学习上感到不堪重负,从而出现焦躁、压抑、孤独、忧郁等心理状况;而家长过高的期望值、大学生自己对前途的过分乐观,以及心理承受能力的不足,使一些大学生一旦学业考试受挫,或者就业不理想,便感到失望甚至绝望。

(3)家庭结构不健全。父母离异或其中一方过早离世对孩子的成长是很不利的。特别是在农村,没有父亲或母亲的孩子常常遭到小朋友的欺侮,甚至被人辱骂。这样的孩子非常敏感,且其人格容易向两个极端发展——过分自卑或过分自尊。前者使之在日后的生活中自暴自弃,后者则易产生报复心理。而且,父母不幸的婚姻生活易使孩子对婚姻产生恐惧,对异性产生偏见,对其心理健康产生诸多不利影响。

2. 社会因素

人,是一种社会化程度极高的动物:任何一个人都生活在一定的社会环境中;任何一个人都不能脱离社会单独生存下去。人与社会紧密联系的特性,成为社会环境与人之间相互影响的基础。人组成了社会,社会又对人做出种种限制和规范,直接影响个体的生活、感情、思想……在探讨大学生自杀的原因时,社会因素无疑是非常重要的一方面。

(1)学校教育的偏颇。这里所说的学校不仅指大学,还包括中小学,甚至幼儿园。对自杀的大学生的追踪调查表明,在中学时代甚至在小学、幼儿园时代,虽然学习成绩不错,智力不差,不少人还是表现出人格缺陷。如有的人在中学时代就有自杀的企图或者有自杀行为,有的人异常敏感多疑,有的人在小学时代就曾经写过遗书,有的人在幼儿园时代就曾经给老师讲过:"老师,让火车轧死我吧!"足见,大学生自杀并不是偶然现象,是不良的心理素质恶性发展的必然结果。然而,我们的中小学、幼儿园非常重视学生、幼儿的智力培养,却长期忽视其人格培养和心理健康,认为"学习好""挺聪明"就是一切都好。人格的形成既有先天的因素,又有后天环境的影响,包括家庭环境、学校环境和社会环境。帕金森把家庭称为"制造人格的工厂",把学校称为"修正人格的工厂"。可见,家庭、学校对人格的形成作用尤为重要。

（2）人才观念的陈旧。陈旧的人才观念和功利目的过强的教育体制，是导致大学生心理冲突产生的重要原因。时至今日，仍然有许多人将高等教育看作一种"身份"教育，一些教师和家长用"只要上了大学，什么都有了""吃得苦中苦，方为人上人"之类的思想鼓励为高考苦苦备战的学生，民众和社会给予大学生的诸多溢美之词和高度关注，在形式上和实际上造成了大学生身份的特殊化。

真实案例

现实与理想的差距

一位来自边远山区农村的大学生为自己的"理想"难以实现而苦恼不堪——他是村里第一个大学生，乡亲们和家人都认为他考上大学意味着"永远离开了锄头把"，要"做大事、当大官、挣大钱"，他自己也认为只有这样才对得起自己10多年的寒窗苦读，但现在就读的不是名牌大学，也不是热门专业，将来要有所成就困难重重。在清楚这一现实后，他非常沮丧，精神几近崩溃。

（3）社会剧变和高速发展的不适应。围绕着经济建设这一中心，一系列经济、政治体制改革措施相继出台，人事制度也发生划时代的变革——从"单位人"向"社会人"转变，人们的思想理念、利益分配、生活方式也随之剧变。以前那种"上大学—分配工作—退休"的传统的按部就班的工作生活方式一去不复返，取而代之的是激烈竞争中的动态平衡。当代大学生成为这些变革压力的直接承受者，如果调整不力，则有可能导致心理障碍甚至自杀。有许多学生反映："难以适应社会变革""社会竞争激烈，就业前途未卜""经济难以负担"。

腐败现象、拜金主义、享乐主义等不良社会风气，以及就业困难都对大学生的心理健康产生许多负面影响。当代大学生大多生活在稳定的环境中，没吃过多少苦。在大学校园里，"踏着铃声进出课堂、宿舍里面不声不响、互联网上倾吐衷肠"已经成为许多大学生的生活轨迹。无聊与空虚让许多大学生以想做一些"低级"的事情为乐趣，心理走到极端的边缘，不可避免地产生"轻生"的念头。这种看似标新立异、潇洒不羁的生活方式却真实地折射出大学生孤独、迷惘的心理困惑。

在知识经济时代，社会经济高速发展，生活节奏不断加快，也给大学生带来心理问题：紧张、压力。对于能不能适应这个高速发展的社会并在其中生存下去，他们往往做不到心中有数。在日本，有的年轻人因不能适应快节奏的工作、学习、生活而走上自杀的道路。同时，这个问题目前正在变得越来越严峻，我们不能不正视它。

全球化和知识化是知识经济时代的两个主要特点，信息轰炸使当代大学生面临新的心理问题：迷失、无自主力。日本全国科技政策研究所在"2000年的科技预测"报告中指出：从1993到2003年的10年内，人类知识有"爆炸性"突破。从2011年到2020年的10年内，人类的知识将比2000年增加3～4倍。这项预测是由3000多名专家，就1149项科技发展预测统计出来的。还有一组数字也很能说明一些问题：通常全世界一年有80多万种不同的书籍面世。如果每天读一本书，得花2000多年才能读完这些书，

求学者如何对付这无穷无尽的书籍将是个大问题。更为重要的是,世界正在成为一个巨大的信息交流市场。1988年一根光纤电缆能同时传递3000个电子信息,1996年则能传递150万个电子信息,2000年能传递1000万个电子信息。可以说,信息就是财富,信息就是成功,没有信息就无从发展。面对如此浩瀚的信息资源,人们将如何去选择和使用?在众多信息面前,一些人感觉无力自主,迷失了自我,产生严重的心理压力,甚至导致自杀。

(4)社会对自杀缺乏理性认识。民众和舆论对于大学生心理健康问题的认识也存在偏颇。2002年,"刘海洋泼熊事件"发生后,大学生的心理健康问题受到人们的关注,心理学专家也应邀为人们答疑解惑。针对有些专家指出的高校大学生心理问题存在比率较高的论断,有人撰文呼吁专家慎言,认为专家的论断如果成立,那么许多大学生就都成了潜在的"危险人物"。他们称将这一结论加在一个群体之上,未免失于轻率。这样做不但会招致不应有的同情、法律上的网开一面,而且会使一些人放弃自我修养的努力,将道德品质上的缺陷归之于有"病",漠视自己的社会责任,将危害社会的行为推诿为"病"的突然发作,淡化道德自律与遵纪守法观念,放纵到一有"心理疾病"就肆意妄为,有悖于"依法治国"和"以德治国"(《中国青年报》,2002)。这一切的存在,使得我们在大学生心理问题以及大学生自杀的认识上走了许多不必要的弯路。

(5)心理教育与干预措施缺乏。虽然近年来我们对大学生的心理健康日益重视,许多高校也开始开设心理健康课和心理咨询,但这一切离现实的要求还有相当距离。据权威机构的数据显示,在发达国家中,每百万人中就有500人从事心理学的研究工作,在我国每百万人中仅有3至5人从事这方面的研究,而由心理学研究转为专门从事心理咨询工作的学者更是少而又少。在香港,每1000名大学生拥有一名专职心理辅导员,在内地,尽管这些年专职辅导员的配置受到一定程度的重视,但依然不足。调查显示,两成学生普遍存在焦虑、恐惧、忧郁、神经衰弱,遇到导火线很容易产生过激行为。但是由于心理救治系统的薄弱,使得大学生的"心病"不能得到及时有效的帮助。许多大学生从来就没有进行过心理咨询,自杀者中想到或进行过心理咨询的也是寥寥无几。

(6)生活事件。

第一,躯体疾病。大量研究表明,在控制了其他危险因素的影响之后,躯体疾病特别是慢性和难治性躯体疾病依然是自杀的重要危险因素。在自杀死亡者中患有各种躯体疾病的占25%~75%,其原因可能有以下4点:①疾病导致功能受限,不能参加正常的社会活动;②疾病导致的难以忍受的慢性疼痛;③毁形带来的痛苦;④疾病导致的悲观、绝望情绪。在大学生群体中,由于躯体疾病和生理缺陷而自杀者也绝非个例。

真实案例

躯体疾病

2002年3月24日,华南某大学2000级一名研究生从研究生宿舍阳台跳下,当场死亡。该研究生因为疾病缠身,为了不拖累家庭,选择自杀,却留给家人无限的痛苦。

第二，恋爱失败。近年来，大学生恋爱在大学校园中非常常见。恋爱是组成家庭之前的情感尝试，对于性生理、性心理都已经基本发育成熟的大学生来说，追求异性之爱是一件很正常的事情。甜蜜的爱情能给恋爱中的人以超强的力量、振奋的精神，从而促进学习与工作。然而，爱情也是一把双刃剑，除了甜蜜，还有苦涩。有些大学生对爱情充满理想化的幻想，将其作为唯一的精神寄托；有的人心理不够成熟，不能有效控制自己的情绪和行为，容易陷入情感的漩涡不能自拔；还有的人不善于处理恋爱中发生的各种矛盾，结果引发无尽的烦恼……一旦恋爱失败，他们常常做出极端之举，因此而导致的自杀事件也屡见不鲜。

真实案例

恋爱失败

湖南某重点大学黎某与本系一位高年级同乡谈恋爱，虽然男方家长极力反对，但没有影响他们的恋情。然而，男方在接到某名牌大学研究生录取通知书后，不久便向黎某提出分手。黎某接受不了这个现实，从此忧郁、自卑，最终在2001年11月7日深夜投湖自尽。她在遗书中写道："我在这个世界上有许多留恋，但你们把我逼上了绝路。"一个风华正茂的女大学生，仅因这点"成长的烦恼"，便认定"你们把我逼上了绝路"，实在是令人扼腕。

第三，学业受挫。于千军万马中闯过高考"独木桥"的大学生在中学时代都是学习成绩非常拔尖的，但进入大学以后，面对的竞争对手比以前要强大得多，加之不能适应新的学习环境，学习成绩排名的落后使许多人产生严重的挫折感，由此导致的自杀现象屡见不鲜。

第四，家庭经济贫困。在我国，大部分孩子在走向社会参加工作以前，家庭是其主要的经济来源。高校收费并轨后，家庭经济条件直接影响大学生的生活和心理。

大多数贫困大学生能够勇敢地面对现实、奋发图强，他们以自己的成功证明：贫困有时会是一种财富。但是我们也不得不承认，大学生因为贫困而产生心理压力，甚至出现异常行为的绝非个别现象。家庭经济的贫困会使大学生表现出特殊的心理问题，如自卑而敏感、人际交往困难、身心疾病突出和问题行为较多，以及社会态度不良、怀有敌意等表现。

真实案例

家庭经济贫困

某天上午，某县公安局接到报警称，县城滨河路发现一具不明身份的男尸。警方在现场看到，死者穿戴整齐，身边放着一个小包，摆放着一双布鞋，在附近又发现一个被撕毁了的学生证。经查证，该学生家庭为了满足其每年1万多元的开支，家中的牛羊已经差不多卖光，还从其他亲戚处借下不少债务。就在临近毕业之际，他发现自己身患重病，穷困的他显然没有足够的金钱治疗，想到家庭经济的压力，于是在万念俱灰下选择了自杀。

第三节　未雨绸缪——高校大学生自杀的防治

一、自杀线索的识别

经典研究

注意预警信号

圣路易斯市华盛顿大学医学院的艾利·罗宾斯和他的同事通过对134名自杀者的研究得出以下结论：假如自杀是冲动之下未经预谋的行为，而且病人没有接受完整的临床心理治疗的话，若要以目前使用的临床准则来预防自杀，工作将会难以开展。把自己自杀的想法告诉别人的人比例很高，这表示大多数病人自杀可能是出于预谋的行为，而会事先发布大量的预警信息。

除部分激情性自杀者外，多数自杀者在自杀前都会有一定的预兆。精神病学家在长期的临床工作中总结发现，有下列情况时，自杀的危险性大大增加。

（1）近期有过自伤或自杀未遂行为的人，再次自杀的可能性很大。以求助为目的的自杀行为多次未遂后，周围的人往往以为当事人并不真正想死而放松警惕，如果自杀未遂者求助的问题并未得到解决，则再次采取自杀行动的可能性很大。

（2）向亲友、同事、同学或在个人日记中流露出消极、悲观的情绪，表露出自杀的倾向。

（3）近期遭受了难以承受的巨大打击。在打击事件出现的初期，自杀可能性较大，在适应以后，危险性随之减少。

（4）当事人对某人、某事、某团体或社会有强烈的敌意攻击性，但对方太强大，此时可产生内向攻击，引起自杀。

（5）与人讨论自杀的方法，或购买用于自杀的毒物、药物，或常在江河、高楼、悬崖徘徊，提示当事人可能已经有自杀计划。同时，原有自杀意愿的人有意掩盖自杀意愿，不再与他人谈论自杀，是自杀行为即将发生的危险信号。

（6）难治性躯体疾病患者突然不愿意接受医学治疗，或情绪突然好转，或与亲友家人详细谈论家庭今后的安排和打算，是一个值得警惕的信息。

（7）精神病患者，特别是抑郁症、精神分裂症、酒精及药物依赖者是公认的自杀高危人群。有自责自罪、被害妄想或有命令性幻听和强制性思维等症状者，以及抑郁患者出现情绪的突然"好转"，应警惕自杀的可能。一些严重的抑郁症患者常常在所谓的"平静期"自杀。

相关研究成果在对大学生自杀预兆的观察中有着一定的指导和借鉴意义。大量的观察表明，下面这些情况的出现，是大学生自杀的危险警报。

（1）近期内有明显的外部负性刺激，如学习成绩下降、失恋、人际关系危机、患上严重躯体疾病或遭遇残疾。

（2）情绪低落，悲观抑郁，自责自罪，性格孤僻内向，与周围的人缺乏正常的感情交流。

（3）在严重不良的家庭环境中成长，从小缺乏温暖和爱抚，对事物易产生悲观失望的体验。

（4）曾经有过自杀企图，或家庭成员、亲友中有过自杀者。

（5）行为反常，如突然收拾东西，无缘无故向关系密切的人道谢、赠送礼物，一个人独自徘徊。

（6）谈论自杀，间接或直接地有自杀的暗示或威胁。

南京脑科医院教授、我国最早的自杀危机干预专家翟书涛指出，一般而言，自杀者在自杀前处于想死同时渴望被救助的矛盾心态时，从其行为与态度变化中可以看出蛛丝马迹。大约2/3的人都有可观察到的征兆，50%的自杀企图者在自杀前曾向他人谈论过自杀，此时周围的人如果能意识到自杀者的异常，在当时即出面干预，这些人多半就不会自杀，这在心理学上叫"危机干预"。

二、自杀危险的评估

自杀危险的评估一般包括即刻自杀风险评估、临床表现以及家庭和社区（周围环境）三个方面。

（一）即刻自杀风险评估

以下几项内容可以让你快速地评估身边的人是否有即刻自杀的风险。作为普通大学生，对于身边有自杀意念的人的帮助可能比较有限，但是应当具备识别出身边有自杀意念的人的能力，及时向辅导员或者学校心理咨询机构报告，才能有效地帮助他们渡过难关。

1. 询问本人或监护人

（1）最近的自杀念头。
（2）过去一个月是否有过自杀计划。
（3）过去一年是否有过自杀行为。
（4）是否有能接触到自杀工具的途径。

2. 寻找是否存在以下特征

（1）极度的情感痛苦。
（2）绝望感。
（3）异常激动。

(4) 暴力倾向或行为。
(5) 沉默寡言。
(6) 孤独。

3. **综合而言，若存在以下特征**

(1) 过去一个月曾有自杀计划。
(2) 过去一年曾有自杀行为。
(3) 极度的情感痛苦。
(4) 异常激动。
(5) 暴力倾向或行为。
(6) 沉默寡言。

符合以上六点，已经可以认为其存在即刻的自杀风险。

（二）临床表现

有自杀危险的人的临床表现主要包括情绪、认知、行为和躯体症状四个方面。

1. 情绪方面

当事者往往表现出高度的紧张、焦虑、抑郁、悲伤和恐惧，部分人甚至会出现恼怒、敌对、烦躁、失望和无助等情感。

2. 认知方面

在急性情绪创伤或自杀准备阶段，当事者的注意力往往过分集中在悲伤反应或想"一死了之，一了百了"之中，从而出现记忆和认知能力方面的"缩小"或"变窄"，判断、分辨和做决定能力下降，部分人会有记忆力减退、注意力不集中等表现。

3. 行为方面

当事人往往会有痛苦悲伤的表情、哭泣或独居一隅等"反常"行为。具体来说，工作能力的下降，从而不能上班和做家务；兴趣的减退和社交技能的丧失，从而日趋孤单、不合群、郁郁寡欢，以及对周围环境漠不关心；对前途的悲观和失望，从而会产生拒绝他人帮助和关心，脾气暴怒或易冲动。

4. 躯体症状方面

相当一部分当事人在自杀前会有失眠、多梦、早醒、食欲下降、心悸、头痛、全身不适等多种躯体不适表现，部分当事人还会出现血压、心电生理及脑电生理等方面的变化。

（三）家庭和社区（周围环境）

人是社会性的，一个人问题的产生，除考虑其自身特有的因素之外，还要考虑到其所处的周围环境，其中包括家庭、朋友、同事、社区整体的文化背景、教育程度、宗教及政治、经济等诸多因素。因此，家庭及有关社会支持系统的评定，有助于在干预过程中更好地调动一切可能的积极因素来帮助有自杀企图者。

经典研究

父母的逝世对子女自杀的影响

父母的丧失与自杀行为的发生有一定的关联，父母的逝世在短期内会增加自杀的风险。在自杀死亡者中，过去3年内母亲去世的占50%（而对照组仅为20%），父亲去世的占22%（对照组仅为9%）。另外，童年时期父母的离世与成年后自杀企图的产生之间也存在相当的联系，早年丧失父母者患抑郁症的风险是没有丧失父母者的2倍。

三、危机干预的理论

（一）危机的概念

每个人在其一生中经常会遇到应激或挫折，如果这种应激或挫折无法自己解决或处理时，就会发生心理失衡，而这种失衡状态称为危机（crisis）。所谓危机就是指个体面临突然或重大负性生活事件（如亲人死亡、婚姻破裂或天灾人祸等）时，既不能回避，又无法用通常的解决方法来解决时所出现的心理失衡状态。换句话说，它是指个体运用通常应对应激的方式或机制仍不能处理目前所遇外界或内部应激时所出现的一种反应。一般来说，确定危机需要符合下列三项标准：

（1）存在具有重大心理影响的时候。

（2）引起急性情绪扰乱或认知、躯体和行为等方面的改变，但又均不符合任何精神病的诊断。

（3）当事人或患者用平常解决问题的手段暂时不能应对或应对无效。

（二）危机干预的概念

危机干预（crisis intervention）是从简单心理治疗基础上发展起来的，具有简便有效、经济实用等特点，已成为近年来西方心理治疗学家的一种主要治疗技术。一般来说，危机包含危险和机遇两层含义，如果它严重威胁到一个人的生活或其家庭，往往会产生自杀或精神崩溃的可能，这种危机就是危险的；如果一个人在危机阶段及时得到适当有效的治疗性干预或帮助，则往往不仅能防止危机的进一步发展，还可以帮助其学会新的应对技巧，使心理平衡恢复甚至超过危机前的功能水平。因此，也可以说，危机是一种机遇或转折点。

（三）危机干预的目的

（1）帮助危机受害者减轻情感压力，预防另外的应激发生。

(2) 帮助危机受害者组织、调动支持系统应付需要，解决引起危机的特殊因素，并预防住院、减少出现慢性适应障碍的危险。

(3) 帮助危机受害者恢复心身平衡，使其更加成熟。

（四）危机干预的适用人群

(1) 心理失衡状态直接与特别诱发事件相关的人。
(2) 有急性的极度焦虑、紧张、抑郁等情绪反应或有自杀危险的人。
(3) 近期丧失解决问题能力的人。
(4) 求助动机明确并有潜在能力进行改善的人。
(5) 尚未从适应不良性应对方式中继发性获益的人。

（五）危机干预的策略

危机干预是近50年来国外常用于自杀当事人和自杀企图者的一种有效心理社会干预方法，即强调干预的时间紧迫性和干预的效果，尽可能在短时间内帮助当事人恢复已失去平衡的心理状态水平，肯定他/她的优点（长处），确定他/她已采用过的有效应对技巧，寻找可能的社会支持，降低自杀的风险。首先让自杀当事人认识到自杀不过是一种解决问题的方法而已，并非目的，因为绝大多数自杀企图者是因为面临生活逆境不能解决时才选择自杀的，希望"一了百了"，但如果有解决目前逆境或危机的其他方法，则可以避免自杀。

因此，围绕这一改变认知的前提，可以采取：①交谈，宣泄被压抑的情感；②认识和理解危机发展的过程及与诱因的关系；③学习问题解决技巧和应对方式；④帮助当事人建立新的社交，尤其人际交往。对于普通大学生而言，能帮助身边有自杀危险的人的主要方式是交谈，帮助其宣泄情感，暂时稳定其情绪，并尽早向辅导员和老师报告。很多时候自杀企图者只是心乱如麻无法理清思绪，只能用极端方式解决目前难以解决的问题。但是，如果给予这些当事人适当的陪伴，与他交谈，帮助他梳理逻辑，一方面可以让他感受到社会支持的温暖；另一方面也可能可以帮助他梳理好问题的逻辑，找到解决的方案，从而降低自杀的风险。

对于专业心理咨询中具体的危机干预一般包括六个步骤。

1. 确定问题

从患者的角度确定和理解其所认识的问题。如果医务人员所认识的危机境遇并非患者所认同的，那么帮助的干预策略和付出的努力可能会失去重点，甚至对患者而言没有任何价值。其中所应用的核心技术为倾听，包括同情、理解、真诚、接纳以及尊重。

2. 保证患者安全

在危机干预过程中，保证患者安全作为首要目标，这是非常必要的。简单地说，就是对自我和对他人的生理和心理危险性降到最小可能性。虽然将保证患者安全放在第二步，但在整个危机干预过程中都应该将这点作为首要的考虑。

3. 给予支持

强调与患者沟通与交流，不要去评价患者的经历与感受是否值得称赞或批评，而是提供这样一种机会，让患者相信"这里有一个人确实很关心你"。换句话说，医务人员必须无条件地以积极的方式接纳所有的求助者，不在乎报答。

4. 提出并验证可变通的应对方式

应该从多种不同途径思考变通的方式来帮助患者，而非死路一条，如：①环境支持——这是提供帮助的最佳资源，让患者知道有哪些人现在或过去能关心自己；②应对机制——即患者可以用来战胜目前危机的行动、行为或环境资源；③积极的、建设性的思维方式——可用来改变自己对问题的看法并减轻应激与焦虑水平。如果能从这三方面客观的评价各种可变通的应对方式，就能够给感到绝望和走投无路的自杀企图者以极大的支持。

5. 制订计划

计划的制订应该与求助者合作，让其感到这是他自己的计划，这一点很重要。计划应该根据求助者的应对能力，着重在切实可行和系统的帮助其解决问题，如使用放松技术消除其紧张焦虑。

6. 得到承诺

在多数情况下，这一步比较简单，即让求助者复述一下计划："现在我们已经商讨了你计划要做什么，下一步将看你如何表达自己的愤怒或抑郁情绪。请跟我讲一下你将采取哪些行动，以保证你不发脾气或不再绝望。"在结束危机干预前，医务人员应该从患者那里得到诚实、直接和适当的承诺。

一般经过4~6周的危机干预，绝大多数的危机当事者会渡过危机，情绪症状得以缓和，此时应及时中断干预性治疗，以减少依赖性。在结束阶段，应该注意强化新习得的应对技巧，鼓励当事者在今后面临或遭遇类似应激或挫折时积极面对。

归纳来说，危机干预实际上是起到一根拐杖的作用，即帮助和支持那些心理失衡的抑郁绝望患者，一旦他们能学会自我解决和处理问题的技能，并能举一反三地来调整心理失衡状态，提高自我的心理适应和承受能力，就应该让他们"扔掉拐杖"，独立地面对生活。

心理与生活

面对自杀危机的应对方式

美国全国抑郁症与躁郁症协会提示，您可以这样应对家人或者朋友自杀危机：
1. 认真对待他。
2. 保持冷静但不能疏于反应。

3. 通知其他人，不要试图自行处理危机，必要时可以报警。
4. 联络此人的精神科医生、治疗师，或是其他受过此类训练的人。
5. 表达关注，并举出具体实例，说明为什么您认为他可能会自杀。
6. 专心倾听，保持目光接触和交流，运用身体语言，如握住他的手。
7. 直接询问，了解他有没有具体的自杀方案，判断他会用何种方法自杀。
8. 肯定他的感受，有同情心，不妄作评论，不可让他放弃对自己行为所应有的责任。
9. 做出保证。强调不要用自杀这种不能挽回的方式解决问题。提供希望的出路，提醒他有人会帮助他，情况会好转。
10. 不要承诺保守秘密。必须将情况告诉医生。
11. 尽可能不让此人独处。

四、自杀的保护性因素

自杀的保护性因素是指能够防止自杀行为的适应特性。这些因素包括处理困境的策略以及一些能够提高人们面对逆境时不屈不挠精神的因素。拥有较少保护性因素的大学生更有可能选择自杀。发现和运用保护性因素可以帮助处于困境中的人们，使他们看到人生的希望。保护性因素可以增加人们对于生活的希望，降低自杀的风险。

自杀的保护性因素主要包括以下三个方面。

1. 活着的理由

对家庭的责任感、对社会谴责的恐惧、对自杀的畏惧，以及道德上对自杀行为的反对都可以认为是"活着的理由"。这也被称为广义上的保护性因素。找到活着的理由是防范自杀的关键所在。人生存在世上，无可避免地与社会发生交流交集，可以说人就是社会的生物。个人并非对立于社会关系而存在的，必须对自己行为所影响的其他人以及后果造成的影响，负有不可推卸的责任。应当担负履行人生和社会的应尽的义务。有些大学生认为，生命的继续和生命的结束完全属于个人的私事，与他人、社会毫无关系。这种观念会大大减弱自杀的负罪感和内疚感，增加自杀的风险。有学者指出，无论是什么人的自杀行为，都会对身边至少7个人造成难以磨灭，甚至终生的影响。即便不是对身边的人造成直接影响，但自杀行为本身就有"传染性"，自杀事件经过传播，有相似经历者有可能会对自杀者产生心灵上的共鸣，从而实施自杀行为，即便两人根本毫不相识。因此，关注个人对于社会、家庭的责任，寻找活着的理由应该是预防自杀和大学生心理教育的重心。

2. 群体的支持

群体支持是最重要的保护性因素之一。对于大学生而言，群体支持即是他们与家庭、学校和朋友之间的情感联系。有证据表明，结交朋友、参加课外活动、有较好的社

会关系都是重要的保护性因素。大学生应当适当地选择合适自己的社交活动，建立相对固定的社交圈子，融入一定的群体社会关系，这样有助于抑制负面情绪或行为的产生。试想一下，当你在遭遇挫折的时候，身旁有一帮好朋友听你诉诉苦，和你站在一起想办法解决，总比一个人面对困难好得多。经常参加社交活动也对负性情绪有抑制作用，如经常和朋友打打球，让生活中的怨气都合理地释放在篮球场上，化为汗水和欢笑；经常和朋友出去逛逛街，周末出去吃饭与购物，把一个星期的压力都抛掉；又或者参加社团活动，与同学合作把活动开展好，群策群力，感受在群体中的温暖。这些活动都可以让人感受到群体的支持，提高心理健康水平，从而降低自杀的风险。

3. 心理咨询

寻求心理咨询，对大学生而言是非常有帮助的。学校建立了相对完善而且优秀的心理咨询机构，有研究指出接受过心理咨询的同学普遍认为心理咨询对降低自杀意念，乃至心理健康都有非常大的帮助。曾有观点认为，接受心理咨询的人都是有精神病的，只有患有精神病的人才会去寻求心理咨询。这是错误的观点。在西方国家很多人认为接受心理咨询就跟去吃快餐一样平常，大家都接受每个人都有自己的心理困扰，但并不代表他患有精神病，有困扰就直接寻求帮助解决困扰，这样才是正确的生活态度。

五、纠正有关自杀的谬误

社会上对自杀这种行为所持的态度和认识差别很大。其中有一些错误的观念，若不加以纠正，恐对自杀预防不利。危机干预工作者应该纠正这些错误认识，以便在面对求助者时能够及时发现潜在的自杀危险，予以及时干预。

1. 自杀无规律可循

自杀事件常常带有突发性，一旦发生，周围的人常感意外诧异。其实大部分自杀者都曾有过明显的直接或间接的求助信息，他们在决定自杀前会因为内心的痛苦和犹豫而发出种种信号。

2. 与想自杀的人讨论自杀将诱导其自杀

事实上，一般应该和可能自杀的人讨论自杀。受自杀困扰的人往往愿意别人与他交谈，听他诉说对自杀的感受，如果故意避开不谈，反而会因被困扰的情绪无从分解而加重情绪问题。

3. 威胁别人说要自杀的人不会自杀

事实上，大量自杀死亡者曾经威胁过别人或者对他人公开过自己的想法。研究表明，50%的自杀企图者在自杀前曾向他人谈论过自杀，这种人很可能会有自杀的举动，因此必须予以高度重视。

4. 自杀是一种不合理行为

事实上，从自杀者的角度看，几乎所有采取自杀行动的人都有充足的理由。

5. 自杀者有精神疾病

事实上，仅有少部分自杀未遂者或自杀成功者患有精神疾病。自杀的人大多不是精神病人，只有20%的自杀者患有抑郁症或精神分裂症。大多数自杀者都是正常人。他们中的大多数人是具有严重的抑郁、孤独、绝望、无助感，被虐待，受打击，深深地失望，失恋或者处于别的不良情感状态的正常人。

6. 自杀发生在家族中，具有一种遗传倾向

事实上，自杀倾向没有遗传性，它是习得的或者情境性的。

7. 想过一次自杀，就会总想自杀

事实上，大部分人只是在其一生中的某个时候产生自杀企图。他们中的大多数人都能从短时的威胁中恢复过来，学会适应与控制，长久地生活，使自己的生活丰富多彩，免受自我冲突的威胁。

8. 一个人自杀未遂后，自杀危险可能结束

事实上，自杀最危险的时候可能是情绪高涨时期，即当想自杀的人严重抑郁后变得情绪活跃起来的时候。一个危险的迹象是在抑郁或者自杀后出现"欣然"期。自杀危机改善后，至少在3个月内还有再度自杀的可能，尤其是抑郁病人在症状好转时最有危险性。

9. 自杀总是一种冲动性行为

事实上，自杀有些是冲动行为，另一些则是在仔细考虑之后才实行的。

六、针对大学生自杀的防治措施

（一）学会自我调节

在每个人的一生中，都会有梦想破灭甚至绝望的时候。这时候，学会自我调节就显得尤为重要了：找亲密的朋友倾诉；寻求心理咨询的帮助；或者干脆外出旅行，在大自然的青山绿水中让自己得到平静。冬雪夏夜、蝉鸣虫叫，生命是美好的而且是值得我们真正留恋的！

1. 自我合理化

所谓自我合理化，就是当一个人遭遇打击或挫折时，为自己的失败或挫折寻找一

个冠冕堂皇的理由，冲淡内心的不安来安慰自己，求取心理平衡。俄国作家契诃夫在《生活是美好的》一文中对企图自杀者说："为了不断感到幸福，那就需要：善于满足现状；很高兴地感到：事情原本可能更糟呢。"他举例说："要是火柴在你的衣袋里燃烧起来了，那你应当高兴，而且感谢上苍，多亏你的衣袋不是火药库；要是你的手指头扎了一根刺，那你应高兴，挺好，多亏这刺不是扎在眼睛里……以此类推，朋友，照着我的劝告去做吧，你的生活会快乐无穷！"在各种压力面前，大学生应学会"自我合理化"。简单地说要有点"酸葡萄"精神和"阿Q"精神，悦纳自我、悦纳现实，善于用各种理由把环境进行合理化，尽量减少挫折感。这两种方法在传统文化中被认为是自欺欺人而遭到批判和摒弃，其实只要运用得当，对保持人的心理平衡是非常有效的。

2. 参加社会活动

文体活动可以使人放松，具有镇静、镇痛作用。集体活动如郊游、讲座、大学生社团等，可发挥个体的专长优势，增加人际交往。大学生积极参加社会活动，可以提供人际接触的机会，增加沟通与交流的渠道。我国著名心理卫生学家丁瓒先生说过：人类的心理适应，最重要的就是对人际关系的适应，所以人类的心理病态，主要是由于人际关系失调而来的。这就是说，人际关系紧张的人不但事业受阻，而且心情不好。心理疾病对一个人的折磨在很大程度上不亚于躯体疾病，心理疾病还可能导致躯体疾病，心理健康的人却可以战胜躯体疾病。此外，人际交往中情感的输入输出，还可以使个人的安全感得以增强，乐观的生活态度和较强的心理承载力也能由此建立。而这一切是通过书本学不到的，必须通过交往实践获得。好的人际关系可以带来好心情，好心情可以激人奋进。

3. 降低期望值

快乐的原因通常有很多种，但不快乐的原因通常只有一种——压力。压力可以有很多种，但有压力的人通常只有一种——人生包袱太重的人。

虚荣心是现代人压力和痛苦的重要来源之一。一些学生喜欢整天逛街买名牌服饰，在别人面前打扮得靓丽或帅气，或经常呼朋唤友下馆子扮大款，私下里却为了明天的饭钱而到处向人借钱；每个人都有自己的专长，但有人为了表现自己的优秀，强迫自己在并不擅长的领域苦苦挣扎……人生，不能活得太沉重。人生并不是以苦痛和压力为目的，扛着沉重的包袱一步步走完人生，是不值得的。面对压力和痛苦，如果我们能够适当降低自己的期望值，多一点脚踏实地，少一些好高骛远，烦恼将会随风飘去，快乐将会接踵而来。

4. 学会宣泄

心理问题的最终产生，在很多情况下是负性情绪不断累积的结果。因此，及时地排除负性情绪就可以起到预防和解决心理问题效果。而宣泄就是人们常用而有效的方法之一。宣泄的方法有很多，但其中最基本的原则是宣泄必须合理合法，要做到既不损人也不害己，并保持合适的度。下面简要介绍一些常用的宣泄情绪的办法。

（1）找人倾诉。倾诉是化解心中苦闷与抑郁的绝佳方式。事业、学业遭遇挫折时，学会对关爱你的家人倾诉；爱情、家庭经历磨难时，学会向你的知心朋友倾诉。一吐为快之后，往往能增添战胜困难的勇气，平添搏击人生风雨的激情。研究发现，做出偏激行为的大学生往往是一些性格孤僻、沉默寡言、有自闭倾向的人；而性格开朗、外向的人，遇事从不憋闷于心，善于利用各种机会倾诉，心理健康水平相对较好。心理咨询当中一项重要的工作，就是听求助者倾诉。

倘若自己有了心结时不肯敞开心扉去倾诉，倘若你想要倾诉时又无人倾听，事情就会变得难以收拾。心有千千结的人要学会倾诉，那是对倾听者的一种信任；面对倾诉，我们要学会倾听，那是对倾诉者的理解与尊重。

（2）尽情痛哭。有这样一句谚语：哭上一回，轻松一把。但也有人说，男儿有泪不轻弹。强忍悲痛抑制自己的感情，当哭不哭，无论是从心理还是从生理的角度来说，都是有害无益的。有关研究指出，当人遭受情感创伤，如冤枉、委屈、悲痛和失落时，机体会产生并积聚一些有害的化学物质，而哭泣是排泄这些物质的重要途径之一。加拿大生理学家谢尔耶认为，应激状态持续的时间过长能击溃个体的生化保护机制，造成内分泌严重失调，降低机体免疫力，从而导致严重的疾病或死亡，忧愤而死就是结果之一。

其实，哭是人类特有的生理反应之一，一场畅快淋漓的号啕大哭之后，可以使全身肌肉放松，抑制大脑的神经活动使之得到休息，从而达到宣泄悲愤情绪、洗涤心灵创伤的作用。正如伟大的作家狄更斯所说："眼泪能润肺疏肺，洗面清眼，使人心平气和。"

人在悲痛之时，凄然泪下或放声大哭都是很正常的，这并不是什么丢人现眼的事情。无论是当众大哭，还是黯然泪下，哭出来总比憋着好。

（二）寻求专业帮助

有多少大学生寻求过心理咨询？又有多少大学生走进过心理诊所？一次大规模的自杀调查显示，虽然63%的自杀者都患有不同程度的精神障碍，但仅仅有7%的自杀者在死前曾求助过心理医生。面对日益加快的生活节奏以及越来越激烈的社会竞争，人们内心的紧张和焦虑可想而知，但为何只有极少数人会想到找心理医生寻求帮助呢？因为很多人不敢正视自己的疾病，存有害怕被别人嘲笑的观念。认为进行心理咨询就意味着暴露隐私的传统想法，在很大程度上阻止了一部分有精神障碍甚至自杀倾向的患者向心理医生吐露心扉。

哲理故事

转变观念

2002年12月3日，在北京回龙观医院北京心理危机研究与干预中心的成立仪式上，著名"洋笑星"大山出任该中心的形象大使。"其实我们家就有精神疾病患者，但她最终是微笑着离开人世的。"大山在接受采访时异常认真而又坦诚地告诉记者，自己的姑

姑长期患有严重的抑郁症，一生没有结婚，没有离开过父母，但由于社会心理疾病预防与干预机制较为健全，在家人的关心和医生定期诊治下，她的病情逐渐好转，生活相对正常，最后平静谢世。大山说，其实西方人对心理疾病也有一个从不接受到接受的过程，以前，没有人会主动说自己看过心理医生，但现在，很少有人再为此惊讶了。"谁都有这样那样的心事，如果总憋在心里，保不准会做出什么极端的事，其实学会经常与人沟通交流，主动去找心理医生，许多问题都可以避免。"

心理咨询对于那些有自杀倾向的人能起到什么作用呢？中国科学院心理研究所的高文斌博士介绍，心理咨询是一种科学性很强的心理疾病治疗手段，这与人们平常所接触到的各种心理咨询热线存在着比较大的差别，医生不仅仅只是作为患者的倾听者，在谈话中开解患者，医生更重要的职责是对患者进行相应的心理测量，而从这种规范的测量结果中，大部分的精神疾患得以确定，其中也包括患者的自杀倾向。

因此，转变我们的传统观念，在问题初现时就求助于专业的心理咨询，无疑是将自杀意念扼杀于萌芽状态的最好办法。相信在不久的将来，接受心理咨询也许就会成为人们一种健康生活的方式。

【讨论与思考】

1. 自杀是什么？自杀对自杀者周围的亲人朋友会造成怎样的影响？
2. 谈谈在大学生自杀中最主要的影响因素是什么？
3. 您认为最有效的针对大学生群体的防治措施是什么？您有别的防治措施吗？

【实践与拓展】

[案例分析]

案例1

A本来是一个活泼开朗的女生，喜欢参加社交活动，尤其喜欢与班上的同学打羽毛球，跟很多人都是很好的朋友。但是自从一个礼拜之前和男朋友分手之后，A整个人就像变了个样，变得沉默寡言，几乎不和人说话，很少离开宿舍，经常一个人在桌前待着，同宿舍的同学B是A的好朋友，关心地问A发生什么事情。A向B倾诉了与男朋友分手的事，还不停地说"是自己的错，不能原谅自己""活着真累"。B劝慰了她数次但是也没有好转。B有几次还看到她好像在纸上写了什么，暗自流泪。终于，趁着A洗澡的时候，B偷偷地看到A写的字条，字里行间充斥着消极气息。写道："我受不了，我想要解脱""我没有办法再这样生活下去了""爸爸妈妈你们要好好生活"。

如果你是B，你觉得A有自杀的风险吗？你会怎么做呢？

案例2

在寒假期间，有一名假期留守学校的学生C从某大学的学生公寓顶楼跳楼自杀了。

校领导异常重视此事。学校封锁消息，不允许学校老师、辅导员等在学生面前谈论此事；报警处理，但是不向媒体公开此事；委派学校心理健康中心对于跳楼自杀的C的同学朋友进行危机干预。但是，纸始终包不住火，该大学的学生D得知此事的来龙去脉，对学校封锁消息的行为十分不满，认为学校侵犯了学生们的"知情权"，并向媒体爆料学生C的自杀细节以及学校是怎样隐瞒事件的。隔日，报纸刊登了此事，学校名声大受影响。

您觉得在此事的处理中，学校的做法是否恰当，学生D的做法呢？您觉得应该如何处理？

【推荐与导读】

K. R. 贾米森著、一熙译：《生命逝如斯——揭开自杀的谜题》，重庆大学出版社2011年版。

这是一本近四分之一个世纪以来，关于自杀研究的最为全面深入的著作之一。通过这本书，读者可以更深入地了解自杀究竟是什么，自杀的根源是什么，自杀有些怎样的分类，自杀有怎样的影响，以及如何预防自杀等关于自杀的各方各面的问题。

K. R. 贾米森，美国约翰霍普金斯大学精神病学教授，《纽约时报》畅销书作家，从事心理学以及自杀研究20余年，被誉为自杀研究领域的心理学权威。曾任加州大学洛杉矶分校情感失调咨询中心主任，曾获美国基金会"预防自杀研究奖"等多项奖项。

贾米森先生也曾经感到生活没有任何希望而产生自杀企图，最终克服了死神诱惑的他，更为清晰地明白到自杀对于人的心理影响。另外，贾米森先生也认识到，自杀事件不仅在美国，而且在全世界都是一个十分广泛而严重的公共社会问题。多年的研究经历和分析理解，促使贾米森先生写就了这本堪称四分之一世纪以来第一本关于自杀研究的巨作。以历史、科学的观点，以及翔实的案例回答了关于自杀的种种疑问，并最终告诉人们怎样才能有效预防自杀，挽救生命。

【参考文献】

[1] 陈秀珍，贾珍荣，杨晓娟. 生活事件、自尊和抑郁对大学生自杀意念的影响[J]. 中国健康心理学杂志，2020，28（10）：1557-1561.
[2] 赫伟. 精神病学[M]. 北京：人民卫生出版社，2001.
[3] 季建林，赵静波. 自杀预防与危机干预[M]. 上海：华东师范大学出版社，2007.
[4] 姜佐宁. 现代精神病学[M]. 北京：科学出版社，2001.
[5] 李山川. 心理危机解读[M]. 合肥：安徽人民出版社，2000.
[6] 邱鸿钟. 大学生心理卫生[M]. 广州：广东高等教育出版社，2002.
[7] 山有枢，曹俊杰. 宣泄的艺术[M]. 北京：新世界出版社，2002.
[8] 沈渔邨. 精神病学[M]. 北京：人民卫生出版社，2001.
[9] 孙立先. "专家"应慎言[N]. 中国青年报，2002-05-10.

[10] 吴达. 做人快乐最重要[M]. 呼和浩特：内蒙古人民出版社，1998.

[11] 翟书涛. 选择死亡[M]. 北京：北京出版社，2001.

[12] GILLILAND B E, JAMES R K. 危机干预策略[M]. 肖水源，等，译. 北京：中国轻工业出版社，2000.

[13] JAMISON K R. 生命逝如斯[M]. 一熙，译. 重庆：重庆大学出版社，2011.

[14] Li Z Z, Li Y M, Lei X Y, et al. Prevalence of suicidal ideation in Chinese college students：a meta-analysis[J]. PloS One，2014，9（10）：e104368.

[15] Liang S W, Liu L L, Peng X D, et al. Prevalence and associated factors of suicidal ideation among college students during the COVID-19 pandemic in China：a 3-wave repeated survey[J]. BMC Psychiatry，2022，22（1）：336.

[16] Yang L S, Zhang Z H, Sun L, et al. Prevalence of suicide attempts among college students in China：a meta-analysis[J]. PloS One，2015，10（2）：e0116303.

（本讲执笔人：冯现刚　杨子聪）

第十二讲　心理感冒与心灵失衡：常见心理障碍的防治

【本讲概要】

没有一个人的身体从不得病，同理也没有一个人的心理绝对健康。大学生正处在人生的十字路口，学业、就业、情感等方面的压力，以及自身人格的不稳定，致使大学生成为心理障碍的高发人群。由于多数心理障碍具有发展缓慢、容易复发、迁延难愈等特征，因此，心理障碍重在预防，早期发现、早期诊断、早期治疗尤为重要。大学生应该像珍视身体健康一样，关心自己的心理健康状况。对于心理健康保持警觉，及时发现心态的变化，及时求助，力图防患于未然，使心理障碍消失在萌芽状态，以健康、饱满、积极、乐观的心态度过美好的大学时代。

通过学习本讲内容，大学生可以掌握正常与异常心理状态的判断标准，掌握各种心理障碍的主要表现，熟悉心理障碍的防治原则，了解心理障碍的成因。

【导入】

小雨，女，19岁，大学一年级学生，现就读于一所重点医科大学。自入学两个多月来，她总是开心不起来，几乎每日以泪洗面，心里觉得十分痛苦。她能按时上课，也能参加一些学生社团活动，而闲下来就开始伤心难过，感叹命运对自己不公平。她的悲伤、难过、抑郁的情绪在早上非常明显，到了晚上则会轻松很多。小雨是通过复读考取了这所重点大学，她刚刚接到录取通知书时十分开心，但短暂的开心很快被专业不理想而导致的忧虑、不甘心所取代了。小雨还有一个小她一岁的妹妹，妹妹第一年就考上了一所重点师范大学，小雨总是觉得自己很笨，学习不如妹妹。

读完这个案例，请你思考小雨目前的状态正常吗？如果小雨有心理方面的问题，该怎样对其进行帮助呢？带着这些问题和思考，开始这一讲的学习。

名人名言

治疾及其未笃，除患贵其未深。

——西晋史学家陈寿

第一节 你的心理健康吗——大学生心理障碍概述

一、不同心理健康水平的分类

对于心理健康水平的界定，目前学术界没有统一的标准。精神医学通常把心理健康水平分为两类，即正常心理和不正常心理，其中不正常心理主要指各类心理障碍。在国家心理咨询师培训教材中，又把正常心理状态分为"健康"和"不健康"，即它们虽然都在"正常"范围内，但是程度不一样。心理健康是一种心理形式协调、内容与现实一致和人格相对稳定的状态。而心理不健康，即是人们平常所说的"心理问题"，在大学生中常见的心理问题包括适应问题、学习问题、人际关系问题、恋爱情感问题等。因此，心理问题并不是心理障碍，在大学生中心理问题发生率较高，心理障碍的发生率相对较低。总的来说，我们可以将人的心理活动分为"心理健康""心理不健康（心理问题）"和"心理异常（心理障碍）"三类，见图 12-1。本讲着重介绍各类心理障碍的表现及其特征。

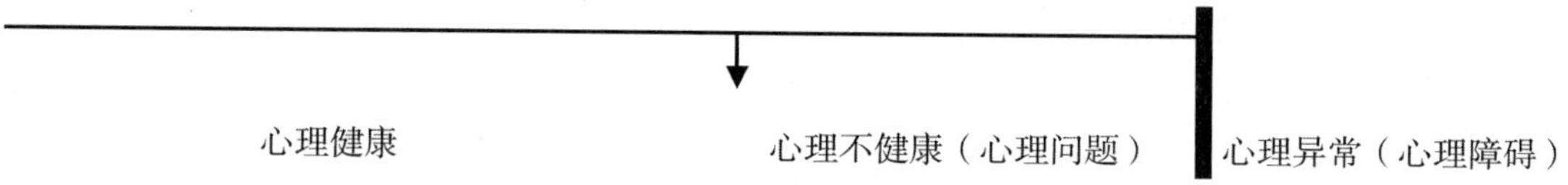

```
心理健康          心理不健康（心理问题） | 心理异常（心理障碍）
```

图 12-1 人们不同的心理健康水平分类

心理障碍，指一个人由于生理、心理或社会原因而导致的各种异常。在临床上，常采用"心理病理学"这一概念，广义上将所有心理异常或行为异常统称为"心理障碍"。狭义的"心理障碍"是指心理状态的变异或心理能量的丧失以及心理能力的下降，如某个体出现感觉异常、幻觉、妄想等症状，则其可能罹患了心理障碍。心理障碍是当今大学生身心健康的最大威胁之一。

二、心理不正常（心理障碍）的识别

明确正常和异常的指标对于理解心理和行为异常的发生、发展、变化的过程极为重要。但由于人的心理活动无论正常或异常都是非常复杂的，不像生理活动如体温、脉搏、血压、肝功能等能客观测量和评估，因此要判别心理活动正常与否是相当困难的。首先，心理活动的正常和异常之间的差别是相对的，很难找到一条明显的分界线。其次，心理异常表现受许多因素的影响，包括客观环境条件、大脑神经活动过程、主观经验、当时的心理状态以及不同的社会文化背景、时代变迁的影响等。因此，想找出一个统一的、被大家公认的判别标准很难，但这并不代表我们就无法认识把握或找不到任何

原则和方法来确定心理异常现象。

心理症状的判断必须与当事人的过去、现在比较，并结合其处境、症状频度、持续时间、严重程度进行综合评估。在判断某个精神活动是否为正常时，必须进行以下对比分析。

（1）纵向对比，即与其过去一贯的表现相比较，精神状态的改变是否明显。

（2）横向对比，与周围大多数正常人的精神状态相比较，差别是否明显，持续时间是否超出了一般限度。

（3）具体情况具体分析，即要结合当事人的心理背景和当时的处境具体分析和判断。

（一）个人经验标准

心理问题者自身的生活与内省经验是我们判断其心理健康状况的一个重要依据，如神经症患者常自觉有焦虑、抑郁等许多情绪障碍的体验，对疾病有自知力，求治心切等，根据其主观经验可以对精神病、神经症和一般的心理障碍做出初步的鉴别。

人们常把自己对于正常心理的体验和经验作为出发点或参照点，来判别各种心理活动是属正常还是异常，这是以个人经验为标准的方法。一般而言，人的心理活动的各个方面，如认知活动、情感活动和意志行为等都应该是统一的、完整的和协调的。如果这三者不能协调一致，遇到应该高兴的事情却产生悲伤、忧愁的情绪体验，行为表现沮丧而消沉；或者相反，遇到悲惨伤心的事情时体验着愉快振奋的情绪，表现出兴高采烈的行为。这样，就可凭个人经验判定其心理活动是不正常的。精神医学工作者在这方面具有比较丰富和精确的个人经验，在其临床工作过程中经常采用这一指标。

（二）统计学标准

有许多心理异常现象在常人身上也会或多或少有所表现，但不像在精神病人身上那样特别明显。因为正常的、健康的心理活动总是和大多数人的心理是一致的，所以判别一个人的心理是否正常，最明显的标志就是拿他的心理活动与大多数人进行比较和对照，看一看在某种情况下是否一致。

如果把极少数异常情况和大多数正常情况给予统计学处理，其次数分配呈常态曲线，符合常态分配。即大多数人是居中的，接近平均数，只有较少数人是偏于两个极端的。次数分配居中者（即接近于平均数）为常态，居于两端者为异常。例如，人的精神运动性活动水平是会有差别的，一切常人都同时具有精神运动性兴奋和精神运动性抑制这两个相反的状态。某些人的兴奋较为占优势，所以表现活跃、好动、爱说、与人交往频繁等；而另一些人则是抑制占优势，所以表现安静、沉默、话少、与人交往少等。这些都是正常的。但如果一个人的精神运动兴奋表现超出了一定的范围，如见人就打招呼，不管是生人或熟人都要跟人家来往，整天说个没完，做这做那，一刻不停；或者相反，精神运动性抑制超出了一定的范围，整天缄默不语，只是向隅而坐或独自卧床，不与任何人交往，什么事也不想干等。这两种"超常"的表现就应考虑是心理异常了。除考虑与大多数人相比较是否一致以外，还要特别考虑与同龄人的心理状态是否相一

致。因为不同年龄阶段的人在感知觉、思维、记忆、情感、意志、动机、性格和行为方式等各个方面都会有不同的特点。

当然，这样的判别指标也只是相对的。所谓与大多数人不一致，并没有一条绝对的界限。因此，不能因为稍有不一致就判定为异常；而且在常态分配的两端，常常可能只有一端是异常的，而另一端虽也超乎正常却不能算是异常。例如人的智力，智商在70分以下属低于常人，无疑是异常的了；但智商在140分以上属超常，却不能认为是异常，因为智力超常者可能是人们所羡慕的天才。

（三）社会适应标准

人是社会的动物，每一个人都不能离开他生活的社会集体。群体生活和人际交往是人类"天性"的表现。此外，人只能在特定的社会环境中生活。在正常情况下，每一个人都能通过家庭、学校和社会的教育与培养，通过自己的生活实践把社会的客观需要和要求经过社会内化作用而变为自身内在的、主观的需求。因此，人与社会是一个统一的整体，本质上是可以协调一致的，即能够按照具体的社会生活环境要求来适应它、改造它，而不会发生问题。如果一个人内在的价值观念体系、伦理道德标准以及外在的行为表现与社会环境的客观要求格格不入，甚至相互抵触，那就不可能协调一致。在这种情况下，他/她就不能很好地和他人进行沟通和交往，不能为他人所理解，自己也不能理解他人，不能为集体和他人所接纳，成为集体中一个不受信任、不受欢迎的"多余者"，不能正确认识和处理各种人际关系。这就应该考虑其心理和行为是否属于异常。

不过，人的社会适应性及其评价指标往往受到不同社会文化背景和不同社会历史条件的影响，因而这样的判别指标也不是绝对的。例如，我国历史上在民国以前，女人的裹脚称为"三寸金莲"，被认为是美的表现，但如果今天还有女人裹脚，那就是心理异常了。

（四）以客观检查结果为标准

客观检查指标要求能够数量化，并且要能够重复。因而，这个指标比较客观、可靠。它主要包括以下两方面的内容。

1. 生理和组织的检查指标

人脑是心理的器官，大脑的生理功能和组织结构有损害必然会造成心理活动的异常。许多因素如物理损伤、感染、中毒、遗传、代谢和内分泌紊乱等都能使大脑的生理功能或组织结构受到损害。这时，各种物理、化学检查以及心理生理测定等有重要意义。如果检查结果确实存在某方面的阳性体征，同时又发现有相应的心理异常表现，即使是轻微的表现，通过以病因与其相应心理异常症状存在的一致性作为标准，也可确定其心理异常的存在。

2. 心理实验和心理测验的检查指标

各种心理测验工具或实验仪器确实能给人们提供比较客观的数据，同时作为一种规范的方法也容易为大家所掌握，可以大大减少不同研究者的差异度。心理测验和实验的指标在某些心理活动方面已显示了它的使用价值，提供了一些为大家能接受、都能使用的测查方法。例如，在判别人的记忆能力是否有异常方面，可用各种记忆测验量表或仪器；在判定人的智力正常与否方面，可用各种智力测验工具；在判定一个人的人格是否属于常态方面，可用各种人格测查表；等等。但是，以心理测验或心理实验作为判别心理正常与否的方法或指标，也只是相对的，仍有很大的局限性。这是因为：第一，人的主观心理活动无论是正常的还是异常的，都非常复杂，并受着许多因素的影响和制约，很难使用单一的测验工具或仪器恰如其分地测查出来；第二，在人身上出现许多方面的心理与行为活动究竟属于常态还是变态，还无法使用测验工具或仪器进行测查。因此，如果期望通过一套心理测验与实验工具来取代以上的各种判别指标，并解决人的所有心理与行为是属于正常还是异常的问题，只能是一种不切实际的想法和苛求。

如上所述，对于心理活动的常态与变态的划分，实在难以找出一个十全十美、客观而又一致的指标。在上述四个标准里，几乎没有一个能在单独使用时完全解决问题。但并不是说，心理活动的常态与变态就无法鉴别了。事实上，在严重精神失常的情况下，所有指标都是适用的，如果把各个指标综合使用会大大增加判别的准确性；但是在临界状态（即边缘状态）下，则哪一个指标都难以判定。

三、心理不健康（心理问题）的识别

心理问题在大学生中较为常见，有心理问题者处于心理不健康状态。心理问题者与心理障碍者都可能有心理冲突，但是其冲突的性质不一样。心理问题与心理障碍的区分关键在于弄清楚求助者心理冲突的性质。从现象或事实的角度来说，心理冲突有常形与变形之分。

心理冲突的常形最典型的特点是它与现实处境直接相联系，涉及大家公认的重要生活事件。如某大学生与恋爱了一年的女友总是发生矛盾，内心十分苦恼，纠结于分手还是不分手；某大学生与舍友发生口角后，两人互不理睬，觉得这种状态不好，纠结于主动和好还是僵持下去。因此，心理冲突的常形是大家都有的经验。有心理问题者在出现心理不平静、内心纠结之前往往有一个激发事件，他们知道自己的内心痛苦是由激发事件引发的。

心理冲突的变形最主要的特点是它与现实处境无关，或者它涉及的是生活中的小事，一般人认为不值得为它操心，或者使不懂精神病学的人感到难以理解，很容易解决的问题为什么病人却解决不了。如某病人每天晚饭后陷于吃药还是不吃药的痛苦冲突之中，吃药怕肝硬化和上瘾，不吃药怕睡不着。这在不懂精神病学的局外人看来是不成问题的，想吃就吃，不想吃便拉倒，实在决定不了可以去问医生，医生叫你吃你就吃，医生叫你别吃就不吃。心理冲突的变形是神经症性的，即很多时候神经症病人并不知道他们内心纠结的原因。

四、大学生心理问题产生的原因分析

精神医学和心理学对心理障碍产生原因的探讨往往从生物学因素、心理学因素和社会文化因素等多方面、多维度去思考。大学生心理障碍的形成,则需要从个人、家庭、社会和学校四个方面来探究。

(一) 个人因素

1. 个体生理因素

影响大学生心理健康的生理因素主要有两种:一是躯体疾病,通常一个身体健康状态良好的人能正确地感觉和应付周围环境中人和事的刺激,而体弱多病的人则往往情绪低沉、敏感多疑,容易歪曲或误解信息刺激所反映的事实,行为控制能力也减弱,更易导致心理障碍;二是遗传因素的影响,人的高级神经活动类型主要受制于生理条件,与先天因素关系密切。神经活动类型属于弱而不均衡型的人往往容易受到刺激而产生心理失衡。

2. 个体心理因素

大学生正处于"心理断乳"阶段,生理发育已基本趋于成熟,但部分大学生心理发展却落后于生理的发育。他们正处在迅速走向成熟而又未真正完全成熟的阶段,心理发展不平衡,所以往往造成各种各样的内心矛盾,如独立性与依赖性交织、情绪与理智同在、理想与现实脱节等,这种不稳定的心理状态,很容易受各种外界因素的干扰和影响,导致其心理偏差和行为怪僻。同时,很多大学生在中学阶段出类拔萃,在一片赞誉声中走进大学校门,但其中有些人意志力十分脆弱,心理承受能力较差,在高手如林、竞争激烈的大学里,一旦遇到学习、生活上的困难、挫折,就容易产生失落、自卑、抑郁的心理问题。

(二) 家庭因素

1. 家庭氛围的影响

人们的世界观、价值观、人生观的形成是以其幼年时期的思想、观念为基础的。少儿时期,父母的认知不统一、观念行为不一致,往往会使子女产生心理困惑。事实证明,父母感情和谐、兄弟姐妹相亲相爱的家庭氛围往往利于个体形成谦虚、礼貌、随和、诚恳、乐观、大方等良好的人格特征。反之,家庭成员之间如果经常吵闹打骂,则易导致个体形成粗暴、蛮横、孤僻、冷漠等不良的人格特征。另外,父母婚姻不幸也会给大学生造成心理上的阴影。

2. 家庭教育方式的影响

许多研究表明：父母的教养方式会影响孩子的心理发展和心理健康状况。部分家长对子女的生活溺爱、包办过多，但对他们的考试成绩、升学、成才等期望又过高，这一方面使子女养成了任性、依赖、骄横的心理，适应能力差、社会交际能力弱；另一方面，又使子女面对父母"望子成龙"的期待容易产生恐慌、焦虑、内疚的心理，唯恐考试成绩不好、不能升学、不能成才而愧对父母。

（三）社会文化环境因素

当代大学生是在改革开放中生活和成长的一代人。而改革开放给当代大学生带来的最重要的影响之一就是价值观念的变迁。传统的文化价值观与西方传入的现代价值观相碰撞，不断地发生着冲突。由于大学生处于自我意识尚未完全成熟，价值选择和判断仍未达到稳定的发展阶段，因此在处理价值冲突问题上就容易困惑，从而产生较多的适应障碍。随着改革开放的进一步深化，影响大学生心理平衡的因素不断增多，如毕业分配的市场化、就业市场不景气等，也给部分大学生心理上带来了不小的压力。

（四）学校培养因素

长期以来，围绕着考试这个目标，大多数的学校片面追求升学率，造成了只注重学生智力因素的培养，忽视了情感、意志、个性品质等非智力因素的培养，忽视了对学生心理健康教育和良好心理素质的培养。这种教育模式对培养大学生的专业知识、专业技能发挥了重要作用，但大学生的全面发展、道德培养和素质提高则常常被忽视，其结果是培养出来的大学生往往专业知识扎实，而个性心理却不太健康，意志品质脆弱。

第二节 聚焦异常心理——大学生常见心理障碍的表现

一、抑郁症

典型案例

某女小宁，本科大二学生。自诉近一个多月来情绪低落，心情苦闷，觉得自己的思维很迟钝，记忆力下降十分明显，经常忘掉一些近来发生的事情。她经常思考自己活着的意义，发现自己的存在没有任何价值，进而想结束自己的生命，想着自己如果死了，家里人会怎样想，周围的同学会怎么看，自己生命的结束会给这个世界带来什么样的后果。近来这种想法越来越频繁和严重，每周会想两三次，有时要思考半个小时以上。她

不愿做任何事，觉得没兴趣，也不愿跟别人交往，就想一个人独处；上课经常睡觉，晚自习也不能坚持学习。

上面这个案例主要的表现是情绪低落、思维迟缓、意志行为减退，而且有自杀意图，是比较典型的抑郁症的症状，下面介绍关于抑郁症的定义及其表现。

（一）抑郁症的概念

抑郁症是一种常见的情感障碍，以情感或心境显著而持久的低落为主要临床特征，伴有相应的思维与行为的改变。抑郁状态的主要特点是抑郁心境、思维迟缓、言语动作减少。

（二）抑郁症的表现

1. 情绪低落

这是抑郁症最核心的症状，抑郁心境程度不同，可从轻度心境不佳到忧伤、悲观、绝望。病人感到心情沉重，高兴不起来，郁郁寡欢，度日如年，痛苦难熬，不能自拔。有些病人也可出现焦虑、易激惹、紧张不安等心理。

2. 思维迟缓

病人表现为思维联想速度减慢，语量少，语速慢，注意困难，记忆减退，脑子迟钝，思路闭塞，经常主诉"脑子变空了""很多事情想不起来了"。

3. 意志行为减退

病人感到疲乏无力，甚至对盥洗、搭配衣着等生活小事都感到困难费劲，力不从心。抑郁的大学生常表现"不愿去上课""不愿说话""不愿做事""不愿参加社交活动"等行为。

4. 兴趣减退，体验不到愉快感

这是抑郁病人非常常见症状之一：病人既往对生活、工作的热忱和乐趣减退，甚至对任何事都兴趣索然，常闭门独居，疏远亲友，回避社交。病人常主诉"没有感情了""情感麻木了""高兴不起来了"。

5. 自我评价过低

这是对自我、既往和未来的歪曲认知，病人往往过分贬低自己的能力、才智，以批判、消极和否定的态度看待自己的现在、过去和将来，认为自己这也不行，那也不对，把自己说得一无是处，前途一片黑暗。抑郁病人有强烈的自责、内疚、无用感、无价值感、无助感，严重时可出现自罪、疑病观念。

6. 消极悲观

抑郁病人内心十分痛苦、悲观、绝望，感到生活是负担，不值得留恋，以死求解脱，可产生强烈的自杀观念和行为。据估计，抑郁自杀构成所有自杀的 1/2～2/3，长期追踪结果发现，抑郁病人自杀身亡者占抑郁病人的 15%～25%。

7. 躯体或生物学症状

抑郁病人常有食欲减退、体重减轻、睡眠障碍、性功能低下和心境昼夜波动等生物学症状。典型的睡眠障碍是早醒，比平时早 2～3 个小时，醒后不复入睡；病人心境有昼重夜轻的变化，清晨或上午陷入心境低潮，下午或傍晚渐见好转。

（三）抑郁情绪与抑郁症的区别

很多大学生看到上面关于抑郁症表现的文字，往往会对号入座，觉得自己好像符合上面说的很多症状，于是怀疑自己是否也有抑郁症。其实，抑郁情绪是人们一种非常普遍的情绪，几乎所有人都曾有抑郁情绪的体验，如某一段时间经常闷闷不乐、唉声叹气等。因此，学会区分抑郁症与抑郁情绪是必要的，因为两者的处理方式差异很大。

1. 促发因素不同

正常的抑郁情绪一般是应激性的。正常人的抑郁情绪一般基于一定的客观原因，如某一大学生失恋后出现明显的抑郁情绪，在失恋之前情绪很稳定；而抑郁症则是病理情绪抑郁，通常缺乏客观精神应激的条件，或者虽有不良因素，但是"小题大做"，不足以真正解释病理性抑郁征象。抑郁症患者的家族中常有精神病史或类似的情感障碍发作史。

2. 持续时间不同

一般人情绪变化有一定的时限性，通常是短期的，人们通过自我调适，充分发挥自我心理防卫功能，便能恢复心理平稳。如上面谈到失恋的大学生产生的抑郁情绪，随着时间的流逝以及把精力投入学习和其他社会活动中，两周左右抑郁情绪就会越来越淡化；而抑郁症患者的抑郁症状常持续存在，甚至不经治疗难以自行缓解，症状还会逐渐恶化。精神医学诊断一般抑郁不应超过两周，如果超过一个月，甚至持续数月或半年以上，则可以认为是病理性抑郁。

3. 严重程度不同

正常人的抑郁情绪程度一般较轻，虽有抑郁情绪，但绝大多数人还是能够坚持正常的学习、工作和生活。抑郁症患者抑郁程度严重，并且影响患者的工作、学习和生活，无法适应社会，影响其社会功能的发挥，甚至产生严重的消极、轻生言行。

4. 症状转化的规律不同

当生活事件解决时，正常人的抑郁情绪会自然缓解，如某一大学生由于母亲重病，自己陷入抑郁情绪状态，当得知母亲病情好转，转危为安时，抑郁情绪即刻得以缓解；同时，抑郁症可以反复发作，每次发作的基本症状大致相似，而且典型抑郁症有生物节律性变化的特征，表现为晨重夜轻的变化规律。

5. 伴随的躯体症状不同

抑郁症患者有持续性顽固性失眠，尤其是早醒，多种心理行为同时受到阻滞抑制，生理功能低下，本能活动能力下降，体重、食欲和性欲下降，全身多处出现难以定位和定性的功能性不适，检查又无异常。而正常的抑郁情绪较少出现上述症状，即使有也是轻微短暂的。

案例分析

对本章开始导入的小雨案例进行分析

小雨的心理状况可初步判断为：抑郁症。理由如下：

（1）她的主要症状是情绪方面的问题，而且以悲伤、难过、抑郁为主。

（2）她的症状在早上非常明显，到了晚上就会轻松很多，呈现"晨重夜轻"的特点。

（3）她有两次参加高考的经历，而妹妹一年就考上了重点大学，这使她觉得自己的实力不足，自我评价比较低。

（4）首次离家在外就读大学，在生活环境、气候和人文环境等方面都有些不适应。

小雨心理问题的成因主要有两个方面：

（1）消极的认知模式。认知模式是指个体看待自己的世界，自己对人、事件和环境的一些重要的信念和假设。早期儿童经验引起对自己和世界的基本的信念。个体的信念在儿童期开始形成，在一生中发展。小雨在儿童早期，由于有妹妹做对比，总是觉得不如妹妹，没有形成"我很可爱""我有价值"的信念，却因为觉得自己很笨而形成了"我不可爱""我无能"等消极的信念。这些经验与创伤性经验（如第一次高考的失利）一起，影响了个体的信念系统。这些信念会成为个体的基本的消极信念图式。

（2）对目前的大学生活和她自己的负性认知评价。小雨的认知过程中存在较多常见的认知歪曲，对自己目前的大学生活、过去均是消极、负性的评价。同宿舍的一个同学对自己不是很热情，她认为人家对自己有成见、不友好，整日为此心情不好。第一次高考没有考好对她是一个较大的打击，她总认为自己不聪明、不优秀，没有能力。小雨总是倾向于夸大自己的失误、缺陷，而贬抑自己的成绩或优点。小雨认为自己很失败，为考上大学备考两年，最后却读了一个自己不喜欢的专业，进而觉得自己的整个人生都是失败的。正是这样错误的思维认知，让一个处在花样年华的女大学生在面临新的环境时，产生了种种不适应，从而怀疑自己并陷入深深的抑郁情绪中。

第十二讲 心理感冒与心灵失衡：常见心理障碍的防治

二、神经症

典型案例

小芳大三时在一家医院实习期间，不小心身上沾到了病人的呕吐物，她感到非常恶心，立刻找地方洗澡并换掉所有的衣服和鞋子。当晚回家后，仍感觉自己身上很脏，反复洗澡五六次，晚上睡觉的时候感觉整个床上都有病人呕吐物的残留，又把所有的床单和被子换洗。尽管理智告诉她，已经很干净了，但是她就是控制不住自己的行为。后来发展到不戴手套就不接触任何东西，坐椅子前先用酒精消毒，别人不小心碰到了她，她就把所有衣服扔掉并不停洗澡，直到认为洗干净为止。每天如此的"清洁"使她疲惫不堪，严重影响了工作，小芳感到很痛苦，但就是控制不住自己。

此案例是典型的强迫症，是神经症的一种类型，这类患者对自己的问题有清晰的认识，但是，却苦于自己无法进行调整，下面介绍神经症的特点及其表现。

（一）神经症的概念

神经症是一组心理障碍的总称，主要表现为焦虑、烦恼、抑郁、恐怖、强迫、疑病症状或各种躯体不适感，患者深感痛苦且妨碍心理功能或社会功能，但没有任何可证实的器质性病理基础。病程大多持续迁延或呈发作性。

（二）神经症的特点

（1）神经症的发病通常与不良的社会心理因素有关，不健康的素质和人格特性共同构成发病的基础。

（2）症状复杂多样，其典型体验是患者感到不能控制他自认为应该加以控制的心理活动，如焦虑、持续的紧张、恐惧、缠人的烦恼、自认毫无意义的胡思乱想、强迫观念等。患者虽有多种躯体的自觉不适感，但临床检查未能发现器质性病变。

（3）患者一般能适应社会，其行为一般保持在社会规范容许的范围内，可以为他人理解和接受，但其症状妨碍了患者的心理功能或社会功能的进一步发挥。

（4）患者对存在的症状常常感到痛苦和无能为力，常迫切要求治疗，自知力完整或基本完整。

（5）神经症病人有持久的无法自拔的自相矛盾的心理冲突现象，或不能自控的毫无意义的强迫行为。他们总是纠缠于过去的某次失败，或者总是自己跟自己过不去，无法摆脱两难的思维矛盾。这种思维模式不能随环境的变化而调整，因而大多数神经症患者有或多或少的人际关系障碍和社会适应功能不良。

（三）常见神经症的定义及其表现

根据中国心理障碍分类与诊断标准（CCMD-3），神经症包括了以下四种类型：恐惧症、焦虑症、强迫症、神经衰弱。

1．恐惧症

恐惧症是指接触到特定事物或处境时具有的强烈的恐惧情绪，患者采取回避行为，并伴有焦虑症状和植物性神经功能障碍的一类心理障碍。患者所害怕的物体或处境是外在的（患者身体以外的），尽管当时并无真正危险，但患者仍然极力回避所害怕的物体或处境。患者知道自己的害怕是过分的、不应该或不合理的，但这种认知并不能阻止恐惧发作。

引起恐惧的物体或情境非常多，多年来人们对恐惧的对象一一给予命名。近来多数专家建议将形形色色的恐惧症简化为三种类型——广场恐惧症、社交恐惧症和特殊恐惧症。恐惧症在人群中非常常见，是仅次于抑郁症、酒精依赖，位于第三位的心理障碍。

恐惧症的表现主要包括以下三个方面：

（1）广场恐惧症。其又称场所恐惧症，最初用来描述对聚会的场所感到恐惧的综合征，目前已不限于广场。患者害怕对象主要为某些特定环境，如广场、闭室、黑暗场所、拥挤的场所、交通工具（如拥挤的船舱、火车车厢）等，其关键临床特征之一是过分担心处于上述情境时没有即刻能用的出口。

（2）社交恐惧症。主要表现为对一种或多种人际处境持久的强烈恐惧和回避行为。恐惧的对象可以是某个人或某些人，也可以相当泛化，包括除某些特别熟悉的亲友之外的所有人。具体可表现为：恐惧被别人注视，恐惧自己会做出丢脸的言谈举止或表情尴尬；或者怕自己在别人面前张口咋舌，怕吃饭时由于有人注视而丑态百出，在公共厕所里因恐惧而解不出小便；或者由于旁边有人而恐惧得手发抖以致无法写字；或者害怕在公共场所呕吐；等等。由于害怕，他们拒绝参加各类聚会，也可能回避所有公众场合如餐厅、剧场和公共车辆等。在极端的情况下，可引起完全的社会隔离。除焦虑外，还可能出现面红、心慌、震颤、出汗、恶心、尿急等症状。

（3）特殊恐惧症。其又称简单恐惧症，是指对存在或预期的某种特殊物体或情境而出现的不合理恐惧。最常见的恐惧对象有某些动物（如狗、猫、蛇、老鼠）、昆虫（如蜜蜂、蜘蛛）、高处、雷电、黑暗、坐飞机、外伤或出血、锐器以及特定的疾病（如放射性疾病、性病、艾滋病）等。特殊恐惧症以儿童为常见。

2．焦虑症

焦虑症是一种以焦虑情绪为主的神经症。主要分为惊恐障碍和广泛性焦虑障碍两种。

（1）惊恐障碍。其指的是极度焦虑状态的突然出现，并通常伴有一些躯体症状和灾难临头的想法，以反复出现的惊恐发作为原发的和主要临床特征，并伴有持续地担心再次发作或发生严重后果的一种急性焦虑障碍。作为继发症状的惊恐发作可见于多种不同的心理障碍，如恐怖性神经症、抑郁症、酒精中毒、人格障碍等。惊恐障碍大多在成年早期发病，年龄范围为15～40岁，平均发病年龄是25岁。不过，此病在各个年龄段均可发生，与社会经济状况无关。

惊恐发作常突然产生，在 10 分钟左右症状达到高峰。最主要的精神症状是极度的恐惧，好像即将死去或失去理智，而且患者不知道自己恐惧由何而来。同时伴有许多急性发作的躯体症状，如感到心悸，好像心脏要从口腔里跳出来；胸闷、呼吸困难，透不过气来，好像即将窒息；面部潮红或苍白、步态不稳、震颤、出汗、恶心等植物性神经过度兴奋症状。惊恐发作通常持续 20～30 分钟，极少有超过 1 小时者。长期随访发现，大约 50% 的患者完全缓解，约 20% 的基本无变化。多数患者发病前功能状况良好。症状持续时间短暂者，大多预后较好。

（2）广泛性焦虑障碍。主要表现为经常和持续的无明确对象或具体内容的紧张不安，或对现实生活中的某些问题过分担心或烦恼，同时以伴有显著的植物性神经功能兴奋和过分警觉为特征的一种慢性焦虑障碍。患者总担心未来有什么不测的事情将要降临在自己或亲人的头上，终日心烦意乱，这称为期待性焦虑，是本病的核心症状。

患者的症状与现实生活似乎有些联系，然而其担忧的内容及严重程度跟日常生活中的琐事是很不相称的。焦虑的内容完全取决于日常生活环境中的变动，没有中心主题，也没有明确的社会倾向性。焦虑的同时常伴有易激惹、注意力集中困难、难以做决定以及害怕犯错误。病人常诉记忆力减退，实际上是因注意力不能集中导致的识记困难。由于过度焦虑妨害了效率和生活，反过来更加重了患者的焦虑症状，有些人甚至害怕自己会完全失控而发疯，尽管这种情况不会发生。

3. 强迫症

强迫症，是以不能为主观意志所克制，反复出现冲突性的观念、意向和行为为临床特征。患者能够认识到这些观念和行为是毫无意义的、不合理的，但仍然会引起显著的焦虑或痛苦。此病大多在青春期前后或成年早期起病，但也有些病例起病年龄更早，在儿童中也不少见。

临床上根据其表现，强迫症状分为强迫观念和强迫行为两类。如患者对日常生活中的一些事情或自然现象，寻根究底，反复思考，明知缺乏现实意义、没有必要，但又不能自我控制，如"到底是先有鸡还是先有蛋？""秋天叶子为什么会变黄？"等。患者对自己言行的正确性反复产生怀疑，明知毫无必要，但又不能摆脱。而强迫行为指的是患者为克服内心焦虑而不断重复一些明知不必要的琐事的行为，如出门时因怀疑煤气是否关紧而反复关煤气、因担心门和抽屉是否锁好而反复检查等。患者因为这些行为耗费了时间和精力，明知不必要而无法控制，直到焦虑缓解方能停止。

强迫症状常常迁延发展，随着时间推移常常影响与其他人，尤其是与患者家属之间的人际关系，妨害正常的工作和生活。焦虑症状几乎在每一强迫症患者中均存在，只是程度不同而已。仪式行为有时可能缓解焦虑，有时却加重焦虑，这取决于若干不同的情况和因素。继发性抑郁也不少见，大约 1/2 的患者表现出抑郁症状。

4. 神经衰弱

神经衰弱是指一种以精神易兴奋又易疲劳为特征的神经症，常伴有紧张、烦恼、易激惹等情感症状。精神易兴奋的主要表现是联想和回忆增多而且杂乱。这是一种主观体

验，患者感到注意力不能集中，不由自主地联想或回忆无关事情或情景而且控制不住，联想和回忆的内容多是过去不愉快的经历、现在使人苦恼的事以及将来可能发生的风险、失败或意外。

神经衰弱病人常常伴随各种躯体不适感和睡眠障碍，如紧张性头痛、头昏、耳鸣、心慌、胸闷、腹胀、消化不良、尿频、多汗、阳痿、早泄或月经紊乱等。这些症状不是继发于躯体疾病、脑器质性病变或其他心理障碍，但病前可存在造成长期的情绪紧张和疲劳的应激因素。神经衰弱的躯体症状的繁多，几乎可以涉及所有的器官和系统。

（四）神经症性表现与神经症的区别

很多大学生看了上面介绍的神经症的各种表现后，内心非常紧张，怀疑自己是否已经罹患神经症。其实，我们正常人有时也会有神经症的症状，如担心门没锁好而检查两遍、在一次重要的考试来临之前情绪紧张焦虑等，这些一过性的表现均属正常。那么，神经症性表现与神经症之间究竟有什么区别呢？如何来鉴别自己的表现到了什么程度，下面就这一问题进行归纳总结。

1. 促发因素不同

各种神经症最基本最核心的症状表现是焦虑症状。正常人的焦虑反应与客观威胁密切相关，如面临一次严峻的考验和重大考试之前，紧张、焦虑是非常正常的，没有任何紧张和焦虑的个体，考试时不能充分调节自己的心理能量，反而成绩不佳；而神经症性的焦虑往往没有明显的客观威胁，如某大学生恐高、恐电梯，其实，高楼、电梯本身并不会威胁到他的生命安全，其自身也知道这一点，但是就是控制不了自己，每到要登高、乘电梯时，就表现得惶恐不安。

2. 症状产生的原因和转化规律不同

神经症性症状与现实刺激的影响密切相关，当生活事件解决时，如严峻考验过去，或者重大考试结束，正常人的神经症性症状会自然缓解，情绪恢复到原来轻松愉快的状态；而神经症患者症状的产生与个性特征和早年经历等密切相关，症状可能持续存在，迁延难愈，如果个性不发生改变，不经过长期系统的心理治疗或者药物治疗，神经症的症状很难治愈。

3. 持续时间不同

一般人的神经症性表现有一定的时限性，通常是非常短暂的，人们通过自我调适，充分发挥自我心理防卫功能，能恢复心理平稳。如大学生在某段时间内，头脑里反复思考某一问题，或者洗手次数增多，但如果只持续一两周或者偶尔有这些症状，则属于正常的神经症性症状；而真正被确诊神经症的患者的症状常持续存在，少则几个月，很多长达数年或者数十年，甚至不经治疗难以自行缓解，症状还会逐渐恶化。

4. 严重程度不同

正常人的神经症性症状程度一般较轻，自己能够控制，如感到紧张、恐惧时，通过向人倾诉、参加体育锻炼、转移注意力后，症状很快消失，或者虽有神经症的症状，但能够坚持正常的学习、工作和生活，对社会功能的影响不大。神经症患者程度较为严重，并且影响患者的工作、学习和生活，自己很难控制症状，无法适应社会，严重影响其社会功能。

三、躯体形式障碍

典型案例

李欣（化名），男，28岁。初中时，他听老师上课讲广东是全世界鼻咽癌发病率最高的地区后，一直担心自己会患有鼻咽癌。从此，只要鼻子有一点点不舒服，他就到医院进行检查，几乎每周要去一次医院检查鼻子。他曾先后去省级、市级、县级等20余家医院，经过多位医生的检查，做过多次所有鼻病有关的检查，均没有发现任何异常，但就是打消不了可能患有鼻咽癌的想法，心里非常苦恼担心。前段时间，因为重感冒连续几天鼻塞，更加深了他的怀疑，他认为自己一定是鼻咽癌晚期，无法医治了。

这个案例具有典型的疑病症临床表现，总是觉得自己罹患了身体疾病，尽管各种检查均为阴性，仍无法打消怀疑。疑病症属于躯体形式障碍的典型代表，下面介绍躯体形式障碍的概念及其表现。

（一）躯体形式障碍的概念

躯体形式障碍是一类以各种躯体症状为主要临床表现，但不能证实有器质性损害或明确的病理生理机制存在，反而有证据表明或者至少有理由怀疑与该躯体症状与心理因素密切相关的一种心理障碍。这类患者常反复陈述躯体不适，四处求医不断要求给予医学检查和治疗，但实验室检查结果阴性，即使有医生的解释也难以打消其顾虑。出现躯体形式障碍者通常以女性居多，常为慢性波动性病程。

（二）躯体形式障碍的表现

1. 躯体化障碍

躯体化障碍是一种以多种多样、经常变化的躯体症状为主的心理障碍。症状可涉及身体的任何系统或器官，最常见的是胃肠道不适（如疼痛、打嗝、反酸、呕吐、恶心等）、异常的皮肤感觉（如瘙痒、烧灼感、刺痛、麻木感等）、疼痛不适等，性及月经方面的主诉也很常见。患者反复求医，但各种医学检查都不能证实任何器质性病变，或

器质性病变程度不足以解释其躯体症状的严重程度。要诊断此症，病程须在两年以上，长期的病程往往导致患者在社会、人际及家庭方面出现严重障碍。

2. 疑病症

疑病症是一种对自己身体健康状况过分关注，担心或相信患有一种或多种严重躯体疾病，经常述说躯体不适，反复就医，但经各种医疗检查均不能证实疾病存在的心理障碍。它的核心表现是焦虑或恐惧，特别是对自己患有严重疾病可能性的焦虑或恐惧，但其担忧的严重程度与患者实际健康状况很不相称。这类患者对自己身体的变化十分敏感，身体功能任何微小变动如心跳加快、腹胀等都会引起患者注意，进而引发焦虑或恐惧。

3. 持续性躯体形式疼痛障碍

持续性躯体形式疼痛障碍又称心因性疼痛，主要表现为各种部位的持久性疼痛，患者感到痛苦或影响社会功能，但对其不能用生理过程或躯体疾病做出合理解释，经检查也未发现与主诉相应的躯体病变。患者主诉疼痛常见的有头痛、腰背痛、慢性盆腔痛等，其他任何部位也可发生疼痛。临床有证据表明，心理因素或情绪冲突直接导致了疼痛的发生。患者常以慢性疼痛作为其突出症状反复求医，往往使用过多种药物治疗或其他治疗，但不能得到确切疗效。患者发病高峰年龄为30～50岁，女性患者数量是男性的2倍，病程迁延常持续6个月以上。

4. 躯体形式自主神经紊乱

躯体形式自主神经紊乱是一种由主要受自主神经支配的器官系统如心血管系统、胃肠道系统、呼吸系统、泌尿生殖系统，发生躯体障碍所致的神经症样综合征。患者在自主神经兴奋症状（如心悸、出汗、口干、脸部潮红）基础上，又发生了非特异的，但更有个体特征和主观性的症状，如部位不定的疼痛、心前区不适、呼吸困难、上腹部不适或烧灼感、尿频或排尿困难、沉重感等，经医学检查这些症状都不能证明有关器官和系统发生了躯体障碍。

四、精神病

典型案例

小明是大学二年级的学生。刚入学时，他的行为表现与其他同学没有差别。但半个学期过后，小明逐渐表现出异常。一次在运动场上跑步时，他突然停下并对旁边的同学说："宿舍有人在叫我，我得回去一趟。"10分钟后，他回来时显得很沮丧，说宿舍没有人。小明经常自言自语，有时无故发笑，同学问及他为什么笑，自诉想到好笑的事情就会自己笑。他认为自己是别人关注的中心，无论走到哪里都有人在欣赏自己，一举一动都得到关注。同学们认为他有些问题，他反而说同学才是不正常的。

小明的表现最明显的特点是出现了正常人不会有的精神病性症状，如幻觉、妄想、思维联想障碍等，这样的案例往往被称为"精神病"。精神分裂症是精神病中最严重、最典型的类型，下面介绍精神分裂症的概念及其表现。

（一）精神分裂症的概念

精神分裂症是一组病因未明的精神病，多起病于青壮年，常缓慢起病，具有思维、情感、行为等多方面障碍，而且精神活动不协调。该类患者通常意识清晰，智能尚好，有的病人在疾病过程中可能出现认知功能损害，自然病程多迁延，呈反复加重或恶化，但部分病人可痊愈或恢复基本状态。此病是一种最常见的重性精神病，一般认为，世界范围内，不管在哪个国家或地区精神分裂症的一般发病率都为0.3%～0.7%；国内在20世纪80年代精神病流调结果，精神分裂症的总患病率为0.57%，在精神病院住院病人中本病患者占一半以上；而在慢性精神病人疗养院里则可占患者总数的70%左右。

（二）精神分裂症的表现

精神分裂症的心理异常表现十分复杂、多样。其基本特点则是病人的精神活动与现实环境相脱离；思维、情感和意志行为互不协调，甚至分裂。

1. 感知觉障碍

幻觉指的是患者可以感知到不存在的事物，是精神分裂症的常见症状之一，但不是特征性症状，因为其他许多精神病都可有幻觉出现。不过精神分裂症的幻觉具有某些特点。例如，幻觉常在病人意识完全清醒的状态下出现；听幻觉，特别是言语性幻觉最多见，而触幻觉和嗅幻觉、视幻觉和内脏幻觉也能见到；幻觉的内容比较单调、缺乏变化，结构也简单或不完整，与现实生活缺乏联系或内容怪异。听幻觉的内容可能是对患者下达某一指令，或对患者的行为加以评论；也可能是讥笑、漫骂或威胁。

2. 思维障碍

思维障碍是精神分裂症最具有特征性的症状之一。主要表现在以下三个方面。

（1）联想障碍。最初可表现为联想松散，严重时出现思维破裂。患者谈话或写东西缺乏中心思想，上下文缺乏逻辑联系，但如不仔细分析，不一定认为是病态。随着病情加重和病程延长，联想可以变得更加支离破碎，甚至从患者的书信和谈话里找不出一个上下相连的完整概念，令人不知所云。例如，一患者在信中写道："××同志：当你接到我的信的时候，就是我得到最高奖赏的时候，请你不要灰心，他是一个杀人的刽子手，正向你求婚，请你放心，是用钢笔写的，我没有见过这样忘恩负义的人。"从信中看不出来这位患者写信的目的，也无法理解信中的内容。

（2）逻辑障碍。患者在思维过程中，不能按照正常的思维逻辑规律来分析问题，而往往表现出概念混乱和一些奇怪的逻辑推理。如一患者诉说"自己想到人是由动物进化的，所以人不应当吃猪肉；又想到动物是由植物进化的，吃植物也不应该；植物是由土里长出来的，所以觉得人不该站在地上"。这是逻辑倒错的表现。

有一些病人在思维过程中，常常把一些抽象概念具体化，表现为象征性思维，并成为关系妄想与某些难以理解的行为的原因。例如，一患者看见一块抹布，便认为这块抹布是说明自己思想很"脏"，于是就去打扫庭院，说是要通过实际行动去改正自己的错误。显然患者把抹布的"不清洁"（具体的"脏"）与思想上的"错误"（抽象的"脏"）混淆起来了。这种概念的混乱出现在思维过程中，必然会导致逻辑的谬误。

（3）妄想。精神分裂症另一个特征性的思维障碍是原发性妄想。这是一种突如其来的病理体验或直接感受。也就是说，这类妄想并不是由感知觉障碍或其他歪曲的观念所引申，而是一些凭空出现、与患者以前的思想和情感毫无联系的病理性观念。例如，一位患者在日记中写道："我总觉得有穿隐身衣的人在监视我""好像人人都在说我"。

3．情感障碍

情感障碍是精神分裂症的常见症状之一。在疾病的急剧发作期，患者的情感可出现不明原因的剧烈变化，多系由幻觉和妄想引发的强烈反应，可以表现为兴奋、激动、紧张、恐惧、焦虑、忧郁或突然情感爆发；甚至可能伴有伤人、毁物或自杀行为。有的患者出现情感倒错，往往以无所谓的心情叙述自己最痛苦的遭遇；或者谈到高兴的事情时，反而伤心落泪；有的患者有矛盾情感，即爱和憎两种对立的情感同时出现。如有的患者痛斥医生是凶手而同时却要求医生留下来陪伴，免得自己害怕。随着病情逐渐发展，情感迟钝和情感淡漠往往成为患者长期的主要症状，首先是细致的高级情感最先受损，表现为对亲友缺乏热情，对家人态度冷淡，对是非善恶漠不关心，与别人的情感不发生共鸣，只对外界刺激产生迟缓而浮浅的反应。严重时，患者对欢乐、愤怒、恐惧等情境均无明显反应，甚至对任何刺激无动于衷。

4．意志行为障碍

精神分裂症患者多表现为明显的意志活动减退，对外界事物缺乏兴趣，不主动参加活动，经常处于沉思之中；不与周围人接触，整日闭门幽居或蒙头而卧；生活懒散，不修边幅，不注意整洁；孤僻、退缩，完全脱离现实。有的患者发生矛盾意向，不能果断选择应该做什么，总是犹豫不决。如欲睡觉，走到床边以后又退出宿舍，如此反复不能决定。有的患者在妄想的支配下，可反复提出控诉或坚持进行某种赎罪活动，表现为病理性的意志增强，但这一现象并不能持久，随着病情的进展，意志行为活动的减退会日益明显。有的患者意志行为活动障碍可表现为刻板动作、模仿动作、机械性被动服从或违拗症等紧张性综合征。

5．其他异常表现

注意力涣散通常在本病的早期便已出现。患者表现出对日常生活漫不经心，工作粗枝大叶，丢三落四；与之交谈，常心不在焉；一般以随意注意障碍较为明显。由于病人注意力涣散，同时伴有情感淡漠，对外界事物缺乏兴趣，因而患者常常眼神呆滞，缺乏面部表情。

五、人格障碍

典型案例

丽芳，大二学生，争强好胜，自尊心强。入学后，同学就逐渐发现她非常难以相处，动辄大怒，总是觉得别人对她不大友好，对人很有敌意。在一次优秀班干部的评选中，她因为一票之差落选，情绪非常激动。她当着全班同学的面大吵大闹，认为是班委作弊，让她落选，要求当众查选票，发现选票没问题后，仍旧不依不饶，认为是对手贿赂了班里同学，投票不公平，并当众辱骂对手。颁发获奖证书那天，又一次当众羞辱对手并去找辅导员及学校领导申诉。身边的人规劝她，她不但不听劝，还质问身边的人收了对方什么好处，声称一定要和对方斗到底。

丽芳的表现最明显的特点是人际交往出现问题，难以与同学友好相处，敏感多疑、敌对攻击。同时，这样的与人处事方式是她一贯的作风。此类案例往往被称为人格障碍，下面介绍人格障碍的概念及其表现。

（一）人格障碍的概念

患有此病的患者人格特征明显偏离正常，具有一贯的反映个人生活风格和人际关系的异常行为模式，但这种模式显著偏离特定的文化背景和一般认知方式（尤其在待人接物方面），明显影响其社会功能与职业功能，造成对社会环境的适应不良，有些患者对此感到痛苦不已，虽然无智能障碍但适应不良的行为模式难以矫正。仅少数患者成年后，通过社会学习，不良行为模式在某种程度上可有部分改善。人格障碍通常开始于童年期或青少年期，并长期持续发展至成年或终生。

（二）常见人格障碍的表现

对于人格障碍的分类，向来有着不同的标准。中国精神疾病诊断标准（CCMD-3）将人格障碍分为九类，分别为偏执性人格障碍、分裂性人格障碍、反社会性人格障碍、冲动性人格障碍（攻击性人格障碍）、表演性（癔症性）人格障碍、强迫性人格障碍、焦虑性人格障碍、依赖性人格障碍和其他尚待分类的人格障碍。

1. 偏执性人格障碍

以猜疑和过度敏感为特征，患者的心理语言是这样的：他人是不可信的；他人是狡诈的、欺骗的、危险的；他人总想算计我、贬低我、嘲笑我、背后议论我的长短；他们对我好是想利用我；我不能相信任何人，"他人即地狱"。因此，其在生活和工作中容易与别人发生摩擦，难与领导相处，也易与同事不和，别人常对其敬而远之。这类病态人格患者多见于男性。

2. 分裂性人格障碍

分裂性人格障碍患者性格孤僻，行为怪异，不能适应环境；认为人们是自私残酷的、不可信任的，世界也是敌对的。患者不想与其他人保持什么关系，十分冷漠，别人难以走近。

3. 反社会性人格障碍

反社会性人格也称精神病态或社会病态、悖德性人格等。在人格障碍的各种类型中，反社会性人格障碍是心理学家和精神病学家最为重视的。此类人格障碍患者引起的违法犯罪行为最多。其共同心理特征是具有情绪的爆发性、行为的冲动性；对社会对他人冷酷、仇视、缺乏好感和同情心；缺乏责任感，缺乏羞愧悔改之心；不顾社会道德法律准则和一般公认的行为规范，经常发生反社会言行；不能从挫折与惩罚中吸取教训，缺乏焦虑感和罪恶感。

4. 冲动性人格障碍（攻击性人格障碍）

冲动性人格障碍又称爆发性或攻击性人格障碍，是青少年和中青年人中常见的一种人格障碍。主要表现为情绪不稳定，常因微小的精神刺激，突然爆发非常强烈的愤怒情绪和冲动行为，且自己完全不能克制。患者在情绪爆发的间歇期是正常的，而且对发作时的所作所为感到懊悔，但不能防止再次发生类似行为。冲动性人格障碍患者的心理语言是这样的：我可不是好惹的；我控制不了自己的情绪；我一冲动起来就失去了自控力，做事丝毫不计后果，有时就酿成大祸。

5. 表演性（癔症性）人格障碍

表演性（癔症性）人格障碍又称癔症性、戏剧化人格障碍，各种年龄层都可能发生。该病较多发生于少年期后半阶段，随着年龄的增长，人格逐渐趋向成熟，到中年期可以明显缓解。表现特征：情绪带有戏剧化色彩；具有高度的暗示性和幻想性；情感易变化；通过玩弄他人以达到自我目的，高度的自我中心。这类人喜欢得到别人的注意和夸奖，只有投其所好才满足自己的心意，并表现出欣喜若狂，否则会不遗余力地攻击他人。

6. 强迫性人格障碍

强迫性人格障碍是指因刻意追求完美而自我常有不完善感的人格障碍。强迫性人格障碍患者的心理语言是这样的：我追求完美；我需要秩序、规则；我必须按照规则做事，每一个环节都十分重要；我十分重视细节，每件事我都必须做得十分完美；如果我那次失败了，我就完蛋了；我对别人十分苛刻，总是挑剔他人；我告诉别人——你们必须做得更好些，哪怕一点点的失误我都不允许！你们应该做得十分完美，你们不应该出现任何失误。

7. 焦虑性人格障碍

焦虑性人格障碍以一贯感到紧张、提心吊胆、不安全及自卑为特征，总是需要被别人表现出喜欢和接纳，对拒绝和批评过分敏感，因习惯性地夸大日常处境中的潜在危险而表现出回避某些活动的倾向。

8. 依赖性人格障碍

依赖性人格障碍是一种过分顺从别人的意志、严重缺乏独立性的人格障碍。主要临床表现是自感无能、极端顺从和缺乏活力。

六、应激相关障碍

典型案例

小谭，男，大四学生，朋友评价他是个热心的阳光大男孩。汶川地震时，小谭报名赴灾区做志愿者，帮助了很多的人，当时整天忙碌，并未感觉到不适。他回到家睡了一觉起床后，突然感到心情非常低落，眼前不时地出现灾区的惨烈情景，晚上常常在噩梦中惊醒。他整日窝在家中不敢出门，也不敢与人交谈，不看电视，生怕听到有关汶川、地震、孩子等敏感词汇，一旦听到，就会出现心动过速、出汗、面赤的症状，同时眼泪止不住地流。

小谭是在赴灾区进行救援之后，出现了明显的精神症状，头脑中经常出现创伤性场景、噩梦惊醒、不敢外出等症状，是比较典型的创伤后应激障碍。下面介绍应激障碍的概念及其表现。

（一）应激相关障碍的概述

应激相关障碍的是指一组主要由心理、社会（环境）因素引起异常心理反应导致的心理障碍，也称反应性心理障碍，主要分为急性应激障碍、创伤后应激障碍和适应障碍。决定本组心理障碍发生的因素与生活事件和生活处境有很大关系，如剧烈的超强精神创伤或生活事件，或持续的困难处境，均可成为直接病因。

（二）常见应激相关障碍的表现

1. 急性应激障碍

急性应激障碍，又称为急性应激反应，为一过性障碍。无明显心理障碍的个体在遭受急剧/严重的应激性刺激后立刻发病，一小时内出现症状（常见几分钟内出现），应激源消除后2～3天症状消失（常在几小时内），预后良好，缓解完全，对于发作可有部分或完全的遗忘。

初期症状：在经历精神创伤性事件后，临床表现的初期症状为"茫然"阶段，以茫然、注意狭窄、意识清晰度下降、定向困难、不能理会外界的刺激为特点。典型症状：创伤性重现体验，创伤性事件的情境或当时的心理感受反复自动出现在意识中或梦境里，任何与创伤体验有关的情境均可以诱发；回避行为，回避各种与创伤有关的人与事；情感麻木；高度警觉，常存在惊恐性焦虑的自主神经症状（心动过速、出汗、面赤）；分离症状很常见，这些症状一般在受到应激性刺激或事件的影响后数分钟或数小时后出现，并在2天内消失或缓解，对发作可有部分或完全的遗忘，部分患者病程可达1个月作用，如麻木、情感反应迟钝、意识清晰度下降、不真实感、分离性遗忘、人格解体或现实解体等。

2. 创伤后应激障碍

创伤后应激障碍是指个体遭受异常强烈的精神应激后延迟发生的较持久的应激性心理障碍。通常在精神创伤性事件发生后数天至6个月以内起病，病程至少持续1个月，少数患者持续多年不愈成为持久的精神病态。其主要表现为反复出现闯入性的创伤体验、回避与情感麻木、持续的高警觉状态。

（1）闯入性再体验。主要有闯入性回忆，指与创伤有关的情景或内容在病人的思维、记忆中反复地、不自主地涌现，闯入意识之中，萦绕不去，也可在梦中反复再现。有时会出现"重演"性发作，再度恍如身临其境，出现错觉、幻觉、意识分离性障碍等。有时发生"触景生情"式的精神痛苦。持续时间可从数秒到几天不等，这种现象被称为闪回（flashback）。如曾有过直接参战经历的一位退伍军人，某天当一架直升机低空飞过时，他立刻匍匐在地，认为敌机即将发动进攻，惊恐万状地寻找掩身之处。患者面临、接触与创伤性事件相关或类似的事件、情景或其他线索时，通常出现强烈的心理痛苦和生理反应。如事件发生的周年纪念日、相近的天气及各种场景因素都可能触发患者的心理与生理反应。

（2）回避。为了减轻闪回带给患者的痛苦，患者会对创伤相关的刺激存在持续的回避反应。回避的对象不仅限于具体的场景与情景，还包括有关的想法、感受及话题，患者不愿提及有关事件，避免有关的交谈，在创伤性事件后的媒体访谈及涉及法律程序的取证过程往往给当事人带来极大的痛苦。个别患者会对创伤性情景出现心因性遗忘，经历的事件被排除于记忆之外，即使经过提醒亦予以否认或无法回忆其重要部分。回避的同时，还有被称为"心理麻木"或"情感麻痹"的表现。患者在整体上给人以木然、淡漠的感觉。患者自己感到似乎难以对任何事情发生兴趣，过去热衷的活动同样兴趣索然；感到与外界疏远、隔离、甚至格格不入；似乎对什么都无动于衷，难以表达与感受各种细腻的情感；对未来意懒心灰，轻则听天由命，严重时可能万念俱灰，甚至自杀。这种回避反应一方面是个体的一种自我保护机制，但另一方面也会延缓个体创伤后应激障碍的复原。

（3）警觉性增高。表现为过度警觉、惊跳反应增强、激惹性增高、很难集中注意力、对声音敏感、容易受到惊吓。遇到与创伤事件相似的情境，会出现明显的焦虑躯体症状，如心悸、出汗、肌肉震颤、面色苍白或四肢发抖；还有睡眠障碍，主要是入睡困难和易惊醒；往往伴有焦虑、抑郁情绪和睡眠障碍，少数人会出现消极意念或有自杀企图。

3. 适应障碍

适应障碍是一种主观痛苦和情绪紊乱的状态，通常出现于明显生活改变（如考入大学）或应激性事件后（包括患有或可能患严重躯体疾病）的适应期间。患者常常具有一定程度的人格缺陷，症状以烦恼、抑郁等情感障碍为主，同时有适应不良的行为障碍或生理功能障碍，社会功能通常受损。应激源可能影响到个体社会网络的完整性（如经由居丧或分离体验），也可能影响到较广泛的社会支持系统及价值系统（如移民或难民状态），还可能仅涉及个体本人或其所属的团体或社区。

本病表现多种多样，主要表现为情绪障碍，如焦虑、抑郁、惶惑不知所措、害怕等；同时也可因行为适应不良而影响到日常活动。有报道临床症状与年龄有某些联系，成年人以抑郁症状多见，青少年以品行障碍（即攻击或敌视行为）常见，儿童则表现为退行性现象，如尿床、言语幼稚或吸吮拇指等。

第三节　如何走出心灵的阴翳——大学生常见心理障碍的防治

现代医学非常强调"上医治未病"这个中医理念，该思想贯穿于大学生心理健康保健，关键是要在"防"字上下功夫，由被动应对向主动应对转变。把"防"与"治"放到同等重要的地位，甚至更加注重预防的重要作用。

一、大学生心理问题和心理障碍的早期预防

早期的发现和治疗是大学生心理问题和心理障碍的治疗和疾病转归的关键因素。

（一）构建心理危机的识别、预防与干预系统

高校在针对心理危机干预时，可采用四级模式：第一级为心理健康中心（或心理咨询室）；第二级为各院（系）的辅导员；第三级为学生心理委员及宿舍心理观察员；第四级为学生个体。这种模式是以心理健康为核心，面向所有人群，特别是健康的正常人群为主要服务对象，不以消除症状为首要目标，而以尽早识别心理问题，促进大学生的成长、发展和潜能开发为宗旨，强调预防、发展和教育相结合。

辅导员和学生的生活密切相关，因此要多注意学生的精神状况，如在存在心理问题学生的班级选择几个学生作为信息联络员或心理委员进行有指导的监控和报告等。联络员最好选择班委干部（含宿舍长），对他们进行短期培训，做到一有异常情况可以第一时间告诉辅导员。辅导员在日常工作中应制订并实施一套应对危机事件的处理流程，在第一时间采取果断措施，以化解危机，防止事态恶化。与此同时，也要加强对周围人群的心理疏导，化解紧张氛围，防止连锁反应。

（二）开展心理健康测评，建立心理档案

通过心理健康测评、建立学生心理健康档案可以及时了解学生的心理健康状况，有助于识别心理问题严重的学生，对这些可能发生或正处于心理危机的学生进行主动的重点帮助。从心理发展的角度来说，大多数的心理危机是逐步形成的，有其过去的根源，或在某个过程中已经潜伏着心理危机。因此，建立心理健康档案是大学生心理危机干预的基础工作。

（三）普及心理卫生知识，发现问题及时寻求解决方法

心理疾病的早期预防离不开对于各类心理问题的学习和了解。只有了解各类心理疾病的常见发病原因、发病表现及治疗方式，才能在出现问题或可能出现问题时更加警觉，采取有效的措施。心理疾病与身体疾病不同，身体疾病的发生往往很快有临床表现，而心理疾病潜伏期长，发现时可能已经较为严重。因此，在大学校园里，开展多种形式的心理卫生宣传教育活动非常必要，学生可以在心理活动、心理讲座中学习一些心理疾病的防护或心理疾病的治疗新进展等方面的知识。对于心理问题，做到早发现、早报告、早解决，避免延误最佳治疗时机；当发现心理障碍时，要及时地寻求解决方法；找朋友、同学、亲人、辅导员、心理咨询老师或者去医院找医学专家寻求帮助，都是很好的解决办法；积极配合咨询和治疗，如需服药要按时定量，为解决心理疾病营造一个舒适的环境和制定合理的方案。

（四）积极倡导大学生参与体育锻炼

有关资料显示，身体锻炼是治疗抑郁症的有效手段之一，国内外均有报道提示身体锻炼是一种有效的心理治疗方式。美国南加利福尼亚大学医学院的赫伯特博士曾做过这样的实验：将患有神经过敏性紧张、失眠的30位老年人分为三组，甲组服用400毫克氨基甲酸酯镇静药；乙组不服药，但愉快地参加身体锻炼；丙组不服药，但被迫参加一些不喜欢的身体锻炼。结果表明乙组的效果最好，轻松的身体锻炼胜于服药；而丙组效果最差，不如吃镇静药的效果好。这说明，身体锻炼中心理因素对健身效果和医疗效果都会产生明显影响。由此可见，体育锻炼对心理健康的确有益。进行体育锻炼时，要注意培养自己锻炼身体的热情，尽量使心情放松，选择自己感兴趣的身体锻炼项目并掌握和运用心理调节方法。

（五）培养良好的生活方式

心理健康需要科学的生活方式提供载体，生活方式对心理健康的影响已经被众多科学研究结果证实，而现在大学生的生活方式绝大部分不健康，因此通过培养大学生科学的生活方式来预防大学生心理问题，是一条有效途径。科学的生活方式，具体表现为以下三点：①早起早睡，生活规律。良好的睡眠质量是保证人们顺利进行各种工作和学习的前提，而不良的睡眠习惯，不仅可导致情绪逐渐恶化，而且随着睡眠时间减少，疲惫、惰性、焦虑、困惑、迷茫等消极情绪呈线性增加，乐观等积极情绪则呈线性减少，还会导致

记忆力下降，严重影响大学生心理健康。已有研究表明，作息时间不规律是影响学生睡眠质量的重要因素，因此协调生活学习规律，早睡早起对防止心理问题至关重要。②一日三餐，合理调整饮食结构。大学生正处在青春期向成熟期转变的阶段，此时身体、生理机能都将发育成熟，同时又肩负着繁重的学业，不科学的饮食习惯也将造成心理上的负担，但当代大学生普遍缺乏营养学知识，饮食消费行为基本处于盲目状态，随意性较大，能按科学方式对待饮食的人为数不多。有研究表示，一天中最重要的早餐，从不吃的大学生占10%左右。饮食结构的不合理，导致大学生体力不足、记忆力减退、身体气血虚损，冲动易激怒等一系列心理问题频频发生。因此，利用多种形式宣传健康与保健知识，杜绝不科学的饮食习惯，从饮食调理中来提高身体素质和调整心理状态至关重要。③养成良好上网习惯。网络是把双刃剑，对于在校大学生而言，一方面可以通过网络学习各种专业知识，寻求各种疑难问题的答案，但是另一方面，我们也要看到，上网时间过长给在校大学生带来了一些不利甚至负面影响。有研究表明，21%的大学生对网络有不同程度的依赖，而这种依赖不仅会对身体健康造成影响，还会影响睡眠、人际交往等，从而对心理健康产生不良影响。合理规划上网时间，提高自控能力有利于维护心理健康。

（六）建立良好的人际关系，优化社会支持系统

大学生正处于人生成长的重要阶段，人际交往是其学习和生活过程中必不可少的行为之一。大学生通过人际交往，可以交流情感、寻求理解、建立友谊、增加社会支持系统，可以直接影响大学生的心理健康，具有重要的意义。建立良好的人际关系可以从以下四个方面入手。①掌握大学生成功交往的原则：尊重原则、真诚原则、宽容原则、互利原则、诚信原则。②尽量避免人际关系的破裂：认清人际冲突或分歧的本质，采取积极的措施，学会建设性地处理分歧或冲突，能有效地避免人际关系的破裂。首先，遇事冷静，尽量避免争吵；其次，学会批评、不要直接责怪和抱怨别人；最后，勇于承认自己的错误，主动道歉。勇于认错是人际关系的润滑剂，当人际关系出现分歧时，勇于认错、接纳指正、不推卸责任、主动道歉是明智之举，它可以打破双方的僵局，避免人际关系的破裂。③学会利用人际关系减压：心理学研究表明，一个人与他人一起承受挫折压力时，可以降低消极情绪体验。大学生在面对挫折时，除了积极改变自我，还应学会利用与他人建立的良好人际关系，对压力进行缓解。④建立自己的社会支持系统：根据对大学生心理危机的四级社会支持系统的研究表明，心理咨询师、心理委员、朋友或同学、家庭成员、学生辅导员处于大学生社会支持的核心层。核心层的成员与危机个体始终保持紧密的联系，能够及时发现危机个体的危机状况，这对处于危机中的大学生来说是非常有意义的。

二、大学生心理问题和心理障碍的处理原则

（一）心理问题的处理原则

大学生在校生活过程中遇到各种生活事件的打击和刺激之后，容易出现心理问题。

心理问题的严重程度一般较轻，而且，随着时间的流逝和个体主动寻求各种帮助，会很快好转。大学生遇到心理问题后，如果经过自我调节不能奏效时，则应该首选专业的心理咨询。

1. 个体心理咨询方法

个体心理咨询通常采用咨询师和求助者面对面交谈的方式，通过在咨询师和求助者之间建立起良好的咨访关系来促进求助者问题的改善和康复。大学生的心理问题相对比较单纯，往往在咨询师的倾听、理解、共情等帮助下，心理的烦恼和痛苦会很快得到缓解。心理咨询的方法很多，包括精神分析、存在主义疗法、以人为中心疗法、行为治疗、理性情绪疗法等（详见本书第十三讲）。对于不同类型的心理问题，可以使用不同的方法有针对性地进行心理咨询。

2. 团体心理咨询方法

目前，在国内的大学校园中，团体心理咨询已经成为解除大学生心理困惑的主要方法之一，如大学生新生适应团体、贫困生团体、考试焦虑团体、恋爱挫折团体、宿舍人际交往团体等。在团体心理辅导中，大学生会认识跟自己有相似经历或者相似心理困扰的人，通过观察、互动和支持，心理问题比较容易得到缓解。大学生可以根据自己的需要选择加入相对应的团体，接受团体心理咨询与辅导。

（二）心理障碍的处理原则

心理障碍的预防固然重要，但是一旦问题出现，积极的治疗十分重要，并且其是解决心理障碍的重要手段。治疗的方法包括药物治疗和心理治疗。

1. 症状期用药治疗的必要性及其规律

目前，对于重型心理障碍，如精神分裂症、重症抑郁症等，药物治疗是最主要的治疗措施。药物治疗使用起来简便易行，还可用于院外治疗，对于迅速控制精神症状、促进病情缓解、帮助病人易于接受其他治疗措施都是很有益处的。需要用药治疗的大学生必须在医疗机构的专科医生明确诊断后，由医生开具处方，并在医生的指导下用药。对于轻型心理障碍，如神经症、躯体形式障碍的大学生，则需要根据具体情况选择治疗手段。对于严重情况的个体，亦需要在专科医生的指导下用药治疗；程度较轻者，也可首选心理治疗，当心理治疗无效时，再考虑药物治疗；或者采取心理治疗与药物治疗相结合。

2. 康复期心理咨询的指导

对于重型心理疾病，如精神分裂症，经过药物治疗，大多数患者的症状能够比较好地得到控制。当患病的大学生精神症状得到控制后，则需要进行康复期的心理咨询。因为重型精神障碍有一个特点是：随着病情的进展，越来越内向化，不愿意与人交往，因此，到了康复期，应该尽快增加心理咨询的指导，帮助大学生尽早恢复社会功能，融入

第十二讲　心理感冒与心灵失衡：常见心理障碍的防治

现实的大学生活中。对于患病大学生康复期的心理咨询也可以采取个体和团体心理咨询两种方式。团体心理咨询包括经常组织安排娱乐、讨论、劳动等各种活动性团体；有采取课堂讲课形式的支持性团体；由学生自由结组、互助的领悟性团体以及在咨询师指导下，有同学、朋友参与的，帮助求助者加入社会公务活动，以改善求助者与社会环境关系的教育、社会性团体。

【讨论与思考】

1. 心理障碍的判定标准有哪几个？其主要内容是什么？
2. 常见心理障碍有哪些？它们的典型特点是什么？
3. 如果发现自己或身边的朋友出现心理障碍时，该如何处理？

【实践与拓展】

[案例分析]

某男，大学二年级学生。自诉：那天，我正忙于准备即将到来的期末考试。为了提高效率，我喝了不少咖啡，晚上也没有吃完饭，一直学习到很晚。自习结束后，我又匆匆忙忙地赶往英语角，准备去练习口语，结果又赶上了塞车。坐在出租车上，我感觉自己很紧张，感到有些发热和头晕，呼吸也感到困难。这种感觉一直持续，到下车付费时，自己还能够控制住，可是到了英语角门口时，几乎失去了控制，全身冒汗，胸闷不适，心慌。我想肯定是心脏病发作了，赶紧就去了医院。到医院的时候，我感觉好了许多，但仍感到浑身无力。医生检查后没有发现问题，心电图也正常，说我可能是白天学习太紧张引起的。当时医生的话消除了我的顾虑。可好景不长，一两天以后我又反复多次发作。尽管我知道这不是心脏病发作，也不会造成伤害，可仍然对所经历的情景感到恐惧，变得不敢坐车。

请判断该同学的表现是否异常？这种表现如果异常应该是何种问题？面对这种问题，应该采取何种治疗方法？日常生活中我们应采取何种措施预防此类问题发生？

【心理游戏】

放松训练小游戏

一、肢体放松训练：寻找一首舒缓的音乐，然后根据音乐进行以下操作。
（1）轻松、平静、舒服地坐好。
（2）握紧你的双拳，握紧，再握紧；慢慢放松，再放松，再放松，完全放松。
（3）抱紧你的双臂，抱紧，再抱紧；慢慢放松，再放松，再放松，完全放松。
（4）两腿伸直，绷紧你的脚弓，绷紧，再绷紧；慢慢放松，再放松，再放松，完全放松。

二、呼吸放松训练：寻找安静环境，以下步骤重复3～5次

(1) 吸气：深深地、慢慢地，大吸一口气，直到吸不进气，屏住。
(2) 呼气：慢慢地、轻轻地呼出来，呼出来，直到呼不出气。

【推荐与导读】

（奥）A. 阿德勒著，徐家宁、徐家康译：《超越自卑》，吉林人民出版社2011年版。

本书为心理学名著，作者阿德勒被誉为个体心理学创始人、人本心理学的先驱、现代自我心理学之父。

本书依据阿德勒个体心理学对自卑感的由来、自卑感的作用及生活风格与自卑情绪的关系，对生活意义、心灵与肉体、自卑感与优越感、早期的记忆、梦、家庭的影响、学校的影响、青春期、犯罪及其预防、职业、人及同伴、爱情与婚姻等十二个方面加以论述。语言通俗易懂，适合大学生阅读。

（美）卡耐基著，岳玉庆、姜雪梅译：《人性的弱点》，中国宇航出版社2009年版。

如果你的生活不尽如人意，如果你跟舍友、家人、同学、朋友、恋人难以相处……你一定要细读此书。它一定会让你感到豁然开朗，如同拨云见日，内心不由自主发出感叹：问题的原因竟是如此简单，解决问题的方法也是如此简单！本书的唯一目的就是帮助你解决面临的最大问题：如何在日常生活、商务活动与社会交往中与人打交道，并有效地影响他人，创造一种幸福美好的人生。

本书作者戴尔·卡耐基（Dale Carnegie）是美国现代成人教育之父、美国著名的人际关系学大师、西方现代人际关系教育的奠基人，被誉为是20世纪最伟大的心灵导师和成功学大师。他利用大量普通人不断努力取得成功的故事，通过演讲和书唤起无数陷入迷惘者的斗志，激励他们取得辉煌的成功。这本在1936年出版的著作《人性的弱点》，多年来一直被西方世界视为社交技巧的圣经之一。

【参考文献】

[1] 福鲁德. 变态心理学[M]. 李虹，等，译. 北京：清华大学出版社，2008.
[2] 刘新民. 变态心理学[M]. 2版. 北京：人民卫生出版社，2013.

（本讲执笔人：赵静波）

第十三讲　学会求助，柳暗花明：心理咨询与心理健康

【本讲概要】

人生在世，沧桑磨难，我们的心灵难免经受种种考验。为呵护好心灵，调动积极资源有效解决面对的问题，有时我们需要向专业人士求助，因此了解有关心理咨询与心理健康方面的专业知识，有利于大家及时地求助并获得有效帮助，从而避免不健康状态的延长及累积，推动自己快乐健康的学习、工作、生活。

本讲将从"心理咨询"的概念谈起，澄清长期以来对心理咨询的误解，向读者介绍心理咨询的功能及工作方式，通过案例分析帮助读者了解心理咨询是一项科学的工作，从而使读者树立正确的"心理咨询"观念，并打破关于求助心理咨询的病耻感。

最后本讲会详细介绍心理咨询的工作方式和求助途径，有利于需要心理咨询的读者及时而有效地选择求助途径。

【导入】

每个人在生活中可能都会遇到类似这样的情景：遇到重要的考试了，前一天晚上紧张得睡不着，早上起来感觉紧张，饭也吃不下就到了考场上。明明会做的题看上去却十分陌生，手心都攥出了汗。好不容易考完出来，在路上走路却不小心撞到了一个人，被对方揪住领口大声责骂，全身冒汗地道歉后离开了，心情却更加糟糕。看到路边开得正旺的一盆花，走过去狠狠踢了一脚，刚好被老师看见，一顿批评，正好班上几个"调皮鬼"路过，大声的讥笑传来。心里好像窝了一团火，又觉得委屈万分，真不知道该怎么办才好？

第一节　叩响咨询室的门——心理咨询是什么

一谈到"心理咨询"，有些人马上就会联想到这是"有病的人"才会去的地方。这似乎意味着一个神经兮兮、把自己包裹严实的人，一边小心地左顾右盼，一边谨慎地走进一间狭小阴暗的房间，里面坐着一个奇怪的"科学怪人"，两人坐在一起窃窃私语，

气氛诡异神秘……其实这是很多不了解心理咨询这项工作的人的臆想,与实际上的心理咨询工作相去甚远。

很多可以借助心理咨询调整心理状态的人,正是由于这样的误解而放弃了求助,一直挣扎于心理矛盾中,错失了重拾快乐和健康的机会。所以,真正了解了心理咨询是干什么的,什么时候可以使用,心理咨询可以给予什么帮助,将有利于同学们树立正确的心理咨询求助观念。

一、心理咨询的概念

心理咨询是一种既简单又复杂的活动。还有什么比对一个关切的、感兴趣的倾听者谈论你的问题更简单的呢?然而,其中所包含的诉说与倾听、了解与被了解、反应与行动却又如此复杂。难怪有人谈及"心理咨询"就容易产生误解。那么,究竟什么是"心理咨询"呢?

心理咨询是心理咨询师协助求助者解决心理问题的过程。我们生活在一个复杂、繁忙且变化的世界里,每个人都需要处理各种各样棘手的问题,大多数时候,我们可以自己解决。但有些时候,某些事情或处境的棘手程度超过了我们的能力,而我们也无法将这些事情剔除出去。所以,为了能顺利解决这样的问题,我们可以通过和家人、朋友、长辈、老师或者其他信任的朋友交谈来寻找解决办法。然而,有时候他们的建议是不充分、不足够的,或者,有时候我们自己对那些困扰着我们的问题又羞于启齿,又或者,有时我们仅仅只是想找个合适的、值得信赖的可以倾诉的人。在这样的情况下,心理咨询无疑提供了一个有效的选择。

一般认为,心理咨询是指运用心理学的方法,对在心理适应方面出现问题并寻求解决问题的来访者提供心理帮助的过程。广义的心理咨询往往包括心理咨询和心理治疗。而狭义的心理咨询只局限于咨访双方通过面谈、书信和电话等手段,向求询者提供心理援助和咨询帮助。这即是在学校常见的心理咨询。

在我国的高校内多数都设有专门的心理健康服务机构,针对在校学生提供免费咨询。心理咨询师们并不是对来访者进行诊断并指出其所患何症,而是尽其所能地聆听倾诉,并与来访者共同寻找解决问题的最佳方案。对大部分人而言,与心理咨询师深入交流1~6次足以使他们对困扰的问题有所改观。

二、澄清对心理咨询的误解

由于心理咨询和心理治疗是较新出现的事物,很多人对此不仅感到好奇,更有很多误解,比如,以为去看心理咨询的人肯定是精神病患者;咨询师不需交流,一眼就能看穿来访者的内心并能像巫师一样进行预言;还有人会认为心理咨询包治百病,而且一次见效;还有些人认为思想政治工作就是心理咨询,甚至包括某些政工干部,误以为心理咨询就是彻底改变一个人的想法。其实这些都是对心理咨询和心理治疗的误解,本节希望能澄清各种误解,帮助读者了解真正的心理咨询。

（一）对咨询对象的误解：心理问题≠精神病

很多人会认为一般的心理问题都要靠自己解决，只有那些精神疾病患者才会去见心理咨询师。

其实，每个人在成长的不同阶段及生活工作的不同方面都有可能会遇到各种问题，引发消极情绪。如果不能及时对这些问题或消极情绪加以正确处理，这些问题则可能产生持续的不良影响，严重者甚至会导致心理障碍乃至精神疾病产生。

因此，心理问题是日常生活中经常会遇到的问题，就正如车坏了要找修车工，因为不是每个人都能自己修好车的。个人可能缺乏解决心理问题的专业技术，那么求助于心理咨询是一件非常正常的事情，这并不意味着有什么不正常或有见不得人的隐私。同时，主动求助心理咨询的行为反而表明了这个个体具有较高的生活目标和积极心态，不回避和否认问题，更加愿意自我完善和提高，是一种心理健康的表现。

其实，传统概念中的"精神病"严格来讲是重性精神病，如精神分裂症、双向情感障碍等，它与一般的心理问题和轻度心理障碍截然不同，多数精神病人对自己的疾病没有自知力，不会主动求医，而且需要药物治疗，超出了心理咨询和心理治疗的工作领域，需要转介到专业医疗机构进行治疗。

（二）对咨询方式的误解：心理学≠窥见内心

作为心理咨询师，我们常常被其他人问："你说我现在想些什么？"很多人以为心理咨询师会所谓的"读心术"，不用交流，只用看看就能知道对方想什么，然后施加影响。包括许多来访者也有类似的心态，他们不愿或羞于吐露自己的心理活动，认为只要简单说几句，咨询师就应该能猜出问题所在，否则就表明咨询师水平不高。

其实心理咨询师也是人，他们没有什么特异功能或者"读心术"——能窥见他人的内心世界，他们只是通过掌握心理学的理论和方法，对来访者提供的一定信息进行讨论和分析，了解来访者的心理变化，从而进行咨询与治疗。

因此，成功而有效的心理咨询需要来访者与咨询师的共同努力，来访者需详尽地提供有关情况，与咨询师坦诚交流，而咨询师需要掌握扎实的心理学理论和方法，并保持真诚的态度，才能帮助来访者找到问题的症结，进行恰当咨询。

（三）对咨询范围的误解：心理咨询≠无所不能

许多来访者将心理咨询神化，似乎咨询师无所不会、无所不能，就像一个"开锁匠"，什么样的心结都能一下打开，或者咨询师是"万能灵药"，一下就能像魔术一样发生变化。因此，很多来访者常常来诊一两次，没有达到所希望的"豁然开明，如梦初醒"的期望，就大失所望，再也不来了。这也造成了心理咨询中的脱落与流失。

实际上，心理咨询是一个连续、艰难的改变过程。心理问题常与来访者的个性及生活经历有关，就像一座冰山，积封已久，毕竟来访者在进行心理咨询之前已经有过很多年的生活经历，很多观念已经固化习惯，而与咨询师的接触是短暂、有限的，咨询师没有那么强大的影响力能在非常短的时间内替代或者改变来访者之前多年生活经历养成的

习惯。若没有强烈的求助、改变的动机，若没有恒久的决心与之抗衡，心理问题是难以冰消雪融的，特别是心理问题越严重，越说明"冰冻三尺非一日之寒"。所以，来访者必须做好打"持久战"的准备。

（四）对咨询作用的误解：心理医生≠救世主

一些来访者把心理医生当作"救世主"，以为将自己的所有心理包袱都丢给咨询师，剩下的就是咨询师的事了。甚至有些来访者认为说完问题后，自己无须思考、无须努力、无须承担责任。实际上这是一种非常错误的想法。

多年来传统的生物医学模式就是，病人看病，医生诊断、开药、治疗，一切由医生说了算，要求病人绝对服从、配合，因此来访者自然而然地把这种旧的医学模式带进心理咨询。然而，心理咨询与心理治疗是"生物—心理—社会医学模式"的产物，心理咨询师只能起到分析、引导、启发、支持、促进来访者改变和人格成长的作用，他/她无权把自己的价值观和愿望强加给来访者，更不能替来访者去改变生活或做什么决定。一旦咨询师代替来访者做出了什么决定，后果只有两个：要么从此以后就依赖咨询师为自己决定一切，成为"扶不起的阿斗"，要么因为得到的决定不理想而迁怒咨询师。

因此，来访者必须认识到，"救世主"就是自己——只有自己才能改变自己、战胜自己，最终才能自我超越，达到理想目标——这也是心理咨询的宗旨：助人自助。

（五）对咨询功能的误解：心理咨询≠思想工作

来访者中还有不少轻视心理咨询，认为心理咨询没多大用处，无非是谈谈话、聊聊天、讲些道理、安慰情绪，甚至觉得任何人都可以从事这样的工作，因为他们从未意识到心理咨询是一项专业性非常强的工作。其实，很多心理问题是需要用心理学的理论和技术进行治疗的。

比如，一个来访者因强迫性的仪式行为深感痛苦前来咨询，但是家人一直认为："你就是死钻牛角尖，想开点就会好的。"同时反对来访者通过药物治疗来改善情绪状态。来访者得不到家人的理解支持，加上强迫症状的痛苦折磨，加剧了内心的绝望感，心理问题变得更加严重，导致心理治疗的连续性和效果都大打折扣。

思想工作的目的是说服对方服从、遵循社会规范、道德标准及集体意志，而心理咨询则是运用专门的理论和技巧寻找心理问题的症结，并予以诊断和治疗。咨询师需要保持客观、中立的态度，而不是对来访者进行批评教育，更不会强加什么观念和想法。此外，某些严重心理障碍同时具有神经生化改变的基础，需要结合药物治疗，这更是思想工作所不能取代的。如上述这位强迫症的患者需要药物辅助控制情绪，同时进行心理咨询，效果才会比较理想。

总之，心理咨询作为临床工作中的一门学科，有着严谨的理论基础和诊疗程序，与思想工作是有本质区别的。

三、心理咨询的性质

心理咨询的本质是一种人际帮助活动,它离不开人际互动,同时,它也是一种特殊的、带有"心理性"的专业人际活动。因此,心理咨询具有以下三种性质。

(一) 人际帮助

咨询总是在两方中展开:一方是寻求并接受帮助的来访者,一方是提供帮助的咨询师。两者之间具有求助和提供帮助的关系。而提供帮助的方式是咨询师根据一定的理论,针对来访者的问题,运用一定的方法、技术或创设一定的条件来影响来访者,使后者的困难得到解决或达到某一特定的咨询目标。

(二) 人际互动

互动又叫相互作用,指两个主体相互发生影响的过程。心理咨询是一种典型的互动形式,是双向的信息交流而非单向交流,当咨访双方之间发展出了一种亲密、信任、富有建设性的关系后,两者将进入一种良性互动的状态中。咨访关系是咨询赖以进行的基本依托或背景,其本身就具有影响或"治疗"作用。

(三) "心理性" 内涵

"心理性"方面的内容具体包含两个方面。

其一,心理咨询的内容属于心理学范畴。来访者的问题是心理、行为方面的困难或问题,如人际交往障碍、应对策略欠缺、焦虑症或抑郁症等。心理咨询就是帮助来访者认识自己和环境条件,分析行为、情绪与认识评价的因果联系,帮助来访者领悟其内在动机冲突,指导来访者克服不良习惯,等等,主要限于心理学的范围。咨询目标是促成来访者在心理、行为方面的积极改变,如消除紧张反应、获得客观的自我认识、提高某种能力等。

而那些直接与生活事件(如诉讼、离婚、金钱等)有联系的事件是不能在心理咨询中进行处理的,此时咨询者关注的是来访者在面临这些问题时的心理适应问题,而不是告诉来访者如何具体处理(如离婚程序、如何打官司、如何赚钱等)。

其二,咨询师在心理咨询过程中所依据的理论和所使用的方法来自心理学的基础研究。如基础心理学中的认知原理、需要-动机理论、情绪理论、人格心理学、心理测量学、社会心理学理论等,都是在咨询过程中常用的知识理论。咨询师需要在掌握扎实的理论知识基础上,根据来访者的具体问题,在咨询过程中灵活运用心理学的各种咨询策略、方法和技术,从而对来访者产生使其改变的影响。

四、心理咨询的功能和适用范围

虽然心理咨询可以帮助来访者理清思路,解决来访者在适应生活和发展自我过程中的心理问题，但心理咨询并不是万能的，也不能用于解决生活中的实际问题，它主要在以下方面给予帮助。

（一）咨询的作用功能

（1）教会你管理自己的情绪，正确而适当地表达，及时而有效地调节，使你拥有积极稳定的情绪。

（2）帮助你学会认识自我和世界，恰当地进行评价、表达态度和感受，拥有完善的认知体系。

（3）帮助你恢复爱的能力，与他人建立信任的关系，能收获友情、亲情与爱情，学会幸福地工作和幸福地爱。

（4）拥有健全人格，对未来充满希望与信心，悦纳自己与他人，摆脱自卑、自恋、自闭等不良心态。

（5）帮助你摆脱痛苦，教会你应付挫折的方法，不再自怨自艾，不再止步不前。

（6）帮助你度过人生各个发展阶段的种种危机，从经历中学习，发展有效解决问题的能力，收获生命中的感动。

（二）心理咨询的对象与工作范围

虽然心理咨询能够给人帮助，但并非所有人群都适合进行心理咨询。如正处于发病期的精神疾病患者由于缺乏求助意愿和心理状态的自知力，并不适合进行心理咨询，那么心理咨询的对象具体指哪些人呢？

心理咨询的对象可以分为三大类：第一类为精神正常，心理健康水平基本正常，但遇到了与心理有关的现实问题并请求帮助的人群；第二类是精神正常，但心理健康水平较低，产生了心理障碍导致无法正常学习、工作、生活，而请求帮助的人群；第三类是指处于临床治愈期或潜伏期的精神疾病患者。

以上述三大类人群为工作对象，心理咨询的工作范围如下。

（1）在学习、工作、家庭生活以及升学择业、恋爱、交友等方面所遇到的心理问题。

（2）各种神经症的诊断及防治，如癔症、抑郁症、恐惧症、强迫症、焦虑症、疑病症、神经衰弱等。

（3）性心理障碍和性心理变态等心理问题。

（4）各种心身病症的心理辅助治疗。

（5）某些早期精神病的诊断、治疗或康复期精神病人的心理指导，包括对其家属的护理指导，促使患者能顺利适应社会生活，预防复发。

五、你可能在什么时候需要心理咨询

（一）初涉世事，对新环境适应感到困难时

刚上大一，离开父母来到异地他乡求学，一切都是一个新的开始，没有了父母的衣

食照料，没有了老师的耳提面命，没有了高考那样明确的奋斗目标，开始觉得手足无措，在适应新环境的气候、饮食和生活方式上感到有压力，适应效果不是很理想，内心觉得不安的时候。

（二）与同学关系不和睦，渴望交流又找不到对象时

跟同学发生矛盾了，觉得被排斥，融入班集体有困难；很想交朋友，但似乎遇不到知心的朋友，当有心事的时候找不到可以倾诉的对象。

（三）生活中遇有重大选择时或犹豫不定时

身边同学的目标明确，勤奋努力，要么决定考研已认真准备，要么决定工作并开始积累经验，而自己似乎原地踏步，感觉未来很迷茫，不知道如何是好。

（四）经历了失恋等感情受挫，对亲密关系产生怀疑时

喜欢上了一个人，却一直不敢表白，在暗恋中独自神伤；相恋很久了，却因为种种原因不能相互陪伴走到最后，分手后仍不能释怀；相知相许，但最后发现真心换来的是一种伤害，对亲密关系产生怀疑。

（五）与人相比过分自卑、经常感到心情压抑时

有时会迷失自己，不知道自己是谁，不了解自己的优点和缺点，否定自己的能力、性格等，常常拿自己的缺点和别人的优点比，觉得自己不如别人，即使努力也无法与别人匹敌，排斥自己的缺点，对于改正缺点缺乏信心。

（六）经受挫折后精神一蹶不振时

参加班级选举，很有信心地上台演讲，结果得到的支持却很少，感觉自己很失败，很受打击，意志消沉，再没有信心和勇气去展现自己；本该按照预期进展的事情却事出意外，当众出丑，担心自己成为笑柄，不敢与同学交流，内心压抑却无法言说。

（七）学习压力大，力不从心，自行调节却缺乏效果时

眼看身边的同学手里的证书越来越多，而自己却只有耕耘没有收获，总想问："为什么我不行？"想到那些成绩不理想的课程，心情很沉重，在新的学习中感到力不从心，坐在桌前发呆，效率低下，很想赶紧跟上但没有干劲。

（八）睡眠状态发生改变，白天精神不振时

最近晚上总是睡不着，刚睡下又醒来，或者不断做梦，如被怪兽追赶，或者睡眠质量很差，有一点点动静就醒转，脾气因而变得暴躁，甚至与舍友发生冲突，已经试过很多办法都不管用。白天没精神，整个人很憔悴，感觉做事恍恍惚惚。

六、去看心理医生会被人说有病吗

很多人认为正常人没事不会去看心理咨询师，去看咨询的人肯定有问题，这导致很多来访者都是偷偷摸摸地过来，并且千方百计隐藏自己的身份。这种情况被称为"病耻感"。

病耻感一词翻译自英文"stigma"，其在希腊文中的原意为"烙印"或"文身"，指某些行为异于公众或身份特殊的人，如罪犯或奴隶等，在他们身上文上一些标志或记号来表明此人异于常人，因此渐渐形成社会歧视或隔离现象。而社会学家Goffman将此词引申为耻辱的特征，这种特征将一个完整的、正常的人变成了一个被玷污的打了折扣的人，并广泛地将此概念用于医学领域，主要指那些觉得因患有某种疾病而自觉价值降低的患者，如艾滋病或精神疾病患者。

精神疾病病耻感的核心表现为：社会刻板印象、偏见以及歧视。当患者患有精神疾病而被贴上标签时，社会大众对精神疾病患者行为的不正常和不可预测感到害怕，因此不愿意与患者在同一个环境一起居住、生活或工作，造成患者在交友、人际关系及工作上受到不公正对待，形成事实上的回避、排斥和隔离。中国文化中的"面子"问题及传统观念中对精神疾病的轻蔑态度，加剧了患者的自我价值贬低，其病耻感的体验更加强烈。自身病耻感越强烈的个体，其自尊水平、自我效能感越低，抑郁水平、社会退缩行为也越明显，生活质量越差，其主动求助行为越少，得到有效帮助的可能性也越低，由此会进入一种恶性循环。

因此，干预和纠正精神疾病患者的病耻感不仅有利于提高他们的自尊水平，鼓励主动求助行为，更有利于他们的全面康复与回归社会。同时，病耻感不仅仅是指精神疾病患者个体的主观感受，还与精神疾病的社会刻板印象有关，需要大众的参与努力。

心理学小知识

心理咨询在美国

50年前，美国一共只有不到4000名心理学家，可今天，美国约有149000名心理学家，增长了近40倍，而这个数量还在进一步增加中。据相关数据显示，美国有临床心理医生、社会工作者和精神护理人员28万人。

在过去的半个世纪里，心理学对美国人产生的所有影响中，没有哪一种比它对美国人考虑和处理感情及精神问题的方式所带来的改变更为普遍。曾被父辈们归结为由性格软弱、邪恶或者命运导致的许多不幸、失败、失去能力等情况，现在已经被大多数美国人认为是心理疾病造成的，可以通过求助精神健康工作者加以处理。

根据现在的统计，每年有约8000万名美国人访问心理健康工作者，累计达1.2亿人次。精神病院和普通医院精神病房的住院病人则又有数百万次的心理诊疗。平均下来，每3个人中就有1个人与心理治疗有关。

据一项调查显示，美国1000人中就有1个心理咨询师，许多家庭还有自己的私人心理医生。心理治疗还被纳入医保体系,费用可以按照相关规定报销。在美国,有30%的人定期看心理医生,70%的人会不定期去心理诊所。甚至总统们的心理问题也无法隐蔽,1972年开始,美国政府就在白宫特别设立"总统心理健康委员会",专门为总统提供心理咨询。(邓明昱,2009)

在美国,健康投资在20年中增加了10倍,每年使用1亿多盒镇静药。在美国,看心理医生非常方便,当人们觉得有需要时,只要打个电话预约然后按时赴约就可以了。

第二节 咨询师会对我做什么——心理咨询的工作方式

一、心理咨询的主要流派与理论

心理咨询的理论经过多年的研究和实践,已经形成了精神动力学流派、认知行为流派、存在—人本主义等几个主要流派,并在此基础上形成了种类繁多的咨询技术,下面将对几个常用的主要流派进行简单介绍。

首先以一个大学生案例为例,帮助大家了解心理咨询不同流派的工作方向。

小雨(化名)是个19岁的大学新生。在同学们眼里,小雨是一个安静、有礼貌的乐观女生,但她自己却经常感到自卑和心事重重。由于经常暴饮暴食,小雨的体重已经超过了140斤。小雨有个暗恋的他,但却不敢和他多说一句话,对于小雨来说,在恢复体重和自信之前,不敢奢望爱情。小雨还有其他的问题,她经常莫名其妙感觉到情绪低落,当压力大或心情不好时,小雨就会放纵地大吃一顿,一直吃到呕吐为止。她曾经多次发誓要节食,并坚持运动,但这样的计划从来就没有坚持超过1周。对于小雨来说,生活就是在抵制美食的诱惑和自我厌恶之间苦苦挣扎。对于自己人生的方向,小雨感到无尽的迷茫。

(一)精神分析理论

西格蒙德·弗洛伊德是精神分析理论的创始人,也是当代最伟大、最具影响力的心理学家之一。弗洛伊德相信,人们的大部分行为是受到无意识动机支配的,因此,我们的人格结构也不是完全都能被自我所观察和意识到的。

精神分析理论阐述人的精神活动,包括欲望、冲动、思维、幻想、判断、决定、情感等,是在不同的意识层次里发生和进行的。不同的意识层次包括意识、前意识和潜意识三个层次,称之为精神层次。

最重要的是,弗洛伊德将人格结构分为三个部分:本我(Id)、自我(Ego)和超我（Superego）。弗洛伊德认为，人出生时只有一个人格结构，那就是本我。本我只关心欲望和冲动的即刻满足，遵循的是快乐原则。大部分本我的冲动与性和攻击这两种本能相关，这些冲动大部分都是无意识的。如果本我的需要不能被现实所满足，也可以通过幻想和梦的方式来获得满足。随着人格的成熟，本我并不会消失，而是受控于健康人格的其他部分。随着儿童与环境的相互作用，人格的第二个结构——自我开始发展起来。自我遵循的是现实原则，自我的发展决定了个体心理健康的水平和人格的成熟度。儿童成长到大约5岁的时候，超我开始出现了。超我代表社会化的各种规范和道德，特别是父母的价值观，因此超我遵循至善原则。当个体的超我没有充分发展起来，则难以控制本我冲动，就容易做出不道德的行为，自控力差。当个体的超我过于强大，使自我难以达到完美标准时，个体容易出现道德焦虑，经常体验罪恶感和羞耻感，这样的人容易体验到抑郁的情绪。弗洛伊德认为，人格结构的形成过程与成长经历有着极大关系，因此在进行精神分析工作时常常会回顾来访者的成长经历和在此过程中形成的感受。

以小雨为例，她的"自我"已经无力协调来自"本我"的冲动和来自"超我"的严苛要求之间激烈的冲突。回顾她的成长经历，小雨的父母均是教师，家教特别严格。当其他小朋友在外面玩的时候，小雨只能一个人在家里默默地写作业。面对父母的高期望，小雨经常感觉自己很糟糕。上大学之前，学习成绩曾经是唯一可以让她骄傲的地方。但上大学后，她开始觉得自己一无是处。从精神分析的角度来看，由于父母的严厉教养方式，小雨的"超我"发展得过于僵化严苛。严厉的"超我"会压抑"本我"的正常冲动和欲望，包括性冲动。长期压抑的结果反而使小雨的本我以一种"变态"的方式寻求满足——暴饮暴食。如果小雨进行精神分析治疗，她会从降低"超我"对"自我"的严苛要求中获益，将自我批判变为自我接纳。这样做，不仅可以减少小雨看似难以控制的食欲，同时也能够改善小雨的低落情绪。

可见，精神分析很强调过去经验对意识层次形成的影响，特别是童年早期的经历。比如，一个人在成长早期过程中没有得到很好的照顾，经常在不同家庭或者不同照顾者之间轮转，如轮流在姑姑、叔叔或者爷爷奶奶家住，还没有对这一家人形成亲密信任的关系，就不得不被送往下一家，必须面对分离的痛苦。那么，这个人就容易形成对亲密关系的怀疑态度，在长大以后可能就会出现难以与他人建立持久亲密的关系，或者当处于比较亲近的关系时，这个人就感到不安全，想逃离，或者会做一些事情去破坏亲密关系来保持距离，但同时，这个人会对自己的这些行为很不理解，甚至会痛恨自己的破坏行为。如果不能察觉早期经历对亲密关系的影响，这个人的行为会一直这样循环下去。

名人名言

性格决定命运。　　　　　　　　　　　　　　　　　　——荣格

文化的最后成果是人格。　　　　　　　　　　　　　　——荣格

我，我们＝完整的我。　　　　　　　　　　　　　　　——荣格

由于具有思考的能力，人便得以迈出了动物界。　　　　——荣格

为了内心的安宁，永远、永远不要否认你们自己的经历。

　　　　　　　　　　　　　　　　　　　　　　——达格·哈马舍尔德

（二）认知行为流派

认知行为流派理论是由行为主义和认知理论整合而来的。尽管行为主义和认知理论有着不同的理论渊源，但是，在心理咨询的实践工作中，二者常常被整合在一起综合运用，为人们提供有效的咨询效果。

认知行为流派的基本观念是：人类的思想、感觉和行动之间是有相互联系的，人的行为受学习过程中对环境的观察和解释的影响——错误的知觉和解释会产生不适宜的行为——所以，要改变人的行为，就要首先改变人的认知。认知学派的基本观念就是"在多数情况下，行为和认知是相伴而生的，认知可以改变行为，行为也可以改变认知。在认知、情绪和行为三者中，认知扮演着中介与协调的作用。认知对个人的行为进行解读，这种解读直接影响着个体是否最终采取行动"。

认知行为流派把个人对行为的解读称为不同的认知表征——图式。图式是指帮助人们知觉、组织、加工和利用信息的假设性认知结构。例如，每个人都有一个关于"妈妈"的图式。有的人想起妈妈，就会联想起温暖和安全，有的人则会有截然不同的感受。本案例中，当小雨想起妈妈的时候，虽然也有温暖的感觉，但这种感觉总是伴随着莫名其妙的紧张和压抑感。

而对于我们最重要的图式莫过于关于自己的图式——自我图式。"自我图式"是对自我的认知表征，我们用它来组织和加工与自我相关的信息。通常来说，我们的"自我图式"会包括对自己身份、外貌、性格特点以及与重要他人关系的认知元素。每个人"自我图式"的组成元素可能各不相同。例如，对于 A 同学来说，"友好"是他"自我图式"中很重要的元素，他会很在意自己是否和周围的人愉快相处；对于 B 同学来说，"性感"是她"自我图式"中更重要的元素，因此，她总是在不同场合把自己打扮得漂漂亮亮。"自我图式"中还包括我们的"实际自我"——认为自己实际是什么样的人、"理想自我"——自己想要成为的样子和"应该自我"——自己应该成为的样子。当三者存在严重的不一致时，个体会体验到消极的情绪。

在本案例中，小雨的自我图式比较消极。她一直以来就对自己的外貌非常不满意，并认为自己的性格一无是处。"实际自我"和"理想自我"之间有着很大的差距，这使小雨经常感觉情绪低落；另外，她的"实际自我"和"应该自我"之间也有很大的差距，这让她经常遭受焦虑之苦。这些消极的"自我信念"并不一定符合事实，但小雨却没有察觉，而是将这种"自我图示"直接用来指导生活。

小雨的问题可以通过理性情绪疗法来进行治疗。理性情绪疗法是阿尔伯特·艾利斯（Albert Ellis）提出的，他认为真实发生的事件会引起人们思考，而固有信念、自我告知和评估其所遭遇的事件的方式会影响人们的情绪结果。即"ABC 情绪理论框架"，如图 13-1 所示。

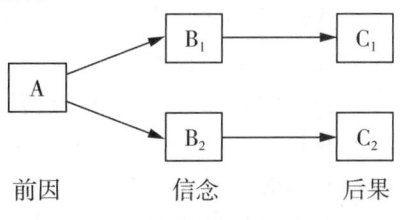

图 13-1　ABC 情绪理论框架

艾利斯用这个框架说明，当人们的思考、信念、自我告知和评估是理性时，情绪是正常的和可控制的；但如果人们的思考、信念、自我告知和评估是非理性的、扭曲的，则人们会逐渐发展出不正常的情绪、情感和行为。简而言之，如果人们有正确的认知，其情绪和行为就是正常的；如果其认知是错误的，则其情绪和行为很可能是错误的。

如果用理性情绪疗法来帮助小雨，她将会意识到，是她的不合理信念导致了情绪和行为问题。在治疗过程中，咨询师会和小雨一起找出她持有的非理性信念（表13-1），并与非理性信念进行辩论，从而变成理性的信念。例如，小雨认为，如果她的学习成绩不好，就会让父母和他人失望，让别人失望了，自己就没有价值了，也不会被人喜欢了，这是一个不合理的信念，而相应的理性信念是："我努力学习，并希望考个好成绩。但如果没有考好，也并不意味着我没有价值。学习成绩的好坏并不是个人价值的衡量标准。"

表13-1　一些常见的非理性信念

明显的非理性信念：
（1）因为我强烈希望成功完成那些重要任务，我必须在任何时候都能成功地完成任务。
（2）因为我强烈希望得到我认为重要人物的赞同，我必须总要得到他们的赞同。
（3）因为我强烈希望人们体贴、公平地对待我，他们无论在什么时间什么情况下都必须这样对待我。
（4）因为我强烈希望过一种安全、舒适、令人满意的生活，那么无论怎样我的生活条件都必须是安全、方便和令人满足的。

微妙的非理性信念：
（1）因为我强烈希望成功完成那些重要任务，而且因为我只希望某些时候能成功地完成，那么这时我必须漂亮地完成任务。
（2）因为我强烈希望受到我认为重要人物的赞同，而且我只想从他们那儿获得一点儿赞同，那么我必须受到他们的赞同。
（3）因为我强烈希望人们体贴、公平地对待我，而且我也总是很体贴、公平地对待别人，那么他们也必须这样对待我。
（4）因为我强烈希望过一种安全、舒适、令人满意的生活，而且我是一个帮助别人过上这样生活的很好的人，那么无论怎样我的生活条件都必须是安全、方便和令人满足的。

认知行为理论认为错误认知的形成受到"自动化思考"（automatic thinking）机制的影响。所谓"自动化思考"是经过长时间的积累形成了某种相对固定的思考和行为模式，个体采取行动的时候已经不需要经过大脑的思考，而是按照既往习惯的模式出发，在某种意义上，思考与行动已经自动地结合在一起，即不假思索地行动。而正因为行动是不假思索的，个体存在许多非理性的思考、荒谬的信念、零散或错误的观念等，都没有经过仔细的思考和推敲，甚至是没有察觉到的。因此，要想改变这种状况，就必须将这些不假思索的行动及背后的认知观念重新带回思考范围之中，使个体可以觉察到，从而帮助其在理性层面上主动改变那些不恰当的观念，停止那些不假思索的行为。

认知行为理论强调认知在解决问题过程中的主动性和重要性，强调内在认知与外在环境之间的互动，外在的行为改变与内在的认知改变都会最终影响个体行为的结果，因此可以通过修正认知来修正行为。认知修正包括问题解决、归因和认知治疗原则三个方面：①问题解决是增强个体界定问题、行动目标、规划及评估不同行动策略的认知能力，能够在不同情况下不断调整自己的认知，从他人的角度看待问题和行动目标；②归因是指个人对事件发生的原因的解释；③认知治疗原则，指的是修正一些认知上的错误的假定，包括过度概括、选择性认知或归因、过度责任、自我认错或预罪、灾难化思考、两极化思考等。

名人名言

人类无疑能够通过有意识的努力去提升自己的人生，这是我所知道的最令人振奋的事实。

——亨利·戴维·梭罗

（三）存在—人本主义流派

人本主义心理学是 20 世纪 50 年代在美国逐渐兴起的，它从现象学和存在主义中吸取其哲学的基础，提倡从人的主观意识经验出发，反对行为主义的环境决定论和精神分析的无意识动机决定论，被称为心理学中有别于行为主义和精神分析传统的"第三势力"。因为人本主义与存在主义存在很多一致的观念，所以现在将二者并称为"存在—人本主义流派"，其理论具有四个共同的认识。

（1）强调人的整体性和不可分割性，反对将人还原成生物个体或进行拆解，着重从整体上理解人的动机和人格。

（2）强调人的尊严和价值，尊重每一个个体的自由选择和主动性，强调和呼吁尊重个体自己的意向，帮助其确定自身存在的意义。

（3）相信人的意识能超越传统的、现实的、文化的界限，因而具有创造性和无限发展的潜在可能性。

（4）认为人性研究的重点是意识经验，应该遵循现象学途径，而不要过度进行主观分析和强调行为判断。

人本主义学者强调，一个人如果从小就处于具有良好成长氛围中，比如有温暖和支持性的父母以及家人，能在安全感的氛围中自然而然地形成与内心对话，关注和体会内心感受，就能自然而然地发挥成长的动力，发现真正的自我，实现全部创造性与潜能。

但是，一个人如果遭到虐待或生活经历中受到重大的挫折与否定，自我的成长过程就会遇到阻力，可能发生心理创伤或裂痕，影响内在的潜能就无法全部发掘出来，甚至会受到伤害。这样成长起来的个体就很难成为一个真正自我实现的人，而可能是一个自我防御过强和心理失调的人。

"如果你的父母在你表现好的时候特别爱你，在你表现不好的时候就忽视或者拒绝你，那么他们的爱就是有条件的爱。"卡尔·罗杰斯（Carl R. Rogers）认为，我们的父母或监护人给我们的爱，大多是有条件的。也就是说，只有在孩子满足了父母的期待的时候，父母才会爱孩子，当孩子的行为和父母的期望相悖的时候，父母就会撤回他们的爱。孩子们逐渐懂得，只有自己能够满足他人期待的时候，才是有价值的、值得被爱的。如果父母的爱大部分都是有条件的，孩子就会变得只接受自己被他人赞许的一部分自我，拒绝承认自己的弱点和错误。最终，孩子会变得越来越不了解自己，不接纳自己。换句话说，孩子无法发展出健全的、整合的人格。这样在我们的自我概念中，就只接纳那些被重要人物赞许、爱和支持的部分，不接纳被拒绝和排斥的部分。然而在现实生活中，大部分人身上都有一部分人格特点是不被自我赞许和接纳的。结果，我们失去了与真实自我的情感联系。

令人欣慰的是，父母并非无条件积极关注的唯一来源。即使生活在一个缺乏无条件积极关注的童年环境，也不意味着一定就没有美好的生活。成人可以在彼此无条件积极关注的基础上建立友谊、成为伴侣。

以小雨为例，存在—人本主义流派的咨询师会认为父母对小雨的爱大部分是有条件的。例如，只有在小雨成绩好的时候，父母才会表扬她，让她觉得自己是值得被爱的；而当小雨成绩不好或违背父母的意愿选择大学的专业时，父母就会撤回他们的爱，并使小雨感到强烈的内疚和羞耻感。在成长过程中，小雨的理想我和真实我的差距越来越大，那么小雨对自己越来越不满意，自卑感也越来越严重。因此，如果小雨接受人本主义的心理治疗，治疗师就会采用无条件积极关注、共情和真诚一致的方式对她进行治疗。当小雨越来越能够自我接纳时，她会逐步意识到，她拥有选择自己人生方向的能力和责任。

具体来说，通过存在—人本主义心理咨询，小雨会逐渐学会：①更有自知之明，对自己的内在世界有更充分的觉察，减少自我否定和自我概念歪曲；②对自己的行为更能承担责任，包容自己，不再指责自己、环境或他人；③能认识和掌握自身内在力量和潜力，不再退缩和消极回避，相信改变自己的能力；④澄清自己的价值观，对自己的问题有更加清醒的认识，自信找到解决冲突的办法；⑤更加正视、承认、接纳自身相互矛盾和彼此分裂的方面，并能有机地统一为一体，将其整合为完整的自我；⑥有勇气为自我存在开辟新的道路，敢于面对生活中的挑战和某种未知因素的存在；⑦更加相信自己，更愿意在自己选择的道路上努力发展和实现自己的潜能；⑧面对若干选择的可能性，能更加愿意做出选择并预见其后果，而不是回避或依赖他人。

名人名言

自我实现是我们的最高需要。　　　　　　　　　　　　　　　　——马斯洛
给予是潜力的最高表现。　　　　　　　　　　　　　　　　　　——弗洛姆

（四）行为主义流派

行为主义心理学家认为，人们的各种行为都是通过学习得来的。同样，对于有问题

的行为，也可以通过重新学习来建立更加适应的行为。早期的行为主义者把对人格的描述局限于可观察行为上，后期的社会学习理论加进了更多的认知和社会特征。

早期行为主义的激进代表人物华生认为，能够客观观察到的外显行为是值得研究的，也是唯一可值得信赖的数据。人格就是"我们习惯系统的最终产物"。换句话说，在人生历程中，人们都在以一种可以预测的方式对刺激做出条件反射式的反应。对于生活中的各种挑战，有人学会了以积极的、具有攻击性的方式来应对，就像华生本人那样；有人学会了放弃和退缩，并拒绝尝试新鲜事物。在华生眼里，我们每个人对生活事件独特的反应方式，就是不断被包括父母、学校在内的外在刺激条件化的结果。

由于早期的行为主义者忽视了动机、态度等内部心理过程，因此从 20 世纪 50 年代开始，社会学习理论开始受到了更多的关注。社会学习理论的代表人物阿尔伯特·班杜拉（Albert Bandura）认为，人们的大量行为是通过观察学习的方式获得的。孩子会模仿父母的行为，如果父母在遇到挫折时的应对方式是暴饮暴食，孩子就会学习到这样的行为模式。儿童也会给自己设立目标和标准，对自己的行为进行内部强化或惩罚。

本案例中，可以用经典条件反射和操作性条件反射理论来理解小雨的行为特点，比如，对于其他人来说周末是放松的日子，但小雨在周末总是感到莫名的紧张。这可以追溯到小雨早期的经历。在周末，父母总喜欢逼着小雨参加各种她不喜欢的学习班，这让她把周末和紧张联结在一起。对于小雨来说，学习班无休止的学习是让她紧张的非条件刺激，而周末的到来则成了条件性刺激。当非条件刺激和条件刺激多次结合后，小雨就学到了对周末产生紧张的行为反应，这就是经典条件反射原理。

而小雨的父母会用操作条件反射原理来塑造她的行为。当小雨每次努力学习得到好的成绩，父母都会表扬她并给她买礼物，这叫作正强化。只要小雨愿意学习，父母就免除她做卫生的劳作，这对于小雨的学习行为来说，就是负强化。当小雨的行为惹父母不高兴时，父母就批评她，剥夺她的游戏时间，这就是惩罚。由于小雨的父母更喜欢用惩罚的方式，而非用正强化的方式来塑造小雨的行为，这使得小雨经常体验到焦虑和恐惧的情绪，对父母也有一些内心的抗逆，但又不敢直接表达出来，不得不压抑各种负性情绪。久而久之，小雨就抑郁了。

同样，小雨的一些良好行为习惯也是通过操作条件反射原理获得的。在家庭中，当她每次出现礼貌的行为，父母就表扬她（正强化）。慢慢地，小雨把彬彬有礼的行为习惯泛化到和家庭外成员的相处中，使得小雨的人格呈现有礼貌的特点。

而社会学习理论可以帮助我们理解小雨给自己设立的完美主义目标，因为在没有达到目标时，小雨就会自我贬低和自我惩罚，进行内部强化。

根据行为主义的原理，小雨的问题可以采用行为矫正技术进行治疗。咨询师会以行为作为评估因素和咨询目标，如可以先对小雨暴饮暴食行为出现的频率和严重程度进行评估，作为制定治疗目标、评定疗效的依据。然后，咨询师和小雨一起制订治疗的计划和目标。在小雨做得好的时候，要及时给予小雨喜欢的奖励（正强化），小雨也可以在内心肯定自己；在没有实现目标的时候，则给予一定的惩罚，并讨论没有实现目标的原

因是什么，以及是否需要重新调整目标。随着小雨越来越能够控制自己暴饮暴食的行为，她的自我效能感会逐步提高。而暴饮暴食行为的频率和严重程度会逐步降低，从而增加小雨的信心。同时，小雨也可以学会进行自我鼓励和自我强化，这对她控制自己的行为也将更加有利。

名人名言

我们必须把故事说出来，否则它们将会湮没。若没有故事，我们就记不起我们是谁，也不知道我们为什么在这里。

——苏·蒙克·基德

二、中国特色的心理咨询理论

随着我国心理咨询和心理治疗工作的开展，到20世纪80年代以后，几乎所有西方最主要的心理咨询与心理治疗学派的理论观点及方法技术均已传入，各种技术培训也蓬勃开展。但临床工作者在实际运用中发现，完全照搬国外的技术并不一定适合中国国情，甚至会造成文化和传统观念的冲突，因此亟须发展中国本土化的心理咨询理论与技术。

龚耀先、李庆珠曾经对457个开展心理治疗的单位进行调查的结果表明，我国的专业工作者应用最多的心理治疗方法依次为行为疗法、认知疗法、支持疗法、心理分析、森田疗法、生物反馈、催眠暗示疗法、来访者中心疗法等。钱铭怡认为，我国心理咨询和心理治疗在理论和方法上受到西方不同学派极大影响的同时，也受到了中国文化的很大影响，表现出指导式的治疗倾向、整合的治疗倾向、顺应自然的治疗倾向等特点。

到目前为止，我国应用的绝大多数心理咨询和心理治疗理论及其方法主要来源于西方。不过，由于东西方文化的差异，我国的心理咨询和心理治疗工作者在应用西方心理咨询和心理治疗理论与方法的同时，还面临着如何使之适合于中国国情的任务。多年来，我国的许多心理咨询和心理治疗工作者一直在坚持不懈地进行着这方面的努力。

比较具有代表性的是钟友彬创立的认识领悟疗法和张亚林、杨德森倡导的道家认知疗法。

钟友彬的认识领悟疗法要求来访者对他们的症状进行领悟，很多症状的出现是以儿童的思维逻辑和方法解决成年人所遇到的问题，幼稚而无效，如果来访者能领悟到这一点，那么自然会以成熟的行为模式代替幼稚的行为模式。这种解释反映了中国传统的自然观——顺应自然的要求，因而是来访者能够而且易于领悟和接受的。

张亚林、杨德森的道家认知疗法基于中国道家哲学的处世养生之道，并参考现代心理治疗的方法学而创立。其治疗要求来访者达到的最高境界是认识自然规律，顺应自然规律。

努力使心理咨询与治疗工作与我国的国情，特别是与我国的文化相适应，在此基础上积极发展我国独特的治疗方法，还需要更多专业工作者整理和挖掘我国传统文化及医学中与心理治疗有关的论述和方法，任重道远。

名人名言

自我心思之波再也不能用自己的力量来消除，只有顺应自然，心情的波动才会消失。

——森田

心理咨询界的名人轶事

1. 关于"恋父情结"

弗洛伊德经过研究，提出了恋父情结的概念，认为由于女孩子的异性爱本能倾向，使得女孩子要求恋父而嫉母，即"女儿是父亲上辈子的情人"。结果，在这辈子，弗洛伊德也干掉了所有的"情敌"——他最宠爱的小女儿安娜·弗洛伊德终身未嫁，始终陪伴在父亲身边，并继承了父亲的学术衣钵。

2. 关于"抽烟"

弗洛伊德是个老烟民，酷爱雪茄，一天要抽20多支，直到最后得了口腔癌而不得不戒烟。我们现在看到他的许多照片都是叼着烟或者烟斗的很酷的样子。不过，依据他自己提出的精神分析的理论，爱抽烟的人都是可怜的人——因为这些人在婴儿时期，未能充分地吸吮母亲的奶，所以长大之后，为了弥补这方面的不足，就以吸烟的方式来满足欲望。这是他的亲身经历吗？

3. 皮亚杰与心理学

皮亚杰爱上心理学与他的母亲有关，据说他母亲的心理不大健康，所以他希望能帮助母亲。皮亚杰的婚姻也与心理学有关，他的妻子是他心理研究的合作者之一。此外，皮亚杰在儿童心理学方面的成就与他的孩子们关系最为密切，因为他就是通过仔细观察和记录孩子的成长，最后成就其认知发展阶段理论。据说皮亚杰的长相也与心理学有关，因为多年研究孩子，他自己也长得慈眉善目。

4. 罗杰斯与心理学

人本主义心理学家罗杰斯年幼时只知读书，没有什么朋友，是个孤僻的人，内心一直闷闷不乐。直到大学阶段，他才体验到交往的快乐。这样的经历让罗杰斯特别注重人际沟通的平等和尊重，认为咨访关系的质量与心理咨询的效果有直接关系，从而提出了"以来访者为中心"的观念，他认为咨询师必须在咨询过程中创造一种"绝对的无条件的积极关注和尊重"的氛围，以达到助人自助的效果，利于来访者的成长和自我探索。当然，在这种咨询中，咨询师一般也不会给来访者提出什么具体意见，其关注的目标就是让来访者能"自我成长"。

第三节 聊聊更健康——心理咨询的收获和效果

一、心理咨询的对象与任务

虽然心理咨询是助人的一项工作,但并不是所有的来访者都可以从中受益。

(一)心理咨询的对象

心理咨询的主要对象可以分为三大类:①发展性咨询对象,精神正常,但遇到了与心理有关的现实问题,并请求帮助的人;②健康咨询的对象,精神正常,但心理健康水平较低,既有平衡遭到破坏,产生心理障碍导致无法正常学习、工作和生活并请求帮助的人群,有些可能达到"可疑神经症"状态;③康复性咨询对象,曾经是精神病人,在临床治愈后,可以通过心理咨询有助于康复社会功能,防止疾病复发,即临床治愈或处于潜伏期的精神病患者。

精神正常的人在现实生活中会面对许多问题,如婚姻家庭、择业求学、人际关系、社会适应等,这些问题可能会对个体产生巨大压力,产生心理冲突,影响他们做出理想选择,而心理咨询师可以从心理学的专业角度,向他们提供咨询,这一类就叫作发展性咨询。

另外,有些人面对的困惑或心理冲突时间较长,或者可能在生活中遭遇比较严重的心理创伤而心理失衡,如失去亲人、遭遇肢体残疾等,心理健康水平受到严重破坏,尽管在精神上可能还是正常的,但这些人可能会出现不同程度的心理障碍,影响正常的生活、学习或工作,心理咨询师可以提供专业的帮助,叫作心理健康咨询。

总的来说,心理咨询就是帮助正常人群在生活中化解各类心理问题,克服种种心理障碍,矫治不良行为,理顺人格结构,纠正不合理的认知模式和非逻辑思维,学会调整人际关系,深化自我认识,端正处世态度,构建健康的生活方式,强化适应能力。

心理学者马建青曾经提出,心理咨询的适用对象需要具备以下条件:①具有一定的智力基础,能听懂;②内容合适,属于心理问题范畴;③人格基本健全,有自我改变的动机和基本的觉察能力;④动机合理,不做过高的预期;⑤有交流能力,能对话;⑥对咨询有一定信任度,愿意与咨询师合作。

那么精神不正常的人是否可以进行心理咨询呢?不可以,因为处于精神疾病活动期的病人缺乏足够的自知力和交流能力,很多还缺乏求助动机,无法就心理问题向咨询师求助,也难以配合咨询过程做出改变,心理咨询基本上就是无效的。他们只有在经过临床治疗,达到临床治愈的情况下,心理活动基本上恢复到正常水平,即精神正常了,心理咨询和心理治疗才具备介入和干预的条件,也只有在这种情况下,心理咨询和心理治疗的介入才有真实价值,能帮助他们恢复社会功能,预防疾病复发。有时候,有些潜伏期的精神病患者也可能到咨询室求助，但他们的求助问题与他们的精神状态不一致，这时，咨询师要做好诊断和鉴别诊断，及时转介患者接受医学治疗，以免延误治疗时机，导致病情发展。

（二）心理咨询的任务

心理咨询的任务就是提高个体的心理素质，使人健康、愉快、有意义地生活，具体表现为以下六个方面。

1. 认识自己的内部和外部世界

内部世界指的是自己的主观经验世界，按自己的意志来编造；外部世界指的是客观现实世界，不随我们的意志而改变。两个世界之间必然存在差异，其本身就是矛盾的，但人们对此往往缺乏明确的认识，面临困境的时候往往容易按照内心的需求来要求外部世界改变，而无法从客观的角度去认识事物。比如，遇到挫折的时候容易一味责怪他人或怪自己运气不够好，而缺乏对自身努力的反省或对客观条件的评估。由于采取了这样不成熟的应对方式，必然导致个体出现适应不良的情况，心灵深处会产生烦躁不安和困惑不解，严重的甚至会动摇自己的生存价值，这也是心理问题产生的重要原因。

因此，当心理咨询师在面对一位求助者，希望通过帮助他/她改变认知而改善适应矛盾时，首先就需要帮助他/她认清自己的内部和外部世界，只有内部世界与外部世界和谐相处，才能减少心理问题，更好地探讨解决之道。

2. 纠正不合理的欲望和错误观念

来访者常常认为自己的动机和需要都是正确合理的，认为自己最清楚自己的需要，但实际情况往往不是如此。个体有欲望没有错，但达到欲望的手段可能有错。"君子爱财，取之有道"，那么非法占有财物满足自己的需求是否正确呢？答案不言而喻。

还有些人以为自己对事物的观察和理解是正确的，从不怀疑自己思想的正确性，但当他们在咨询师的帮助下换位思考时，才会恍然大悟自己的观念是片面的、非理性的，甚至可能错误，如"必须要有很多钱才能叫幸福""只有当第一才证明有价值"等，这些不合理的观念，常常将我们引入无法摆脱的困境。

咨询师可以有效帮助来访者纠正自己的非理性思维和观念，即帮助他们正确总结自己的经验教训，学会评估自己的思维、观念是否合理，不仅能够解决他们当前的心理问题，还可以帮助他们看清未来的方向，帮助他们自我成长。

3. 学会面对现实和应对现实

很多导致我们苦恼的原因就是我们不能面对现实，因此，咨询师在工作中很多时候需要提醒来访者面对现实，具体包括：①面对现实。生活的本质就是充满挫折和挑战的，没有人会一帆风顺，但是有些人在遇到失败和挫折后可能走上逃避现实的道路，或沉溺于过去的痛苦回忆，或固执地坠入对未来不切实际想象中，久而久之就会脱离现实，咨询师需要做的是帮助这些人回到现实中，在遇到挫折和不幸时，不逃避，勇敢面

对。②应对现实。有勇气面对现实是生存的第一步，更重要的是用什么方式和方法去正确应对现实。人对现实世界的反应一般分为三种：①感性反应，对外部事件情绪化的应对，如悲伤、焦虑或者恐惧等，这本来是自然的反应，但一味用这种方式会成为一种儿童式的应对行为；②理性反应，对外部事件用概念和事物之间的逻辑关系去应对，这是个体心理成熟的表现，也是在心理健康人群中表现最广泛的一种形式，能使个体准确判断形势，完善决策，有效应对；③悟性反应，对外部事件能以超脱的态度，站在更高的位置上，用哲理看透事物根本从而超然面对，这并不是将自己与现实世界隔离，而是用一种积极面对的心态来应对复杂的现实，如"这世界少了谁，明天太阳都会升起，地球照样转动"，以事物本来的面目去看待它，不带偏见，自然地接受。

4. 使来访者学会理解他人

理解是指通过应用已有知识揭露事物之间的联系来认识新事物的过程，其水平随所揭露联系的性质和人的认识能力而异。人和人之间本身是存在依附关系的，但当现实世界的冲突打破人性的内在平衡，淹没了依附本能时，就会扭曲个人的心理体验。咨询师要做的就是帮助来访者重新认识他人和群体对自己的重要性，学会从对方的处境来体察他人的独特感受，重新建立积极、顺利和有效的沟通。

5. 增强自知之明

个体独特的生活经历、不良的人际关系和需求得不到满足都可能产生片面的自我认知，是个体自觉或不自觉地做出错误的自我概念，这时就处于"自知不明"的状态。

"人贵有自知之明"，但并不是一个容易的过程，人认识自我最大的局限就是把"自我的需求"和"自我认知"作为最高表现，而不是站在自我之外，客观评价自己。咨询师需要帮助个体认识自我、接纳自我、发展自我，最终实现自我，与自我和谐相处。

6. 协助求助者构建合理的行为模式

受不合理行为模式困扰的来访者要想改变自己的现状，就必须在咨询师协助下建立新的有效的行为模式，只有按照合理的行为模式生活，其行为才可能变成"新的有效行为"。

二、心理咨询的分类与一般程序

（一）心理咨询的分类

1. 根据咨询的性质

根据咨询的性质，心理咨询可以分为发展心理咨询和健康心理咨询。发展心理咨询指的是在个人成长过程中，特别在面对选择或适应新阶段的时候，为了使个体达到最佳状态做出最合适的选择，了解并开发潜能所进行的心理咨询。

健康心理咨询指的是当精神正常的个人面对各类刺激时，诱发了焦虑、紧张、恐惧等情绪问题，或因为不良应对方式引起行为问题，影响个体正常社会功能发挥时，为了恢复心理健康和心理平衡而进行的心理咨询。

2. 根据咨询的规模

根据咨询的规模可以分为个体咨询和团体咨询；根据咨询时程，可以分为短程心理咨询（1～3周）、中程心理咨询（1～3个月）、长期心理咨询（3个月以上）；根据咨询的形式，可以分为门诊咨询、电话咨询、互联网咨询等。

个体咨询指的是咨询师与来访者建立一对一的咨询关系，重点帮助来访者解决个人心理问题；团体咨询是在团体情境中，咨询师向一群来访者（一般2个及以上）提供心理帮助和指导，通过团体内人际交互作用，促使个体在交往中观察、学习、体验、认识自我、探讨自我、接纳自我，调整和改善与他人的交往，学习新态度或行为模式，促进个人发展或解决团体问题的过程。

心理咨询的时程与来访者的求助问题性质、难度、来访者求助目标等有关，没有咨询时程越长咨询效果越好这一说。在经过了信息搜集和初诊接待后，咨询时程一般由来访者与咨询师在商定咨询方案时一并协商而定。常规心理咨询的时间间隔是1周1次，每次50分钟左右。

（二）心理咨询的一般程序

心理咨询不是随意的谈话和聊天，而是心理咨询师根据来访者的求助问题从心理学原理出发，按照一定的程序进行的深入和有针对性的特殊工作过程。一般包括建立咨询关系、资料搜集、资料分析、综合评估、诊断、鉴别诊断、咨询方案的制订等步骤。

1. 建立咨询关系

良好的咨询关系是有效咨询的前提。所谓良好有效的咨询关系，是指咨询师与来访者之间存在一种相互信赖、充分理解、彼此坦诚相待的特定人际关系。这种友好、相互信赖的关系，从第一次见面时就应开始培养。

2. 收集资料

收集资料的目的是弄清来访者的问题及发生背景，以便决定从何入手切入咨询。搜集资料的主要内容包括：①来访者的一般人口学信息，如姓名、性别、民族、年龄、籍贯、家庭地址、学校、社会身份、婚姻状态等；②来访者前来咨询的主要问题及要求，包括心理问题及行为问题的表现、产生的时间、对学习和生活的影响、希望得到何种帮助；③来访者的家庭境况，如父母的姓名与职业、文化程度、教育方式、宗教信仰、个性特征、健康状况等，尤其要了解成长经历与亲子关系的状况；④来访者的在校表现，如学习情况、人际关系及宿舍关系等表现，尤其与咨询问题有关的表现；⑤身体发育及健康状况，如是否患有慢性疾病、既往诊断及用药情况，还包括吃饭、睡眠、精神状态等情况。收集资料的基本方法有填表法、观察法、谈话法、调查法等。

3. 分析诊断

分析诊断不是指将来访者当成疾病患者来诊断，而是根据来访者的咨询问题和搜集到的资料对来访者的心理问题进行基本分类，其目的在于确定来访者是否适宜进行心理咨询。心理咨询的主要对象是精神正常和有轻微心理障碍的个体，而有严重心理障碍和精神异常的学生是不适宜进行心理咨询的，应当及时转介专门医疗机构；另外，通过确定来访者问题的类型、形成的原因及深层心理机制，有利于与来访者共同商定咨询方案。

4. 综合评估，制订方案

将搜集的信息进行分析比较，将来访者的问题表现与资料中的潜在原因进行解释，确定问题的由来、性质、严重程度，确定咨询目标，并依据此制订咨询方案。

（1）确立咨询目标。对于大学生心理咨询来说，一般的咨询目标有以下几种：协助来访者获得准确积极的自知，激发来访者的自尊与自信；协助来访者调整认知方式，重建认知结构；协助来访者调整情绪，改善情绪的动力模式；协助来访者采取建设性的意志行动，获得健康的行动方式和生活方式；向来访者提供自我心理训练技术和方法；协助来访者家庭、学校、社会有关方面帮助来访者调整外部环境等。

（2）选择咨询或治疗的方式方法。大学生心理咨询工作中常用的技术包括：

第一，支持。前来咨询的学生大都受某种心理困扰，不仅自己无力解决，而且周围的人际环境也往往对他们不利，这时他们最需要别人的理解、支持与帮助，以恢复自信。咨询师通过提供一种对来访者有利的外在环境和良好的人际关系，通过真诚的赞扬、鼓励、支持等方式可以减轻对方的焦虑，促进其积极行为的增长。

第二，了解与领悟。虽然一般人都相信自己知道自己在做什么，但在有些情况下，人们对自身的行为和深层心理机制可能并不清楚。咨询师通过帮助来访者进行内心的探索或帮助，使其了解心理问题的深层心理机制，就会减弱来访者的心理负担，明确解决问题的基本方向。

第三，促进自然痊愈与成长。大学生的心理有很强的可塑性，尽管由于种种原因出现了某些发展上、行为上、情绪上的障碍，但通过咨询师的帮助及周围人际关系的改善，他们自己会慢慢地从心理困扰中恢复过来。咨询的作用旨在帮助排除可能的障碍，让他们有机会成长，从过去的经验中学习新经验，从新知识中获取克服困难的本领。

（3）确定咨询方案。咨询目标与咨询方式、方法确定后，咨询师就要与来访者一起研究制订咨询方案。方案中要有明确的咨询目标、步骤、咨询活动的形式、时间安排、会见次数等。咨询方案的确立应由咨访双方共同完成，或者至少要得到来访者的认可和同意。在咨询过程中，既可以是指导性的建议，也可以是认识上的疏导或规劝，还可以是治疗措施的落实或逐步实施。在实施咨询的过程中，咨询者要鼓励、协助来访者实践新的行为。

5. 按照咨询方案进行咨询与治疗

根据咨询效果及咨询过程中可能遇到的问题可对咨询方案进行调整,但咨询目标和步骤一般是相对固定的。

6. 总结咨询的收获

当咨询目标基本实现后,咨询进入结束阶段。

(1)综合所有资料,进行总结性解释。在咨询过程中,咨询师从来访者那里了解其性格特点、应付挫折的方式及形成心理困扰的深层心理机制,给予解释、说明,帮助来访者了解自己的行为方式。在结束阶段,重申这种综合性的评语和建议,可以使来访者将其铭记在脑子里,帮助其掌握新的应对方式,继续成长。

(2)帮助来访者举一反三,学习应用从咨询中获得的认识、经验。心理咨询的最重要目的是希望来访者能把在咨询过程中学习到的新知识、新经验应用到日常生活中,促进其发展、成长。在咨询结束阶段,咨询师会有意识地引导来访者将咨询中学到的新认知观念扩展到其他事物,帮助来访者真正掌握这些概念和方法,以便在结束咨询后仍可应对周围环境,自行处理所遇到的困难。

(3)咨询师帮助来访者愉快、自然地结束咨询,来访者告别咨询师,恢复独立生活能力。

【讨论与思考】

1. 如果你觉得需要进行心理咨询,你的感觉会怎样?你会如何克服病耻感?
2. 你认为民俗性心理治疗(驱魔、萨满、请神、占卜等)会不会有效果?当你觉得困惑时,你会选择哪种方式帮助自己,心理咨询还是求神拜佛?
3. 你希望与心理咨询师交朋友吗?如果你是一个心理咨询师,你会愿意与来访者交朋友吗?

【实践与拓展】

心理咨询的保密问题

隐私和保密问题一直是来访者下定决心是否采取心理咨询的一个重要影响因素。中国心理学会临床与咨询心理学在2007年制定的工作伦理守则中有关于隐私权与保密性的相关规定,具体如下。

心理师有责任保护寻求专业服务者的隐私权,同时认识到隐私权在内容和范围上受到国家法律和专业伦理规范的保护和约束。

(1)心理师在心理咨询与治疗工作中,有责任向寻求专业服务者说明工作的保密原则,以及这一原则应用的限度。在家庭治疗、团体咨询或治疗开始时,应首先在咨询或治疗团体中确立保密原则。

（2）心理师应清楚地了解保密原则的应用有其限度，下列情况为保密原则的例外：①心理师发现寻求专业服务者有伤害自身或伤害他人的严重危险时；②寻求专业服务者有致命的传染性疾病等且可能危及他人时；③未成年人在受到性侵犯或虐待时；④法律规定需要披露时。

（3）在遇到"（2）"中的"①②③"的情况时，心理师有向对方合法监护人或可确认的第三者预警的责任；在遇到"（2）"中"④"的情况时，心理师有遵循法律规定的义务，但须要求法庭及相关人员出示合法的书面要求，并要求法庭及相关人员确保此种披露不会对临床专业关系带来直接损害或潜在危害。

（4）心理师只有在得到寻求专业服务者书面同意的情况下，才能对心理咨询或治疗过程进行录音、录像或演示。

（5）心理师专业服务工作的有关信息包括个案记录、测验资料、信件、录音、录像和其他资料，均属于专业信息，应在严格保密的情况下进行保存，仅经过授权的心理师可以接触这类资料。

（6）心理师因专业工作需要对心理咨询或治疗的案例进行讨论，或采用案例进行教学、科研、写作等工作时，应隐去那些可能会据此辨认出寻求专业服务者的有关信息（得到寻求专业服务者书面许可的情况例外）。

（7）心理师在演示寻求专业服务者的录音或录像或发表其完整的案例前，须得到对方的书面同意。

【推荐与导读】

（美）墨顿·亨特著，李斯、王月瑞译：《心理学的故事》，海南出版社2002年版。

在过去的2500年中，人类渴望揭开广大、缥缈的思维世界的面纱。

人性本恶？人性本善？思想来自何方？人类拥有自由意识吗？凡此种种，都是人类希望了解的。

《心理学的故事》讲述了一个个引人入胜的故事。故事的主人公们都是思想领域中的探索者苏格拉底、柏拉图、笛卡尔、皮亚杰、斯金纳……他们是孤独的修行者、耽于声色犬马者、狂热的神秘主义者以及理智的唯实论者，他们认为人类的思想可以被检视、理解，这一点最终指导或控制了他们的思想进程、情绪和行为结果，使他们成了另一类人——心理学家。

此书不是注重人物的个人经历，而是通过描述那些心理学史上的经典故事，帮助读者迅速理解心理学的发展历史、研究手法、知识理论，以及心理治疗的构成理论、方法和功效。

在这个心理学日益被广泛关注的时代，《心理学的故事》作为一部及时的、重要的、引人入胜的心理学著作，能在某种程度上解释人们心中的疑问——人类行为的真正起因到底是什么。

此书的作者兼具科普作家和心理学家的身份，将枯燥的心理学理论知识写得比较有趣，而且，译者似乎一直在有意保留这种通俗、有趣的文风。所以，此书读起来比较有

第十三讲　学会求助，柳暗花明：心理咨询与心理健康

趣，将其作为一本心理学入门读物是很不错的选择。

徐均著：《心理咨询师的部落传说》，新华出版社2008年版。

心理咨询师的群体——一种工作在人类心灵丛林的特异部落——也有这样属于自己的传说故事，他们以外有许多非凡的故人，以自己生命的方式呈现了关于心理咨询师群体的精神、经验、教训，有的甚至是一种超越这一群体范畴的人类精神、人性探索、人类理想、智慧善用。因为故事传说所拥有的丰富性，远远超过单调说理所带来的信息。

这是一本关于"大师"的"小书"，以著名心理咨询和治疗大师小传为引导，呈现各个专家、大师所经历的真实人生和临床轶事，来传承他们在精神上的成就、思考、智慧、错误。书中没有科学理论的系统介绍，没有治疗案例的技术分析，没有关于学术流派的争议和讨论，亦没有对其历史贡献的赞颂和局限的批判。此书只是希望通过这些故事给读者以启发和思考，最后书中还有相关中文书目推荐以供深入阅读。

（美）路易斯·科佐林诺著，黄志强、张朝阳译：《心理咨询师的14堂必修课》，华东师范大学出版社2012年版。

众所周知，培养一个优秀的心理咨询师需要付出艰辛的努力，花费巨大的成本。而心理治疗的成功离不开咨询师的智慧——敏锐的洞察、成熟的情感和坚定的信心——这些素质都是至关重要的；因此，心理咨询师的成长在培训中至关重要。

然而，在现实的培训中，对知识的死记硬背和对技术的生搬硬套却被大多数培训项目当作重点。其结果是，咨询师自身的成长被轻视甚至忽略了。而《心理咨询师的14堂必修课》一书正是为了扭转这一趋势，向那些立志成为咨询师的人奉献了一本心灵旅行手册，鼓励我们有勇气踏上内心旅程。

作者通过反思自己从业早期的经历，为读者提供了一种独特的视角来观察咨询师成长过程中的思考和情感。不仅如此，《心理咨询师的14堂必修课》一书还包含了大量实用的建议、日常工作中的智慧以及坦率的自我剖析，各类读者都会发现其中有些内容对自己非常有帮助。

虽然我们在长大的过程中都曾竭力赢得别人的爱和接纳，但好的咨询师能够有勇气放下这些，向求助者"只是表现出一种意愿——愿意在求助者探索内心世界的过程中与他（她）在一起"。好的咨询师必然专注于终生学习和不断地发掘自我，从而展现为一个有想法、有情感并且愿与当事人分享经历的活生生的人。

【参考文献】

[1] 邓明昱. 美国心理咨询与心理治疗的现状及发展趋势（大纲）[C]//国际中华应用心理学研究会，国际华人医学家心理学家联合会（International Association of Chinese Medical Specialists & Psychologists），中国心理卫生协会煤炭分会. 国际中华应用心理学研究会第六届学术年会论文集. 2009：5.

[2] 龚耀先, 李庆珠. 我国临床心理学工作现状调查与展望[J]. 中国临床心理学杂

志，1996（1）：1-9，63.

[3] 钱铭怡. 我国心理咨询与心理治疗行业的发展及存在的问题[C]//中国心理学会. 第十届全国心理学学术大会论文摘要集. 2005：20.

[4] 钱铭怡. 心理治疗与心理咨询在中国的发展[M]//中国心理学会，傅小兰，葛列众. 当代中国心理学. 北京：人民教育出版社，2001.

[5] 约翰·麦克里奥德. 心理咨询导论[M]. 潘洁，译. 上海：上海社会科学院出版社，2005.

[6] 曾庆枝，何燕玲，田泓，等. 精神病患者病耻感评估量表的初步编制[J]. 中国心理卫生杂志，2009，23（9）：634-637.

[7] 朱智贤. 心理学大词典[M]. 北京：北京师范大学出版社，1989.

（本讲执笔人：陈洁）